Akteure der Außenpolitik

Herausgegeben von
T. Jäger, Köln, Deutschland

In der Reihe „Akteure der Außenpolitik" werden einflussreiche Politiker vorgestellt. Dabei wird ihr außenpolitisches Denken und Handeln systematisch dargestellt und analysiert.

Herausgegeben von
Thomas Jäger
Köln, Deutschland

Kerstin Brauckhoff
Irmgard Schwaetzer (Hrsg.)

Hans-Dietrich Genschers Außenpolitik

 Springer VS

Herausgeber
Kerstin Brauckhoff
Berlin, Deutschland

Irmgard Schwaetzer
Berlin, Deutschland

ISBN 978-3-658-06650-5   ISBN 978-3-658-06651-2 (eBook)
DOI 10.1007/978-3-658-06651-2

Die Deutsche Nationalbibliothek verzeichnet diese Publikation in der Deutschen Nationalbi-
bliografie; detaillierte bibliografische Daten sind im Internet über http://dnb.d-nb.de abrufbar.

Springer VS

Titelbild: Hans-Dietrich Genscher, © Helmut R. Schulze

Gedruckt auf säurefreiem und chlorfrei gebleichtem Papier

Springer Fachmedien Wiesbaden ist Teil der Fachverlagsgruppe Springer Science+Business Media
(www.springer.com)

Inhaltsverzeichnis

II Praktischer Teil

III Ausblick

Einleitung

Am 9. November 2014 jährt sich zum 25. Mal der Fall der Berliner Mauer. Ein Vierteljahrhundert ist seitdem vergangen. Und dennoch ist dieser Tag in seiner Dramatik und mit seinen Folgen vielen Deutschen, aber auch vielen Menschen in Europa und darüber hinaus in besonderer Erinnerung geblieben. Denn der 9. November 1989 bildete einen der wichtigsten Grundsteine für die Wiedervereinigung Deutschlands. Nun sollte es nur noch einige Monate dauern, bis am 3. Oktober 1990 die deutsche Teilung und damit die Teilung Europas überwunden wurde.

Es war erreicht, was 1970 noch als scheinbar illusionäres politisches Ziel der Bundesrepublik Deutschland wie folgt formuliert war: „Im Zusammenhang mit der heutigen Unterzeichnung des Vertrages zwischen der Bundesrepublik Deutschland und der Union der Sozialistischen Sowjetrepubliken beehrt sich die Regierung der Bundesrepublik Deutschland festzustellen, dass dieser Vertrag nicht im Widerspruch zu dem politischen Ziel der Bundesrepublik Deutschland steht, auf einen Zustand des Friedens in Europa hinzuwirken, in dem das deutsche Volk in freier Selbstbestimmung seine Einheit wiedererlangt." (Brief zur deutschen Einheit, 1970; vgl. Beitrag von Andreas Wirsching in diesem Band). Dieser Brief der Bundesregierung, der anlässlich der Unterzeichnung des Moskauer Vertrages am 12. August 1970 an die sowjetische Regierung überreicht wurde, war Voraussetzung für die Unterzeichnung des Grundlagenvertrages zwischen der Bundesrepublik Deutschland und der DDR. Und er bildete den Ausgangspunkt einer neuen Politik der Annäherung zwischen den beiden deutschen Staaten.

Der Verfasser dieses Briefes war der damalige Innen- und Verfassungsminister Hans-Dietrich Genscher. Er formulierte mit diesem Brief den ersten Schritt für den Weg zu dem Ziel, auf dem auch er am 9. November 1989 eine große Etappe geschafft hatte und das er am 3. Oktober 1990 schließlich erreicht haben sollte: die freie und friedliche Wiedervereinigung Deutschlands in einem geeinten Europa und die Sicherung des Friedens in Europa. Diese Ziele waren es, die Hans-Dietrich

Genscher in seiner gesamten politischen Laufbahn verfolgte. Und die sich wie ein
roter Faden auch durch seine Amtszeit als Außenminister der Bundesrepublik
ziehen. Für Genscher waren sie wesentliche Bestandteile seiner werteorientierten
Außenpolitik. Denn Sicherheit, Freiheit und demokratische Selbstbestimmung
waren und sind die Werte, für die er sich als liberaler Politiker engagiert und mit
denen er sich als Mensch identifiziert. Hans-Dietrich Genscher hatte die Chance,
seine persönlichen und politischen Ideen von liberaler Politik in die Realität umzusetzen. Und er nutzte diese Chance verantwortungsvoll und partnerschaftlich
im Zusammenspiel mit den Staaten Europas und weit darüber hinaus. Wichtig war
ihm dabei immer, alle Beteiligten in seine Politik einzubeziehen. Denn Genscher
handelte nach der Devise: Nur wenn es den anderen Staaten gut geht, kann es
Deutschland gut gehen. Entsprechend gestaltete sich seine Außenpolitik. Genscher fühlte sich in die Bedürfnisse und Befindlichkeiten anderer Staaten hinein,
er respektierte nationale Besonderheiten und fand Wege, auf diese einzugehen.
So konnte es ihm gelingen, im Verbund mit anderen Nationen seine Ziele für die
deutsche Außenpolitik umzusetzen. Und so konnte er schließlich auch das Ziel der
Wiedervereinigung in Frieden und Freiheit umsetzen.

Wie Hans-Dietrich Genscher seine Außenpolitik genau gestaltete, wie er seine
politischen Interessen und Ziele verfolgte und wie er sein Amt und die Außenpolitik der Bundesrepublik prägte, wird in dem vorliegenden Sammelband ausführlich nachvollzogen. Dreh- und Angelpunkt ist die Fragestellung, was die Politik
Hans-Dietrich Genschers als liberale Politik auszeichnet, was seine Vorstellungen
von wertorientierter Außenpolitik mit liberaler Politik gemeinsam haben und wie
sich diese auf die Außenpolitik der Bundesrepublik Deutschland ausgewirkt haben.

In einem ersten theoretischen Teil wird zunächst versucht, eine Definition
liberaler Außenpolitik zu formulieren. Dabei legt der Autor, Hans-Dieter Heumann, zunächst eine normative Analyse liberaler Außenpolitik vor, bevor die so
gefundene Definition an verschiedenen historischen Persönlichkeiten liberaler
Außenpolitik gemessen wird. Auf diese Weise wird ein Bogen liberaler Außenpolitik von Stresemann bis Genscher gespannt und die Kontinuität im Handeln
der Politiker aufgezeigt. Eine Einordnung des Liberalismus in die Theorie der
internationalen Beziehungen und eine Abgrenzung zum Realismus erfolgt im
nächsten Beitrag von Siegfried Schieder. Den Abschluss des theoretischen Teils
bildet eine Darstellung des Politikstils Hans-Dietrich Genschers. Eckart Conze
zeigt hier auf, wie Genscher seine Ziele umgesetzt hat und auf welchem Wege er
liberale Werte in die Außenpolitik hineingetragen hat. Dabei wird deutlich, dass
Genscher die Instrumente der Politik auf eine sehr spezielle und individuelle Art
und Weise genutzt hat, die ihm mit dem Schlagwort „Genscherismus" nicht immer
nur positive Rückmeldungen beschert hat.

Im zweiten, „praktischen" Teil des Sammelbandes werden die Stationen der
Amtszeit Hans-Dietrich Genschers ausführlich dargestellt. Den Anfang macht
Andrea Wiegeshoff in einer Bestandsaufnahme der Weltordnung zu Beginn der
Amtszeit Genschers. So war Genscher bei der Amtsübernahme 1974 nicht nur mit
dem Ost-West-Konflikt konfrontiert, sondern auch mit dem Nord-Süd-Konflikt,
der mit all seinen Auswirkungen eine Herausforderung für die künftige strategische Entwicklung der Außenpolitik darstellte. Gerade vor dem Hintergrund der
Weltordnung zu Beginn der siebziger Jahre des 20. Jahrhunderts wurde schnell
deutlich, dass vor allem eine Strategie langfristig zu Stabilität und Sicherheit
beitragen konnte: Statt nationaler Alleingänge musste ein Weg des Multilateralismus gefunden und beschritten werden, um möglichst viele Akteure in einem
gemeinsamen Ziel zu vereinen. Insbesondere der Einsatz für die Durchsetzung
der Menschenrechte ist hier von Bedeutung, auch für den späteren Weg hin zum
Ende des Kalten Krieges. Ein Meilenstein dieser Strategie war die Schlussakte von
Helsinki, mit der Genscher – wie Petri Hakkarainen in seinem Beitrag aufzeigt
– den Startpunkt seiner liberalen Außenpolitik für die kommenden Jahre setzte.
Im Aufsatz von Klaus Wittmann wird deutlich, inwieweit die Diskussion um den
NATO-Doppelbeschluss einen weiteren Fixpunkt der politischen Agenda Genschers
markierte. Mit der Verbindung von Verteidigungspolitik und Entspannungspolitik
zu einer regionalen und internationalen Sicherheitspolitik gelang ihm innen- und
außenpolitisch ein schwieriger, aber entscheidender Schritt hin zu einer Atmosphäre
von internationaler Verständigung bei gleichzeitiger Vertrauensbildung gegenüber
verbündeten Partnern und nicht zuletzt gegenüber der eigenen Bevölkerung.
Auch Agnes Bresselau von Bressensdorf belegt in ihrem Beitrag, dass Genscher
dem Grundsatz „Kooperation statt Konfrontation" in den Folgejahren treu blieb:
Am Beispiel der Europapolitik Hans-Dietrich Genschers wird hier deutlich, dass
Genscher immer daran gelegen war, seine politischen Ziele mit den politischen
Möglichkeiten und Notwendigkeiten in Einklang zu bringen und somit eine für
alle beteiligten Staaten akzeptable Lösung zu erarbeiten. Das neue Denken im
Osten, das als Startpunkt für das Ende des Ost-West-Konfliktes angesehen werden
kann, und dessen Folgen beleuchtet Christian Hacke. Die Wiedervereinigung, die
eng mit der europäischen Integration und der Entscheidung über den Vertrag von
Maastricht verbunden war, schließlich ist Inhalt des Beitrages von Gerhard A. Ritter. Den „roten Faden" in der Außenpolitik Genschers zeigt abschließend Andreas
Wirsching auf – und liefert mit seinem Beitrag zugleich eine Art Zusammenfassung
für die gesamte außenpolitische Strategie und das Handeln Genschers während
seiner politischen Tätigkeit.
   Bei einem Sprung in die Gegenwart wird schnell deutlich, dass Außenpolitik auch
heute noch – 25 Jahre nach dem Ende des Ost-West-Konfliktes – vor zahlreichen,

oft unerwarteten Herausforderungen steht. Neben der Zukunft der Europäischen Integration, die vor allem im Zusammenhang mit der Eurokrise intensiv diskutiert wird, sind Außenpolitiker mit dem Aufstieg der Schwellenländer, der Globalisierung und neu aufkeimenden politischen und religiösen Konflikten nach wie vor mit einer Vielzahl von Herausforderungen konfrontiert. Basierend auf den Ideen und Erfahrungen, die Hans-Dietrich Genscher in seiner fast 20-jährigen Amtszeit gemacht hat, stellt sich die Frage, wie er die heutige Weltordnung bewertet und welche Rolle er dem heutigen Deutschland in den internationalen Beziehungen beimisst. Sind die Wertvorstellungen, die er in seiner Amtszeit in die Politik hineingetragen hat, heute noch gültig? Sind sie zeitlos und universal? Oder würde ein heutiger Außenminister Genscher seine Ziele korrigieren? Da diese Fragen am besten von Hans-Dietrich Genscher selbst beantwortet werden können, bildet das Schlusskapitel ein Interview Genschers mit Gerd Appenzeller. Neben der Diskussion um Gegenwart und Zukunft der Außenpolitik bietet es zugleich die Möglichkeit, zeitgeschichtliche politische Entwicklungen von beteiligten Akteuren in den Gegenwartskontext einzubeziehen – und somit zum einen Kontinuitäten in der Außenpolitik der Bundesrepublik aufzuzeigen, zum andern die Notwendigkeit für alternative oder eventuell auch neue Wege zu skizzieren, die freilich nur als ein Beitrag zu einer umfassenden Debatte verstanden werden sollen.

Eine anschauliche, greifbare Ergänzung zur akademischen Darstellung der Ära Genscher bilden Zeitzeugenberichte, die farblich abgesetzt hinter einzelne Aufsätze eingefügt sind. Zeitzeugen und Weggefährten Hans-Dietrich Genschers berichten in diesen Einschüben aus ihrer Sicht von konkreten politischen Entscheidungen oder zeigen auf, in welcher Hinsicht Genschers Politik neue Wege beschritten hat. Auf diese Weise wird die wissenschaftliche Darstellung von politischer Zeitgeschichte um Aspekte ergänzt, die darstellen, welche Facetten über die tägliche politische Arbeit hinaus mit der Politik verbunden sind.

In den vergangenen Jahren ist eine Vielzahl von Aufsätzen, Sammelbänden und Monographien über Hans-Dietrich Genscher erschienen. Der vorliegende Sammelband versucht, diese Literatur zu ergänzen und folgt dabei zwei Fragestellungen: Was machte die Außenpolitik von Hans-Dietrich Genscher zu liberaler Außenpolitik? Und inwieweit ist es ihm gelungen, diese liberale Außenpolitik umzusetzen? Der Band versucht darüber hinaus, Antworten zu geben auf die Frage, welche Aspekte seiner Außenpolitik heute noch Gültigkeit haben, inwieweit seine Strategien in die Gegenwart übernommen werden können. Dass dies möglich ist, wird nicht zuletzt im Rahmen des Interviews mit Genscher deutlich.

Der Sammelband versteht sich als wissenschaftlicher Beitrag zur politischen Bildung und als Beitrag zur Diskussion, welchen Beitrag liberale Ideen und Prinzipien zur Gestaltung der Zukunft leisten können. Diese Aufgaben sind zugleich wesentliche Teile der Tätigkeit der Friedrich-Naumann-Stiftung für die Freiheit. Die Herausgeberinnen Dr. Irmgard Schwaetzer als Mitglied des Vorstands der Friedrich-Naumann-Stiftung für die Freiheit und Dr. Kerstin Brauckhoff als wissenschaftliche Referentin im Liberalen Institut der Friedrich-Naumann-Stiftung für die Freiheit haben daher sehr gerne die Gelegenheit wahrgenommen, mit dem Sammelband über die Außenpolitik Hans-Dietrich Genschers zugleich einen Beitrag für die politische Bildung in Deutschland im Sinne der liberalen Grundsätze der Stiftung für die Freiheit zu liefern.

Für ein solches Projekt bedarf es in einem Sammelband der konstruktiven und zuverlässigen Zusammenarbeit aller Autoren. Im vorliegenden Band sind dies zum einen die Autoren der Aufsätze, zum anderen aber auch die Autoren der Zeitzeugenberichte: Sie alle haben inhaltliche Ideen und Vorschläge beigetragen, den notwendigen zeitlichen, formalen und inhaltlichen Vorgaben entsprochen und damit ganz wesentlich zum Gelingen des „Projekts" beigetragen. Dass die Auseinandersetzung mit der Außenpolitik Hans-Dietrich Genschers auch heute noch mehr als ein „Projekt" ist, sondern für viele der Autoren als Ehre und Anerkennung für seine politische Arbeit angesehen wird, wurde in der Zusammenarbeit zwischen den Autoren und deren individueller Mühe für die Arbeit an den einzelnen Beiträgen deutlich. Ein solches Engagement ist nicht selbstverständlich und bedarf daher eines besonderen Dankeschöns. Neben den Autoren gilt der Dank auch Helmut R. Schulze, der als Fotograf viele Jahre lang Hans-Dietrich Genscher begleitete und den Herausgeberinnen unbürokratisch die Verwendung seines Bildmaterials und der Bildunterschriften genehmigte.

Selbstverständlich kann die Auswahl der Themen und der Autoren immer nur subjektiv sein. Die Herausgeberinnen haben versucht, möglichst viele Stimmen zu Worte kommen zu lassen, ohne dabei thematisch oder bei der Autorenansprache einen Anspruch auf Vollständigkeit zu haben. Gleichwohl ist es notwendig, das Fehlen eines Zeitzeugenberichts gesondert zu erwähnen: Der ehemalige Außenminister und Amtsnachfolger von Hans-Dietrich Genscher, Dr. Guido Westerwelle, konnte wegen einer schweren Erkrankung leider keinen Zeitzeugenbericht für den Sammelband liefern. Verbunden mit dem Wunsch nach einer baldigen Genesung hoffen die Herausgeberinnen, dass Dr. Westerwelle bei anderer Gelegenheit die Möglichkeit haben wird, über seine Erlebnisse mit Hans-Dietrich Genscher zu berichten – denn die Außenpolitik seines Vorgängers ist und bleibt aktuell, ebenso wie die Herausforderungen an die Aspekte, die außenpolitisches Handeln zu liberalem außenpolitischen Handeln machen.

Kerstin Brauckhoff/Irmgard Schwaetzer
Berlin, im August 2014

I
Theoretischer Teil

Verantwortliche Interessenpolitik
Eine Definition Liberaler Außenpolitik

Hans-Dieter Heumann

1 Liberalismus und Außenpolitik

1.1 Idealismus und Realismus

Liberale Außenpolitik ist eigentlich ein Widerspruch in sich: Der Liberalismus zielt auf die Freiheit des Individuums vom Staat. Außenpolitik befasst sich hingegen immer noch vornehmlich mit Staaten, die sich in einer anarchischen Welt behaupten. Der erste Ansatz ist normativ, der zweite empirisch-analytisch. In der einen Welt regiert die Forderung nach Freiheit und Recht, in der anderen Interesse und Macht. Liberale Außenpolitik kann deshalb nicht einfach die Fortsetzung des Liberalismus mit anderen Mitteln sein.

Ein solches Verständnis aber findet sich in bisherigen Studien zur Liberalen Außenpolitik. Lothar Gall wendet sich in seinem Beitrag „Liberalismus und Auswärtige Politik" (Gall 1985) gegen den von Leopold von Ranke vertretenen „Primat der Außenpolitik". Außenpolitik solle vor allem der Stärkung der Freiheit im Inneren dienen. Hierzu bedarf es aber eines starken Staates. In dieser Logik lag die Forderung etwa von Max Weber und dem Liberalen Friedrich Naumann nach einer machtvollen Außenpolitik des Deutschen Reiches, das seinen Platz in der Welt finden müsse. Der ursprüngliche Zusammenhang von Liberalismus und Nationalismus im 19. Jahrhundert hatte durchaus problematische Folgen.

Wolfgang Mommsen folgt der idealistischen Tradition der Analyse von Außenpolitik. Er verwendet in seinen Betrachtungen über das Verhältnis von Liberalismus und Außenpolitik (Mommsen 1994) explizit den Begriff „Liberale Außenpolitik". Sie sei im Gegensatz zur Realpolitik Otto von Bismarcks von „idealistischen" Staatsmännern wie William Ewart Gladstone und Woodrow Wilson vertreten worden.

Der angebliche Gegensatz von Idealismus und Realismus zieht sich wie ein roter Faden durch die Lehre der Internationalen Beziehungen. Beide Ansätze waren durchaus fruchtbar. Diejenigen, die Rechtsstaatlichkeit, Menschenrechte und Demokratie als Voraussetzung von Stabilität, wirtschaftlicher Entwicklung und Frieden fordern, berufen sich auf eine geistige Tradition, die spätestens mit Immanuel Kant und seiner Schrift *Zum ewigen Frieden* begonnen hat (Kant 1984). Die Europäische Union formt ihre Mitgliedsstaaten nach diesem Muster und unterstützt die Transformation der Staaten in ihrer Nachbarschaft.

Aber auch Thomas Hobbes und seine Nachfolger bis Henry Kissinger haben Recht. Trotz weitreichender Entwicklung des Völkerrechts ist die Staatenwelt anarchisch geblieben. Interesse und Macht zählen nach wie vor; sie wirken nur unter neuen Bedingungen. Internationale Beziehungen haben ein Janusgesicht, ein idealistisches und ein realistisches. Demokratie kann Frieden fördern, aber als Ideologie auch Mittel der Machtpolitik sein, wenn sie z. B. mit Gewalt auferlegt wird. Die Erfahrung des Völkermords hat die Entwicklung des Internationalen Rechts beschleunigt, bis hin zu Prinzipien wie dem der Schutzverantwortung der Staaten. Manche dieser Staaten halten aber aus machtpolitischen Gründen deshalb nur umso entschlossener am Grundsatz der Souveränität und Nichteinmischung fest.

Idealismus und Realismus sind falsche Alternativen. Das Denken in diesen Kategorien führt zu Missverständnissen. Werte und Interessen, Macht und Verantwortung, Konflikt und Zusammenarbeit sind keine Gegensätze. Die außenpolitische Analyse braucht einen Ansatz „jenseits von Idealismus und Realismus" (Heumann 2001). Dies gilt vor allem für eine neue Definition liberaler Außenpolitik.

1.2   Liberale Außenpolitiker

Liberale Außenpolitik ließe sich auch erklären dadurch, dass man das Handeln der Staatsmänner analysiert, die zu ihren Vertretern gerechnet werden. Der vorliegende Band ist Hans-Dietrich Genscher gewidmet. Er steht in einer Reihe von liberalen Politikern in der deutschen Geschichte, die Außenminister waren: Gustav Stresemann, Walter Rathenau und Walter Scheel vor ihm, Klaus Kinkel und Guido Westerwelle nach ihm. Haben sie bestimmte Muster außenpolitischen Handelns gemeinsam? Wie weit trägt eine Definition liberaler Außenpolitik, die hieraus gewonnen würde?

In Genschers Arbeitszimmer im Auswärtigen Amt in Bonn hingen die Porträts Bismarcks und Stresemanns. Beide Staatsmänner, die oft in einen Gegensatz gebracht werden, nennt Genscher seine Vorbilder. Es war aber im Namen des Staatsmanns der Weimarer Republik, dass Genscher in seiner ersten Rede vor der Vollversammlung der Vereinten Nationen 1974 nichts Geringeres als eine „Revolution des außenpolitischen Denkens" forderte. Vor allem der Vergleich von Stresemann und Genscher zeigt, dass nationale Interessenpolitik konsequent und erfolgreich sein kann, ohne dass Machtpolitik im eigentlichen Sinne betrieben wird. Stresemann standen die Mittel der Macht nach dem Vertrag von Versailles ohnehin nicht zur Verfügung. So verteidigte er die Verträge von Locarno vor seinen innenpolitischen Kritikern mit dem Argument, dass man auf etwas verzichtet habe, was man nicht besitze. Das, was er als nationales Interesse Deutschlands verfolgte, nämlich die Revision des Versailler Vertrags, erreichte er auf friedlichem Wege. 1923 hing das Schicksal Deutschlands noch vollständig von den Alliierten ab. Rheinland und Ruhrgebiet waren besetzt, die Frage der Reparationen ungeklärt, Wirtschaft und Finanzen zerrüttet. Nur sechs Jahre später, 1929, wurden auf der Konferenz von Den Haag die letzten Auflagen des Versailler Vertrags beseitigt. Der Young-Plan erleichterte die Last der Reparationen. Vor allem gewann Deutschland mit seinem Ständigen Sitz im Völkerbund Souveränität und Ansehen zurück.

Gemessen am nationalen Interesse, der Herstellung der Deutschen Einheit, war Genscher auf ähnliche Weise erfolgreich. Das von ihm schon als junger Politiker vertretene Konzept, die Einheit Deutschlands durch die Überwindung der Teilung Europas zu erlangen, war 1989 aufgegangen. Genscher hat hieran in seiner 18-jährigen Amtszeit als Außenminister einen sehr großen Anteil (Heumann 2012). Machtpolitik konnte auch die Bundesrepublik Deutschland nicht betreiben.

Genscher entwickelte aber aus dem angeblichen Gegensatz von Verantwortungs- und Machtpolitik fast einen Kult, einen Politikstil (Conze, in diesem Band). Er wirkte noch lange nach seinem Rücktritt als Außenminister, auch noch dann, als er nicht mehr angemessen war. Schon in den letzten beiden Amtsjahren Genschers wurde in den Kriegen auf dem Balkan klar, dass Verantwortung für die Menschenrechte auch den Einsatz militärischer Gewalt rechtfertigen könnte. Die von Klaus Kinkel beanspruchte „Kultur der Zurückhaltung", ein expliziter Bezug auf Genscher, wurde zwar von den Deutschen verstanden aber immer weniger von den Partnern im Ausland, die vom vereinigten Deutschland mehr Verantwortung erwarteten. Die Tradition der „Kultur der Zurückhaltung" wurde von Guido Westerwelle fortgesetzt, der sich ebenfalls als Erbe Genschers sah. Die Entscheidung der Bundesregierung, sich 2011 bei der Abstimmung des Sicherheitsrats der Vereinten Nationen über die Errichtung einer Flugverbotszone in Libyen zu enthalten, führte den konstruierten Gegensatz von Macht- und Verantwortungspolitik endgültig ad absurdum. Die Resolution 1973 war der Versuch, einen bevorstehenden Völkermord durch Diktator Muammar al-Gaddafi abzuwenden, den Schutz der Zivilbevölkerung „mit allen Mitteln" zu garantieren. Deutschland setzte sich zum ersten Mal seit dem Zweiten Weltkrieg von seinen amerikanischen, französischen und britischen Partnern ab und befand sich an der Seite von Russland und China. Mit liberaler Außenpolitik ist dies nicht zu vereinbaren. Die zu Jahresbeginn 2014 vor allem von

Bundespräsident Joachim Gauck angestoßene Diskussion über die Verantwortung Deutschlands in der Welt hat diese Frage zwar nicht abschließend beantwortet. Die These vom Gegensatz zwischen Verantwortung und Macht aber hat sich erledigt. Dabei besaß die Bundesrepublik auch vor der Vereinigung erhebliches politisches Gewicht. Sie wurde bald nach dem Krieg die wirtschaftlich führende Nation in Europa und leistete den stärksten konventionellen militärischen Beitrag zum westlichen Bündnis. Ihre Demokratie entwickelte sich stabil, Deutschland zog die Lehren aus seiner Vergangenheit. Beides festigte das Ansehen Deutschlands. Ost- und Westpolitik verschafften der Bundesregierung außenpolitischen Handlungsspielraum. Dieser Begriff ist für Genscher gleichsam ein Ersatz für Machtpolitik. Handlungsspielraum bzw. Handlungsfähigkeit ist das vorrangige Interesse liberaler Außenpolitik.

Stresemann und Genscher ähneln sich vor allem in der europäischen Ausrichtung ihrer Außenpolitik. Letzterer hatte tiefer als andere deutsche Politiker seiner Zeit begriffen, dass die Demonstration der Macht Gegenkräfte auf den Plan ruft und dass die nationalen Interessen dann am besten gefördert werden, wenn sie von den Partnern auch als die eigenen wahrgenommen werden. So war das Wort von der Identität der deutschen und europäischen Interessen zu verstehen. Mit einer solchen Rhetorik gewann Genscher das Vertrauen der Partner. Sie aber ist die wichtigste „Währung" in der Diplomatie. Sie ermöglichte die Verwirklichung des eigentlichen nationalen Interesses, die Herstellung der Deutschen Einheit.

2   Verantwortliche Interessenpolitik

2.1   Demokratie

Es ist eine Selbstverständlichkeit, von einer liberalen Außenpolitik die weltweite Verbreitung von Freiheit, Demokratie und Rechtsstaat zu fordern. Es sind nur folgende Probleme damit verbunden: Einerseits kann sich die Forderung auf eine These stützen, die in der Theorie der Internationalen Beziehungen „Demokratischer Frieden" (Doyle 1986) genannt wird. Hiernach führen stabile Demokratien keine Kriege. Immanuel Kant, auf den sich die These ausdrücklich bezieht, liefert hierfür zwei Begründungen: „Republikanische Verfassungen" erschwerten den Krieg, weil man zu seiner Führung die Zustimmung der Staatsbürger braucht; im Übrigen bringe der Handel die Völker in ein „friedliches Verhältnis".

Andererseits hat Kant auch klargestellt, dass der Friede „gestiftet" werden muss. Mit diesem Argument begannen die Missverständnisse liberaler Außenpolitik. Bedingt die „Stiftung des Friedens" die Durchsetzung von Demokratie notfalls auch mit Macht? Das Dilemma ist aktuell, aber nicht neu. Besonders die Geschichte der amerikanischen Außenpolitik ist in dieser Frage exemplarisch und lehrreich (Hacke 1997). Schon Gründervater George Washington war nicht daran interessiert, dass die jungen Vereinigten Staaten von Amerika ihr Modell anderen Staaten aufdrängten und internationale Verpflichtungen („entanglements") eingehen. Thomas Jefferson hingegen hielt es für „unmöglich, nicht einzusehen, dass wir für die gesamte Menschheit handeln". John F. Kennedy war bereit, für die Verbreitung von Demokratie „jeden Preis zu zahlen und jede Bürde zu tragen". Diese Tradition war stark, wurde in anderen westlichen Ländern geteilt und wird erst jetzt wirklich in Frage gestellt, nachdem die zerstörerischen Folgen des Krieges im Irak 2003 klar werden. Dieser Krieg wurde zwar offiziell damit begründet, dass es im Irak Massenvernichtungswaffen gäbe. Präsident George W. Bush aber wollte letztlich ein Beispiel der Demokratie im Nahen Osten setzen. Dies ist so gründlich misslungen, dass ein Umdenken begonnen hat, dem die Diskussion über liberale Außenpolitik Rechnung tragen muss.

Demokratie steht heute vor dem Problem, in der multipolaren Welt, in einer Welt konkurrierender politischer Modelle, bestehen zu müssen. Ist sie übertragbar, z. B. auf China? Als westliches Projekt ist Demokratie mehr als ein Verfahren zur Wahl von Regierungen. Zu ihr gehören der Schutz des Individuums vor dem Staat (John Locke), die Herrschaft des Rechts und die Teilung der Gewalten (Charles de Montesquieu), Bildung der Bürger und geregelte Verfahren zur Rekrutierung politischer Eliten (Alexis de Tocqueville) sowie eine demokratische Öffentlichkeit (Jürgen Habermas). In dieser reinen Form ist Demokratie unverzichtbarer Teil der Identität des Westens. Liberale Außenpolitik macht es sich auch zur Aufgabe, diese Identität zu verteidigen. Dies ist durchaus ein realpolitischer Vorgang. Er besteht aber nicht darin, Demokratie mit den Mitteln der Machtpolitik durchzusetzen. Liberale Außenpolitik ist wirksam durch ihre Glaubwürdigkeit, d. h. dadurch, dass „der Westen" ein glaubwürdiges Beispiel gibt. Hierbei fällt Deutschland, das einen „langen Weg nach Westen" (Winkler 2000) zurückgelegt hat, eine besondere Rolle zu.

Schließlich wird sich liberale Demokratie in der Globalisierung nur behaupten können, wenn sie Antworten auf die Probleme der *global governance*, der neuen internationalen und multilateralen Regeln und Regime findet. Auch hier bedarf es neuer Formen von Gewicht und Gegengewicht *(checks and balances)*. Bei dieser Aufgabe steht die liberale Außenpolitik des 21. Jahrhunderts noch ganz am Anfang.

2.2   Definition

Was kann und soll eine Definition liberaler Außenpolitik leisten? Vor allem sollte sie zu den Forschungsfragen hinführen, die in diesem Band behandelt werden. Zwei dieser Fragen werden im praktischen Teil aufgenommen: Was macht die Außenpolitik von Hans-Dietrich Genscher zu liberaler Außenpolitik? Was hat sie für Deutschland bewirkt? Die beiden anderen Fragen werden im theoretischen Teil behandelt: Was ist liberale Außenpolitik allgemein, was zeichnet sie aus? Welche liberalen außenpolitischen Lösungen finden sich für heutige außenpolitische Herausforderungen? Diese beiden letzteren Fragen gehen über die Analyse der Außenpolitik Genschers hinaus. Eine Definition liberaler Außenpolitik soll beides ermöglichen: Den Platz liberaler Außenpolitik in der Theorie der Internationalen Beziehungen sichern, gleichzeitig aber liberale Außenpolitik als Antwort auf die Herausforderungen der Globalisierung, als Außenpolitik für das 21. Jahrhundert einführen.

Dem gesetzten Anspruch kann die Definition nur gerecht werden, wenn ihre Grundbegriffe in beiden Ansätzen operationalisierbar sind. Deshalb werden als Grundbegriffe vor allem Interesse und Verantwortung vorgeschlagen. Interesse bleibt die wichtigste analytische Kategorie in der Theorie der Internationalen Beziehungen. Verantwortung ist ein normativer Begriff. Er bezeichnet gleichsam die Ethik liberaler Außenpolitik. Das traditionelle Verständnis liberaler Außenpolitik, kurz gesagt die Verbreitung von Demokratie und Rechtsstaat mit den Mitteln der Außenpolitik, ist eine Frage der Verantwortungsethik. Es kommt auf die Resultate, die Folgen an. Deshalb eignet sich Verantwortung besser als z. B. Demokratie oder Freiheit als Grundbegriff.

Wenn Interesse und Verantwortung die wichtigsten Grundbegriffe liberaler Außenpolitik sind, könnte diese „Verantwortliche Interessenpolitik" genannt werden. Ihr wichtigstes Interesse ist Handlungsfähigkeit, die Übertragung des Begriffs der Freiheit auf die Außenpolitik. Da Handlungsfähigkeit immer weniger national hergestellt werden kann, ist übergeordnetes Interesse liberaler Außenpolitik die Handlungsfähigkeit Europas.

Die Einordnung liberaler Außenpolitik in die Theorie Internationaler Beziehungen (Schieder in diesem Band) hilft der Entwicklung einer Außenpolitik, mit der im 21. Jahrhundert die Globalisierung gestaltet wird. Letztere profitiert davon, dass auch in der amerikanischen Politikwissenschaft die liberale Theorie der Internationalen Politik die Vorherrschaft von Theorien wie die des Realismus oder Institutionalismus zu brechen scheint bzw. sich als „paradigmatische Alternative" zu ihnen versteht (Moravcsik 1997). Es kommt dem Verständnis von liberaler Außenpolitik entgegen, dass diese Theorie zwar nicht die Rolle der Staaten bestreitet, aber Individuen und Gruppen als die Akteure ausmacht, die die Interessen von Staaten prägen. So wird z. B. der Zusammenhang von Außen- und Innenpolitik klar, der gerade für die deutsche Außenpolitik so bedeutsam ist. Wenn nationale Interessen auch das Ergebnis innerstaatlicher Entscheidungsprozesse sind, dann können sie von Staat zu Staat verschieden sein. Es wird so auch erklärt, warum Staaten fundamentale Interessen wie z. B. das der Souveränität relativieren, um sich z. B. auf die europäische Integration einzulassen.

Schließlich verweist der Zusammenhang von sozialem, wirtschaftlichem und politischem Wandel einerseits und dem Verhalten von Staaten andererseits auf eine für liberale Außenpolitik zentrale Kategorie, die des friedlichen Wandels. Im engeren Sinne spielte dieser Begriff bei der Konferenz für Sicherheit und Zusammenarbeit (KSZE) eine besondere Rolle. Vor allem Genscher ist zu verdanken, dass das Prinzip des friedlichen Wandels *(peaceful change)* Eingang in die „Schlussakte von Helsinki" fand und eine friedliche Veränderung von Grenzen in Europa, damit auch die Deutsche Einheit möglich wurde. Dies war die taktische Seite. Der grundsätzliche Glaube aber an den Prozesscharakter der Geschichte, auch an ihren Fortschritt, teilt Genscher mit anderen Vertretern des Liberalismus.

3   Liberale Außenpolitik im 21. Jahrhundert

3.1   Interesse

Nicht nur Freiheit, Demokratie und Rechtsstaat sind „Kinder der Aufklärung", sondern auch die Begriffe Interesse und Verantwortung. Ihre Wurzel ist der Rationalismus. Eine Orientierung liberaler Außenpolitik an diesen Begriffen ist sozusagen vernünftig. Wenn nationale Interessen rational begründet werden können, sind sie auch empirisch-analytisch zu untersuchen.

In mit Deutschland vergleichbaren Staaten wie Frankreich, Großbritannien oder USA wird der Begriff nationales Interesse mit großer Selbstverständlichkeit als Orientierung für die Außenpolitik verwandt. Die deutsche Tradition ist in dieser Hinsicht ambivalent. Friedrich der Große hatte in seinem *Politischen Testament* Politik als „die Kunst, mit allen geeigneten Mitteln stets den eigenen Interessen gemäß zu handeln" (Werke Friedrichs des Großen, S. 144) bezeichnet. Für Bismarck gilt das Gleiche. Spätestens seit dem Zweiten Weltkrieg aber galt Interessenpolitik den Deutschen als ein Tabu. National wurde durch europäisch ersetzt, Interessenpolitik durch Friedenspolitik oder eben durch Verantwortungspolitik (Genscher).

Die Orientierung an Interessen ist vernünftig, weil sie Legitimität, Kontinuität und Vertrauen fördert. Staaten werden von ihrer Bevölkerung daran gemessen, wie erfolgreich sie ihre Interessen vertreten. Hierin liegt ein Teil ihrer inneren Legitimität. Für die Partner dieser Staaten ist ein solches Verhalten glaubwürdig. Hierin liegt die äußere Legitimität. Altruismus in der Außenpolitik ist unglaubwürdig. Die Orientierung an Interessen ermöglicht ferner Kontinuität und damit Berechenbarkeit in der Außenpolitik. Dies ist der Sinn des berühmten Wortes des britischen Premierministers Lord Palmerston von den „ewigen Interessen". Sie werden dem Wechsel der Verhältnisse zum jeweiligen „Freund und Feind" (Carl Schmitt) gegenübergestellt. Ein Verhalten, das sich an Interessen orientiert, kann man verstehen, „berechnen". Dies fördert die Kommunikation und erleichtert Kompromisse. Berechenbarkeit schafft Vertrauen, die wichtigste Währung in der Diplomatie. Gerade diesen Zusammenhang findet man in den meisten außenpolitischen Reden Genschers.

Was aber ist der Inhalt des Begriffs Interesse? Die mit Deutschland vergleichbaren Staaten haben sich außen- und sicherheitspolitische Strategien gegeben, die Aufzählungen nationaler Interessen enthalten. Diese Kataloge sind meist zu allgemein, um aussagekräftig zu sein. Wohlstand und Sicherheit sind die wichtigsten Anliegen wohl aller Staaten der Welt. Liberale Außenpolitik setzt bei der Globalisierung an. Das wichtigste Interesse liberaler Außenpolitik ist die Gestaltung der Globalisierung.

3.2   Verantwortung

Der Begriff Verantwortung ist komplementär zum Begriff Interesse. Die Verantwortung eines Staates besteht geradezu darin, seine Interessen zu vertreten. Er hat gar nicht das Recht, etwas anderes zu tun, weil ihm das Leben seiner Bürger anvertraut ist und er zum Handeln berufen ist. Die Mitglieder deutscher Regierungen z. B. haben den Amtseid abgelegt, „Schaden vom deutschen Volk zu wenden". Insofern gelten für die liberale Außenpolitik immer noch die Regeln der Verantwortungsethik. Max Weber forderte von der Politik, „dass man für die (voraussehbaren) Folgen seines Handelns aufzukommen hat" (Weber 1992, S. 70). Er ironisiert die Gesinnungsethik. Sie begnüge sich damit, die „Flamme der reinen Gesinnung" (ebenda, S. 71) nicht erlöschen zu lassen. Sie sei sogar gefährlich, wenn mit ihr die Mittel durch den Zweck geheiligt werden. Verantworten kann die Außenpolitik aber in der Tat nur die voraussehbaren Folgen. Sie trifft aber unter den Bedingungen der Globalisierung immer mehr auf die Komplexität, die Unkalkulierbarkeit politischer Prozesse (Beck 1997). Entscheidung und Wirkung entfernen sich immer weiter voneinander, Wirkung ist immer weniger kausal zurechenbar. Die Zukunft aber muss offen bleiben, die Globalisierung gestaltbar. Hierin sah der Philosoph Hans Jonas, auf den sich Genscher beruft, das „Prinzip Verantwortung" (Jonas 1979).

3.3 Handlungsfähigkeit

Dies ist aber nichts weniger als ein Plädoyer für den Primat der Politik. Sie gehört zum Wesen liberaler Außenpolitik, die sich den vermeintlichen Sachzwängen der Globalisierung verweigert. Sie besteht auf Handlungsfähigkeit. In diesem Begriff (Heumann 2013) treffen sich beides, Interesse und Verantwortung liberaler Außenpolitik. Handlungsfähigkeit kann als außenpolitische Entsprechung des Begriffs der Freiheit verstanden werden. Auf jeden Fall ist er eine Alternative zum Begriff der Macht und wäre als solcher in der Theorie der Internationalen Beziehungen bzw. als „zentrales liberales außenpolitisches Paradigma" (Varwick 2013, S. 88) zu thematisieren.

Der Begriff Handlungsfähigkeit besitzt Dimensionen, die der Begriff Macht nicht hat. Er kann grundsätzlich definiert werden als Produkt von außenpolitischer Kompatibilität und innenpolitischem Konsens (Hanrieder 1995). Kompatibilität ist die Vereinbarkeit außenpolitischer Interessen mit den Gegebenheiten des Internationalen Systems; innenpolitischer Konsens ist der Grad der Übereinstimmung von Regierung, Parlament, Parteien, Interessengruppen und Öffentlichkeit über Ziele und Mittel der Außenpolitik. Handlungsfähigkeit ist somit mehr als die Souveränität eines Staates, die nur sein äußeres Verhältnis betrifft.

Im Begriff der Kompatibilität, der die Berücksichtigung der Interessen anderer einschließt, liegt die entscheidende Erweiterung des Begriffs Handlungsspielraum gegenüber dem Begriff Macht. Ist die Vergrößerung des Handlungsspielraums das nationale Interesse, so ist Macht als Mittel zur Verfolgung dieses Interesses ein zweischneidiges Schwert: Es ist z. B. noch nicht klar, ob die aktuelle Wahrnehmung einer größeren Macht, einer Führung Deutschlands in Europa, die deutsche Handlungsfähigkeit erweitert oder nach den Regeln der Gleichgewichtspolitik Gegenkoalitionen hervorruft und damit die Handlungsfähigkeit einschränkt. Schließlich darf der Begriff des innenpolitischen Konsenses nicht verwechselt werden mit dem Primat der Innenpolitik. Gerade die jüngste Geschichte der deutschen Außenpolitik hat gezeigt, dass er die außenpolitische Handlungsfähigkeit empfindlich beeinträchtigen kann.

4   Liberale Außenpolitik für das 21. Jahrhundert

4.1   Gestaltung der Globalisierung

Wie sieht liberale Außenpolitik unter den Bedingungen der Globalisierung aus? Zunächst stellt sich die Frage, mit welchen Akteuren liberale Außenpolitik im 21. Jahrhundert zu tun hat. Der Nationalstaat lebt, es gibt davon fast 200 in der Welt. Die neuen Akteure aber werden mehr: ca. 250 Internationale Regierungsorganisationen (IGO), über 7000 Internationale Nicht-Regierungsorganisationen (INGO), ca. 40.000 transnationale Unternehmen (Schieder 2013). Außerdem nimmt die Verflechtung in allen Bereichen zu. Beides führt dazu, dass der Nationalstaat immer weniger kontrolliert, dass er bei der Verfolgung seiner Interessen allein immer weniger handlungsfähig ist. Er ist auf Zusammenarbeit mit den anderen Akteuren angewiesen. Letztlich verlangen die Probleme der Globalisierung nach globalen Regeln, nach einer *global governance*. Die Kommission für Weltordnungspolitik definiert diesen Begriff als „die Gesamtheit der zahlreichen Wege, auf denen Individuen sowie öffentliche und private Institutionen ihre gemeinsamen Angelegenheiten regeln" (Kommission für Weltordnungspolitik 1995, S. 4).

Eine solche Politik geht über den klassischen Multilateralismus (Ruggie 1993) weit hinaus, insofern dieser nur als Koordination nationaler Politiken mehrerer Staaten verstanden wird. Liberale Außenpolitik kann sich deshalb nicht auf „effektiven Multilateralismus" beschränken, ein Begriff, den sich die deutsche Außenpolitik zu Eigen gemacht hat. Multilateralismus bezieht heute alle Formen von Akteuren und sich überlappenden multilateralen Zusammenschlüssen ein. Er hebt nationale Interessen nicht auf. Dies gilt letztlich auch für die am weitesten fortgeschrittene Organisation von Multilateralismus, der Europäischen Integration: Europäische Integration und nationale Interessenpolitik sind keine Gegensätze (Heumann 1980). Europäische Integration beruht „auf konkreten nationalen Interessen, relativer Macht und sorgfältig kalkulierter Übertragung von Souveränität" Moravcsik 1998, S. 472). Multilateralismus ist schließlich auch ein Wettbewerb darum, die Regeln der Globalisierung zu gestalten. Sie sind die sogenannten Standards, um die in laufenden Verhandlungen über Handels- und Investitionspartnerschaften gerungen wird. Sowohl die Transatlantische Handels- und Investitionspartnerschaft zwischen den USA und der Europäischen Union (TTIP) als auch die Transpazifische Partnerschaft zwischen den USA auf der einen und elf Staaten des asiatisch-pazifischen Raums (TPP) sind der Versuch, westliche Standards in der Globalisierung durchzusetzen. China ist bei diesen beiden wichtigen Foren außen vor. Dies ist die machtpolitische Dimension der Globalisierung. In den bisherigen multilateralen Institutionen, die nach dem Zweiten Weltkrieg als System von Bretton Woods gegründet wurden, entspricht der Einfluss der aufstrebenden Wirtschaftsmächte nicht ihrem wachsenden Gewicht in der Weltwirtschaft. Deshalb haben die BRICS-Staaten (Brasilien, Russland, Indien, China) unter der Führung Chinas begonnen, eigene Institutionen, wie eine BRICS-Weltbank und einen BRICS-Währungsfond zu gründen. Von der multipolaren Welt hat Genscher schon gesprochen, als dies in Europa manchmal noch als Antiamerikanismus verstanden wurde. Er ist ein Vordenker des Multilateralismus, vor allem der regionalen Zusammenarbeit. Letztere hat er zu einem Kernstück seiner Außenpolitik gemacht. In der regionalen Zusammenarbeit sah er damals eine Chance vor allem für Staaten der Dritten Welt, ihre Unabhängigkeit zu stärken und sich dem Ost-West-Konflikt zu entziehen. Deshalb unterstützte Genscher auch die Bewegung der Blockfreien. Er hat schon zu Beginn seiner Amtszeit den europäisch-arabischen Dialog gefördert, die Zusammenarbeit der Europäischen Gemeinschaft mit der ASEAN, den Golf-Kooperationsrat und vor allem die politische Zusammenarbeit der mittelamerikanischen Staaten, deren Bürgerkriege damals die Weltöffentlichkeit beschäftigten. Liberale Außenpolitik stützt sich auf Kapitel VIII der Charta der Vereinten Nationen: Es sieht vor, dass „regionale Abmachungen", wie es dort heißt, mehr politische Verantwortung übernehmen sollen. Die von der Bundesregierung Merkel vertretene Strategie der „Ertüchtigung" könnte hiermit begründet werden. Sie zielt darauf, regionale Mächte und Zusammenschlüsse in die Lage zu versetzen, selbst für ihre Sicherheit zu sorgen.

Die Gestaltung der Globalisierung ist das ausdrückliche Ziel des unter der Federführung des liberalen Außenministers Westerwelle im Jahre 2012 vorgestellten außenpolitischen Konzeptes der Bundesregierung „Globalisierung gestalten – Partnerschaften ausbauen – Verantwortung teilen" (Auswärtiges Amt 2012). Adressaten dieses Konzepts sind vor allem die sogenannten „neuen Gestaltungsmächte", mit denen Deutschland nicht schon im Rahmen der Europäischen Union, der G-8 oder der NATO zusammenarbeitet. Ehrgeiziges Ziel des Konzepts ist es, diese Staaten für eine „regelbasierte sowie multilateral und global ausgerichtete Ordnungspolitik" zu gewinnen. Von ihnen wird letztlich auch die Übernahme von mehr Verantwortung bei der Lösung der strategischen Fragen der Globalisierung erwartet: Klimawandel, Energiesicherheit, Finanzkrise, Fragile Staaten, Terrorismus, Verbreitung von Massenvernichtungswaffen, Cyber-Sicherheit, Organisierte Kriminalität, Ungleichheit. Hierin liegt eine gewisse Gefahr, bzw. eine Schwäche des Konzepts. Die „Gestaltungsmächte" sind nämlich diesen Erwartungen ebenso wenig gerecht geworden, wie sie bisher Beiträge leisten konnten zur Lösung politischer Konflikte wie denen über das Nuklearprogramm Irans, Nordkoreas, oder der Krisen in Nordafrika.

Deutschland hat von allen Staaten in der Welt das stärkste Interesse, die Globalisierung zu gestalten. Es nimmt seit 2012 den ersten Platz im Index der globalen

Verflechtung (McKinsey Global Institute 2014) ein. Der Index misst den weltweiten Austausch von Gütern, Dienstleistungen, Finanzen, Menschen und Daten. Deutschland ist exemplarisch für die Liberale Außenpolitik, deren Ziel die Stärkung außenpolitischer Handlungsfähigkeit unter den Bedingungen der Globalisierung ist. Handlungsfähigkeit ist für Deutschland und seine Partner national nicht mehr herzustellen, nur noch europäisch. Deshalb ist nicht nur Handlungsfähigkeit an sich sondern die Handlungsfähigkeit Europas das Ziel liberaler Außenpolitik.

4.2   Europäische Integration

Im klassischen Liberalismus des 19. Jahrhunderts stand nationale Einheit im Vordergrund, nicht Europa. Dies galt vor allem für Deutschland. Dort sahen einige Vertreter der Liberalen nach dem Zweiten Weltkrieg, der die Teilung Deutschlands mit sich gebracht hatte, sogar einen Gegensatz zwischen deutscher und europäischer Einheit. Die damalige FDP hatte die Gründung der Europäischen Wirtschaftsgemeinschaft (EWG) abgelehnt. Sie misstraute der Westorientierung Bundeskanzler Konrad Adenauers und warf ihm vor, die europäische Einheit der deutschen vorzuziehen. Erst unter dem Einfluss der späteren Außenminister Scheel und Genscher wurde die liberale Partei auf einen europäischen Kurs gebracht. Bis heute wirken die Spannungen zwischen nationaler und europäischer Orientierung nach.

Genscher hatte als Außenminister von Anfang an ein Verständnis von Europa, das vom Primat der Politik geprägt ist. Die europäische Einigung sei mehr als ein Mittel zur Schaffung wirtschaftlichen Wohlstands. Er entwickelte bereits in den siebziger Jahren die Idee, dass Europa ein handlungsfähiger Akteur, ein Pol in der multipolaren Welt sein sollte: „In einer Welt kontinentaler Mächte – USA, UdSSR, China – und großer Verhandlungsblöcke – Ölländer, Entwicklungsländer … kann der einzelne europäische Staat seine Lebensinteressen nicht mehr ausreichend zur Geltung bringen. Allein auf sich gestellt ist er vielmehr mehr oder weniger Objekt, nicht Subjekt der Weltpolitik. Nur vereint kann das freie Europa Herr seines Schicksals sein" (Lucas 2002, S. 93). In Deutschland war diese Vision von Europa damals eine Innovation.

In dieser Logik des handlungsfähigen Europa lag es auch, dass Genscher die Mitgliedsstaaten der Europäischen Union zu gemeinsamen außenpolitischen Positionen drängte. Dies galt in den 1970er und 1980er Jahren z. B. für die Konferenz für Sicherheit und Zusammenarbeit in Europa (KSZE) und in der Nahostpolitik (Erklärung von Venedig 1980). Das Instrument hierfür sollte die 1970 gegründete Europäische Politische Zusammenarbeit (EPZ) sein, die Genscher zu einer gemeinsamen Außen- und Sicherheitspolitik ausbauen wollte. Hier liegen die

Grundlagen der späteren GASP (Gemeinsame Außen- und Sicherheitspolitik) und GSVP (Gemeinsame Sicherheits- und Verteidigungspolitik). Einen Durchbruch in diese Richtung versuchte Genscher mit seiner Initiative für die „Einheitliche Europäische Akte" in den 1980er Jahren (vgl. dazu Bresselau in diesem Band). Er hatte nichts weniger im Sinn als einen „Vertrag über die Europäische Union", in dem die (supranationale) Europäische Gemeinschaft und die (intergouvernementale) Europäische Zusammenarbeit unter dem Dach des Europäischen Rats zusammengefasst werden sollten. Der Europäische Rat sollte durch vermehrte Anwendung der Mehrheitsabstimmung, die EPZ durch Befassung auch mit sicherheitspolitischen Fragen gestärkt werden. Als Ergebnis stellte sich Genscher eine starke politische Union vor, die ein gleichgewichtiger Partner der USA sein könnte.

Es wird an diesen Beispielen klar, dass die Handlungsfähigkeit Europas als Ziel liberaler Außenpolitik keine Entscheidung im ewigen Streit zwischen dem sogenannten intergouvernementalen (zwischenstaatlichen) und gemeinschaftlichen (integrierten) Ansatz der europäischen Einigung voraussetzt. Liberale Außenpolitik ist nicht notwendigerweise das eine oder das andere. Mit der EPZ und dem Europäischen Rat wurden damals zwar gerade die intergouvernementalen Institutionen der EG gestärkt, nicht die gemeinschaftlichen. Im Vertrag von Maastricht 1991 wurden die drei Säulen der Europäischen Union streng getrennt: Europäische Gemeinschaft, intergouvernementale Gemeinsame Außen- und Sicherheitspolitik sowie eine Zusammenarbeit auf den Gebieten Justiz und Inneres, die beide Methoden verbindet. Diese institutionelle Entwicklung hat die Handlungsfähigkeit Europas später nicht grundsätzlich behindert. Mit dem Vertrag von Lissabon wurde im Jahre 2007 (Unterzeichnung) ein Amt geschaffen, das dem eines Europäischen Außenministers sehr nahe kommt, nur nicht so heißt. Es verbindet den gemeinschaftlichen und intergouvernementalen Ansatz und damit die erheblichen Möglichkeiten der Europäischen Kommission mit den Entscheidungsprozessen des Rates.

Auch die Geschichte der Europäischen Wirtschafts- und Währungsunion (EWWU) zeigt, dass ein intergouvernementales Vorgehen Fortschritte der europäischen Integration nicht verhindern muss. Für Genscher war eine europäische Währung mehr als die Vollendung des Binnenmarkts. Sie war ein politisches, außenpolitisches Projekt, eine Reaktion auf die Veränderungen im West-Ost-Verhältnis in den 1980er Jahren. Europa sollte einen weiteren Schritt zu einer politischen Union machen, um in dieser Situation handlungsfähig zu sein. Genscher legte bereits 1988 sein „Memorandum zur Europäischen Wirtschafts- und Währungsunion" vor, das die Grundlage des weiteren Vorgehens war. Der Euro war nicht der Preis für die Deutsche Einheit, wie viele Kritiker der EWWU vor allem in Deutschland immer noch behaupten (vgl. dazu Interview mit Hans-Dietrich Genscher in diesem Band). Genscher sah umgekehrt eine Chance darin, die Dynamik der Vereinigung Deutschlands auch für die politische Stärkung der Europäischen Gemeinschaft zu nutzen. Zusammen mit Bundeskanzler Kohl setzte er damals – gegen den anfänglichen Widerstand Frankreichs – durch, dass Ende 1990 neben der Regierungskonferenz über die Europäische Wirtschaft- und Währungsunion auch eine Konferenz für die Politische Union eingesetzt wurde. Die Politische Union als die notwendige Ergänzung der Europäischen Wirtschafts- und Währungsunion aber steht noch aus. Die Bundesregierung bezeichnete dieses Versäumnis in ihrem Koalitionsvertrag von 2013 als „Konstruktionsmangel" des Euro.

Liberale Außenpolitik setzt auf eine Logik der europäischen Integration, die man als eine Art „List der Vernunft" (Georg Wilhelm Friedrich Hegel) bezeichnen kann. Sie schreitet fort, ohne dass sie immer den von den politischen Konzepten und Verträgen vorgezeichneten Wegen folgt. Nirgends wird dies deutlicher als im Verlauf der europäischen Finanzkrise. Auch wenn sie noch nicht vollständig überwunden ist, so hat Europa in ihr doch seine Handlungsfähigkeit bewiesen. Nicht nur haben sich die Finanzmärkte beruhigt. Die Geldpolitik der Europäischen Zentralbank hat dazu beigetragen, Zeit für Reformen zu „kaufen". Die Volkswirtschaften der Eurozone wachsen wieder. Die Schulden europäischer Staaten sind um die Hälfte gesunken, Produktivität und Wettbewerbsfähigkeit steigen, auch wenn die sozialen Probleme vor allem in den südlichen Mitgliedstaaten groß sind.

Die „List der Vernunft" aber bestand vor allem darin, dass die Regierungen im Zuge ihres Krisenmanagements neue Instrumente der Integration, teilweise jenseits der Europäischen Union geschaffen haben. Es wurde in der öffentlichen Diskussion über die sogenannte Eurokrise gar nicht richtig wahrgenommen, dass es bereits zu „mehr Europa" (Bundeskanzlerin Angela Merkel) gekommen ist. Instrumente wie das „Europäische Semester", der „Six-Pack", der Fiskalpakt, der „Euro-Plus Pakt", der „Two Pack", der Europäische Stabilitätsmechanismus und schließlich die Bankenunion bedeuten einen unerwarteten Verzicht auf nationale Souveränität. Lassen sich aus dieser Entwicklung Lehren für liberale Außenpolitik ziehen?

Die wichtigste Lehre wäre wohl die, dass auch in der Finanzkrise der Primat der Politik gilt. Die Finanzmärkte reagieren nicht nur auf wirtschaftliche Daten. Warum hätten sie sich sonst im Euroraum teilweise beruhigt, obwohl diese Daten sich noch nicht grundlegend geändert haben? Die Rating-Agenturen lassen in ihren Bewertungen erkennen, worum es geht. Sie begründen ihre Auf- und Abwertungen der Kreditwürdigkeit von Banken und Staaten mit politischen Entscheidungen von Regierungen. Sie fragen nach den Maßnahmen, die zur Bewältigung der Finanzkrise getroffen werden. Sie bewerten die Handlungsfähigkeit von Regierungen.

Der Verlauf der Finanzkrise bestätigt schließlich, dass es für die Handlungsfähigkeit der europäischen Staaten von geringer Bedeutung ist, ob sie den Regeln der Verträge, ob sie einer gemeinschaftlichen oder intergouvernementalen Methode folgen oder nicht. Letztlich war es eine Avantgarde, teilweise geführt von Deutschland, die zu verstärkter Integration bereit war. Sie handelte teilweise außerhalb des Rahmens der Europäischen Union, nämlich als Eurozone. Für die Handlungsfähigkeit war dies offenbar nicht von großer Bedeutung.

4.3 Europa in der multipolaren Welt

Die geltende europäische Sicherheitsstrategie von 2003 behauptet, dass die Europäische Union „zwangsläufig ein globaler Akteur" (Kommission der Europäischen Union 2003, S. 1) ist. Sie ist dies schon wegen ihrer Größe von 28 Mitgliedstaaten und einer Bevölkerung von ca. 500 Millionen Menschen. Sie ist die größte Handelsmacht der Welt, besitzt die zweitwichtigste Währung und ist die größte Geberin von Internationaler Entwicklungshilfe. Während der letzten zehn Jahre hat die EU auf drei verschiedenen Kontinenten insgesamt 23 zivile Missionen und Militäroperationen durchgeführt. Europa wird seine Handlungsfähigkeit dadurch beweisen müssen, wie es mit den Kräfteverschiebungen in der multipolaren Welt umgeht. Europa ist sozusagen zur Handlungsfähigkeit „verdammt".

Die wirtschaftliche und politische Analyse deuten in dieselbe Richtung. In der multipolaren Welt vollzieht sich das, was der Historiker Fernand Braudel eine Neuorientierung *(recentrage)* nennt. In wirtschaftlicher Hinsicht werden in naher Zukunft vor allem drei Entwicklungen bestimmend sein: Drei der vier größten Volkswirtschaften der Welt werden sich in Asien befinden, nämlich China, Indien und Japan. Sie werden ca. 40 des weltweiten Bruttoinlandsprodukts (BIP) auf sich vereinigen, China wahrscheinlich stärkste Volkwirtschaft der Welt werden. Zusammen mit anderen aufsteigenden Mächten werden sie ein wirtschaftliches Gewicht aufbauen, das ihren Einfluss in den internationalen Wirtschafts- und Finanzinstitutionen, vor allem der Weltbank, dem Weltwährungsfonds (IMF) und der Welthandelsorganisation (WTO) stärken wird. Spätestens seit Gründung der G20 im Jahre 2003 ist klar, dass diese Staaten eine Neuordnung des Weltwirtschafts- und Finanzsystems anstreben. Damit aber ist die bisher führende Stellung der USA, die dieses System nach dem Zweiten Weltkrieg aufgebaut haben und in ihm dominieren, in Frage gestellt.

Für die liberale Außenpolitik wäre es allerdings zu früh, sich langfristig auf einen Abstieg des Westens und einen „Aufstieg der Übrigen" (Zakaria 2011) einzustellen. Die ehemals hohen Wachstumsraten der sogenannten BRICS-Staaten, Brasilien, Russland, Indien und China haben sich im Jahr 2013 ungefähr halbiert. Investitionen in diesen Ländern nehmen ab. Die USA und Europa holen relativ auf. Europa sieht sich außerdem nicht einer geschlossenen Front der Gestaltungsmächte gegenüber, deren wirtschaftliche und politische Unterschiede nehmen eher zu. Sie treten nicht als einheitlicher Akteur in der internationalen Politik auf.

Vor allem der Aufstieg Chinas aber hat längst eine machtpolitische Qualität erreicht. China ist die führende Macht in Asien und baut diese Stellung auch militärisch aus. Europa und die USA müssen sich vor allem die Frage stellen, was China mit diesem Gewicht macht. Sie sind von dieser Entwicklung unmittelbar betroffen und in der Region präsent, der eine wirtschaftlich, der andere wirtschaftlich und militärisch. Die Entscheidung Präsident Barack Obamas, die amerikanische Präsenz in Asien zu verstärken ist ein politisches Signal, das zweierlei bedeuten kann. Einerseits bestehen die USA auf ihrem globalen Anspruch. Andererseits erkennen sie die Tatsache an, dass die Welt mit dem Aufstieg Chinas wirklich multipolar geworden ist. Letzteres wäre zumindest das Ende des „unipolaren Moments" der USA, für manche auch bzw. der Beginn der „postamerikanischen Ära" (Kupchan 2003).

Was bedeutet dies für die Handlungsfähigkeit Europas? Der Platz Europas in der Welt entscheidet sich letztlich in den Beziehungen zu drei Schlüsselregionen bzw. -staaten: Asien bzw. China, USA sowie in der östlichen Nachbarschaft, vor allem Russland. Während die strategischen Partnerschaften zu den USA und zu Russland auf historischen Traditionen und Erfahrungen gründen, wird in den Beziehungen zu Asien, insbesondere China in strategischer Hinsicht Neuland betreten.

Liberale Außenpolitik in Asien setzt bei den Interessen Europas an. Die Europäische Union wickelt fast ein Drittel ihres Handels mit Asien ab und ist wichtigster Handelspartner Chinas. In dieser Situation werden offene Handelswege in der östlichen und südlichen Chinesischen See, die Stabilität der Region, also die friedliche Lösung der Konflikte zu strategischen Interessen Europas. Andere gemeinsame Interessen sind maritime Sicherheit, Zugang zu Rohstoffen, Energiesicherheit, Nichtverbreitung von Massenvernichtungswaffen, Terrorismus, Cybersicherheit. Die Europäische Union hat auch ein Interesse daran, dass Chinas Aufstieg friedlich ist. Sie kann im Unterschied zu den USA aber keine Gegenmacht sein. Die Stärkung der regionalen Zusammenarbeit, vor allem der Gemeinschaft Südostasiatischer Staaten (ASEAN), ist in diesem Zusammenhang auch Sicherheitspolitik. Die EU ist längst nicht mehr nur wirtschaftlicher Akteur in Asien. Handel ist ein Mittel des Einflusses. Dieser ist umso wirksamer, umso weniger er von Machtpolitik und einer geopolitischen Agenda geprägt ist. Die „Richtlinien zur Außen- und Sicherheitspolitik der EU in Ostasien" (European External Action Service 2012) sind der Versuch, europäische Erfahrungen der Konfliktlösung, des Multilateralismus, der Vertrauensbildung, der regionalen Zusammenarbeit, der Normenbildung für die Region nutzbar zu machen. Sie sind ein gutes Beispiel liberaler Außenpolitik.

Im Verhältnis zu Russland steht Europa vor einer Art „Stunde der Wahrheit": Die Vorgänge in der Ukraine haben offenbart, dass Europäische Union und Russland in einem geopolitischen Wettbewerb stehen. Während Russlands Präsident Wladimir Putin dies von Anfang an so verstanden hatte, ist die EU nicht gewöhnt, machtpolitisch zu handeln. Gerade in der Ukraine aber zeigt sich, dass die EU Macht besitzt. Sie liegt in ihrer Anziehungskraft. Die Mehrheit der ukrainischen Bevölkerung wollte das Assoziierungsabkommen mit der EU und Teil Europas sein. Für Russland hingegen ist die Ukraine der Kern des geopolitischen Projekts Eurasische Union. Einfluss auf die Ukraine kann es nur mit Druck gewinnen. Der Wettbewerb zwischen EU und Russland um die Ukraine wird deshalb auch etwas aussagen über die Wirkung von *soft power* im Verhältnis zu *hard power*. Russland hat sich durch sein Vorgehen in der Krimkrise jedenfalls eher geschwächt. Es ist politisch isoliert, die Partner in der Eurasischen Union sind abgerückt, die NATO enger zusammengerückt. Die EU hingegen hat trotz unterschiedlicher Interessen und Abhängigkeiten ihrer Mitgliedsstaaten Entschlossenheit und Geschlossenheit bei den Abstimmungen über die Sanktionen und damit Handlungsfähigkeit bewiesen.

Worin besteht die Handlungsfähigkeit Europas gegenüber den USA? Angesichts der Kräfteverschiebungen in der multipolaren Welt könnten die USA ein stärkeres Interesse an Europa als einem strategischen Partner in Zukunft haben. Sie haben nicht nur in der Finanzkrise die Grenzen ihrer Handlungsfähigkeit entdeckt. Europa ist durch diese Entwicklung immer mehr vor eine Entscheidung gestellt, der es nicht mehr länger ausweichen kann. Spätestens seit dem Ende des Kalten Kriegs erwarten die USA, dass Europa die Lasten mit ihnen teilt. Das europäische Missverständnis besteht in der Annahme, dass das *burden sharing* nur im amerikanischen Interesse liegt. Es liegt aber vor allem im Interesse Europas, die Arbeitsteilung anzunehmen. Sie ist der geeignete Weg, um eine Rolle in der internationalen Politik zu spielen, um ein Pol in der multipolaren Welt zu sein. Europa und die USA haben ein gemeinsames Interesse daran, bei der Gestaltung der Globalisierung westliche Standards durchzusetzen. Liberale Außenpolitik sollte dabei auch das Interesse verfolgen, europäische Werte bei der Definition der westlichen Standards einzubringen.

Wie handlungsfähig ist Europa schließlich in seiner südlichen Nachbarschaft? Die Kriege in Syrien, dem Irak und in Gaza könnten Kräfteverschiebungen im Nahen Osten bedeuten, die die „Sykes-Picot-Ordnung", also die 1916 von Frankreich und Großbritannien gezogenen Grenzen, in Frage stellen. Hiermit entstünde ein neues Muster der religiösen und ethnischen Gruppen, der Schiiten und Sunniten, der Kurden und anderer. Es riefe gleich mehrere regionale Mächte auf den Plan: den Iran als Vormacht der Schiiten, verbündet mit der Hisbollah im Libanon und mit dem Staatschef Syriens Baschar al-Assad, Saudi-Arabien als Vormacht der Sunniten mit den entsprechenden Bündnissen, aber auch Israel, das nach neuen Partnern in der Region über Jordanien und Ägypten hinaus sucht, schließlich die Türkei, die sich kurdischen Einigungsbemühungen gegenüber sieht. Es ist noch nicht klar, wie sich äußere Mächte wie die USA und Russland zu diesen Kräfteverschiebungen verhalten werden. Sollte es eine Einigung mit dem Iran in der Nuklearfrage geben, würden sich neue Möglichkeiten der Zusammenarbeit mit dem Westen und damit weitere Kräfteverschiebungen ergeben.

Auf welche regionalen Mächte sollte Europa setzen? Wie ist es um deren Stabilität bestellt? Im Nahen Osten hat sich gezeigt, dass Diktaturen langfristig nicht stabil sind. Lassen sie sich durch die Europäische Union transformieren in Demokratien und Rechtsstaaten? Es sieht im Augenblick nicht so aus, als könnte die Europäische Union ihre Erfahrungen in der östlichen Nachbarschaft auf die südliche einfach übertragen. Zwar werden sich eines Tages auch der Iran, Saudi-Arabien und Ägypten wandeln. Sie werden dies aber wahrscheinlich nicht nach dem Modell Europas tun. Der Einfluss Europas hängt auch von der Zukunft des politischen Islam in der Region ab. Das europäische Modell kommt hier womöglich an seine Grenzen.

Europa findet in seiner Handlungsfähigkeit eine neue Raison d'Être. Die europäische Einigung hat in ihrer Geschichte wechselnde Begründungen gefunden. Nach dem Zweiten Weltkrieg war sie vor allem ein Friedensprojekt. Dann entfaltete der gemeinsame Markt eine wirtschaftliche Dynamik, die schließlich zur Europäischen Wirtschafts- und Währungsunion führte. Die Erweiterung der Europäischen Union war ein politisches Projekt, das den *acquis communautaire*, den Raum von Demokratie, Rechtsstaat und sozialer Marktwirtschaft, in Europa ausdehnte. Die multipolare Welt hat sich zwar schon länger abgezeichnet, die Europäische Union aber musste sich erst daran gewöhnen, sich als ein Pol, eine handlungsfähige Macht zu verstehen. Vor allem in Deutschland traf der Begriff der multipolaren Welt allerdings auch auf Misstrauen. Er wurde als gegen die USA gerichtet missverstanden.

Genscher hat als Außenminister von Anfang an über den Ost-West-Konflikt, der die deutsche Außenpolitik in den siebziger und achtziger Jahren beherrschte (Wiegeshoff in diesem Band), hinausgeblickt. Dies zeigen seine Konzepte zur Stärkung der Vereinten Nationen, der regionalen Zusammenarbeit aber auch die Unterstützung von Unabhängigkeitsbewegungen, vor allem in Südafrika. Genscher war ein Vordenker des Begriffs der multipolaren Welt und damit der liberalen Außenpolitik im 21. Jahrhundert.

Literatur

Auswärtiges Amt. (2012). *Globalisierung gestalten – Partnerschaften ausbauen – Verantwortung teilen.* Berlin

Beck, U. (1997). *Was ist Globalisierung.* Frankfurt am Main: Suhrkamp.

Doyle, M. (1986). Liberalism and world politics. *American Political Science Review, 80*(4), 1151–1169

European External Action Service. (2012). *Guidelines on the EU's foreign and security policy in East Asia.* Brüssel.

Gall, L. (1985). Liberalismus und auswärtige Politik. In K. Hildebrand (Hrsg.), *Deutsche Frage und europäisches Gleichgewicht* (S. 31–46). Köln: Böhlau

Hanrieder, W. (1995). *Deutschland, Europa, Amerika. Die Außenpolitik der Bundesrepublik Deutschland 1949–1994.* Paderborn: Schöningh.

Heumann, H.D. (1980). *Europäische Integration und nationale Interessenpolitik.* Königstein: Hain

Heumann, H. D. (2001). *Deutsche Außenpolitik jenseits von Idealismus und Realismus.* München: Olzog.

Heumann, H. D. (2012). *Hans-Dietrich Genscher – Die Biographie.* Paderborn: Schöningh.

Heumann, H. D. (2013). Handlungsfähigkeit. Ein strategisches Gebot angesichts globaler Herausforderungen. *Internationale Politik,* (3), 110–113.

Jonas, H. (1979). *Das Prinzip Verantwortung. Versuch einer Ethik für die technologische Zivilisation.* Frankfurt am Main: Suhrkamp.

Kant, I. (1984). *Zum ewigen Frieden.* Stuttgart: Reclam.

Kommission der Europäischen Union. (2003). *Ein sicheres Europa in einer besseren Welt. Europäische Sicherheitsstrategie.* Brüssel.

Kommission für Weltordnungspolitik. (1995). *Nachbarn in einer Welt.* Bonn.

Kupchan, C. (2003). *The end of the American era: US foreign policy and the geopolitics of the twenty-first century.* New York: Knopf.

Lucas, H. D. (2002). Politik der kleinen Schritte – Genscher und die deutsche Europapolitik 1974–1983. In H. D. Lucas (Hrsg.), *Genscher, Deutschland und Europa* (S. 90). Baden-Baden: Nomos

Mommsen, W. (1994). *Möglichkeiten und Grenzen einer liberalen Außenpolitik – eine historisch-politische Betrachtung.* Königswinter: Comdok.

Moravcsik, A. (1997). Taking preferences seriously. A liberal theory of international politics. *International Organization, 51*(4), 513–553.

Moravcsik, A. (1998). *The choice for Eure.* London: UCL Press.

Ruggie, J. (1993). *Multilateralism matters. The theory and praxis of an institutional form.* New York: Columbia University Press.

Schieder, S. (2013). Internationale Organisationen. In M. Schmidt (Hrsg.), *Studienbuch Politikwissenschaft* (S. 439–464). Wiesbaden: Springer VS.

Varwick, J. (2013). Globalisierung, internationale Organisationen und Multilateralismus in einer komplexen Welt – liberale Antworten?. In K. Brauckhoff (Hrsg.), *Liberale Außenpolitik im 21. Jahrhundert* (S. 88). Sankt Augustin: Academia.

Weber, M. (1992). Politik als Beruf. Stuttgart: Reclam

Werke Friedrichs des Großen, Digitale Ausgabe der Universitätsbibliothek Trier

Winkler, H. A. (2000). *Der lange Weg nach Westen. 2 Bd.* München: Beck

Zakaria, F. (2011). *The post-American world: And the rise of the rest.* New York: Penguin.

Praktizierte Verantwortungspolitik

Richard von Weizsäcker

In außerordentlichem Maße hat die Zusammenarbeit mit Hans-Dietrich Genscher meine politische Laufbahn begleitet und beeinflusst. Besonders prägend war dabei die enge Zusammenarbeit für fast die gesamten zehn Jahre meiner Amtszeit als Bundespräsident. Doch die ersten Berührungen und zentralen Übereinstimmungen rühren aus einer deutlich früheren Zeit, aus den 1960er Jahren. Genscher begann zu dieser Zeit seine Abgeordnetenlaufbahn, während ich im Rahmen der Evangelischen Kirche mit Fragen der Aussöhnung mit unseren ehemaligen Kriegsgegnern, vor allem mit Polen, befasst war. Das mit Blick auf das Schicksal von Millionen Heimatvertriebenen unendlich schwere Thema der Anerkennung der neuen polnischen Westgrenze führte uns letztlich zusammen. In einer Rede in Stuttgart 1966 skizzierte Genscher den Weg, dem er die folgenden Jahrzehnte seine ganze Kraft widmen sollte – uns um des Fernziels der deutschen Einheit willen einer aktiven Ost- und Deutschlandpolitik zuzuwenden, unter intensiver Beteiligung unserer engen westlichen Verbündeten USA und Frankreich, aber auch unter Einbezug der Sowjetunion.

Auf diesem Weg ist Genscher unbeirrt vorangeschritten. Entscheidend hat er den KSZE-Prozess vorangetrieben und damit die zentralen Weichen für eine grundsätzliche Annäherung zwischen Ost und West gestellt, mit geduldiger Überzeugungsarbeit an allen Fronten. Unermüdlich baute er auf allen Seiten Vertrauen auf und öffnete Gesprächskanäle, auch gegen Widerstände und Misstrauen. So wurde die ursprünglich abfällige Formulierung vom „Genscherismus" zum Synonym einer verantwortlichen Friedens- und Verständigungspolitik, so wurde Genscher selbst zum Symbol außenpolitischer Verlässlichkeit und Kontinuität der Bundesrepublik.

Aufbauend auf seiner jahrelangen Vorarbeit reisten wir 1987 zusammen zu Michail Gorbatschow nach Moskau. Der Besuch stand vorangegangener Verstimmungen wegen unter schwierigen Vorzeichen – eine Eisbrecher-Mission. Dank Genschers

kluger Beratung und umfassender Information ebenso wie seiner ruhigen Zurückhaltung im Gespräch mit Gorbatschow und Eduard Schewardnadse konnten wir
gute und hilfreiche Verbindungen knüpfen, die in den großen Herausforderungen
der Wendezeit von unschätzbarem Wert waren.

Hier, in der direkten Herausforderung der Jahre 1989/1990, zeigte sich Genschers
wahres Können und bewies sich die Nachhaltigkeit seiner langjährigen Vertrau-
ensarbeit. Gerade weil er stets beide Teile Deutschlands im Sinn gehabt hatte, die
gemeinsame deutsche Friedensaufgabe inmitten Europas, konnte er nun mit der
Konzeption und Umsetzung der Zwei-plus-Vier-Konferenz die deutsche Wiedervereinigung entscheidend mitgestalten. Mehr noch, auch seinem zäh und erfolgreich
verfolgten Kurs bleibt zu danken, dass Deutschland sich nach der Vereinigung als
friedlicher und geschätzter Nachbar im Kreise europäischer Verbündeter findet,
zum ersten Mal in unserer Geschichte.

Das Wissen um die historische Verantwortung Deutschlands und die daraus
abgeleitete klare und zuverlässige politische Linie, sie waren prägend für Genschers
Handelns. Die uns zugewachsene wirtschaftliche und politische Bedeutung in eine
wohlüberlegte Verantwortungspolitik zu bringen, das können wir bis heute von
Hans-Dietrich Genschers Beispiel lernen.

Dr. Richard von Weizsäcker wurde 1920 in Stuttgart geboren. Er ist ehemaliger
Präsident des Deutschen Evangelischen Kirchentags; war von 1979 bis 1981 Vize-
präsident des Deutschen Bundestages, von 1981 bis 1984 Regierender Bürgermeister
von West-Berlin und von 1984 bis 1994 Präsident der Bundesrepublik Deutschland.
U. a. wurde er mit dem Heinrich-Heine- (1991) und dem Leo-Baeck-Preis (1994)
ausgezeichnet.

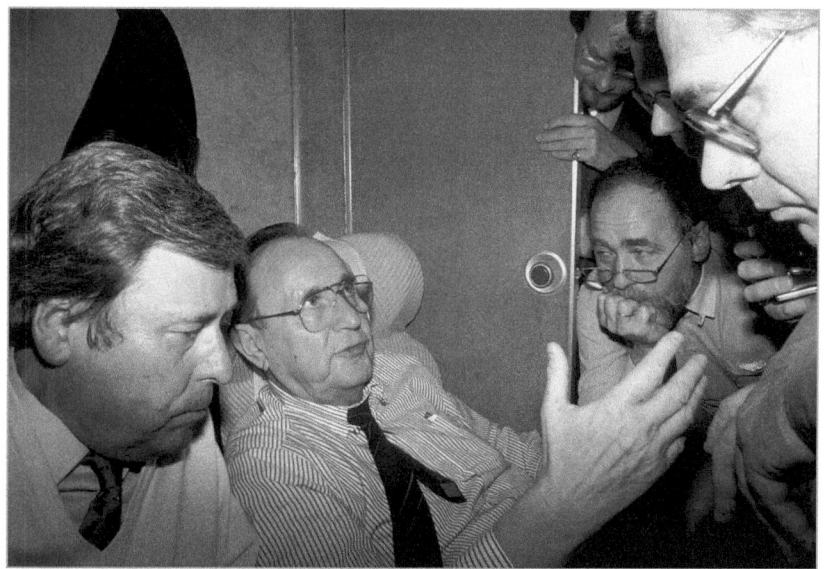

Bild 1

Die Briefings auf Genschers Schlafcouch in der Luftwaffen-Boeing sind Tradition. Gemeinsame Trinkgelage sind allerdings die Ausnahme. Die Reisen mit Genscher sind nicht umsonst: Die Medien müssen die Kosten für Transport und Logis selber tragen. Das fördert die Meinungsfreiheit.

Liberalismus vs. Realismus
Der Versuch einer Einordnung des „Genscherismus" in die Theorie der internationalen Beziehungen

Siegfried Schieder

---

1 Einleitung

Hans-Dietrich Genscher war nicht nur derjenige deutsche Politiker, der von 1974 bis 1992 das Amt des Außenministers der Bundesrepublik Deutschland bislang am längsten ausgeübt hat, sondern dessen Außenpolitik auch mit einem eigenen Begriff bedacht worden ist, nämlich dem des „Genscherismus" (Kirchner 1990).[1] Obwohl der Begriff ursprünglich auf den Innenpolitiker gemünzt war, etablierte sich der Terminus „Genscherismus" als Markenzeichen des Außenpolitikers, um das „schwer Begreifbare an seiner Art, Politik zu machen, auf den Punkt zu bringen" (Rudolph 2009). Dabei war „Genscherismus" zunächst alles andere als positiv konnotiert. Viele zeitgenössische Beobachter verbanden mit ihm eher kritisch eine moderne Spielart der Politik des Appeasement. Unter dem Einfluss Genschers ging die bundesdeutsche Außenpolitik allmählich dazu über, Moskau und Washington als „moralisch gleichwertig" zu betrachten (Walter 1990 [1989], S. 171). Diese negative Einschätzung fällt in die 1980er Jahre, als der Westen gezwungen wurde, auf die Abrüstungs- und Reformpolitik von Michail Gorbatschow zu reagieren. Hatte der damalige Bundeskanzler Helmut Kohl den Kreml-Chef noch als „großartigen Propagandisten" bezeichnet und mit Joseph Goebbels verglichen (Kohl 1986), war Genscher unter den westlichen Außenministern der erste, der dafür warb, Gorbatschow „beim Wort zu nehmen" (Genscher 1989).

Genschers ursprünglich kritisch beäugte Öffnungspolitik gegenüber der Sowjetunion wurde später in Wissenschaft und politischer Öffentlichkeit überwiegend anerkennend gewürdigt – ja, sie erwies sich gar als „historisch visionär" (Steinmeier 2007). Die Möglichkeit dazu ergab sich in der zweiten Hälfte der 1980er Jahre mit

---

1 Henning Horn und Sebastian Berg gebühren Dank für die Unterstützung bei der Literaturbeschaffung und der Erstellung des Beitrages.

Gorbatschows „neuem politischen Denken" und wurde zur historischen Möglichkeit 1989, als in den Ländern Mittel- und Osteuropas die innergesellschaftlichen Reformkräfte an Einfluss gewannen und sich das „Fenster zur deutschen Einheit für kurze Zeit öffnete" (Zelikow und Rice 1995, S. 241). Genscher (1995, S. 623) prägte damals das Wort von den „europäischen Freiheitsrevolutionen". Damit gab er nicht nur dem friedlichen Wandel hoffungsvoll Ausdruck, sondern darin spiegelt sich auch die Logik wider, die nach seiner Auffassung der deutschen Außenpolitik zugrunde liegen müsse, nämlich die Logik der Entspannungspolitik. Genscher – Kriegsteilnehmer im Zweiten Weltkrieg und Betroffener der deutschen Teilung – war der festen Überzeugung, dass eine Politik der Konfrontation der Bundesrepublik Deutschland schaden werde, eine Politik der Kooperation und des friedlichen Wandels ihr dagegen nützen könne. Legendär ist inzwischen sein außenpolitisches Credo, wonach Deutschland keine nationalen Interessen hat, sondern das europäische Interesse sei das deutsche Interesse (Zürn 2006).

Ziel dieses Beitrages ist es, die außenpolitische Konzeption des „liberalen" Außenpolitikers Genscher in den Kanon bestehender Theorien der internationalen Beziehungen und der Außenpolitik einzuordnen. Erkenntnisleitend ist dabei nicht so sehr die Frage, ob Genscher ein „liberaler" Außenpolitiker war und welche Maßstäbe an eine „liberale" Außenpolitik anzulegen sind (dazu Heumann 2001), sondern welches theoretische Weltbild der Außenpolitik Genschers zugrunde liegt. Diese Frage mag auf den ersten Blick sonderbar anmuten, herrscht doch die verbreitete Meinung vor, dass Theorien irrelevant für die praktische Politik seien. Warum sollten Außenpolitiker, die über Abrüstung und Ostpolitik, europäische Integration und die deutsche Einheit zu entscheiden haben, sich mit abstrakten Theoriegebäuden befassen oder gar darüber räsonieren, ob das Problem relativer Machtverteilung die Kooperationsbereitschaft von Staaten beeinflusst oder ob es einen Zusammenhang zwischen Demokratie und Außenpolitik gibt? Eine solche Sichtweise verkennt jedoch die Praxisrelevanz von Theorie. Wenn nachfolgend der Frage nachgegangen wird, ob sich Genscher im Reden und im außenpolitischen Handeln eher am Realismus oder Liberalismus orientiert hat, dann liegt die Prämisse zugrunde, dass die „theorielose Praxis" ebenso eine rhetorische Figur darstellt wie die „praxislose Theorie" nur zu schlechter Wissenschaft führt (Risse 2000, S. 49).

Um die unmittelbare Praxisrelevanz von Theorie am Beispiel der Außenpolitik von Genscher empirisch zu veranschaulichen, gehe ich in zwei Schritten vor. Zunächst verdeutliche ich, was es mit der Praxisrelevanz von Theorien der internationalen Beziehungen auf sich hat, um dann auf idealtypische Weise zentrale Merkmale des Realismus und Liberalismus herauszuarbeiten. Anschließend illustriere ich die impliziten und expliziten theoretischen Annahmen der Außenpolitik von Genscher in zwei ausgewählten Bereichen, die zum Kerngeschäft seiner Außenpolitik zählen, nämlich der Ost- bzw. Entspannungspolitik und der Europapolitik. Ich argumentiere, dass die Quintessenz des sprichwörtlichen „Genscherismus" – der, je nach politischem Lager, als kluge, konsensorientierte Außenpolitik gelobt oder als opportunistisches Lavieren gebrandmarkt und von Genscher selbst rückblickend als Wunsch bezeichnet wurde, situationsbezogen und problemlösend zu entscheiden – weniger durch eindeutig realistische oder liberale Annahmen grundiert ist, sondern eher durch eine pragmatische Politik der Verbindung von Realismus und Liberalismus zum Ausdruck kommt, die sich angesichts der komplizierten Lage Deutschlands zwischen den beiden Supermächten nicht nur als widerstandsfähig, sondern auch als im hohen Maße anpassungsfähig erwiesen hat.

2 Zur Praxisrelevanz von Theorien der internationalen Beziehungen und der Außenpolitik

Nichts ist praktischer als eine gute Theorie. Dieses populäre Diktum, das gemeinhin Immanuel Kant zugeschrieben wird (Kant 1977 [1793], S. 127), verlangt zunächst ein näheres Verständnis dessen, was mit „Theorie" gemeint ist. Auf einer basalen Ebene können Theorien ganz allgemein als generalisierende, d. h. verallgemeinernde Aussagen verstanden werden (Joas und Knöbl 2004, S. 17). Jeder von uns verwendet derartige „Theorien" ständig im alltäglichen Sprachgebrauch, etwa wenn wir davon sprechen, dass Regierungen in der Europäischen Union (EU) primär ihre eigenen Interessen verfolgen. Indem wir beobachten, dass *einige* Regierungen Europa zu ihren eigenen Gunsten instrumentalisieren, schließen wir, dass *alle* Regierungen eigennützig handeln. Der US-amerikanische Philosoph und Pragmatist Charles S. Peirce (1839–1914) hat schon sehr früh darauf hingewiesen, dass sowohl unsere Alltagswahrnehmungen als auch unser Handeln auf einem einzigen Geflecht von Hypothesen beruhen, ohne die wir unsere Gedanken überhaupt nicht sinnvoll artikulieren und Handlungen begründen können. Theorie ist also „so notwendig wie unvermeidlich", denn ohne sie wären weder Lernen noch Problemlösen möglich (Joas und Knöbl 2004, S. 18).

Wissenschaftliches Denken funktioniert im Prinzip ähnlich, freilich mit dem Unterschied, dass hier Theorien und Hypothesen *gezielt* verwendet und nicht hinterfragte Annahmen über Außenpolitik *explizit* gemacht werden (Spindler und Schieder 2014, S. 4-9). Theorien machen erstens Aussagen über ihren Gegenstand. Die einer Theorie zugrundeliegende Ontologie gibt Antworten auf die Frage, welche substanziellen Vorstellungen, welches „Weltbild" – verstanden als ein System von Überzeugungen – eine Theorie von ihrem Gegenstand, hier der Außenpolitik, hat. Zweitens machen Theorien Aussagen über die Methode der Erkenntnisgewinnung und das dahinter liegende Wissenschaftsverständnis. Hierbei geht es nicht darum, wie der Gegenstandsbereich beschaffen ist, sondern um eine Begründung dafür, was als Erkenntnis überhaupt in Betracht kommt und wie wissenschaftliche Erkenntnisse über Außenpolitik gewonnen werden können. Drittens tragen Theorien schließlich auch dazu bei, die Anwendung unseres Wissens in der Praxis zu ermöglichen. Die normativ-praxeologische Dimension begründet damit, was „sein soll". Als praktische Handlungsanleitung gewinnen Theorien damit einen Stellenwert weit über den akademischen Bereich hinaus.

Geht man also von einem pragmatistischen Theorieverständnis[2] aus, enthalten Beobachtungssprachen „unvermeidlich bereits Theorien, die die Aufmerksamkeit auf bestimmte Phänomene lenken und die Art, wie wir Phänomene wahrnehmen, mitbestimmen" (Joas und Knöbl 2004, S. 24; Frei 1973). Nichts anderes dürfte Kant mit dem eingangs erwähnten Diktum gemeint haben, für den reale Phänomene nur vermittels theoretischer Begriffe zugänglich und empirische Aussagen immer schon theoretisch „infiziert" sind. Wir haben immer schon Konzepte und analytische Raster im Kopf, mit denen wir die komplexe Welt der Außen- und internationalen Politik „einfangen". Folglich sind Beschreibungen oder Erklärungen – ob von Wissenschaftlern oder Außenpolitikern – stets durch theoretische Vorentscheidungen über die Welt und das internationale System geprägt. Insofern gibt es keine „theorielose" Außenpolitik in der politischen Praxis.

Wenn nun aber die politische Praxis der Außenpolitik zumindest implizit immer von Grundannahmen über die internationale Politik ausgeht, was unterscheidet dann die wissenschaftliche Beschäftigung mit außenpolitischen Fragen von der Praxis? Die Theoriebezogenheit sicherlich nicht (Risse 2000, S. 50). Wenn der deutsche Außenminister eine außenpolitische Rede hält oder außenpolitische Entscheidungen trifft, dann muss er zwar seine Position begründen und öffentlich rechtfertigten, aber niemand verlangt von ihm, sein handlungsleitendes theoretisches Weltbild offenzulegen, wie das in der Wissenschaft erfolgt. Diese Differenz mag banal klingen, hat aber Folgen für das Verhältnis von Theorie und Praxis. Wenn außenpolitisches Handeln immer schon theoriegeleitet ist, dann ist nicht so sehr die Frage zentral, *ob* Theorien und ihre Grundprämissen die außenpolitische Praxis der Staaten beeinflussen, sondern nur noch *welche*. Lange Zeit wurde die Außenpolitik der westlichen Staaten vom realistischen Paradigma dominiert. Dieser staatszentrierten Perspektive internationaler Politik steht – vereinfacht

---

2   „Wenn etwas in praktischer Hinsicht keinen Unterschied macht, sollte es nach pragmatistischer Auffassung auch in philosophischer Hinsicht keinen Unterschied machen" (Rorty 2000, S. 27). Ausführlich zum Pragmatismus als eine Theorie des Denkens und Handels etwa Hellmann (2009).

ausgedrückt – die gesellschaftsorientierte Perspektive gegenüber, die vor allem mit dem liberalen Paradigma verbunden ist. Nachfolgend rekonstruiere ich kurz die Kernmerkmale beider Theorien, die als „Urtheorien" die theoretische Diskussion maßgeblich geprägt haben.[3]

2.1 Realismus und Außenpolitik

Seit dem Ende des 19. Jahrhunderts wird offen über den Vorrang von Außen- oder Innenpolitik in den internationalen Beziehungen gestritten. So haben viele Historiker – angefangen von Thukydides – den Begriff vom Primat der Außenpolitik geprägt und argumentiert, dass das Außenverhalten organisierter Gemeinwesen von der internationalen Umwelt entscheidend beeinflusst werde. Berühmt ist die Sentenz von Leopold von Ranke, wonach „das Maß der Unabhängigkeit einem Staat die Stellung in der Welt [gibt]; es legt ihm zugleich die Notwendigkeit auf, alle inneren Verhältnisse zu dem Zweck einzurichten, sich zu behaupten. Dies ist sein oberstes Gesetz" (Ranke 1887, S. 328). Zwar sind diese älteren Umweltansätze von den Strukturtheorien eines Neorealisten wie Kenneth N. Waltz zu unterscheiden (Waltz 1996). Gemeinsam ist diesen theoretischen Perspektiven aber, dass sie das Denken in Kategorien von Sicherheit, Macht und Gleichgewicht in den Mittelpunkt ihrer Betrachtung stellen.

Aus einer realistischen Theorieperspektive ist internationale Politik das Ergebnis der Machtverteilung zwischen den Staaten. Der Realismus geht davon aus, dass in einem anarchischen System souveräner Staaten der Machterhalt und -zugewinn das zentrale Interesse eines jeden Staates ist. Dieser Machtimperativ gründet im klassischen Realismus in einer pessimistischen Sicht auf die menschliche Natur (Morgenthau 1948). Menschen streben vorrangig danach, ihren eigenen Vorteil gegenüber anderen zu sichern und diese zu beherrschen. „International politics, like all politics, is a struggle for power", so Morgenthau (1948, S. 5). Lässt sich die menschliche Natur innerhalb des Staates noch durch Recht, gemeinsame Institutionen und Werte sowie nicht zuletzt durch eine hierarchische Ordnung bändigen, gibt es jenseits des Staates keine ultimative Autorität und allseits akzeptierte Moral

---

3 Neben diesen beiden Strängen gibt es auch noch einen dritten theoretischen Strang, nämlich den Marxismus. Für die Einordung der Außenpolitik Genschers in die Theorien der internationalen Beziehungen spielt der Marxismus allerdings keine signifikante Rolle, weshalb darauf nicht näher eingegangen wird. Auch auf den Konstruktivismus wird hier nicht explizit eingegangen, denn er ist keine substanzielle Theorie, sondern eher ein metatheoretischer Rahmen, der erst mit einer ideellen Ontologie gefüllt werden muss.

(Morgenthau 1948, S. 7). Dies erfordert ein erhebliches Maß an Staatskunst. Kluge Staatsmänner und -frauen müssen deshalb danach trachten, die Machtungleichgewichte zwischen den Großmächten auf diplomatischem Wege auszutarieren (Deitelhoff und Zürn 2013).

Dagegen verortet der strukturelle Realismus das Kernproblem nicht in der Natur des Menschen, sondern in der Natur des internationalen Systems. Dieses erzeugt für die Staaten ein „Sicherheitsdilemma" (Herz 1974), da es jenseits des Nationalstaates an einer Ordnungsinstanz fehlt, die fähig wäre, Konflikte zwischen Staaten zu schlichten (Waltz 1979). Da Staaten auf Selbsthilfe angewiesen sind und unter Anarchiebedingungen immer damit rechnen müssen, angegriffen zu werden, ist ihr Überleben konstant gefährdet. Aufgrund dieses ständigen Ausnahmezustandes sind Staaten zwingend auf Machterhalt oder -maximierung angewiesen, um möglichen Übergriffen vorzubeugen. Mit anderen Worten, die „Konkurrenz im internationalen System sorgt für eine natürliche Selektion" (Deitelhoff und Zürn 2013, S. 389). Um jedoch das Überleben im internationalen System zu sichern, können Staaten zum einen eine Politik des Machtgleichgewichts *(balancing)* betreiben, indem sie militärisch aufrüsten oder Allianzen schmieden. Zum anderen können schwächere Staaten ihr Überleben dadurch sichern, indem sie sich an den Hegemon anlehnen *(bandwagoning)*, weil sie zur Gegenmachtbildung zu schwach sind oder aber hoffen, durch eine Politik des Appeasement den Konflikt mit dem Hegemon zu vermeiden.

Weil Staaten stets die Machtverteilung zwischen sich und den anderen Staaten im Auge behalten müssen, um Machtungleichgewichte zu verhindern, ist langfristige Kooperation oder ganz generell die Möglichkeit des gemeinsamen Gewinnstrebens eher unwahrscheinlich. Einerseits besteht eine grundsätzliche Misstrauenshaltung gegenüber zwischenstaatlicher Kooperation, weil sich Kooperationsgewinne immer auch in militärische Fähigkeiten ummünzen lassen (Gruber 2000). Denn wer kann vorhersehen, wie Kooperationspartner ihren Anteil am Gewinn in der Zukunft einsetzen werden? Zum anderen ergibt sich – unabhängig davon, ob Staaten durch Kooperation absolut oder relativ gewinnen – das Problem der Gewinnverteilung. Im Lichte einer neorealistischen Logik müssen Staaten immer prüfen, inwieweit absolute Kooperationsgewinne der Partner das bisherige Machtgefüge zwischen Staaten verändern. Denn die Partner oder Freunde von heute könnten schon morgen Feinde sein (Grieco 1988, S. 47).

2.2   Liberalismus und Außenpolitik

Im Unterschied zum konservativen Prinzip des Primats der Außenpolitik ist für liberale Theoretiker auswärtige Politik die Fortsetzung der Innenpolitik mit anderen Mitteln (Gall 1985, S. 32). Staatstheoretiker wie Otto Hintze oder Historiker wie Eckart Kehr haben argumentiert, dass Außenpolitik von den Regierungen mit Blick auf innenpolitische Gruppierungen und Handlungsspielräume betrieben wird. Im Gegensatz zum Realismus zeichnet der Liberalismus, der bisweilen auch (Neo-)Institutionalismus oder Idealismus genannt wird (Deitelhoff und Zürn 2013, S. 390), ein weniger grimmiges Bild von der internationalen Politik. Der Begriff des Idealismus ist eine Fremdzuschreibung, glaubte man doch, dass auch unter den Bedingungen von Anarchie die Machtpolitik der Staaten durch Regeln und Normen begrenzt werden könne. Das Label (Neo-)Institutionalismus steht für die Bedeutung von internationalen Institutionen, welche die Interessen der Akteure in kooperative Bahnen lenken. Liberal wird das Paradigma letztlich genannt, weil Individuen und gesellschaftliche Gruppen als die zentralen Akteure angesehen werden, die im internationalen System durch Regierungen vertreten werden (Schieder 2014).

Liberalismus und Realismus haben gemeinsam, dass sie internationale Beziehungen als ein System souveräner Staaten ohne übergeordnete Ordnungsinstanz ansehen. Allerdings sind die Schlussfolgerungen, die daraus gezogen werden, gänzlich andere. Nicht die Staaten sind die zentralen Subjekte der internationalen Politik, sondern gesellschaftliche Gruppen und die Bevölkerungen mit ihren spezifischen Überzeugungen und Bedürfnissen. Auch die Anarchie im internationalen System wird weniger düster gedeutet als im Realismus. Das Wesen des Menschen ist nicht defizitär, sondern liberale Theoretiker bauen auf die menschliche Vernunft und Fähigkeit, die bestehenden Herrschafts- und Machtverhältnisse zu verändern. Zwar stellt das anarchische internationale Umfeld auch für den Liberalismus ein Problem für Frieden und Stabilität dar. Liberale Theoretiker identifizieren aber zwei machtvolle Strategien, um Frieden zu erzeugen (Czempiel 1998).

Eine erste Friedensstrategie gründet auf der Überzeugung, dass friedliches Zusammenleben der Staaten und Völker durch Einwirkungen auf der Interaktionsebene erzeugt werden kann. Begründet wird diese Überzeugung im institutionalistischen Strang des Liberalismus damit, dass internationale Institutionen – darunter werden sowohl formale organisatorische Arrangements als auch informelle Regel- und Normensysteme verstanden – die gemeinsamen Interessen der Akteure zum Vorschein bringen, indem sie den Akteuren einen stabilen Rahmen für ein kooperatives Zusammenleben ermöglichen (Mitrany 1943). Hierbei spielt zum einen das Völkerrecht eine wichtige Rolle (Czempiel 1998, S. 85-108). Zum anderen kann Frieden auch durch internationale Organisationen wie die UN, die

NATO oder die EU erzeugt werden (Czempiel 1998, S. 109-146). Diese wirken kooperationsfördernd, indem sie die im internationalen System vorherrschende Unsicherheit abmildern. Multilaterale institutionelle Arrangements stabilisieren nicht nur die Verhaltenserwartungen der Akteure, indem sie Informationen und Regeln bereitstellen, sondern sie tragen dadurch auch zur Reduktion der Transaktionskosten bei (Keohane 1984, S. 97–98).

Eine zweite Friedensstrategie setzt auf die Demokratisierung der Herrschaftssysteme. Gemäß dieser „originär liberalen Perspektive" (Deitelhoff und Zürn 2013, S. 391) entscheidet die innergesellschaftliche Verfasstheit über das außenpolitische Verhalten von Staaten, wobei Demokratien untereinander friedfertiger sind als nicht-demokratische Regierungssysteme. Bereits Woodrow Wilson hat in seinen Friedensplänen von 1918 („to make the world safe for democracy") die Bedeutung beider Friedensstrategien – Interaktion und Regierungsform – erkannt. Aber erst der akribischen Arbeit von Statistikern ist es zu verdanken, dass das Theorem des demokratischen Friedens heute zum Grundkanon der Theorie der internationalen Beziehungen gehört (Doyle 1986; Russett 1993). Dabei wird vor allem Bezug genommen auf Immanuel Kants Schrift *Zum ewigen Frieden* (Kant 1977 [1795]), in der dieser – modern gesprochen – drei Bedingungen eines dauerhaften Friedens formulierte: Frieden durch Demokratie, Frieden durch Freihandel und Frieden durch interdemokratische Institutionen (Russett und Oneal 2001). Allgemeiner auf die Strukturen der innergesellschaftlichen Interessenvermittlung setzt der präferenzbasierte Liberalismus. Der Staat selbst ist lediglich ein Transmissionsriemen für die Umsetzung dominanter und einflussreicher gesellschaftlicher Präferenzen (Moravcsik 1997).

3   Jenseits von Realismus und Liberalismus: Der „Genscherismus" in der deutschen Sicherheits- und Europapolitik

In Genschers Arbeitszimmer im Auswärtigen Amt in Bonn hingen die Porträts von Reichskanzler Otto von Bismarck und Gustav Stresemann. Dieses Detail ist für die Frage nach der theoretischen Einordnung der Außen- und Sicherheitspolitik von Genscher nicht unwichtig. Während dem „Magier der Macht" (Steinberg 2012) die Reichseinigung mit Hilfe der Kriege gegen Österreich (1866) und Frankreich (1870–1871) gelang – in der Folge zielte Bismarck durch eine ausgeklügelte Bündnispolitik auf eine starke Stellung des Deutschen Reichs in Europa –, ist Stresemann, der von 1923 bis 1929 die Geschicke der Außenpolitik der noch jungen Weimarer

Republik leitete, Mitschöpfer des Locarno-Vertrags (1925) und des Ausgleichs mit den Westmächten (Berg 1992). Die Logik der Stresemann'schen Außenpolitik bestand „in der Verbindung von Verständigung mit den Siegermächten und Rückkehr Deutschlands zum Status einer gleichberechtigten Großmacht in Europa" (Niedhart 1999, S. 18). In einer Rede im Dezember 1925 betonte Stresemann die Notwendigkeit, „das Verhältnis zu anderen Nationen auf gleichlaufenden Interessen" aufzubauen und von der Vorstellung Abschied zu nehmen, internationale Politik als Nullsummenspiel zu begreifen (Stresemann 1925, S. 481). Erfolgversprechender als militärische Machtgebärden oder gar Krieg sei kooperatives Gewinnstreben, in der sich das deutsche ökonomische Machtpotential zwar nicht ungebunden, letztlich aber auch umso wirkungsvoller entfalten könne.

Stresemanns Handlungsweise fand international Beachtung; sein Name steht nicht nur für die Verfolgung politischer Interessen durch ökonomische Strategien, sondern stellvertretend für die Entspannungspolitik in den 1920er Jahren. Darin sind sich Stresemann und Genscher nicht unähnlich. War die Konzentration auf die Ökonomie in der Weimarer Republik noch aus der Not heraus geboren, so wurde sie nach 1945 zur Tugend. Vor allem der langjährige Außenminister Genscher perfektionierte in der politischen Praxis der 1970er und 1980er Jahre die „Ausschöpfung des handelsstaatlichen Instrumentariums" (Staack 2000, S. 46). Die Herrschaft von Industrieinteressen in der bundesrepublikanischen Außenpolitik brachte ihm wiederholt den Vorwurf des Wirtschafts-Außenministers ein. Auch seine Ost- und Entspannungspolitik hat Genscher gegen interne und externe Widerstände hartnäckig verfolgt und einmal wie folgt charakterisiert: „Es gab eine originäre deutsche Entspannungspolitik, sie hat die westliche Entspannungspolitik maßgeblich mitgestaltet, sie hat stabile Rahmenbedingungen für ganz Europa geschaffen, die die grundlegenden Veränderungen erleichterten und friedlichen Wandel ermöglichten" (Genscher, zit. n. Heumann 2002, S. 414).

3.1 Genschers Ost- und Entspannungspolitik

Wurde unter Bundeskanzler Konrad Adenauer (1949–1963) die deutsche Wiedervereinigung noch als Vorbedingung einer Entspannungspolitik in den Ost-West-Beziehungen angesehen (Hanrieder 1991, S. 169-201), hat Bonn in den 1960er Jahren die Rolle als entspannungspolitischer Bremsklotz aufgegeben und die Deutschlandpolitik in die Détente eingebettet. Schon Mitte der 1960er Jahre distanzierte sich der damalige FDP-Politiker Genscher von der Adenauer-Ära und forderte – wie viele Sozialdemokraten – einen Neuanfang in der Ost- und Deutschlandpolitik. Die von ihm mitbegründete sozialliberale Bundesregierung (1969–1982) setzte diese

Politik durch die Ostverträge ins Werk (Haftendorn 2001, S. 173–200). Nach dem Regierungswechsel 1982 entwickelte Genscher die Entspannungspolitik weiter.[4] Ihm gelang die Festlegung der Bundesregierung auf die „doppelte Nulllösung" in den Verhandlungen über die Abrüstung nuklearer Mittelstreckenraketen 1987 und die Ablehnung der Modernisierung der nuklearen Kurzstreckenraketen im Frühjahr 1989 (Kirchner 1990, S. 169). Bonn agierte als Vorreiter der Ost-West-Kooperation, weshalb Genscher wiederholt kritisiert wurde, die feine Linie zwischen Entspannungs- und Beschwichtigungspolitik zu überschreiten. Dabei war für ihn Entspannungspolitik stets Mittel zum Zweck. Sein Pragmatismus bei der Wahl der außenpolitischen Instrumente verband ihn mit Willy Brandt und Egon Bahr ebenso wie mit Helmut Kohl und trennte ihn deutlich von den „Falken" in den Unionsparteien, die in Kategorien der „militärstrategischen Rückversicherung" dachten (Staack 2000, S. 113).

Dagegen waren der Bundesaußenminister, Vizekanzler und FDP-Vorsitzende und die große Mehrheit seiner liberalen Partei von der Aussicht auf einen friedlichen Wandel der Ost-West-Beziehungen überzeugt. Für Genscher war von Beginn an Entspannungspolitik wesentlich auch Deutschlandpolitik. Um langfristig „auf einen Zustand des Friedens in Europa hinzuwirken, in dem das deutsche Volk in freier Selbstbestimmung seine Einheit wiedererlangt",[5] bedürfte es einer multilateralen Methode, mit der die Deutschlandpolitik mit dem gesamteuropäischen Entwicklungsprozess verknüpft werden konnte. Genscher zählte zu jenen westlichen Außenpolitikern, die vom Wert des Multilateralismus als Antithese zur Gleichgewichtspolitik von Beginn an überzeugt waren (Czempiel 2002, S. 137). Dies war nicht selbstverständlich, ist die Tradition der deutschen Außenpolitik – angefangen von Bismarck – eher durch Bilateralismus als durch Multilateralismus geprägt. Dies galt umso mehr für wichtige Bündnispartner wie die USA, die seit dem Amtsantritt des US-Präsidenten Ronald Reagan im Jahre 1981 eine „Politik der Stärke" verfolgten und angesichts der sowjetischen Aufrüstungspolitik und der Politik indirekter und direkter militärischer Intervention (Afghanistan 1979) die Détente für gescheitert hielten (Haftendorn 2002, S. 121). Genscher musste nicht nur gegen die deutsche Tradition und Widerstände innerhalb der Regierungskoalition ankämpfen (Kirchner 1990, S. 161–162), sondern auch gegen den wichtigsten Verbündeten. Washingtons Politik der Konfrontation und Bonns Ostpolitik

---

4   Die Unionsparteien schwenkten erst unter Bundeskanzler Kohl auf die Prinzipien der Entspannungspolitik ein. Sowohl die Ostverträge als auch den KSZE-Vertrag lehnten CDU und CSU ab.

5   So die Formulierung im „Brief zur deutschen Einheit" vom 12. August 1970, mit dem die damalige sozialliberale Bundesregierung einseitig ihren Wiedervereinigungsanspruch bekräftigte.

ließen sich nicht einfach in Einklang bringen. Im Prioritätenkonflikt zwischen Bündnissolidarität und deutschem Entspannungsinteresse ließ sich letzteres nur mit Abstrichen verfolgen (Staack 2000, S. 62).

Gleichwohl war Genscher überzeugt, dass in einer zunehmend interdependenten Welt zwischen Industrie- und Entwicklungsländern der Multilateralismus nicht nur ein immer wichtiger werdendes Instrument zur Lösung außenpolitischer Probleme darstelle, sondern auch dem friedlichen Wandel diene. Sein Verständnis von Multilateralismus entsprach dabei weitestgehend jenem gehaltvollen Konzept, bei dem die zwischenstaatlichen Beziehungen auf der Basis allgemein akzeptierter Verhaltensregeln und Prinzipien ablaufen (Ruggie 1993, S. 8). Dazu zählt erstens die Politik des uneingeschränkten Gewaltverzichts. Hinzu kommt zweitens, dass nationale Interessen am besten durch die zur Gewohnheit – also „reflexhaft" – werdende Kooperation mit den Partnern verwirklicht werden können. Drittens impliziert die multilaterale Methode aber auch reziproke Verlässlichkeit, welche aus der vertrauensvollen Kooperation der Mitglieder der Staatengemeinschaft durch gemeinsame moralische Überzeugungen wie auch gemeinsame Interessen erwächst (Czempiel 2002, S. 144). Im Gegensatz zur realistischen bzw. neorealistischen Sichtweise, die internationale Politik als Ergebnis der Machtverteilung zwischen Staaten ansieht, ermöglicht es der Multilateralismus, „dass der Wille zur Kooperation und zum allseitigen Vorteil und die Absage an die Konfrontation eine neue Kultur des Zusammenlebens schaffen" (Genscher 2000, S. 9). Sieht man einmal von der unilateralen Anerkennung Sloweniens und Kroatiens im Jahr 1991 ab, die vor allem vom deutschen Außenminister forciert wurde, blieb Genscher grundsätzlich außenpolitisch der multilateralen Methode verpflichtet (Calic 2007, S. 470).[6]

Obwohl der Multilateralismus als die „bevorzugte Methode liberaler Außenpolitik" gilt (Heumann 2001, S. 91), hat sich der Umgang mit dem Instrument des Multilateralismus während der langen Amtsjahre auch gewandelt. Auch lassen sich die für die Außenpolitik Genschers typischen Anpassungen am jeweiligen Kontext beobachten. Während es im Rahmen der Konferenz über Sicherheit und Zusammenarbeit in Europa (KSZE) – die Schlussakte wurde am 1. August 1975 in Helsinki unterzeichnet – nur darum gehen konnte, die eingeleitete Ost-West-Entspannungspolitik durch konkrete Maßnahmen im Bereich der Rüstungskontrolle und der Sicherheitspolitik zu mildern, entfaltete die Methode des Multilateralismus erst nach der Wende von 1989/1990 ihre volle Leistungsfähigkeit, als der KSZE-Prozess mit der Charta von Paris (1990) für ein neues Europa ihren Höhepunkt erreichte und

---

6 Die Bundesregierung begründete das Ausscheren aus dem europäischen Geleitzug damit, dass der Bundesstaat Jugoslawien faktisch zerfallen sei, weshalb Slowenien und Kroatien das in der UN-Charta ausdrücklich erwähnte Selbstbestimmungsrecht der Völker nicht verweigert werden durfte.

die Spaltung Europas für beendet erklärt wurde. Genscher, der 1974 ins Auswärtige Amt kam, hatte den 1973 begonnenen KSZE-Mechanismus zwar nicht erfunden. Dennoch betrachtete er den KSZE-Prozess als ureigene Domäne (Heumann 2002, S. 430). Er hatte großen Anteil daran, „dass die Staaten des westlichen Bündnisses multilateral auch mit den Staaten verhandelten, gegen die sie sich zur Verteidigung zusammengeschlossen hatten" (Czempiel 2002, S. 136–137). Multilateralismus stand für ihn synonym mit der Ost- und Entspannungspolitik.

Der liberal-institutionalistische Grundgedanke, wonach durch multilaterale Verhandlungen sämtlicher Konfliktparteien der Antagonismus des Mächtegleichgewichts in den Ost-West-Beziehungen überwunden werden könne, war konstitutiv für Genschers Außenpolitik. Genscher war aber auch Realist. Er distanzierte sich von der illusionären Verzichtspolitik Brandts und mahnte, dass die Entspannungspolitik kein Ersatz für die Verteidigung des Westens sei, wohl aber – wie im Harmel-Bericht der NATO-Staaten von 1967 formuliert, wo das Schlüsselwort „Détente" erstmals offiziell verwendet wurde – ein wichtiges Supplement. Statt eines kompromisslosen „Entweder-Oder" zwischen Abschreckung und Abrüstung definierte der Harmel-Bericht eine „Doppelstrategie" von militärischer Sicherheit und Entspannung (Haftendorn 2001, S. 264). Genschers „realistische Entspannungspolitik" lag ganz auf der Linie dieser Doppelstrategie (Genscher 1985 [1982]). „Realistisch" nannte er seine Politik deshalb, weil sich die NATO stets des weiterbestehenden Gegensatzes zwischen Ost und West in den Wertvorstellungen und Zielen bewusst sein müsse. Während die USA vor allem die Aufrechterhaltung militärischer Stärke betonten, um die Verteidigungsfähigkeit zu gewährleisten, gelte es die Gleichgewichtspolitik aus europäischer Sicht durch eine Politik zu ergänzen, die bereit ist zum Dialog und zu Verhandlungen, um die Spannungen im Ost-West-Verhältnis abzubauen.

In diesem Sinne war „realistische Entspannungspolitik" für Genscher eine von zwei Säulen in einer ausgewogenen Doppelstrategie für den Frieden, wobei die Sicherung des militärischen Gleichgewichts die Basis darstellte.

> Dem einen Teil dieser Strategie, der Gleichgewichtspolitik, fällt die Aufgabe zu, der sowjetischen Führung die Aussichtslosigkeit einer Vorherrschaftspolitik in der Welt klarzumachen. Der andere Teil der Strategie, die Entspannungspolitik, gibt der Sowjetunion gleichzeitig eine Alternative, nämlich die Option eines kooperativen Verhältnisses mit dem Westen. Wenn der Weg der Vorherrschaft dauerhaft versperrt ist, könnte die sowjetische Führung am Ende durchaus zu der Einsicht gelangen, dass es in ihrem Interesse liegt, dieses Angebot zur Kooperation anzunehmen (Genscher 1985 [1982], S. 3).

Mit dieser Doppelstrategie sollte der Fehler einer idealistischen „Beschwichtigungspolitik", wie er in den 1930er Jahren begangen wurde, ebenso vermieden werden wie der Fehler des Ersten Weltkrieges, nämlich „als beide Seiten die Kontrolle über die Entwicklung verloren und trotz Bestehens eines Gleichgewichts in einen Krieg hintrieben, den niemand wollte" (Genscher 1985 [1982], S. 4). Genscher temperierte „his idealism of détente with a dose of realism by maintaining that long-term détente has to be approached objectively" (Kirchner 1990, S. 165). Seine unnachgiebige Unterstützung für den NATO-Doppelbeschluss 1979 in Reaktion auf die Aufstellung der sowjetischen SS-20-Rakten ist ebenso kennzeichnend für die situative Verbindung realistischer und liberaler Elemente wie die spätere Befürwortung der „doppelten Null-Lösung" – den völligen Abbau sowohl der Mittelstrecken- als auch der Kurzstreckenwaffen – im Jahre 1987, von der er eine weitere Ost-West-Entspannung erwartete und von der er hoffte, dass sie auch zu Fortschritten bei der konventionellen Abrüstung führen würde (Haftendorn 2001, S. 301).

In der Frühphase seiner Außenpolitik stellte der Multilateralismus also nicht von vornherein eine eindeutige Alternative zu der geregelten Ost-West-Konfrontation dar. Vielmehr sollte durch die „Doppelstrategie" der multilaterale Rahmen der Entspannungspolitik so transformiert werden, dass die *balance of power* immer mehr zurückgedrängt wird zugunsten der Verwirklichung gleichlaufender Interessen. In den 1970er Jahren war das ein kühner Gedanke, weshalb es auch nicht übertrieben ist, zu sagen, „dass es der deutsche Außenminister Genscher vornehmlich war, der in der Phase der Sprachlosigkeit zwischen Ost und West während der ersten Administration Reagan den Gedanken an die Entspannungspolitik sowohl deklaratorisch wie operativ durch seine zahllosen Reisen am Leben hielt" (Czempiel 2002, S. 137). Freilich war die Entspannungspolitik – sowohl ökonomisch wie deutschlandpolitisch – alles andere als uneigennützig, hatte doch „niemand mehr Anlass als wir, Entspannung und Zusammenarbeit über die Grenzen und Blöcke hinweg zu fördern" (Genscher 1985 [1975], S. 78). Genscher redete keineswegs einem Idealismus das Wort. So warnte er nicht nur vor Überschwang, sondern auch vor der Illusion, Entspannungspolitik könne uns von der Bürde befreien, Verteidigungsanstrengungen zu betreiben. So sah er es als falsch an, „to equate reduced thread with reduced defence and that the East's conventional arms superiority continues to lie at the heart of the security problems in Europe" (Kirchner 1990, S. 165). Steigende Rüstungsausgaben – die bundesdeutschen Ausgaben stiegen in den 1970er Jahren jährlich um real 3 Prozent an – und Rüstungskontrollpolitik stellen für Genscher keinen Widerspruch dar, ebenso wenig wie die KSZE die NATO ersetzen könne (Genscher 1985 [1975], S. 94–95).

Zu dieser neuen, dem traditionellen Verständnis von Realpolitik zuwiderlaufenden Kursbestimmung in der Ost- und Entspannungspolitik hat zudem beigetragen, dass Genscher von einem liberal-pluralistischen Politikverständnis ausging. Gerade weil der Multilateralismus nicht primär dem „nationalen" Interesse diene, stehen nicht die Staaten, sondern die Menschen im Mittelpunkt. Die Verantwortungspolitik, die Genscher gegen die Machtpolitik in Stellung brachte (Heumann 2001, S. 35), verpflichtet die Außenpolitik „nicht irgendeiner anonymen Staatsräson, nicht einem – mehr oder minder willkürlich definierten – Nationalinteresse, sondern den Interessen der Gesellschaft" (Czempiel 2002, S. 143). Genscher wurde nicht müde, in den Bürgerinnen und Bürgern in Ost- und Westeuropa die eigentlichen Bezugsobjekte seiner Außenpolitik zu sehen. Früher als viele andere westliche Außenpolitiker erkannte er die historische Bedeutung des Reformprozesses in der Sowjetunion und in den Staaten Mittel- und Osteuropas und erhoffte sich davon eine Änderung der Außenpolitik dieser Länder. Er lobte die westlichen Demokratien dafür, dass sie in allen drei „Körben" der KSZE-Schlussakte – Vertrauensbildung und Abrüstung, Wirtschaft und menschliche Dimension – Zusammenarbeit suchten und dass mit dem Helsinki-Prozess die Menschenrechte als politischer Ordnungsfaktor in die Ost-West-Beziehungen eingeführt wurden. Theoretisch ist dies insofern wichtig, als die originär liberale Theorieperspektive die Abhängigkeit zwischen Demokratie und Frieden nachweisen konnte (Russett 1993; Czempiel 1998).

Mit dem Regierungswechsel 1985 in Moskau wurde nicht nur vieles leichter, sondern es veränderte sich auch die Aufgabenstellung des Multilateralismus. Multilateralismus wurde nicht mehr als Entspannungspolitik und als Instrument des friedlichen Wandels, sondern als Stabilitätsrahmen für die Entwicklungen in Osteuropa und als Parameter für die deutsche Einheit gebraucht. Dass die Wiedervereinigung zu einer „Sternstunde der Diplomatie" (Zelikow und Rice 1997) wurde und die deutsche Frage als ein Kernproblem europäischer Politik friedlich und mit Zustimmung seiner Verbündeten, seiner östlichen Nachbarn und der Sowjetunion gelöst wurde, ist – wie neuere Studien zeigen (Ritter 2013) – wesentlich dem von Genscher mitformulierten Vereinigungsprogramm zu verdanken: Vereinigung der beiden deutschen Staaten einschließlich Berlins, Grenzgarantie namentlich für Polen und Mitgliedschaft des vereinten Deutschland in der NATO. Auch bei der Suche nach einem Mechanismus für die Regelung der äußeren Aspekte der deutschen Einheit setzte sich das Auswärtige Amt durch. Genscher legte großen Wert darauf, dass die Formel „Zwei-plus-Vier" und nicht „Vier-plus-Zwei" heißt, also die beiden deutschen Staaten mit den vier Hauptsiegermächten sprechen und nicht umgekehrt – eine Verhandlungsformel, die nicht nur von London und Paris, sondern schließlich auch von Moskau akzeptiert wurde (Ritter 2013, S. 75). So sehr Genscher sich um einen multilateralen Rahmen bemühte, so pragmatisch verliefen die Verhandlungen selbst, die vielmehr durch einen dreifachen Bilateralismus (sowjetisch-amerikanischer, (west-)deutsch-amerikanischer und deutsch-sowjetischer Bilateralismus) außerhalb der eigentlichen Sechser-Verhandlungen abliefen (Schlotter, zit. n. Albrecht 1992, S. 181).

Auch nach der Wende 1989/1990 und der Überführung des KSZE-Prozesses in die Organisation für Sicherheit und Zusammenarbeit in Europa (OSZE) hielt Genscher am Multilateralismus fest. Obwohl die Methode des Multilateralismus sich zur Bearbeitung der Konflikte im Rahmen des KSZE-Prozesses als kongenial erwiesen hatte, blieb sie nie auf den Ost-West-Konflikt beschränkt. Wie Czempiel (2002, S. 143) bemerkt, hatte Genscher von Anfang an den Multilateralismus als Strategie angesehen, mit der nicht nur der Helsinki-Prozess, sondern auch die europäische Friedensordnung hergestellt werden sollte. Damit ging ein bedeutender Funktionswandel einher. Mit der OSZE wurde nicht nur der KSZE-Prozess institutionell gestärkt, sondern neben der Konfliktbearbeitung zwischen den Staaten wandte sich die Strategie nun auch den Konflikten in den Staaten selbst zu.[7] Während auf der einen Seite die Methode des Multilateralismus verfestigt wurde, lassen sich in der Ära Genscher auch erste Verfallserscheinungen beobachten (z. B. Entscheidungsregel „Konsens-Minus-Eins" und Suspension der KSZE-Mitgliedschaft Jugoslawiens 1992). Obwohl die OSZE Anfang der 1990er Jahre als der gesamteuropäische Sicherheitsrahmen betrachtet wurde, der die Staaten von Vancouver bis Wladiwostok umfasst, schob sich die NATO in den Vordergrund, was Genscher als „Rückfall in machtpolitisches Denken" kritisierte (Genscher 2000, S. 7). So sei die NATO-Osterweiterung vom falschen Glauben ausgegangen, „Sicherheit und Stabilität in Europa seien ohne oder gar gegen Russland und die anderen Nachfolgestaaten der Sowjetunion zu gewährleisten" (Genscher 1996, S. 50). Der Ukraine-Konflikt scheint im Recht zu geben.

3.2   Genschers Europapolitik

Der liberal begründete Zusammenhang zwischen Demokratie und Außenpolitik, die Verbindung von Multilateralismus und Regionalismus sowie nicht zuletzt die Ausrichtung auf die gesamteuropäische Friedensordnung sind ebenso konstitutiv für Genschers Europapolitik. Auch auf dem Gebiet der europäischen Integration war Genscher Impulsgeber, „der neue Formen internationalen Handelns erprobte" (Wessels 2002, S. 187). Als Genscher sein Amt antrat, war gerade die erste Norderweiterung (1973) um Großbritannien, Irland und Dänemark vollzogen, die das Gewicht der damaligen Europäischen Gemeinschaft (EG) im internationalen System signifikant erhöhte. Beim Rücktritt 1992 bestand die Union bereits aus

---

7   Auf dem Berliner Treffen des KSZE-Außenministerrates im Juni 1991 wurde auf deutscher Initiative hin ein Dringlichkeitsmechanismus geschaffen, der in schwerwiegenden Situationen politische Konsultationen aller KSZE-Staaten vorsieht. Im Jugoslawienkonflikt der frühen 1990er kam der „Berliner Mechanismus" erstmalig zur Anwendung.

zwölf Mitgliedstaaten, die sich im Maastrichter Vertrag mit der Wirtschafts- und Währungsunion, der Gemeinsamen Sicherheitspolitik und mit Blick auf die Osterweiterung ehrgeizige Ziele setzte. Zwischen diesen beiden Zeitmarken fand kein linearer Wachstumsprozess statt, ebenso wenig wie sich Genschers Europapolitik eindeutig liberalen oder realistischen Theorieelementen zuordnen lässt. Vielmehr verfolgte er eine pragmatische Methode der europäischen Politik, indem er realistisch-intergouvernementale und liberal-institutionalistische Theorieelemente miteinander verknüpfte.

Obwohl Genscher – anders als sein Vorgänger Walter Scheel – nicht europapolitisch präfiguriert war und bis 1982 mit Bundeskanzler Helmut Schmidt einen früheren Verteidigungs-, Finanz- und Wirtschaftsminister an seiner Seite hatte, wurde er über die lange Zeitspanne hinweg zu einem „erfahrenen Mitträger und Gestalter des EG/EU-Systems" (Wessels 2002, S. 189). Nicht spektakuläre Neuansätze, sondern Konsolidierung und Kontinuität standen im Vordergrund seiner Europapolitik. Anders jedoch als in der Ost- und Entspannungspolitik lässt sich sein Wirken nicht auf eine Kurzformel bringen. Während die einen Genschers Europakonzept mit Begriffen wie „Modell" oder „gesamteuropäische Friedensordnung" umschreiben (Heumann 2002, S. 423–424), sehen andere in ihm den Initiator des interregionalen Dialoges und damit nicht zuletzt einen Architekten der „Zivilmacht" Europas (Wessels 2002). Letztere Zuschreibung kommt Genschers Überzeugungen insofern nahe, als dass dem Zivilmacht-Konzept ein liberal-universalistisches Verständnis von Demokratie, Menschenrechten, Rechtsstaatlichkeit und sozialer Gerechtigkeit zugrunde liegt, das Genscher weitgehend geteilt haben dürfte.

Genscher war überzeugter Europäer. Anders als noch in der unmittelbaren Nachkriegsphase, als die FDP die Ratifizierung der Römischen Verträge noch mit dem Argument der Spaltung des europäischen Marktes ablehnte, haben die Liberalen unter Genscher alle europapolitischen Grundsatzentscheidungen mitverantwortet und mitgetragen (Schieder 2011, S. 37). Ein Widerspruch zwischen nationalen und europäischen Interessen besteht folglich nicht, sondern Genscher hat – und damit ganz in der Traditionslinie Adenauers – vielmehr dazu beigetragen, eine auf Dauer angelegte Beziehung zu Europa aufzubauen, die als symbiotisch bezeichnet werden kann. Nicht der Gegensatz zwischen Deutschland und Europa ist bemerkenswert, sondern wie sehr Deutschland und Europa miteinander verflochten sind und dabei Kräfte freigesetzt wurden, welche „die Beziehung zwischen Deutschland und Europa zu einem Deutschland in Europa umgestaltet haben" (Katzenstein 1997, S. 46). Auch Genscher sah die Mitwirkung in Europa als Chance, den Gestaltungsbereich des semi-souveränen Staates zu erweitern (Katzenstein 1987). Von weitreichenden europapolitischen Visionen hielt er wenig; auch die schwärmerische Europaromantik, wie sie der spätere Außenminister Joschka Fischer mit viel Pathos pflegte, lag dem Pragmatiker Genscher fern. Vielmehr sah Genscher die liberal-universelle Wertegrundlage der EG als „das Band zu den außerhalb der Gemeinschaft stehenden Demokratien Europas an, die heute unter einer fremden, aufgezwungenen Ideologie leben müssen" (Genscher 1995, S. 361). Insofern galt ihm die EG stets als das „Kraftzentrum der Freiheit" in Europa (Lucas 2002, S. 89).

Ein herausragendes Motiv des „Genscherismus" in der Europapolitik war die Stärkung Europas als globaler Akteur. Genscher reklamiert, nicht nur der Vater des interregionalen Kooperationskonzeptes zu sein, sondern er ließ im Auswärtigen Amt auch Kooperationsverträge mit regionalen Staatengruppen wie der ASEAN, den Golf-Staaten, Zentralamerika und anderen Regionen entwickeln (Heumann 2002, S. 424). Ziel war es, die EG weltweit als „Modell" zu positionieren. Die Attraktivität der Gemeinschaft als außenpolitischer Partner in einer Welt im Übergang sah Genscher darin, dass die EG nicht auf den alten Methoden der Machtpolitik beruhe, sondern das in die Zukunft weisende Prinzip der „globalen Interdependenz" verkörpere (Lucas 2002, S. 94). Sie wäre dies als globale Zivilmacht, als Ordnungsmacht, die auf den Werten des Liberalismus gründet, und nicht als *global balancer* zwischen Ost und West. Darin lag auch die Anziehungskraft für die Staaten Mittel- und Osteuropas, die im Zuge der Osterweiterung der EU beitreten sollten. Indem der Bundesaußenminister sich als Initiator des interregionalen Dialogs einsetzte, wirkte er auch als Architekt einer europäischen Zivilmacht.

Während aus realistischer Sicht Europa als kollektiver Hegemon erscheint, dem es primär um die Strategie des aktiven *milieu shaping* geht, beruht ein ziviles Rollenverständnis auf der Akzeptanz und Notwendigkeit von Diplomatie und Kooperation zur Lösung internationaler Probleme. Der Schwerpunkt liegt dabei auf nicht-militärischer (d. h. primär ökonomischer) Macht zur Erreichung der Ziele und der Bereitschaft zu regelgeleitetem Konfliktmanagement und zur Entwicklung supranationaler Strukturen (Duchêne 1973; Maull 1990). Damit geht diese Denkschule von einer alternativen Analyse internationaler und europäischer Politik aus. Frieden ist nicht das labile Ergebnis eines immer wieder neu zu etablierenden Mächtegleichgewichts, sondern resultiert aus dem Abbau von wirtschaftlichen und sozialen Konfliktherden innerhalb wie zwischen den Staaten. In diesem Zusammenhang war Genscher ein engagierter Fürsprecher einer immer stärkeren außenpolitischen Zusammenarbeit innerhalb der EG. Dies galt für die Handelspolitik ebenso sehr wie für die entwicklungspolitische Zusammenarbeit, dem Abkommen mit den Staaten im Maghreb oder dem Europäisch-Arabischen Dialog (1974). Mit der Erklärung von Venedig (1980) bekannte sich die EG auch zu einer aktiven Rolle im Nahen Osten.

Europa als globalen Zivilmachtakteur zu stärken bedeutet freilich nicht eine Schwächung der transatlantischen Bindung. Genscher erteilte jedwedem Äquidistanzdenken oder Formen des *balancing* eine Absage. Die europäischen Demokratien könnten ihren Friedensauftrag nur erfüllen unter dem Schutzschirm der NATO. Alleine das Bündnis kann das für den Frieden notwendige „Gleichgewicht in Europa und in der Welt aufrechterhalten. Ein Europa, das seinen Standort wertfrei in Äquidistanz zwischen den Vereinigten Staaten und der Sowjetunion suchen wollte, würde im Ergebnis sein Gewicht in der internationalen Politik und gerade auch gegenüber dem Osten verlieren" (Genscher 1985 [1982], S. 24). Dies schloss für Genscher allerdings nicht aus, dass die Europäer nicht auch die Fähigkeit entwickeln, ihre Interessen selbst zu definieren. Denn nicht die USA verweigern Europa die Gleichgewichtigkeit im Bündnis, sondern die Europäer sich selbst, nämlich „durch mangelnde Einigungsfähigkeit, durch nationale Egoismen und durch unvollständige Beiträge zur gemeinsamen Sicherheit" (Genscher 1985 [1982], S. 28). Andererseits dürfe eine europäische Außenpolitik nie anti-amerikanische Züge tragen. Die transatlantische Rückversicherung Europas und die Absage an Europaideen in der Tradition Charles de Gaulles spielten in seiner Europapolitik eine wichtige Rolle, was Genscher allerdings – und darin zeigt sich wieder die für seine Außen- und Europapolitik typische Anpassungsfähigkeit – nicht davon abhielt, das Verhältnis zwischen Bonn und Paris als „entente élementaire" zu beschreiben (Lucas 2002, S. 96), obwohl er im Vergleich zur *special relationship* zwischen Schmidt und Valéry Giscard d'Estaing sowie später Kohl und François Mitterand keine besonderen Verbindungen zu seinen französischen Amtskollegen pflegte (Lucas 2002, S. 96). Formen des Minilateralismus oder Vorstellung eines deutsch-französischen Direktoriums lehnte Genscher ab.

Vor diesem Hintergrund war es dann auch nicht erstaunlich, dass Genscher – anders als Bundeskanzler Schmidt, der den deutsch-französischen Beziehungen oft zum Missfallen der EU-Mitgliedstaaten Priorität einräumte, – seine wichtigste europapolitische Initiative zusammen mit seinem italienischen Außenminister Emilio Colombo vorantrieb – ein Novum in der Integrationsgeschichte (Rosengarten 2008). Die Genscher-Colombo-Initiative vom November 1981, die im Juni 1983 in Stuttgart unterzeichnet worden ist, war der Versuch, dem in eine Krise geratenen Integrationsprozess neue Impulse zu verleihen. Genscher zielte zunächst auf die vertragliche Schaffung einer Europäischen Union, um die außenpolitischen Stränge der Europapolitik zusammenzufassen und zu stärken. Sein italienischer Amtskollege plädierte dafür, ergänzend auch Fortschritte der wirtschaftlichen Integration einzubeziehen. Ergebnis der Genscher-Colombo-Initiative war eine „Europäische Akte", welche die Europäische Union nicht begründen, sondern einen Beitrag zu ihrer späteren Einrichtung leisten sollte. Die Initiative selbst markierte – da die Zeit für eine große Verfassungslösung noch nicht reif war – einen pragmatischen Zwischenschritt und wurde von europäischen Föderalisten als phantasielose neue

Variante der üblichen intergouvernementalen Kooperation zwischen den Regierungen der Mitgliedstaaten kritisiert. Erst später stellte sich heraus, dass damit eine euroapolitische „Rakete" (Genscher 1995, S. 362) gestartet worden ist, die mit der Einheitlichen Europäischen Akte 1987 und dem Vertrag von Maastricht 1991 zu den beiden größten Vertragsrevisionen seit den Römischen Verträgen führen sollte. Außenminister Genscher pflegte in der Europapolitik die Orientierung am Machbaren, wie es Walter Hallstein anschaulich einmal so formuliert hat:

> Theoretisch hätte man sich unter der Erschütterung des Zusammenbruchs am Ende des Zweiten Weltkrieges eine totale Lösung „auf einmal" vorstellen können. Psychologisch war alles dazu bereit. Aber die Kräfte reichten nicht dafür. Deshalb haben wir uns entschlossen, schrittweise vorzugehen. Die Wahl der Schritte, ihre Definition und deren zeitliche Aufeinanderfolge ist eine Frage der Opportunität. Es gibt darin nichts Prinzipielles außer der Forderung, daß die Richtung auf immer mehr Einheit eingehalten werden muß. Wir nennen das die pragmatische Methode der europäischen Politik (Hallstein 1973, S. 17).

Im Lichte dieser pragmatischen Integrationsmethode lassen sich wichtige europapolitische Entscheidungen betrachten, die in die Ära Genscher fallen, namentlich der seit 1984 bestehende „Britenrabatt", die Süderweiterung und Regionalpolitik sowie die Wirtschafts- und Währungsunion.

Beim „Britenrabatt" (1984) unterstützte Genscher einen finanziellen Korrekturmechanismus. Einerseits war er der Überzeugung, dass Europa ohne das Vereinigte Königreich ein politischer Torso bleiben würde. Andererseits lag es im deutschen Interesse, dass London als eine der vier Siegermächte beim Bau Europas eine konstruktive Haltung einnimmt, weshalb er dem Primat der Politik Vorrang einräumte. Auch bei der Süderweiterung hatten politische Argumente Vorrang vor finanzpolitischen Erwägungen (Kirchner 1990, S. 163). Während die einen in der Süderweiterung nichts als Opfer zu Lasten der Bürger sahen und damit das Unbehagen in der deutschen Bevölkerung angesichts einer immer kostspieligeren Europapolitik artikulierten, interpretierte Genscher die Erweiterung um Griechenland, Spanien und Portugal im deutschen Interesse. Zwar negierte er nicht die Gefahren, aber er sah die Süderweiterung eher als Chance, das freie Europa – und damit auch das außenpolitische Umfeld der BRD – weiter zu stabilisieren und die Demokratie in Europa zu stärken (Lucas 2002, S. 98–99). Entschieden widersprach er der „Zahlmeister"-These und verteidigte die umstrittene Süderweiterungs- und Regionalpolitik mit dem liberalen Argument, das Wohlstandsgefälle in Europa bedrohe den Zusammenhalt und die Stabilität Europas, die er vor dem Hintergrund des Eurokommunismus gefährdet sah. Genscher wurde zu einem der entschiedensten Fürsprecher des europäischen Vertiefungs- und Erweiterungsprozesses. Nicht dass die Einigung Europas nicht von Beginn an auch im Interesse Westdeutschlands gewesen wäre (Anderson und Goodman 1993, S. 60). Aber das Bewusstsein eines verpflichtenden historisch-moralischen Erbes sprach für die Bereitschaft, auch die Perspektiven der anderen einzunehmen und gelegentlich Konflikte durch Transferleistungen zu entschärfen (Bulmer und Paterson 1987).

Die Koinzidenz zwischen der Erweiterung und Vertiefung des Integrationsprozesses auf der einen Seite und dem Vertrauen in das Modell „Westdeutschland" mit seiner institutionellen und wirtschaftlichen Struktur auf der anderen Seite eröffnete neue Spielräume „for supplying German-patented institutional models to Europe" (Bulmer et al. 2010, S. 7). Begünstigt wurde der Export deutscher Politikmodelle für den europäischen Binnenmarkt durch die Kongruenz zwischen dem semi-souveränen bundesdeutschen Regierungssystem und dem europäischen Institutionengefüge, durch das ein spezifisches institutionelles Milieu geschaffen wurde, „in which German actors can feel at home" (Katzenstein 1997, S. 40). Wie sehr der erfolgreiche Export deutscher Institutionen sich verfestigte, zeigt Genschers aktiv-gestaltende Rolle beim Zustandekommen der Wirtschafts- und Währungsunion mit einer Europäischen Zentralbank nach dem Vorbild der Bundesbank.[8] Während Kanzleramt, Finanzministerium und Bundesbank sich lange in Zurückhaltung übten, argumentierte Genscher, dass der Binnenmarkt durch eine Europäische Zentralbank und einen einheitlichen Währungsraum flankiert werden müsse (Müller Brandeck-Bouquet 2002, S. 148). Wirtschaftliche Konvergenz und monetäre Integration müssten nicht zwangsläufig aufeinander folgen, sondern könnten auf pragmatischem Weg parallel verwirklicht werden, was einer Abkehr von der bislang verfochtenen „Krönungstheorie" gleichkam (Dyson und Featherstone 1999). Auf Genschers Initiative hin wurde eine Expertengruppe der Notenbankchefs eingesetzt, die unter dem Vorsitz des damaligen Kommissionspräsidenten Jacques Delors Vorschläge zur Verwirklichung einer Wirtschafts- und Währungsunion erarbeiten sollte. Damit war die hartnäckigste innenpolitische Opposition in Gestalt der Bundesbank eingebunden und auf eine konstruktive Rolle verpflichtet (Gaddum 1994, S. 348). Ebenso wie der Bundekanzler war der Außenminister bereit, die deutsche Währung irreversibel mit Fortschritten bei der europäischen Einigung zu verbinden.

---

8   Das Auswärtige Amt legte am 26. Februar 1988 ein „Memorandum für die Schaffung eines europäischen Währungsraumes und einer Europäischen Zentralbank" vor, das den Kompromiss nach innen wie nach außen suchte.

4 Fazit

Hat Bundesaußenminister Genscher aus einer theoretischen Perspektive heraus Außenpolitik betrieben? Aus den Ausführungen ist deutlich geworden, dass der Sicherheits- und Europapolitik von Genscher kein eindeutiges theoretisches *template* zugrunde lag. Vielmehr zeichnet sich der „Genscherismus" durch eine Mischung von (neo-)realistischen und liberal-institutionalistischen Theorieelementen aus. Besonders deutlich zeigt sich das Mischungsverhältnis bei der Entspannungspolitik, die er unüberhörbar mit dem Adjektiv „realistisch" verband. Als Anwalt der Ostpolitik war er stets um ein kooperatives Verhältnis bedacht, auch weil Entspannungspolitik für ihn immer wesentlich auch Deutschlandpolitik war. Gleichzeitig war er in der Zeit der Entspannungseuphorie ein Mahner zur Nüchternheit, da er das militärische Gleichgewicht und den Ausgleich zwischen Leistungen und Gegenleistungen als Voraussetzungen seiner Politik ansah. Mit einer pragmatischen Methode navigierte Genscher auch durch die Europapolitik, wo seine Initiativen zwischen 1974 und 1980 vor allem der Rolle der Europäischen Gemeinschaft nach außen galten. Mit der Genscher-Colombo-Initiative und der Forcierung der europäischen Währung gehen aber auch wichtige Fortschritte im institutionellen und monetären Bereich auf sein integrationspolitisches Konto.

Doch bei aller Dialektik von europäischer Sicherheit und Entspannung lehnte Genscher Termini wie „Macht" oder „Großmachtstreben" entschieden ab. Dem Sirenengesang von Machtpolitik in der Tradition realistischer Denkkategorien gelte es zu widerstehen, und das Eintreten für Demokratie, Freiheit und Menschenrechte sei für das liberale Credo genauso konstitutiv wie der Verzicht auf Macht- und Hegemonialstreben. Durch die explizite Verknüpfung mit einem allgemein abgelehnten Konzept wie Hegemoniestreben wurde der durchaus diskussionswürdige Machtbegriff aber in eine schuldhafte Abhängigkeit gebracht. Dadurch blieben der deutschen Außenpolitik in der Ära Genscher auch Handlungsspielräume verschlossen. Die Frage nach einer möglichen deutschen Beteiligung an internationalen Einsätzen hat Genscher stets mit dem Argument von sich gewiesen, Deutschlands Rolle könne es nicht sein, sich als Weltgendarm zu gerieren oder als militärische Ordnungsmacht aufzutreten. Sieht man einmal davon ab, dass derartige Antworten wenig Raum für ernsthaftes Nachdenken über Außenpolitik lassen, so beförderten sie auch jene deutsche Unart, militärische Maßnahmen zur Eindämmung von Konflikten kategorisch zu tabuisieren. Die Instrumentalisierung der Außenpolitik zum Zwecke der Innenpolitik – Genschers ubiquitäre Selbstprojizierung in den Medien ist ebenso Legion wie der wahltaktische Koalitionswechsel 1982, mit dem Genscher sein Eintreten für den NATO-Doppelbeschluss trotz der Friedensdemonstrationen verteidigen konnte, während es dem Bundeskanzler Schmidt die Unterstützung der

SPD kostete –, bei gleichzeitiger Verweigerung machtpolitischer Denkkategorien, muss einen nicht gleich dazu verleiten, „Genscherismus" mit „Machtvergessenheit" (Schwarz 1985) oder „Missbrauch von Außenpolitik" (Gillessen 1987) gleichzusetzen. Richtig ist aber, dass der Schatten des „Genscherismus" immer noch über der deutschen Außenpolitik liegt, wie die aktuelle Debatte um die „Kultur der außenpolitischen Zurückhaltung" und einer von vielen geforderten „Kultur des außenpolitischen Engagements" zeigt.

Genscher formulierte seine außenpolitischen Grundsätze noch in einer Zeit des weltpolitischen Übergangs, in der zwei unterschiedliche Realitäten und Denkweisen im Widerstreit miteinander lagen. Die eine Realität – so Genscher (Genscher 1985 [1978], S. 36) in einer seiner Reden – „ist die Machtpolitik. Dahinter steht die überholte Vorstellung, dass ein Staat die eigenen Interessen am besten durch Gewalt und durch das Streben nach Vorherrschaft wahren und sichern kann. Die zweite, die neue Realität, ist die globale Interdependenz". Das Ineinandergreifen zweier widerstreitender Realitäten erfordere von einem Außenpolitiker nicht nur Doppelkritik, sondern auch ein gerüttelt Maß an Anpassungsfähigkeit. Dies mag ein Grund dafür sein, weshalb die Außenpolitik von Genscher mit pragmatischen Labeln wie „Zweckmäßigkeit" oder „Möglichkeiten offen halten" umschrieben und weniger als ideologisch grundiert oder einem strategischen Entwurf folgend angesehen wurde (Kirchner 1990, S. 172–173). „Genscherismus" ist letztlich eine Reaktion auf die internen (Wertewandel, die Suche nach nationaler Identität und gestiegenes Selbstbewusstsein der Deutschen) und externen Veränderungen (die Annäherung zwischen den beiden Machtblöcken, die Dynamik der europäischen Integration und der Wandel in den transatlantischen Beziehungen), denen deutsche Außenpolitik gegenüberstand. Mehr als der interne Wandel haben es Genscher vor allem die externen Umbrüche und Transformationsprozess erlaubt, Einfluss auf die westdeutschen Entscheidungsprozesse zu nehmen und die deutsche Sicherheits- und Europapolitik bis zur Wiedervereinigung wie kein anderer nachhaltig zu prägen. Joachim Fest hat einmal treffend resümiert:„To me, ‚Genscherism' seems to be a synonym of ‚pragmatism'. It is a reflection of Germany's very complicated position between the two superpowers. He tries to make the most of this difficult situation, and often succeeds" (Fest 1990, S. 85).

Literatur

Anderson, J. J., & Goodman, J. B. (1993). Mars or Minerva? A United Germany in a Post-Cold War Europe. In R. O. Keohane (Hrsg.), *After the cold war. International institutions and state strategies in Europe, 1989–1991* (S. 23–62). Cambridge, MA.: Harvard University Press.

Albrecht, U. (1992). *Die Abwicklung der DDR – Die „2+4-Verhandlungen" Ein Insider-Bericht.* Opladen/Wiesbaden: Westdeutscher Verlag.

Berg, M. (1992). *Gustav Stresemann. Eine politische Karriere zwischen Reich und Republik.* Göttingen/Zürich: Muster-Schmidt.

Bulmer, S., & Paterson, W. E. (1987). *The Federal Republic of Germany and the European Community.* London: Allen and Unwin.

Bulmer S., Jeffery, C., & Paddgett, S. (2010). Democracy and diplomacy, Germany and Europe. In S. Bulmer (Hrsg.), *Rethinking Germany and Europe: Democracy and Diplomacy in a semi-sovereign state* (S. 1–21). London : Palgrave Macmillan.

Calic, M.-J. (2007). Ex-Jugoslawien. In S. Schmidt, G. Hellmann, & R. Wolf (Hrsg.), *Handbuch zur deutschen Außenpolitik* (S. 468–481). Wiesbaden: VS Verlag.

Czempiel, E.-O. (1998). *Friedensstrategien.* Opladen/Wiesbaden: Westdeutscher Verlag.

Czempiel, E.-O. (2002). Multilaterale Entspannungspolitik: KSZE-Prozess und das Ziel einer gesamteuropäischen Friedensordnung. In H.-D. Lucas (Hrsg.), *Genscher, Deutschland und Europa* (S. 135–154). Baden-Baden: Nomos.

Deitelhoff, N., & Zürn, M. (2013). Die Internationalen Beziehungen: Ein einführender Überblick. In M. G. Schmidt, F. Wolf, & S. Wurster (Hrsg.), *Studienbuch Politikwissenschaft* (S. 381–410). Wiesbaden: VS Verlag.

Doyle, M. (1986). Liberalism and world politics. *American Political Science Review, 80*(4), 1151–1169.

Duchêne, F. (1973). Die Rolle Europas im Weltsystem. Von der regionalen zur planetaren Interdependenz. In M. Kohnstamm und W. Hager (Hrsg.), *Zivilmacht Europa – Supermacht oder Partner?* (S. 11–35). Frankfurt M.: Suhrkamp.

Dyson, K., & Featherstone, K. (1999). *The road to Maastricht: Negotiating economic and monetary union.* Oxford: Oxford University Press.

Fest, J. (1990). Germany after the two states. A conversation with Joachim Fest. *European Journal of International Affairs, 7*(1), 73–89.

Frei, D. (1973). Einführung. Wozu Theorien der internationalen Politik? In: D. Frei (Hrsg.), *Theorien der Internationalen Beziehungen* (S. 11–25). München: Piper.

Gaddum, E. (1994). *Die deutsche Europapolitik in den 1980er Jahren.* Paderborn: Schöningh.

Gall, L. (1985). Liberalismus und Auswärtige Politik. In K. Hildebrand, & R. Pommerin (Hrsg.), *Deutsche Frage und europäisches Gleichgewicht. Festschrift für Andreas Hillgruber zum 60. Geburtstag* (S. 31–76). Köln: Böhlau.

Genscher, H.-D. (1985). *Deutsche Außenpolitik.* Bonn: Verlag Bonn Aktuell.

Genscher, H.-D. (1989). Rede vor dem World Economic Forum in Davos am 29. Januar 1989, http://www.2plus4.de/chronik.php3?date_value=29.01.89&sort=000-000. Zugegriffen: 12. Aug. 2014.

Genscher, H.-D. (1995). *Erinnerungen.* Berlin: Siedler Verlag.

Genscher, H.-D. (1996). Die OSZE stärken – unverzichtbare Voraussetzung einer dauerhaften und gerechten Friedensordnung von Vancouver bis Wladiwostok. In Institut für Friedensforschung und Sicherheitspolitik an der Universität Hamburg (Hrsg.), *OSZE Jahrbuch* (S. 47–54). Baden-Baden: Nomos.

Genscher, H.-D. (2000). Rede von Bundesminister a. D. Hans-Dietrich Genscher bei der Festveranstaltung anlässlich 25 Jahre Schlussakte von Helsinki am 19. Juli 2000 in Wien, http://www.wien-osze.diplo.de/contentblob/210954/Daten/Genscher_datei.pdf. Zugegriffen: 12. Aug. 2014.

Gillessen, G. (1987, 19. Aug.). Mißbrauchte Außenpolitik. *Frankfurter Allgemeine Zeitung*, S. 1.

Grieco, J. (1988). Anarchy and the limits of cooperation: A realist critique of the newest liberal institutionalism. *International Organization, 42*(3), 485–507.

Gruber, L. (2000). *Ruling the world: Power politics and the rise of supranational institutions*. Princeton, N.J.: Princeton University Press.

Haftendorn, H. (2001). *Deutsche Außenpolitik zwischen Selbstbeschränkung und Selbstbehauptung 1945–2000*. Stuttgart/München: Deutsche Verlags-Anstalt.

Haftendorn, H. (2002). Hans-Dietrich Genscher und Amerika. In H.-D. Lucas (Hrsg.), *Genscher, Deutschland und Europa* (S. 115–134). Baden-Baden: Nomos.

Hallstein, W. (1973). Einführung. In T. Jansen, & W. Weidenfeld (Hrsg.), *Europa. Bilanz und Perspektive*, (S. IX-XX). Mainz: Hase & Koehler.

Hanrieder, W. F. (1995). *Deutschland. Europa. Amerika: Die Außenpolitik der Bundesrepublik Deutschland 1949–1994*. Paderborn: Schöningh.

Hellmann, G. (2009). Pragmatism and international relations. *International Studies Review, 11*(3), 638–662.

Herz, J. H. (1974). *Staatenwelt und Weltpolitik*. Hamburg: Hoffmann & Campe.

Heumann, H.-D. (2001). *Deutsche Außenpolitik jenseits von Idealismus und Realismus*. München: Olzog.

Heumann, H.-D. (2002). Genscher, ein „liberaler" Außenpolitiker? In H.-D. Lucas (Hrsg.), *Genscher, Deutschland und Europa* (S. 413–432). Baden-Baden: Nomos.

Joas, H., & Knöbl, W. (2004). Was ist Theorie? In H. Joas, & W. Knöbl (Hrsg.), *Sozialtheorie. Zwanzig einführende Vorlesungen* (S. 13–38). Frankfurt/M.: Suhrkamp.

Kant, I. [1795] (1977). Zum Ewigen Frieden. Ein philosophischer Entwurf. In W. Weischedel (Hrsg.), *Immanuel Kant Werkausgabe* (Bd. 11) (S. 193–251). Frankfurt/M.: Suhrkamp.

Kant, I. [1793] (1977). Über den Gemeinspruch: Das mag gut sein für die Theorie, taugt aber nichts in der Praxis. In W. Weischedel (Hrsg.), *Immanuel Kant: Werke in 12 Bänden* (Bd. 11), (S. 127–172). Frankfurt/M.: Suhrkamp.

Katzenstein, P. J. (1987). *Policy and politics in West-Germany: The growth of a semisovereign state*. Philadelphia, PA: Philadelphia University Press.

Katzenstein, P. J. (1997). United Germany in an Integrating Europe. In P. J Katzenstein (Hrsg.), *Tamed power: Germany in Europe* (S. 1–47). Ithaca, NY.: Cornell University Press.

Keohane, R. O. (1984). *After Hegemony. Cooperation and discord in the world political economy*. Princeton, NJ: Princeton University Press.

Kirchner, E. J. (1990). Genscher and what lies behind ,Genscherism'. *West European Politics, 13*(2), 159–177.

Kohl, H. (1986, 27. Okt.). Ron, Be Patient. *Newsweek*, S. 20.

Lucas, H.-D. (2002). Politik der kleinen Schritte – Genscher und die deutsche Europapolitik. In H.-D. Lucas (Hrsg.), *Genscher, Deutschland und Europa* (S. 85–115). Baden-Baden: Nomos.

Maull, H. W. (1990). Germany and Japan. The new civilian powers. *Foreign Affairs, 69*(5), 91–106.

Mitrany, D. (1943). *A working peace system. An argument for the functional development for international organization*. London: Royal Institute of International Affairs.

Moravcsik, A. (1997). Taking preferences seriously. A liberal theory of international politics. *International Organization, 51*(4), 513–553.

Morgenthau, H. J. (1948). *Politics among nations. The struggle for power and peace.* New York, NY: Knopf.

Müller-Brandeck-Bocquet, G. (2002). *Deutsche Europapolitik von Konrad Adenauer bis Angela Merkel.* Opladen: Leske und Budrich.

Niedhart, G. (1999). *Die Aussenpolitik der Weimarer Republik.* München: Oldenbourg.

Ranke, L. von. (1887). *Politisches Gespräch.* Leipzig: Duncker und Humblot.

Risse, T. (2000). Theorien der internationalen Politik und die Praxis der Kriegsverhütung und Friedensförderung. In S. Frech, W. Hesse, & T. Schinkel (Hrsg.), *Internationale Beziehungen in der politischen Bildung* (S. 49–65). Schwalbach: Wochenschau Verlag.

Ritter, G. A. (2013). *Hans-Dietrich Genscher, das Auswärtige Amt und die deutsche Vereinigung.* München: C.H. Beck.

Rorty, R. (2000). *Wahrheit und Fortschritt.* Frankfurt/M.: Suhrkamp.

Rosengarten, U. (2008). *Die Genscher-Colombo-Initiative. Baustein für die Europäische Union.* Baden-Baden: Nomos.

Rudolph, H. (2009, 14. März). Rekordaußenminister. Die Lehre vom Genscherismus. Tagespiegel. http://www.tagesspiegel.de/politik/rekordaussenminister-die-lehre-vom-genscherismus/1472656.html. Zugegriffen: 12. Aug. 2014.

Ruggie, J. G. (1993). Multilateralism: The anatomy of an institution. In J. G. Ruggie (Hrsg.), *Multilateralism. Matters* (S. 3–36). New York, NY: Columbia University Press.

Russett, B. M. (1993). *Grasping the democratic peace. Principles for a post-cold war world.* Princeton, NJ: Princeton University Press.

Russett, B. M., & Oneal, J. R.. (2001). *Triangulating peace. Democracy, interdependence, and international organizations.* New York, NY: Norton.

Schieder, S. (2011). Germany: Problematising Europe, or evidence of an emergent euroscepticism? In R. Harmsen, & J. Schild (Hrsg.), *Debating Europe: The 2009 European Parliament elections and beyond* (S. 33–51). Baden-Baden: Nomos.

Schieder, S. (2014). New liberalism. In S. Schieder, & M. Spindler (Hrsg.), *Theories of international relations* (S. 107–129). London/New York, NY: Routledge.

Schwarz, H.-P. (1985). *Die gezähmten Deutschen. Von der Machtbesessenheit zur Machtvergessenheit.* Stuttgart: DVA.

Spindler, M., & Schieder, S. (2014). Einleitung englischer Band. In S. Schieder, & M. Spindler (Hrsg.), *Theories of international relations* (S. 1–21). London: Routledge.

Staack, M. (2000). *Handelsstaat Deutschland. Deutsche Außenpolitik in einem neuen internationalen System.* Paderborn: Schöningh.

Steinberg, J. (2012). *Bismarck. Magier der Macht.* Berlin: Propyläen.

Steinmeier, F.-W. (2007). Ein Ostpolitiker und großer Europäer: Der ehemalige Außenminister Hans-Dietrich Genscher wird 80. http://www.zeit.de/2007/12/Hans-Dietrich-Gentscher. Zugegriffen: 12. Aug. 2014.

Stresemann, G. (1925). Rede in Berlin vor der Arbeitergemeinschaft deutscher Landsmannschaften in Groß-Berlin. http://www.geschichte.uni-mainz.de/neuestegeschichte/Dateien/Text_1925.pdf. Zugegriffen: 12. Aug. 2014.

Walter, H. [1989] (1990). Die neue „Appeasement"-Politik. In R. Kiessler, & H. R. Schulze (Hrsg.), *Hans-Dietrich Genscher. Ein deutscher Außenminister* (S. 171–172). München: Bertelsmann.

Waltz, K. N. (1979). *Theory of international politics.* Reading, MA: Addison-Wesley.

Waltz, K. N. (1996). International politics is not foreign policy. *Security Studies, 6*(1), 52–55.

Wessels, W. (2002). Hans-Dietrich *Genscher:* Initiator des interregionalen Dialogs – Architekt einer Zivilmacht Europa. In H.-D. Lucas (Hrsg.), *Genscher, Deutschland und Europa* (S. 185–200). Baden-Baden: Nomos.

Zelikow, P. D., & Rice, C. (1997). *Germany unified and Europe transformed: A study in statecraft.* Cambridge, MA: Harvard University Press.

Zürn, M. (2006). Edel, hilfreich – nicht gut. Deutschlands Außenpolitik genießt weltweit hohes Ansehen. Warum eigentlich? http://www.zeit.de/2006/42/dt-Aussenpolitik. Zugegriffen: 12. Aug. 2014.

Das Geheimnis des „Genscherismus"
Genese, Möglichkeiten und Grenzen eines außenpolitischen Konzepts

Eckart Conze

Die erfolgsgeschichtliche Versuchung

Überraschung und Erstaunen kennzeichneten einen Artikel, den Flora Lewis, die 2002 verstorbene große alte Dame des amerikanischen Journalismus, im März 1990 in der New York Times veröffentlichte: Vor weniger als einem Jahr, hieß es dort, sei „Genscherismus" das schlimmste Schimpfwort im State Department gewesen. „Official American wisdom held that the West German Foreign Minister was dangerously susceptible to the charms of Mikhail Gorbachev's ‚new thinking', excessively eager for good relations with Eastern Europe and personally obsessed with openings to East Germany, his homeland. … He was suspected of pulling away from established ties. Now Mr Kohl is seen as the troublemaker and Mr Genscher as the man of vision" (Lewis 1990).

Eine Bewertung der Außenpolitik von Hans-Dietrich Genscher steckt voller Paradoxien. Genschers Außenpolitik in den Jahren bis 1989 zielte nicht, zumindest nicht im operativen Sinne, auf die Herbeiführung der deutschen Einheit und leistete doch einen wichtigen Beitrag zur Entwicklung einer weltpolitischen Konstellation, in der die Überwindung des Ost-Konflikts und die deutsche Vereinigung möglich wurden. Wenn die deutsche Außenpolitik der Genscher-Jahre als „Erfolgsgeschichte" bezeichnet wird, dann bezieht sich diese Etikettierung in der Regel auf die 1980er Jahre und die Entwicklungen der Jahre 1989/90. Ausgeklammert bleiben sowohl die 1970er Jahre bis zum Regierungswechsel von 1982 als auch die frühen 1990er Jahre bis zu Genschers Rücktritt. Dass Genscher der deutschen Außenpolitik „bis heute spürbare konzeptionelle Impulse" gegeben habe, wird insbesondere aus der Umgebung Genschers eher postuliert als tatsächlich gezeigt (Lucas 2002, S. 11 u. 21), und angesichts des dramatischen Wandels der internationalen Politik seit den 1990er Jahren, der mit dem Aufstieg Chinas, der islamistischen Bedrohung und der neoimperialen Politik Russlands nur in Ansätzen erfasst ist, erweist sich auch, dass der Versuch, außenpolitische Konzepte und Positionen aus der Schlussphase des Ost-West-Konflikts auf eine völlig veränderte weltpolitische Konstellation übertragen zu wollen, beinahe zwangsläufig ins Leere laufen muss. Die Außenpolitik Hans-Dietrich Genschers hat ihren historischen Ort und ihren historischen Bezugsrahmen, und es minimiert ihre Bedeutung nicht, sie innerhalb dieses historischen Kontexts zu betrachten und sie zunächst einmal auf diesen Kontext zu beziehen, bevor man nach ihrer Wirkungsgeschichte fragt oder sich gar bemüht, Lehren für die Gegenwart aus ihr zu ziehen.

Hans-Dietrich Genschers Außenpolitik wird auch in der Rückschau, insbesondere mit Blick auf die 1980er Jahre, gern mit dem Etikett des „Genscherismus" versehen. Das Suffix „-ismus" impliziert, wenn nicht eine gleichsam überzeitliche Bedeutung, zumindest eine konzeptionelle Stringenz und Geschlossenheit. Genscher selbst hat durchaus dazu beigetragen, diesen Eindruck zu bestätigen. Selbstbewusst sah er schon 1988 keinen Grund, sich vom Begriff des „Genscherismus" zu distanzieren, sondern bezog ihn auf eine mit seinem Namen verknüpfte „langfristige und erfolgreiche Außenpolitik" (Szabo 2002, S. 260). Aber was war der Maßstab des Erfolgs? Ein Jahr vor dem Fall der Mauer blieb das offen. Zwei Jahre später, 1990, am Vorabend der deutschen Einheit, sah sich Genscher bestätigt und versah nun seinerseits seine Außenpolitik selbst mit dem Begriff „Genscherismus". Das „Geheimnis des Genscherismus" sei es, politische Entwicklungen mit einem klaren Konzept zu verfolgen und nicht auf aktuelle Ereignisse zu reagieren („Geheimnis des Genscherismus" 1990, S. 31). Seine langfristig angelegte Außenpolitik, der „Genscherismus", hatte 1990, so muss man die Äußerung deuten, ihren historischen Fluchtpunkt erhalten, auf den man sie hin zu interpretieren hatte. Das Ende des Ost-West-Konflikts und die deutsche Einheit bedeuteten, daran ließ auch Genscher selbst keinerlei Zweifel, nicht allein die Bestätigung eines bestimmten politischen Kurses – „Es ist etwas Wunderschönes, in der Politik Recht zu kriegen und das noch im Amt zu erleben." – sondern vielmehr einen regelrechten Triumph des „Genscherismus": „Die Chance der deutschen Vereinigung erscheint nicht als eine Laune des Schicksals, sondern als die Frucht einer mühevollen, langfristig angelegten und mit langem Atem verfolgten Politik der Überwindung der Spaltung Europas mit dem Ziel, damit auch die deutsche Teilung zu beenden." (Genscher 1996, S. 7; Kiessler und Elbe 1996, S. 15).

Man muss derartige Aussagen und die damit verbundene Selbstsicht nicht mit Timothy Garton Ash als „retrospektiven Determinismus in seiner krassesten Form" bezeichnen, aber der Historiker ist in der Tat gut beraten, nicht dem „Trugschluss der historischen Unvermeidlichkeit" anheim zu fallen (Garton Ash 1995, S. 532), der sich für die Zeitgeschichte von Bundesrepublik und DDR ganz allgemein, besonders aber mit Blick auf die Entwicklungen der 1980er Jahre, mit verführerischer

Attraktivität anbietet. Von den Ereignissen der Jahre 1989/90 geht eine enorme historiographische Sogwirkung aus, der sich der Historiker entziehen muss. Seine rückschauende Analyse muss sich mit aller Macht gegen die Gravitationskraft der Jahre 1989/90 stemmen; er muss der Versuchung widerstehen, die Entwicklungen der 1980er Jahre als unmittelbare Vorgeschichte der deutschen Einheit erscheinen zu lassen – obwohl sie das rein chronologisch natürlich waren – und womöglich gar aus dem politischen Handeln einzelner Akteure vor 1989 das Zustandekommen der deutschen Einheit zu erklären. Jede historische Analyse muss der unerwarteten Plötzlichkeit der welthistorischen Entwicklungen seit 1989 Rechnung tragen, sie muss der unglaublichen Beschleunigung des historischen Prozesses gerecht werden, und sie muss sich damit auseinandersetzen, wie sich innerhalb kürzester Zeit das für den historischen Prozess und für das Denken und Handeln der Menschen in diesem Prozess entscheidende Verhältnis von „Erfahrungsraum" und „Erwartungshorizont", wie es Reinhard Koselleck genannt hat, mit Blick auf die deutsche Frage vollkommen verändern konnte, wie innerhalb kürzester Zeit Entwicklungen denkbar und möglich wurden, die noch wenige Wochen, ja Tage zuvor völlig ausgeschlossen und unmöglich schienen. Das soll die historische Analyse gerade der 1980er Jahre keineswegs von den Ereignissen am Ende des Jahrzehnts abschneiden, und selbstverständlich ist auch das Denken und Handeln einzelner Politiker in der Zeit vorher auf die Entwicklungen 1989/90 zu beziehen. Das gilt auch für Hans-Dietrich Genscher und den „Genscherismus".

Der Begriff des „Genscherismus" ist ein schillernder Begriff, der sich nicht darauf reduzieren lässt, was seit Ende der 1980er Jahre, vor allem aber nach dem Fall der Mauer, von Hans-Dietrich Genscher selbst und aus seinem Umfeld heraus unter ihm verstanden und mit ihm verbunden wurde. Deshalb besteht auch in der wissenschaftlichen Literatur kein Konsens über eine präzisere Begriffsbestimmung. Der Begriff tauchte verstärkt in den 1980er Jahren, vor allem nach dem Regierungswechsel von 1982, und primär in außen- und sicherheitspolitischem Zusammenhang auf. Seine Begriffsgeschichte erschöpft sich darin allerdings weder zeitlich noch inhaltlich. Vielmehr tauchte das Wort schon in den frühen 1970er Jahren, die sozialliberale Koalition war erst wenige Jahre alt und Genscher war noch Innenminister, erstmals auf. Journalisten, nicht zuletzt des „Spiegel", sprachen von „Genscherismus" und bezogen sich damit auf die politische Wendigkeit und Flexibilität des FDP-Ministers, der schon 1971 Regierungskoalitionen lediglich als Zweckbündnisse auf Zeit bezeichnet hatte. Als „Genscherismus" kritisierte man Genschers „Offensein nach allen Seiten" und sah in ihm in einem Artikel mit der Überschrift „Übel des Genscherismus" einen „Anpasser, der sein Fähnchen nach dem Wind hängt" („Übel des Genscherismus" 1972, S. 24). 1974, Genscher war nach dem Rücktritt Willy Brandts und der Wahl von Walter Scheel zum Bundespräsidenten,

Außenminister und Vizekanzler im ersten Kabinett Helmut Schmidts geworden
und seine Wahl zum FDP-Vorsitzenden galt als sicher, redeten Journalisten erneut
vom „Genscherismus" und meinten damit zweierlei: zum einen, „Taktik als Prinzip
zu verfolgen und Prinzipien zur Taktik herabzustufen" (Neumaier 1974), zum anderen, die dominierende Rolle Genschers in der FDP, die vielen nach seiner Wahl
zum Parteivorsitzenden im Oktober 1974 als „Ein-Mann-Unternehmen" erschien
(Meyer 1988, S. 190-193). Diese Kritik wurde Genscher bis zu seinem Ausscheiden
aus der aktiven Politik nicht wieder los. Sie gehörte zum medialen Echo auf den
Koalitionswechsel der FDP 1982, der den Liberalen zwar weitere 16 Jahre in der
Regierung bescherte, der Partei und ihrem Vorsitzenden jedoch erneut den Vorwurf
politischer Prinzipienlosigkeit einbrachte.

Das politische Überleben der FDP konnte nach dem Koalitionswechsel 1982
keineswegs als sicher gelten. Nicht nur in der SPD, die ihren Regierungspartner
und mit ihm die Regierungsmacht verloren hatte, sondern auch im Unionslager
und insbesondere in der CSU wünschten viele, nicht zuletzt der CSU-Vorsitzen-
de Franz Josef Strauß, die FDP möge bei der nächsten Bundestagswahl an der
Fünf-Prozent-Hürde scheitern. Dass die FDP, von ihren Gegnern mit dem Ver-
ratsvorwurf belegt, den Koalitionswechsel 1982/83 politisch überlebte, verdankte
sie insbesondere der Tatsache, dass die Neuwahl des Deutschen Bundestags nicht
unmittelbar nach dem Kanzlerwechsel vom 1. Oktober 1982 stattfand, sondern erst
ein halbes Jahr später, im März 1983, als sich die politischen Wogen des Herbstes
1982 wieder einigermaßen geglättet hatten. Dem FDP-Vorsitzenden und Bundesaußenminister Hans-Dietrich Genscher war allerdings bewusst, dass die FDP auch
weiterhin nur dann ausreichend Wähler für sich gewinnen würde, wenn es ihr zum
einen gelang, ein von den Unionsparteien unterscheidbares politisches Profil zu
vertreten, und wenn sich ihr politisches Spitzenpersonal und damit er selbst sich
kontinuierlich hoher Popularität erfreuten. Dem Bundesaußenminister, der das
Amt des Parteivorsitzenden nur noch bis 1985 bekleidete – ohne damit freilich bis
weit in die 1990er Jahre an politischem Einfluss zu verlieren – bot für dieses Ziel
der Profilierung und des Popularitätsgewinns vor allem seine eigene ministerielle
Domäne, die Außenpolitik, allerbeste Möglichkeiten.

Außenpolitik im „Zweiten Kalten Krieg"

Der Regierungswechsel 1982 hatte mitten in der Debatte über die NATO-Nachrüs-
tung stattgefunden, und genau wie die Unionsparteien und der neue Bundeskanzler
Helmut Kohl vertrat auch die FDP mit Hans-Dietrich Genscher den klaren Kurs

einer Stationierung neuer amerikanischer Mittelstreckenraketen in Europa und auch in der Bundesrepublik, sollte die Sowjetunion nicht ihre nuklearen Mittelstreckenwaffen vom Typ SS-20 abbauen beziehungsweise sollten die amerikanisch-sowjetischen Abrüstungsverhandlungen in Genf nicht zu einem Ergebnis führen. Mit ihrer Regierungsmehrheit beschlossen CDU/CSU und FDP im November 1983 die Raketenstationierung und demonstrierten damit Geschlossenheit und Handlungsfähigkeit. Das stärkte auch den Westen vor dem Hintergrund des sogenannten „Zweiten Kalten Krieges" insgesamt. Die Atmosphäre in den deutsch-amerikanischen Beziehungen verbesserte sich seit Beginn der Regierung Kohl/Genscher und Bonn gewann politisches Vertrauen zurück, das seit der Präsidentschaft Jimmy Carters verloren gegangen war. An den Grundstrukturen der deutsch-amerikanischen Beziehungen und insbesondere der hegemonialen Rolle der USA änderte das freilich nichts. Aber war die neue Bundesregierung tatsächlich bereit, die scharf antikommunistische und konfrontative Politik der Reagan-Administration (seit 1981) gegenüber der Sowjetunion bedingungslos zu unterstützen und sich dem politischen Unilateralismus der USA umfassend zu beugen?

Jahre bevor die Frage nach der richtigen Reaktion des Westens auf die Politik des neuen sowjetischen Generalsekretärs Michail Gorbatschow für deutliche Meinungsunterschiede innerhalb der westlichen Allianz, aber auch innerhalb der Bundesregierung sorgte, rief schon die von US-Präsident Ronald Reagan im März 1983 verkündete Strategische Verteidigungsinitiative (SDI) divergierende Reaktionen in der Bundesregierung hervor. Die amerikanische Initiative, auch *Star Wars* genannt, zielte auf ein im Weltraum stationiertes Raketenabwehrsystem, das, wie der der amerikanische Präsident betonte, nukleare Waffen obsolet machen sollte. Aber würde das, so fragte man in Westeuropa und auch in der Bundesrepublik, nicht das System der nuklearen Abschreckung aushöhlen? Würde es nicht Zonen unterschiedlicher Sicherheit schaffen? Und würde es nicht die Gefahr eines Atomkriegs erhöhen, ja möglicherweise sogar Anreize zu einem nuklearen Erstschlag der Vereinigten Staaten bieten, wenn sich die USA vor einem sowjetischen Nuklearangriff sicher fühlen könnten? So war es wenig überraschend, dass der Bundesaußenminister das SDI-Projekt und die deutsche Beteiligung daran zu einer Frage „vitaler deutscher Sicherheitsinteressen" erklärte.

Das Thema SDI brachte die Außen- und Sicherheitspolitik der Bundesrepublik in ein schweres Dilemma und trieb einen Keil in die Regierungskoalition. Auf der einen Seite standen die Verteidigungsexperten der Union, unter ihnen der 1982 zum Verteidigungsminister ernannte Manfred Wörner, die nicht nur aus militärischen, ökonomischen und forschungspolitischen Gründen für eine Beteiligung der Bundesrepublik an SDI plädierten, sondern die eine deutsche Partizipation auch als Beweis deutscher Bündnisloyalität und als Bestätigung der deutsch-amerikanischen

Partnerschaft nach der Vertrauenskrise unter Helmut Schmidt für geboten hielten. Außenminister Genscher und die FDP waren deutlich zurückhaltender. Sie kritisierten nicht nur die enormen Kosten des Projekts, warnten vor einer neuen Runde des Wettrüstens und den Auswirkungen eines Raketenschirms auf die Stabilität der Abschreckung, verwiesen aber auch auf die Auswirkungen einer SDI-Beteiligung auf das deutsch-sowjetische Verhältnis. Nach der Entspannung der 1970er Jahre war dieses Verhältnis vor dem Hintergrund der Nachrüstungsfrage und erst recht nach dem Stationierungsbeschluss des Bundestags 1983 in eine tiefe Krise geraten. Es herrschte Eiszeit. Und das wirkte sich auch auf die deutsch-deutschen Beziehungen aus. Der schon zwischen Helmut Schmidt und Erich Honecker vereinbarte Besuch des DDR-Staatsratsvorsitzenden in der Bundesrepublik – Helmut Kohl hatte die Einladung gleich nach seinem Amtsantritt erneuert – kam nicht zustande, weil die sowjetische Führung intervenierte. Im Zeichen scharfer Supermachtkonfrontation blieben die Chancen auf eine deutsch-deutsche Entspannung, aber auch auf eine Verbesserung der Beziehungen zwischen der Bundesrepublik und anderen Staaten des Ostblocks begrenzt.

Schon im SDI-Zusammenhang deutete sich jene Politik Hans-Dietrich Genschers an, die nach dem Amtsantritt Gorbatschows 1985 noch klarere Konturen gewann und die dann, vor allem in kritischer Auseinandersetzung, mit dem Begriff des „Genscherismus" belegt wurde. Genscher ließ keinen Zweifel an der Bedeutung eines engen und vertrauensvollen deutsch-amerikanischen Verhältnisses, er wehrte sich jedoch gegen eine prinzipielle Unterordnung europäischer und deutscher Interessen unter die amerikanische Politik. Dabei waren deutsche Interessen für ihn nie nur westdeutsche Interessen, sie waren stets gesamtdeutsch gedacht: nicht im Sinne einer operativen Wiedervereinigungspolitik, wohl aber im Sinne einer Fortsetzung und, wenn möglich, sogar Vertiefung der deutsch-deutschen Entspannung. Das sollte zum einen, ganz im Sinne der Ostpolitik der 1970er Jahre, den Menschen in der DDR das Leben mit der Teilung erträglicher machen; zum anderen aber sollte es politische und militärische Konfrontativität reduzieren, und dies wiederum nicht nur im deutsch-deutschen Verhältnis, sondern auch gesamteuropäisch.

Beide Grundpfeiler seiner Politik hatte Genscher schon 1975 in einer Bundestagsrede entwickelt, in der er sein Konzept einer „Realistischen Entspannungspolitik" darlegte. „Realistische Entspannungspolitik" war für ihn „eine Politik, die auch ihre Grenzen sehr klar erkennt. Entspannungspolitik erfordert das Fundament Sicherheit, und Sicherheit gibt es für uns nicht ohne das Bündnis und seine und damit auch unsere Verteidigungsbereitschaft." Doch zugleich charakterisierte er Entspannung als einen „Prozess, der der Geschichte unterliegt, der den Status quo nicht auf ewig festschreibt, sondern dynamisch die Möglichkeit neuer Entwicklungen offen hält. Das schließt für uns sowohl die Möglichkeit der deutschen

Einheit wie auch die der Vollendung der europäischen Einigung ein" (Genscher 1975). Entspannung sei für ihn „nicht Zustand, sondern Prozess", ergänzte er ein Jahr später (Genscher 1976).

Die Akzeptanz des Status quo – und das zeigt Genschers feste Verankerung in den Grundlagen der Ost- und Entspannungspolitik der 1970er Jahre – war für ihn kein Selbstzweck und kein Ziel an sich, sondern, ob im deutsch-deutschen Kontext oder im europäischen (Stichwort: KSZE) die Voraussetzung für eine allmähliche, konsensuale Veränderung dieses Status quo. Bemerkenswert sind Genschers Aussagen von Mitte der 1970er Jahre auch deshalb, weil sie nicht wie Äußerungen aus der Zeit nach dem Mauerfall den Eindruck erwecken, politisches Handeln in der Retrospektive zu plausibilisieren und bestimmten Entwicklungen absichtsvolle Planung zu unterlegen. So wenig man sie als konkretes politisches Konzept missverstehen darf oder gar als Blaupause einer operativen Politik zur Herbeiführung der deutschen Einheit, so sehr markieren sie jedoch die Prämissen seines politischen Denken und Handelns auf den eng miteinander verflochtenen, ja letztlich gar nicht voneinander zu trennenden Feldern der Außen-, Sicherheits- und Deutschlandpolitik.

Gorbatschow ernst nehmen

Der Amtsantritt von Michail Gorbatschow als Generalsekretär der KPdSU und seine Politik wurden im Westen und auch in der Bundesrepublik zunächst nicht als Chance begriffen, sondern, zurückhaltend formuliert, als Herausforderung. Gorbatschows Politik der inneren Reformen im Zeichen von „Perestroika" und „Glasnost" zielte nicht auf eine Überwindung des Ost-West-Konflikts, sondern auf eine Verbesserung der sowjetischen Position in der Auseinandersetzung der Systeme. Das sich seit den späten 1970er Jahren wieder intensivierende Wettrüsten verschlang enorme Ressourcen und setzte die sowjetische Volkswirtschaft unter massiven Druck. Diese Entwicklung drohte sich im Zeichen von SDI, das man in Moskau zu Recht Beginn einer weiteren Spirale des Wettrüstens wahrnahm, noch zu verschärfen. Daraus entstanden jene Reformimperative, die Gorbatschow an die Spitze seiner politischen Agenda setzte. Zugleich freilich bemühte sich Gorbatschow seit 1985 darum, den aus der Ost-West-Konfrontation resultierenden Druck abzubauen. Der Ost-West-Konflikt sollte wieder im Modus von Entspannung und Kooperation ausgetragen werden. Das stand hinter der neuen ost-westlichen, präziser: sowjetisch-amerikanischen Abrüstungsdynamik, die unmittelbar mit Gorbatschows

Amtsübernahme einsetzte und rasch zu greifbaren Ergebnissen in Gestalt echter Abrüstungsverträge – nicht nur, wie bisher, Rüstungskontrollverträge – führte.

Der amerikanisch-sowjetische Bilateralismus, der sich seit 1985 in einer dichten Folge amerikanisch-sowjetischer Gipfelbegegnungen manifestierte, kann leicht darüber hinweg täuschen, wie sehr die neue sowjetische Politik den Westen entzweite. Dieser Dissens reichte tief in einzelne westliche Staaten hinein, ganz besonders auch in die Bundesrepublik. Die Politik Gorbatschows machte das ganze Ausmaß innerwestlicher Interessenunterschiede deutlich, die gerade in den Jahren der Nachrüstungskrise durch den Imperativ der Geschlossenheit unter amerikanischer Führung in den Hintergrund getreten, aber keineswegs überwunden worden waren. Die sowjetische Bedrohung hatte stets die Dominanz der USA in der transatlantischen Allianz gefestigt. Das änderte sich nun. Gab es überhaupt noch eine sowjetische Bedrohung? Was wollte Gorbatschow? Zwar ging die amerikanische Regierung auf die Abrüstungsinitiativen des sowjetischen Generalsekretärs ein, aber die Reagan-Administration hielt zugleich bis Anfang 1989 am traditionellen Bild der Sowjetunion und eines scharfen machtpolitischen Gegensatzes zwischen USA und UdSSR fest.

In der Bundesrepublik folgten die Unionsparteien der Washingtoner Linie. Bundeskanzler Kohl artikulierte das auf seine Weise, als er 1986 in einem Interview Gorbatschow mit NS-Propagandaminister Goebbels verglich. Andere Unionspolitiker, unter ihnen Verteidigungsminister Wörner, der 1988 ins Amt des NATO-Generalsekretärs wechselte, teilten die Einschätzung der Falken in der amerikanischen Regierung. Eine andere Position vertrat der Bundesaußenminister, der in der neuen sowjetischen Führung nicht nur eine Chance für eine Verbesserung der deutsch-sowjetischen Beziehungen sah, sondern auch Perspektiven einer neuen Politik der Vertrauensbildung und Kooperation nicht zuletzt im Rahmen der KSZE. Frühe Gespräche mit seinem sowjetischen Amtskollegen Edward Schewardnadse, der den von Gorbatschow ins Amt des Staatsoberhaupts weggelobten Andrej Gromyko als Außenminister abgelöst hatte, überzeugten Genscher davon, dass sich die Außenpolitik der Sowjetunion nicht nur der Form nach zu ändern begonnen hatte (Genscher 1995, S. 317).

Die divergierenden Einschätzungen entzweiten die Regierungskoalition. In zwei prominenten Reden vertraten der Bundesverteidigungsminister einerseits und der Bundesaußenminister andererseits die jeweiligen Standpunkte. Auf der 24. Wehrkundetagung in München, der heutigen Münchener Sicherheitskonferenz, zeichnete Manfred Wörner am 31. Januar 1987 ein pessimistisches Bild der internationalen Sicherheitslage und lieferte eine traditionelle Einschätzung der sowjetischen Politik. Das politisch-strategische Problem Westeuropas sei nach wie vor „die Selbstbehauptung gegenüber dem sowjetischen Hegemonialstreben in Europa". Zwar seien die Verhandlungsangebote der sowjetischen Führung unter Gorbatschow ernsthaft zu prüfen, aber es überwog doch Skepsis. Gorbatschow habe bislang keine echten Zugeständnisse gemacht, seine Offerten seien bloße Rhetorik. Auch dürfe Rüstungskontrolle nicht als Ziel an sich verstanden werden, sondern sei nur sinnvoll als „Mittel zur Erhöhung der Krisenstabilität". Die „fortlaufende Verschlechterung der militärischen Kräfteverhältnisse zugunsten des Warschauer Pakts" setze sich weiter fort, und die Sowjetunion sei weiterhin darauf aus, Europa von Kernwaffen aller Art und Reichweite zu entblößen, um damit ihre Dominanz bei konventionellen Waffen auszuspielen (zit. nach: Staack 2000, S. 99-100).

Einen Tag später, am 1. Februar 1987, fraglos alles andere als ein dramaturgischer Zufall, hielt Außenminister Genscher eine weithin beachtete Rede auf dem Weltwirtschaftsforum im Schweizer Davos. Auch sie enthielt eine Beurteilung der internationalen Lage angesichts der sowjetischen Politik, argumentierte jedoch ganz anders als der Verteidigungsminister und gelangte zu geradezu diametral entgegengesetzten Folgerungen. Im Gegensatz nicht nur zu Manfred Wörner, sondern zu den allermeisten westlichen Spitzenpolitikern sprach sich Genscher in Davos dafür aus, die sicherheitspolitischen Initiativen der Sowjetunion, Gorbatschows Aufrufe zu „Neuem Denken", nicht als Propaganda abzutun. Und dann folgten, seither immer wieder zitiert, die Kernsätze seiner Rede: „Nehmen wir Gorbatschow ernst, nehmen wir ihn beim Wort! ... Sitzen wir nicht mit verschränkten Armen da und warten, was Gorbatschow uns bringt! Versuchen wir vielmehr, die Entwicklung von unserer Seite aus zu beeinflussen, voranzutreiben und zu gestalten." Genscher sprach von Chancen zu einem anderen West-Ost-Verhältnis, von einer Gelegenheit zur Überwindung der Konfrontation und warnte vor einem „Fehler von historischem Ausmaß, wenn der Westen diese Chance vorübergehen ließe, nur weil er sich nicht aus einem Denken lösen kann, das beim Blick auf die Sowjetunion immer nur einzig und allein den schlimmsten Fall anzunehmen vermag". Der Minister zeigte sich überzeugt davon, dass Gorbatschow die Positionen der Ära Breschnew aufgegeben hatte, dass er eine neue Außenpolitik betrieb, die auf Zusammenarbeit und Öffnung setzte und dass aus diesem Wandel auch Möglichkeiten für den Westen erwuchsen, ja dass es des Westens bedurfte, um die Veränderung der sowjetischen Politik zu stabilisieren und zu verstetigen (Genscher 1991).

„Genscherismus": Konzept und Kritik

Wenn man denn „Genscherismus" als ein politisches Konzept verstehen will, dann wird man die Davoser Rede als seine Geburtsstunde bezeichnen können. Aber Genschers Vorstellungen waren kein Selbstläufer. Obwohl die sowjetische Führung den Worten Gorbatschows immer weitere Taten folgen ließ, einschließlich des Abzugs ihrer Truppen aus Afghanistan, blieben Genschers Positionen in der Bundesrepublik umstritten. Die Kritiker des Außenministers, in den Medien bald als „Stahlhelmer" tituliert, saßen dabei weniger in der parlamentarischen Opposition, in der SPD oder bei den GRÜNEN, als vielmehr in der eigenen Regierungskoalition in CDU und CSU. Der Bundeskanzler lavierte zwischen den Positionen, nahm einerseits den Imperativ Genschers auf, Gorbatschow ernst zu nehmen, warnte aber andererseits vor den Risiken einer zu optimistischen Einschätzung der Moskauer Politik und den Gefahren für den Zusammenhalt des westlichen Bündnisses (Regierungserklärung Kohl, 11.3.1987). In einer Reihe weiterer Reden und Wortbeiträge (auf einer Tagung des Institute for East-West Security Studies in Potsdam im Juni 1988, in einem Artikel für die Süddeutsche Zeitung im Juli 1988 und in einer Rede vor der Johns Hopkins Universität in Bologna im Oktober 1988) entfaltete der Bundesaußenminister seine Einschätzungen und Überlegungen weiter und wies dabei der Bundesrepublik innerhalb des Westens eine Schrittmacherrolle zu (Staack 2000, S. 130-131).

Immer wieder betonte Genscher dabei die Notwendigkeit, die Ost-West-Beziehungen aus ihrer militär- und verteidigungspolitischen Engführung zu lösen. Ein Prozess kontinuierlicher Abrüstung (auf allen Ebenen) sollte dazu beitragen, die Bedeutung der militärischen Konfrontation sukzessive zu reduzieren, Vertrauen zu bilden und damit zugleich Grundlagen zu schaffen für ost-westliche Kooperation auf anderen Feldern. Seinen Kritikern, die ihm vorwarfen, mit einer solchen Politik die Sicherheit des Westens zu gefährden, begegnete Genscher mit zwei Argumenten. Er entwickelte zum einen das Konzept einer gesamteuropäischen und damit ost-westlichen Sicherheitsarchitektur, die er durchaus im Anschluss an Formulierungen und Überlegungen der 1970er Jahre, insbesondere aus dem KSZE-Kontext, mit dem Begriff der „Europäischen Friedensordnung" oder auch, der sowjetischen Rhetorik entlehnt, des „Gemeinsamen Hauses Europa" kennzeichnete. Sicherheit war für Genscher nicht partikular, westlich oder östlich, sondern integrativ. Nicht Sicherheit vor der Sowjetunion strebte er an, sondern Sicherheit mit der Sowjetunion, wohl wissend, dass Sicherheit mit der Sowjetunion, gemeinsame Sicherheit, eben auch Sicherheit vor der Sowjetunion bedeuten würde. Zum anderen vertrat Genscher einen erweiterten Sicherheitsbegriff, der sich nicht auf militärische Sicherheit beschränkte, sondern politische, ökonomische, ökologische oder kulturelle Dimensionen einschloss. Ost-westliche Kooperation in diesen Bereichen werde zusammen mit einer umfassenden Abrüstung zu wirklicher Entspannung führen und dadurch die Bedeutung militärischer Faktoren im Ost-West-Verhältnis substanziell reduzieren.

Genschers „umfassende Sicherheitsformel" (Szabo 2002, S. 247) griff Überlegungen auf, die schon in den 1970er Jahren in der internationalen Politik an Bedeutung gewonnen hatten und die sich aus einem profunden Unbehagen speisten, Sicherheit nur militärisch zu definieren. In den Vereinten Nationen wurden solche Überlegungen ventiliert, aber auch in den Industriestaaten des Westens wurden angesichts der multiplen Krisenphänomene der 1970er Jahre Konzepte erweiterter Sicherheit entwickelt, nicht zuletzt in Helmut Schmidts wichtiger Rede vor dem Londoner Institut für Strategische Studien (IISS) im Oktober 1977, an die wir uns in der Regel nur als Markstein auf dem Weg zum NATO-Doppelbeschluss 1979 erinnern (Haftendorn 1986). Auch die Etablierung der Gipfeltreffen (G 7) der wichtigsten westlichen Industrieländer gehört in diesen Kontext (Böhm 2014). Genscher nahm in sein Konzept von Sicherheit aber zugleich auch Ideen auf, die in der Nachrüstungsdebatte um 1980 und in der Friedensbewegung als Gegenmodelle zu militärisch-konfrontativen Sicherheitsvorstellungen vorgeschlagen worden waren, darunter nicht zuletzt das wichtige Konzept der „Gemeinsamen Sicherheit" (Wiechmann 2014). Gemeinsame Sicherheit sollte erreicht werden durch eine „Vernetzung der gegenseitigen Interessen", eine „systemöffnende Zusammenarbeit", die den Entspannungsprozess langfristig unumkehrbar machen würden. „Wir müssen eine Verflechtung von Interessen und Kooperationen in Europa schaffen, die es keinem Land mehr erlaubt, sich aus diesem Verbund zu lösen, ohne seine vitalsten Eigeninteressen auf das schwerste zu verletzen. Wir brauchen gegenseitige Abhängigkeit im guten Sinne des Wortes." (Garton Ash 1995, S. 393)

Der Bundesrepublik wies Genscher bei der Umsetzung dieser Politik eine doppelte aktive Rolle zu: zum einen innerhalb der westlichen Allianz, die es für diese Politik zu gewinnen gelte; zum anderen aber auch in den bilateralen Beziehungen zur Sowjetunion, in denen es an der Zeit sei, durch eine Zusammenarbeit auf allen Gebieten „in einer sich verändernden Welt die Möglichkeiten der deutsch-sowjetischen Beziehungen zum beiderseitigen Vorteil und für das West-Ost-Verhältnis in vollem Umfang auszuschöpfen" (zit. nach: Staack 2000, S. 99-100) Dass Genscher in diesem Zusammenhang und zur Begründung der „Schlüsselrolle" der Bundesrepublik für diese Politik von einer historischen Brückenfunktion Deutschlands zwischen West und Ost sprach und Bonn die Aufgabe zuwies, eine „Brücke des Vertrauens" zu schlagen, trug in den westlichen Partnerländern der Bundesrepublik und insbesondere in den USA zu einer skeptischen, ja argwöhnischen Reaktion auf die politische Initiative des Bundesaußenministers bei, so sehr dieser wieder und wieder einen deutschen Alleingang ausschloss und die feste Verankerung der Bundesrepublik im Westen betonte. Dennoch war für die zunächst ausgesprochen kritische, ja ablehnende Bewertung des „Genscherismus" vor allem in den Vereinigten Staaten, die exponierte Rolle, die Genscher der Bundesrepublik zuwies, ein wichtiger Grund. Hatte nicht wenige Jahre zuvor erst die deutsche Friedensbewegung die Stärke nationalneutralistischer Positionen in der westdeutschen Gesellschaft demonstriert? War nicht in der Bundesrepublik als Frontstaat des Kalten Krieges die Versuchung nach wie vor groß, der ost-westlichen Konfrontation zu entkommen? Musste man nicht Genschers Vorschläge auch vor diesem Hintergrund bewerten?

Der einflussreiche amerikanische Journalist Jim Hoagland machte im Sommer 1988 in der Washington Post nur öffentlich, was in der US-Administration viele dachten. Hatte der amerikanische Botschafter in Bonn, Richard Burt, Genscher als „slippery man" bezeichnet (Kiessler 2002, S. 383), so nannte ihn schon der Titel von Hoaglands Artikel, der rasch auch in der International Herald Tribune zum Abdruck kam, einen „Super-Schlangenmenschen" (vgl. Staack 2000, S. 132-133). Erneut standen damit der Vorwurf der Prinzipienlosigkeit im Raum und die Kritik an einer Politik, der es nicht um die Sache gehe, sondern um die eigene Person sowie um den Erfolg der eigenen Partei. Jetzt wurde „Genscherismus" in der transatlantischen Politik zum Schimpfwort. Seine „Gorbimanie" mache deutlich, so Hoagland, „dass Genscher willens ist, Innen- und Ost-West-Politik miteinander zu vermischen, weil dies seiner Lieblingssache dient – und die heißt Hans-Dietrich Genscher und nicht etwa Entspannung" (zit. nach: Kiessler 2002, S. 382-382).

Doch was stand hinter diesen Angriffen? Auch die Reagan-Administration war ja in der zweiten Hälfte der 1980er Jahre längst auf einen neuen Supermachtbilateralismus im Zeichen von Rüstungskontrolle und – echter – Abrüstung eingeschwenkt. Allerdings blieb dieser Bilateralismus auf Rüstungsfragen beschränkt, die neue Détente wurde in Washington wie die alte der 1970er Jahre primär militär- und rüstungspolitisch gedacht. Demgegenüber erstreckte sich die entspannungspolitische Konzeption des deutschen Außenministers auch auf andere Felder und folgte einem erheblich weiteren Verständnis von Entspannung und Sicherheit. Vor allem aber ging Genscher von einem tatsächlichen Wandel in der Sowjetunion unter Gorbatschow aus, den, weil er auch im Interesse des Westens sei, eine breit angelegte ost-westliche Kooperation unterstützen müsse. Dass die Bundesrepublik unter dem Einfluss Genschers diese Politik forcierte, eigene politische Initiativen ergriff und sich auf diese Weise auf diese Weise partiell dem amerikanischen Führungsanspruch entzog, löste in Washington Irritationen aus. Man unterstellte der Bundesrepublik Ambitionen auf eine ost- und entspannungspolitische Sonderrolle, und rasch gesellte sich zu dem Vorwurf mangelnder Bündnissolidarität auch der Verdacht eines aus der Wunde der Teilung gespeisten Nationalneutralismus mit dem Ziel, Deutschland aus dem Ost-West-Konflikt herauszulösen. Sogar von „Appeasement" war die Rede (Kiessler und Elbe 1996, S. 17).

Die deutsch-amerikanische Krise – und mit ihr die Kritik Washingtons am „Genscherismus" – verschärfte sich, ja wurde zur Bündniskrise, als nach dem amerikanisch-sowjetischen Abkommen über den Abbau aller atomaren Mittelstreckenwaffen im Dezember 1987 die noch in Europa und vor allem Deutschland verbliebenen nuklearen Kurzstreckensysteme auf die abrüstungspolitische Agenda gelangten. Während sich die Bundesregierung, der sowjetischen Initiative folgend, für eine weitere „Null-Lösung" aussprach, um eine Singularisierung, eine Sonderbedrohung der Bundesrepublik zu verhindern, plädierten die USA, aber auch Großbritannien, für eine Modernisierung der Kurzstreckenwaffen, um dadurch die konventionelle Überlegenheit des Warschauer Pakts auszugleichen. Dass westdeutsche Politiker, und zwar auch solche, die die amerikanische Politik bislang dezidiert unterstützt und sich der Politik Gorbatschows gegenüber ausgesprochen skeptisch gezeigt hatten mit national getönten Argumenten – „Je kürzer die Reichweite, desto toter die Deutschen!" – zu Abrüstungsbefürwortern geworden waren, musste in den USA die Sorge einer von nationalen Motiven geleiteten westdeutschen Politik des Alleingangs noch verstärken, als deren Hauptrepräsentanten man Hans-Dietrich Genscher betrachtete.

Die Krise konnte am Ende, im Frühjahr 1989, durch einen Kompromiss beigelegt werden. In der NATO, vor allem aber zwischen Bonn und Washington, einigte man sich auf eine Verschiebung der Modernisierungsentscheidung bis 1992. Die neue amerikanische Regierung unter Präsident George Bush war inzwischen auch zu der Einschätzung gelangt, dass die Sowjetunion es ernst meinte mit der Abrüstung im konventionellen Bereich. Insbesondere der neue US-Außenminister James Baker, den sein Ministerium bei seinem Amtsantritt noch vor den Gefahren des „Genscherismus" gewarnt hatte, zeigte sich nun in Übereinstimmung mit seinem Bonner Amtskollegen überzeugt, dass hinter den Moskauer Abrüstungsinitiativen nicht der Imperativ konfrontativer Effizienzsteigerung steckte, sondern ein echtes Interesse an Entspannung und Kooperation. So markierte das Frühjahr 1989 den Endpunkt des deutsch-amerikanischen Streits über den „Genscherismus". Man übertreibt nicht, wenn man in der amerikanischen Politik gegenüber der Sowjetunion ab diesem Zeitpunkt wesentliche Elemente der von Hans-Dietrich Genscher seit 1986/87 entwickelten außenpolitischen Konzeption erkennt. Für die internationale Politik im Zusammenhang mit der deutschen Vereinigung waren beide Entwicklungen, die Überwindung der deutsch-amerikanischen Krise einerseits und der Wandel der amerikanisch-sowjetischen Beziehungen zu einer von wechselseitigem Vertrauen geprägten Kooperation andererseits, von entscheidender Bedeutung.

Verantwortungspolitik und Machtpolitik

Genscher selbst hat seine Politik, insbesondere seine Außenpolitik, mehrfach als Verantwortungspolitik charakterisiert und sich von jeder Machtpolitik distanziert. Für ihn war das eine Lehre aus der deutschen Geschichte: „Das Streben nach Macht über andere führte uns auf den Irrweg unserer Geschichte." Das bezog sich indes nicht nur auf den Nationalsozialismus, sondern war auch eine Absage an die Idee des autonomen nationalen Machtstaats, die seit der politischen und gesellschaftlichen Fundamentalnationalisierung im 19. Jahrhundert das europäische Staatensystem gekennzeichnet und die Staatenbeziehungen sowie die internationale Politik geprägt hatte. Ohne die Denkfigur des autonomen nationalen Machtstaats, die freilich nicht nur die Außenpolitik des Deutschen Reiches leitete, sondern auch die der übrigen europäischen Mächte, lassen sich die Militarisierung und Bellifizierung der internationalen Politik sowie ihre grundsätzliche Konfrontativität seit der zweiten Hälfte des 19. Jahrhunderts nicht erklären. Dass in Genschers Büro im Auswärtigen Amt neben einem Portrait Stresemanns auch ein Bild Bismarcks hing, ist vor diesem Hintergrund nicht ganz konsequent. „Wer von Europa spricht, hat Unrecht", notierte Bismarck einmal in seiner diplomatischen Korrespondenz (Conze 2001). Von jener multilateralen Friedenspolitik, die den Kern von Genschers außenpolitischem Konzept bildete und die er in den Vereinten Nationen, in der NATO, in der Europäischen Gemeinschaft und, im Ost-West-Kontext wohl am wichtigsten, in der KSZE betrieb, war das weit entfernt.

Eine Absage an nationale Interessen bedeutete das gleichwohl nicht. Aber die komplexe Interdependenz der internationalen Politik und der nach dem Zweiten Weltkrieg und im Zeichen der nuklearen Bedrohung beherrschend gewordene Friedensimperativ erforderten, so sah es Genscher, die Vertretung nationaler Interessen nicht durch eine konfrontative, sondern durch eine kooperative Politik, und dies in den unterschiedlichen außenpolitischen Bezugssystemen, in denen sich die Bundesrepublik bewegte. Der westdeutsche Staat verfügte, gerade in den 1970er und 1980er Jahren, über ein enormes und stetig wachsendes politisches Gewicht, das indes seine Wirkung nur dann entfalten konnte, wenn es nicht konfrontativ-antagonistisch eingesetzt wurde. Der von Joseph Nye geprägte Begriff der „soft power" trifft das gut (Nye 1990), und er kaschiert auch nicht, dass die Bundesrepublik in den internationalen Beziehungen durchaus über Macht verfügte und mit dieser Machtposition, die ihr auch von außen zugeschrieben wurde, umgehen, ihre Macht einsetzen musste. Die Bundesrepublik vertrat ihre politischen Interessen und setzte sie, zum Teil in harten Auseinandersetzungen, immer wieder auch durch. Aber deutsche Außenpolitik musste Friedenspolitik sein. Hier lag die politische Verantwortung, zu der sich Hans-Dietrich Genscher stets bekannte, und die als ihre wichtigsten Instrumente den Multilateralismus, die Entwicklung dichter zwischenstaatlicher Beziehungsnetzwerke und die Schaffung belastbarer Kommunikations- und Kooperationsstrukturen hatte. Gerade in der Schlussphase des Ost-West-Konflikts und im Prozess der deutschen Einigung konnte diese Politik dazu beitragen, eine Dynamik zu erzeugen, an deren Ende die Überwindung des Ost-West-Konflikts und die deutsche Einheit standen: nicht als Verwirklichung eines Meisterplans oder einer „Grand Strategy", aber als eine Politik, die die Bedingungen der Möglichkeit entstehen ließ.

Hans-Dietrich Genscher entwickelte und gestaltete eine Außenpolitik für ein internationales System in der Transformation. Auch deshalb markierten die Jahre um 1990 den Höhepunkt seines Einflusses und seiner nationalen wie internationalen Reputation. Mit dem Ost-West-Konflikt löste sich freilich jene internationale Grundkonstellation auf, in der Genscher seine politische Konzeption entwickelt und operativ umgesetzt hatte. Die von US-Präsident George Bush beschworene „neue Weltordnung", die nach 1990 im Entstehen begriffen war, ohne dass ihre Konturen zunächst klar erkennbar gewesen wären, unterschied sich deutlich von der Welt des Kalten Krieges. Für die Bundesrepublik und ihre Außenpolitik erforderte das erhebliche Anpassungsleistungen (Haftendorn 2001), die auf eine mitunter schwierige und schmerzhafte Neuinterpretation und Neuausformung von politischen Handlungsmustern und Traditionslinien hinausliefen, wie sie sich seit 1949 unter den Bedingungen des Ost-West-Konflikts, der deutschen Teilung und in der Auseinandersetzung mit der nationalsozialistischen Vergangenheit herausgebildet hatten. Das zeigte sich am deutlichsten, nachdem in den frühen 1990er Jahren der Krieg nach Europa zurückgekehrt war, im Hinblick auf bewaffnete Einsätze der Bundeswehr. Genscher sperrte sich nicht gegen diese Anpassungsleistungen, aber mit seinem politischen Gespür und seinem außenpolitischen Sachverstand erkannte er doch, dass die im Entstehen begriffene neue internationale Ordnung und die Rolle des vereinigten Deutschlands in dieser Ordnung außenpolitisch nur eine „bedingte Kontinuität" gestatteten (Staack 2000, S. 497). Es schmälert seine historischen Verdienste nicht, wenn man diese Entwicklung zu den Antworten auf die Frage rechnet, warum Hans-Dietrich Genscher, damals der dienstälteste Außenminister der Welt, am 18. Mai 1992 von seinem Ministeramt zurücktrat.

82 Eckart Conze

Literatur

Bingen, D. (2002). Realistische Entspannungspolitik: Der mühsame Dialog mit dem Osten – die Bundesrepublik Deutschland und ihre östlichen Nachbarn (1974-1982). In Lucas, H.-D. (Hrsg.), Genscher, Deutschland und Europa (S. 155-184). Baden-Baden: Nomos.
Böhm, E. (2014). Die Sicherheit des Westens. Entstehung und Funktion der G7-Gipfel (1975-1981), München: Oldenbourg.
Bresselau von Bressensdorf, A. (2010). Hans-Dietrich Genscher und das Ende der Détente. In Jahrbuch zur Liberalismusforschung 22, S. 257-270.
Conze, E. (2001). „Wer von Europa spricht, hat Unrecht." Aufstieg und Verfall des vertragsrechtlichen Multilateralismus im europäischen Staatensystem des 19. Jahrhunderts. In Historisches Jahrbuch 121, S. 214-241.
Conze, E. (2009). Die Suche nach Sicherheit. Eine Geschichte der Bundesrepublik Deutschland von 1949 bis in die Gegenwart. München: Siedler.
Filmer, W. / Schwan, H. (Hg.) (1988). Hans-Dietrich Genscher, Düsseldorf: Econ.
Garton Ash, T. (1995). Im Namen Europas. Deutschland und der geteilte Kontinent, Frankfurt am Main: Fischer.
„Geheimnis des Genscherismus". Spiegel-Gespräch mit Außenminister Hans-Dietrich Genscher, in: Der Spiegel 40/1990.
Genscher, H.-D. (1975). Regierungserklärung vor dem Deutschen Bundestag zur KSZE, 25.7.1975.
Genscher, H.-D. (1976). Liberale in der Verantwortung, München/Wien: Hanser.
Genscher, H.-D. (1991). Unterwegs zur Einheit. Reden und Dokumente aus bewegter Zeit, Berlin, S. 137-150.
Genscher, H.-D. (1995). Erinnerungen, Berlin: Siedler.
Genscher, H.-D. (1996). Vorwort, in: Kiessler, R. & Elbe, F. Der diplomatische Weg zur deutschen Einheit (S. 7-9). Frankfurt am Main: Suhrkamp.
Gutjahr, L. (1992). Deutscher Wille zur Weltmacht? Genscherismus und die neue Weltordnung. In Calließ, J. & Moltmann, B. (Hrsg.), Weltsystem und Weltpolitik jenseits der Bipolarität II (S. 283-292).
Hacke, C. (2002). Der Mantel der Geschichte. „2+4" und deutsche Einheit in gesamteuropäischer Konkordanz. In Lucas, H.-D. (Hrsg.), Genscher, Deutschland und Europa (S. 263-295). Baden-Baden: Nomos.
Haftendorn, H. (1986). Sicherheit und Stabilität. Außenbeziehungen der Bundesrepublik zwischen Ölkrise und NATO-Doppelbeschluss, München: dtv.
Haftendorn, H. (2001). Deutsche Außenpolitik zwischen Selbstbeschränkung und Selbstbehauptung 1945-2000, München: DVA.
Joffe, J. (1989). In Bonn – Echoes of Kaiser Wilhelm, in: New York Times, 17.1.1989.
Lewis, F. (1990). No Time For Politics. In New York Times, 10.3.1990.
Lucas, H.-D. (Hg.) (2002). Genscher, Deutschland und Europa, Baden-Baden: Nomos.
Lucas, H.-D. (2002 a). Einführung. In ders. (Hrsg.), Genscher, Deutschland und Europa (S. 9-21). Baden-Baden: Nomos.
Kaiser, W. (2003). Halle – New York – Halle: Hans-Dietrich Genscher, in: Jahrbuch zur Liberalismusforschung 15, S. 223-242.
Kiessler, R. (2002). Außenpolitik als „Public Diplomacy" – Hans-Dietrich Genscher und die Medien. In Lucas, H.-D. (Hrsg.), Genscher, Deutschland und Europa (S. 373-386). Baden-Baden: Nomos..

Kiessler, R. & Elbe, F. (1996). Der diplomatische Weg zur deutschen Einheit, Frankfurt am Main: Suhrkamp.

Meyer, T. (1988). Der „Genscherismus". In Filmer, W. & Schwan, H. (Hrsg.), Hans-Dietrich Genscher (S.190-193). Düsseldorf: Econ.

Mommsen, W. J. (2002). Hans-Dietrich Genscher. Visionär der Außenpolitik in einer demokratischen Weltgesellschaft. In Lucas, H.-D. (Hrsg.), Genscher, Deutschland und Europa (S. 395-411). Baden-Baden: Nomos.

Neumaier, E. (1974). Ein Hochseilartist – nie ohne Netz. Hans-Dietrich Genscher, der sechste Außenminister der Bundesrepublik, in: Die Zeit, 17.5.1974.

Nye, J. S. (1990). Bound to Lead. The Changing Nature of American Power, New York: Basic Books.

Staack, M. (2000). Handelsstaat Deutschland. Deutsche Außenpolitik in einem neuen internationalen System, Paderborn: Schöningh.

Szabo, S. F. (2002). Lotse im europäischen Gezeitenwechsel – Genscher und die Vorboten der großen Wende (1985-1989). In Lucas, H.-D. (Hrsg.), Genscher, Deutschland und Europa (S. 243-262). Baden-Baden: Nomos.

„Übel des Genscherismus", in: Der Spiegel 5/1972.

Voigt, K. D. (1986). Genscherismus (2 Teile), in: Sozialdemokratischer Pressedienst, 19./20.8.1986.

Wiechmann, J. O. (2014). „Umkehr zum Leben". Konzepte von sicherheit in der christlichen Friedensbewegung der Bundesrepublik Deutschland (1977-1984), Marburg: Diss. phil.

Wirsching, A. (2010). Hans-Dietrich Genscher. Liberale Außenpolitik zwischen Kontinuität und Wandel, in: Jahrbuch zur Liberalismusforschung 22, S. 67-77.

Gate-Crashing beim Bundeskanzler

Wolfgang Ischinger

Wir schreiben das Jahr 1983. Die Regierung Kohl-Genscher hat zwar die Bundestagswahl im März gewonnen, steht aber angesichts immer energischer und stärker werdender öffentlicher Proteste in der Nachrüstungsdebatte unter großem Druck.

Genscher landet – von einer zweitägigen Auslandsreise zurückkommend – im Bundeswehrjet in Köln-Wahn, steigt ins Auto und ruft per Autotelefon sofort, wie stets, Herbert Schmülling an, den langjährigen FDP-Sprecher: „Gibt's was Neues?" war die immer gleiche Frage. Schmülling: Na ja, er habe gehört, dass Kohl soeben seine CDU-Getreuen wegen der Raketendebatte ins Kanzleramt zitiert habe, also u. a. Dregger, Wörner, Schreckenberger, Teltschik usw. Die säßen da jetzt zusammen. Es gehe offenbar um die nächsten Schritte – auch den USA gegenüber. Genscher spitzt die Ohren: „Von unseren Leuten niemand dabei? Auch nicht Mischnik?" – „Nee", sagt Schmülling, ist wohl alles ganz geheim, er habe davon auch nur hinten herum gehört.

Genscher – man sieht es ihm an – ärgert sich. Er denkt nach, der Blutdruck steigt. „Was denkt der sich denn – haben wir eine Koalition oder nicht?" Dann, nach kurzer Pause zum Fahrer: „Wir fahren nicht ins Amt, wir fahren direkt zu Kohl! Geben Sie Gas!" Jetzt, denke ich, muss der persönliche Referent eingreifen: „Herr Minister, Sie sind da weder eingeladen noch angemeldet. Ich denke, ich sollte jetzt erst mal Juliane Weber [Kohls Büroleiterin] anrufen, damit das seine Ordnung hat." – „Nein, niemand wird angerufen! Wir fahren direkt ins Kanzleramt. Ich bin der Koalitionspartner. Ich brauche keine Einladung." Weitere Versuche meinerseits, das Kanzleramt vorwarnen zu lassen, werden abgeschmettert.

Wir fahren ins Kanzleramt, Genscher dort im Laufschritt die Treppe rauf, ich mit dem Stapel Akten im Arm hinterher, ohne angehalten zu werden – mehrfache Sicherheitsschleusen und -kontrollen gab es 1983 nicht. Dann rein zu Frau Weber. *Genscher:* „Sind die da drinnen?" Juliane Weber: „Ja, aber..., da ist ein ganz kleiner Kreis, ich muss da erst mal fragen, kleinen Moment...?" *Genscher:* „Ist nicht nötig, brauchen wir nicht, lassen Sie mal." Und verschwindet in Kohls Büro. Ohne Anmeldung. Einfach rein, einfach so.

Juliane Weber ist fast genauso sprachlos wie ich. Ob Kohl, der sehr patzig sein konnte, seinen ungebetenen Gast kurzerhand rausschmeißen würde? Und was hieße das dann für die Koalition? Ich halte die Luft an, Frau Weber wahrscheinlich auch. Wir warten auf Gebrüll, auf Türenschlagen oder Schlimmeres. Doch es passiert nichts, gar nichts. Es herrscht Stille.

Schließlich Frau Weber: „Ich bring dem Genscher jetzt mal einen Kaffee rein." Zurück von der kleinen Aufklärungstour mit der Kaffeetasse, berichtet sie dann, die säßen da alle ganz friedlich zusammen und diskutierten. Es sähe so aus, als würde es länger dauern.

Eine Stunde vergeht. Als die Tür sich dann schließlich öffnet und wir wieder im Auto sitzen – Genscher übrigens immer vorne neben dem Fahrer – Mitarbeiter auf der Rückbank, frage ich, wieso denn wohl diese ganze Dramatik notwendig war. Ich hätte mir doch erhebliche Sorgen gemacht, das sei doch alles sehr riskant gewesen. Andererseits war dies eine ziemlich eindrucksvolle Lektion in Sachen Courage. Wer hat schon den Mut, sich per Gate-Crashing Zugang beim deutschen Bundeskanzler zu verschaffen? Ich bin schwer beeindruckt und sage das auch.

Genscher hört sich das wohlgefällig an. „Der Kohl musste jetzt mal lernen, dass ich sein Partner bin, nicht ein Mitarbeiter, den man vielleicht einlädt oder vielleicht auch nicht. Und das hat er heute. Das war sehr gut so." Mit sich und der Welt ganz zufrieden, unterrichtet er mich dann während der Autofahrt über Verlauf und inhaltliche Ergebnisse des „Gesprächs mit dem Koalitionspartner", wie er das nannte, und verteilt Aufträge. Das Besprechungsergebnis in Sachen Nachrüstung müsse von mir sofort, noch heute, den zuständigen Fachleuten im AA und per geheimem „Drahterlass" auch unserem Botschafter in Washington übermittelt werden. Noch heute Nachmittag möge dann bitte eine Besprechung bei ihm, mit beiden AA-Staatssekretären samt Experten, anberaumt werden. Mit dem amerikanischen Außenminister wolle er sofort persönlich telefonieren, in jedem Fall noch heute. Außerdem sollten bitte die FDP-Minister und der Fraktionsvorsitzende Mischnik gleich morgen früh um 8 Uhr zum Frühstück mit ihm ins AA eingeladen werden, er wolle sie ganz vertraulich unterrichten.

Im Klartext war die Botschaft: Ich habe Kohl im Griff. Und damit auch die Koalition. Die FDP ja sowieso, genau wie das AA. Und die Amis auch. Und das ist gut so und wird so bleiben. Und nein, er habe nichts dagegen, dass sich die Sache mit dem Gate-Crashing beim Bundeskanzler in Bonn herumsprechen würde – warum nicht, das könne gar nichts schaden.

Und so ging es dann ja auch gut weiter zwischen Kohl und Genscher in dieser damals noch ganz neuen Koalition. Genscher beharrte auf Augenhöhe mit Kohl, und Kohl akzeptierte das bei ihm auch. Hans-Dietrich Genscher war und ist eben nicht nur das berühmte Schlitzohr oder der langjährige Außenminister mit besonders präzisem Gedächtnis, großer Umsicht und Erfahrung und sehr viel Geschick, sondern ganz einfach auch ein Mann mit Courage.

Wolfgang Ischinger war von 1982 bis 1990 einer der engsten persönlichen Mitarbeiter Genschers. Später war er Politischer Direktor und Staatssekretär des Auswärtigen Amts sowie Botschafter in Washington und London. Seit 2008 ist er Generalbevollmächtigter des Allianz-Konzerns und Vorsitzender der Münchner Sicherheitskonferenz.

Bild 2

„Hans-Dietrich Genscher strahlt eine natürliche Gutmütigkeit aus, die seine große Statur noch verstärkt", beobachtete der französische Außenminister Roland Dumas. „Und dieser Eindruck wird ab und zu von einem schallenden Gelächter unterstrichen; doch hinter diesem jovialen Aussehen verstecken sich in Wirklichkeit tiefe und aufrichtige Gefühle, die erst mit der Zeit zum Vorschein kommen."

II
Praktischer Teil

Der Brückenbauer Hans-Dietrich Genscher

Klaus Kinkel

Ich durfte Hans-Dietrich Genscher auf zwei für ihn ganz wichtigen beruflichen Lebensabschnitten eng begleiten. Fünf Jahre im Bundesinnenministerium und vier Jahre im Auswärtigen Amt. In beiden Ämtern habe ich natürlich in erster Linie den Politiker Genscher erlebt, der der deutschen Innen- und Außenpolitik ein Vierteljahrhundert lang seinen Stempel aufgedrückt hat. Aber ich habe auch den Menschen Hans-Dietrich Genscher kennen und schätzen gelernt. Ich durfte ihm ja dann später im Parteivorsitz der FDP und als Außenminister nachfolgen. Das alles schuf Nähe, Vertrautheit, menschliche Verbundenheit und das ist bis heute so geblieben.

Eine der großen Stärken Genschers ist seine Fähigkeit, Brücken zu bauen. Er hat das Gespräch, den Dialog immer sehr ernst genommen. Ihm war immer bewusst, dass man ohne den anderen seine Ziele nicht erreichen kann, und *gegen* jemanden schon gar nicht. Dieser Einsicht ist er sein Leben lang gefolgt – mit Erfolg. Im Bundesinnenministerium war Genscher bereits der Meister des Gesprächs, des Dialogs, des Brückenbauens. Ihm oblag die bedeutende Neuakzentuierung der Politik der SPD-FDP-Koalition. Staatsangehörigkeitsfragen im geteilten Deutschland, die Festlegung des Geltungsbereichs von Gesetzen und internationalen Verträgen, viele Grundgesetzänderungen, der Moskauer und der Warschauer Vertrag, der Grundlagenvertrag mit der DDR, die Herabsetzung des Wahlalters, wichtige Neuerungen auf dem Gebiet der inneren Sicherheit – alles Fragen und Problembereiche, wo nur das Fragen, das Anhören, das Gespräch, das Analysieren und das Überzeugen weiterführten. Das war Genschers Stärke.

Seine besondere Stärke lag im Dialog im kleinen Kreis. Er ließ sich nicht über den Tisch ziehen. Ich habe ihn nie erlebt, dass er aufgegeben hätte; er versuchte immer, auch noch das Allerletzte im Gespräch zu retten, die Brücke nicht einstürzen zu lassen. Das galt dann im besonderen Maße nach Genschers Wechsel in das

Außenministerium. Jetzt ging es um völkerrechtliche Fragen, um Konsularprobleme und Abmachungen zwischen Ländern, um Europa, VN, NATO, Menschenrechte.

Erneut erwies sich Genscher als Meister des Gesprächs, der Verhandlungen. Dort, wo es Gegensätze zu überwinden galt, stellte er zunächst Gemeinsamkeiten heraus, sozusagen als Basis, von der er Fortschritte bei den strittigen Punkten anstrebte. Dabei hat er immer Wert darauf gelegt, die andere Position zu kennen und zu verstehen. Eine von Genschers Grundauffassungen im Auswärtigen Amt war: Diplomatie kann nur dann erfolgreich sein, wenn man in der Lage ist, sich in die Situation der anderen Seite zu versetzen. Genscher nahm seine Gesprächspartner immer ernst, respektierte sie, und zwar auch dann, wenn sie Positionen vertraten, die den seinen widersprachen. Das hieß natürlich nicht, dass er die eigenen Ziele und Positionen aufgab.

- Als Außenminister hat er in zahllosen Gesprächen – etwa mit sowjetischen Amtskollegen – nie das Ziel der Wiedererlangung der deutschen Einheit und der Überwindung der Teilung Europas zur Disposition gestellt.
- Dennoch: gerade in der Zeit des Kalten Krieges, unter dessen Bedingungen Genscher Außenpolitik zu gestalten hatte, kam es in besonderer Weise auf Dialogfähigkeit an. Der Kalte Krieg beruhte auf einem unversöhnlichen Gegensatz zweier hochgerüsteter Systeme. Schon zu Beginn seiner politischen Laufbahn war Genscher zu der Überzeugung gelangt: letztlich ist dieser Gegensatz nur durch Dialog zu überwinden, der wiederum Voraussetzung ist für eine System öffnende Zusammenarbeit. In der alten Bundesrepublik gab es nicht wenige, die diesem Ansatz kritisch gegenüber standen aus der Befürchtung heraus, dass Dialog letztlich in einem Sieg der anderen Seite münden würde. Genscher teilte diese Befürchtung nicht; er war fest davon überzeugt, dass der Westen eine Politik des Dialogs und der Entspannung viel weniger fürchten musste als der Warschauer Pakt. Er vertraute auf die nicht nur wirtschaftliche, sondern auch politische Überlegenheit von Demokratie und Marktwirtschaft. Das hieß aber für *Genscher:* den Dialog *nicht* zu suchen, war *kein* Zeichen von Stärke, sondern von Schwäche und Ängstlichkeit.
- Er gehörte deshalb zu den Hauptprotagonisten der Konferenz für Sicherheit und Zusammenarbeit, der KSZE – dem Ost-West-Dialog-Forum in den Zeiten des Kalten Krieges. In den Vorgesprächen zur Gründung der KSZE hatte der sowjetische Außenminister Andrei Gromyko mit dieser Konferenz das Ziel verbunden, die bestehenden Grenzen in Europa – und damit in Deutschland – ein für alle Mal festzuschreiben. In schwierigen und zähen Gesprächen rang Genscher dem als harten Verhandler bekannten Gromyko ab, dass die Unverletzlichkeit der Grenzen

in Europa unter den Vorbehalt des *peaceful change*, des „friedlichen Wandels" gehörte, was schließlich auch die Überwindung der Teilung Deutschlands und Europas mit ermöglichte.

- Genscher schlug auch in schwierigen Situationen nie die Tür zu Verhandlungen zu. Ein Beispiel: die Reaktion auf die nukleare Aufrüstung des Warschauer Paktes mit SS 20 Mittelstreckenraketen. Der von Genscher mit gestaltete und nachher innenpolitisch durchgesetzte Doppelbeschluss der NATO zielte eben nicht nur auf die nukleare „Nachrüstung" (auch dies ein von Genscher sehr bewusst geprägter Begriff) der NATO und damit ein Gleichziehen ab. Er enthielt – auch auf sein Drängen – zugleich das Angebot zu Verhandlungen, die letztlich auf die Abschaffung dieser Raketen zielten. Auch nachdem es zur Nachrüstung gekommen war, drängte Genscher nachdrücklich auf Verhandlungen über die sogenannte „Nulllösung" bei den nuklearen Mittelstreckenraketen. Auch hier galt: eine Lösung dieses vertrackten Problems war nur durch Dialog möglich – durch einen Dialog, der keineswegs zu Lasten eigener Prinzipien ging.

- Die sogenannten Zwei-plus-Vier-Verhandlungen zwischen den Außenministern der Bundesrepublik Deutschland, der DDR sowie Frankreichs, Großbritanniens, den USA und der Sowjetunion sind ein herausragendes Beispiel für die Bedeutung von Dialog, Verständigung und Brückenbauen im politischen Wirken Hans-Dietrich Genschers. Genscher hatte – schon in den Jahren vor Beginn dieser Verhandlungen – zu den Außenministern der vier Mächte nicht nur gute Arbeitsbeziehungen entwickelt, sondern auch ein ausgesprochenes persönliches Vertrauensverhältnis. Er wusste, dass er sich auf James Baker, Roland Dumas, Douglas Hurd und Eduard Schewardnadse verlassen konnte – so wie sie sich auf ihn verlassen konnten. Es waren Männer, deren Wort zählte. Dieses auch im Gespräch gewachsene Vertrauen war eine entscheidende Voraussetzung dafür, dass die damals schwierigste Frage der Weltpolitik – die Wiederherstellung der deutschen Einheit mit der Zustimmung der vier Mächte und der Nachbarn Deutschlands – in den Zwei-plus-Vier-Verhandlungen schließlich im Rahmen des Zwei-plus-Vier-Vertrages gelöst werden konnte. Besonders gefordert war der Dialog, das Gespräch, das Argumentieren, das Ausloten der Möglichkeiten beim Einsatz Genschers für die Stärkung des internationalen Menschenrechtsschutzes.

  - bei der Forderung nach der Einrichtung eines Menschenrechtsgerichtshofes der VN: Ziel: der internationale Strafgerichtshof,
  - beim Vorschlag für die Ausarbeitung einer Konvention der VN gegen Geiselnahme,
  - beim Engagement gegen die Todesstrafe,

- bei der Anti-Folter-Konvention.
- Das jüngste Beispiel für Genschers große Fähigkeit, schwierigste Fragen im Wege des Dialogs und der Verhandlung zu lösen, war die Freilassung Michail Chodorkowskis vor Weihnachten 2013. In geheimen und vertraulichen Gesprächen mit dem russischen Staatspräsidenten Wladimir Putin trug Genscher wesentlich dazu bei, dass Chodorkowski nach zehn Jahren Gefängnis vorzeitig entlassen wurde. Auch ein Beispiel dafür, dass ein vertraulicher, gesichtswahrender Dialog manchmal wirksamer ist als „Megaphondiplomatie".
- Nicht vergessen werden darf das zentrale Betätigungsfeld Genschers, Europa, das sich bis heute wie ein roter Faden durch sein Denken und Handeln zieht. Vielfältig waren seine Initiativen. Die im Anschluss an den Europäischen Rat von Dublin im Juni 1990 begonnenen Verhandlungen über die Gründung einer Wirtschafts- und Währungsunion und die politische Union mündeten schließlich in den Vertrag von Maastricht vom 7. Juli 1992. Dieses historische, unter der Ägide des Bundesaußenministers verhandelte europäische Vertragswerk war der letzte Vertrag, den Genscher unterzeichnet hat. Danach durfte ich in seine großen Schuhe schlüpfen; nicht ganz so einfach.

Über Genschers außenpolitisches Gesamtwirken könnte stehen: „Es ist grundsätzlich davon auszugehen, dass, solange man im Dialog steht und noch Brücken möglich sind, nicht geschossen wird."

Dr. Klaus Kinkel begann 1965 seine Beamtenlaufbahn im Bundesinnenministerium und wechselte 1974 ins Auswärtige Amt. Dort leitete er zunächst den Leitungsstab, später den Planungsstab. Von 1979 bis 1982 war er Präsident des Bundesnachrichtendienstes, danach Staatssekretär im Bundesministerium der Justiz, anschließend von 1990 bis 1992 Bundesjustizminister. Von Mai 1992 bis Oktober 1998 war Dr. Klaus Kinkel Bundesminister des Auswärtigen, 1993 bis 1998 zugleich Vizekanzler der Bundesrepublik Deutschland. Seit 1998 ist Dr. Kinkel als Rechtsanwalt tätig, u. a. für die Deutsche Telekom.

„Nun wird er Außenminister, und Außenpolitik ist gewiß nicht seine erste Profession."[1]

Hans-Dietrich Genschers Anfänge als Außenminister und die Weltordnung zu Beginn seiner Amtszeit

Andrea Wiegeshoff

1 Einleitung

Am 17. Mai 1974 leistete Hans-Dietrich Genscher im Bundestag seinen Amtseid als westdeutscher Außenminister. Dass er diesen Posten nach der Wahl Walter Scheels zum Bundespräsidenten übernehmen würde, war noch zu Zeiten der Kanzlerschaft Willy Brandts in der Regierungskoalition vereinbart worden. Vereidigt wurde Genscher dann allerdings als Außenminister im ersten Kabinett von Helmut Schmidt. Dieser hatte keine zwei Wochen nachdem Brandt – zur Überraschung einer breiteren Öffentlichkeit – die politische Verantwortung für die Spionageaffäre um den Kanzleramtsmitarbeiter Günther Guillaume übernommen hatte und zurückgetreten war, eine neue sozialliberale Regierungsmannschaft gebildet (Baring 1998, S. 867–912; Soell 2008, S. 319–332). Walter Scheel übergab noch am 17. Mai vor den versammelten Mitarbeitern des Auswärtigen Amts (AA) die Amtsgeschäfte an seinen Nachfolger. Der frisch zum Bundespräsidenten Gewählte verabschiedete sich von den Amtsangehörigen und hieß den „liebe[n] Herr[n] Kollege[n] Genscher" in seiner neuen Rolle willkommen (Scheel 1974, Bl. 78).[2] Zu diesem Zeitpunkt deutete nicht viel darauf hin, dass die Mitarbeiter des AA den Beginn einer Amtszeit von beinahe 18 Jahren und damit eines Großteils der – mit einer sehr kurzen Unterbrechung 1982 im Zuge des Regierungswechsels – von 1969 bis 1998 fast dreißigjährigen Ära liberaler Außenminister in der Bundesrepublik miterlebten. Seinen Memoiren zufolge hatte Genscher selbst nicht damit gerechnet, dienstältester Außenminister der Bundesrepublik zu werden. Und auch seinen Zeitgenossen erschien er nicht unbedingt als natürlicher Kandidat dafür, galt

---

1 Neumaier (1974).
2 Für die rasche, unbürokratische Hilfe beim Zugang zu den zitierten Archivquellen dankt die Verfasserin Herrn Dr. Jürgen Frölich vom Archiv des Liberalismus herzlich.

Genscher doch im Bereich der auswärtigen Politik als eher unerfahren und wenig profiliert (Genscher 1995, S. 204; Der Spiegel 1974, S. 24–26; Baring 1998, S. 852). Von einem neuen, genuin eigenen außenpolitischen Programm konnte bei Amtsantritt Genschers in der Tat keine Rede sein. Zwar hatte er für die FDP an der Formulierung der Neuen Ostpolitik mitgewirkt, die die westdeutsche Außenpolitik der zurückliegenden Jahre dominiert hatte (Heumann 2012, S. 87–91; Lucas 2002a). Auf diesem Gebiet herrschte aber nach wie vor großer Konsens zwischen den Koalitionspartnern und somit wenig Anlass für außenpolitische Neuausrichtungen. Am selben Tag, an dem Helmut Schmidt in seiner Regierungserklärung „Kontinuität und Konzentration" als „Leitworte" seiner Bundesregierung benannte (Schmidt 1974, S. 6593), beschwor auch Genscher vor seinen Mitarbeitern Kontinuität als „prägendes Merkmal" des Ministerwechsels: „Pflege und Ausbau des Erreichten heißt heute das Ziel. Der Kurs unserer Außenpolitik ist abgesteckt. Wir wollen ihn halten." (Genscher 1974a, Bl. 93–94).

Dieses Bekenntnis zu einer bruchlosen Fortsetzung der bisherigen Politik darf jedoch nicht darüber hinweg täuschen, dass Genscher das AA in einer Situation übernahm, in der die internationalen und die innenpolitischen Rahmenbedingungen außenpolitisches Handeln mit neuen Herausforderungen konfrontierten. Politische und ökonomische Krisenerscheinungen bestimmten die internationale Politik und die Lage in der Bundesrepublik wie in anderen westeuropäischen Staaten und stellten in den Augen vieler Zeitgenossen die Steuerungsfähigkeit von Politik sowie die Stabilität des westlich-marktwirtschaftlichen Modells insgesamt infrage (Böhm 2014, S. 20–21, 45–46, 58–79; Conze 2009, S. 463–578; Judt 2010, S. 453–477).

Vor diesem Hintergrund soll im Folgenden der Beginn der Amtszeit Genschers näher beleuchtet werden. Wie fand er sich in seine neuen Aufgaben ein? Wo stellte sich der Minister in die Kontinuität seiner Vorgänger; wo setzte er eigene Akzente? Und wie begann er angesichts der globalen Konfliktlagen des Ost-West- und des Nord-Süd-Gegensatzes ein eigenes außenpolitisches Programm zu entwickeln? Dabei werden seine ersten Jahre im Amt von 1974 bis ungefähr 1978 in den Blick genommen, bevor die Kernphase des erneut eskalierenden Systemkonflikts Ende der 1970er, Anfang der 1980er Jahre die westdeutsche Entspannungspolitik zunehmend konterkarierte und die Nord-Süd-Problematik vorerst überlagerte.

2 Die Ausgangslage

Die ersten Monate im Amt waren für Genscher vor allem durch intensive Einarbeitung in verschiedene Bereiche auswärtiger Politik gekennzeichnet. Während er über die Ost- und Deutschlandpolitik gut informiert war, musste er sich mit anderen Feldern westdeutscher Außenpolitik erst intensiv vertraut machen, nicht zuletzt mit der Europapolitik, die langfristig eines seiner Steckenpferde werden sollte (Lucas 2002b, S. 85; Genscher 1995, S. 238). Daneben musste sich der „nicht sehr polyglott[e]" Minister die englische Sprache aneignen (Lucas 2002b, S. 86). Die anfänglich kritische Presse war durchaus beeindruckt von der steilen Lernkurve des Außenministers, der sich bei seinen ersten Auftritten auf internationalem Parkett – entgegen vieler Erwartungen – gut schlug (z. B. Der Spiegel 1974, S. 24–26).

Die Koordinaten Genschers außenpolitischer Überlegungen zu Beginn seiner Amtszeit waren vom Ost-West-Konflikt bestimmt. In seiner Antrittsrede vor den Mitarbeitern des AA benannte er als Grundpfeiler künftiger Außenpolitik die feste Verankerung im westlichen Bündnis mit engen Beziehungen zu den USA, die Europäische Gemeinschaft und die Entspannungspolitik gegenüber den Staaten des Ostblocks (Genscher 1974a, Bl. 95). Den Nord-Süd-Gegensatz, der in den frühen 1970er Jahren verstärkt in den Fokus politischer Aufmerksamkeit rückte, erwähnte Genscher in dieser Rede noch nicht. Zwei Jahre später allerdings, als er in einem Aufsatz die internationale Lage umriss, kam dieser Problematik bereits ein prominenterer Stellenwert zu. Zwar wogen die Risiken des Systemkonflikts in Genschers Augen ungleich schwerer, aber die Beziehungen zwischen den Industriestaaten und den bündnispolitisch neutralen Ländern der sogenannten „Dritten Welt" begriff er als weiteres prägendes Merkmal der internationalen Ordnung:

> Zwei globale Gegensätze bestimmen im letzten Viertel dieses Jahrhunderts die internationale Umwelt, in der sich die Bundesrepublik Deutschland in Gemeinschaft mit den anderen freiheitlichen Demokratien behaupten muß: Ost-West-Gegensatz und Nord-Süd-Gegensatz. Der eine Gegensatz kann, wenn er außer Kontrolle geriete, die Welt in die Katastrophe eines thermonuklearen Kriegs stürzen; der andere Gegensatz kann, wenn er nicht in konstruktive Bahnen gelenkt wird, zu schweren Störungen der arbeitsteiligen Weltwirtschaft führen und damit unser eigenes wirtschaftliches Wachstum bedrohen. (Genscher [1976a], S. 15).

Die erste Hälfte der 1970er Jahre war von politischer Entspannung zwischen den Supermächten des Kalten Kriegs und von Versuchen gekennzeichnet, die Konfrontation auch in Europa zu entschärfen. Die westdeutsche Ostpolitik war ein wichtiger Beitrag hierzu. Auf multilateraler Ebene wurde das Projekt einer ost-westlichen Konferenz für Sicherheit und Zusammenarbeit in Europa (KSZE) angegangen, die erstmals im Februar 1973 in Helsinki zusammentrat (Stöver 2007, S. 389–409; Creuzberger 2009, S. 120–122). Doch selbst im Zeichen der *Détente* verstand Genscher die ideologisch-weltpolitische Auseinandersetzung mit der Sowjetunion und den Staaten ihres Machtbereichs als strukturbildenden Grundkonflikt des internationalen Systems, der den Frieden weltweit und in letzter Konsequenz die Existenz der Bundesrepublik bedrohte. Der Nord-Süd-Gegensatz gefährdete in seinen Augen demgegenüber vornehmlich den Wohlstand Westdeutschlands. Damit spielte Genscher auf die weltwirtschaftliche Verflechtung der exportorientierten, rohstoffarmen Bundesrepublik und ihre Abhängigkeit von einem funktionierenden Waren- und Rohstoffaustausch an (Genscher [1976a], S. 25–31). In dieser Hinsicht sahen sich die westlichen Industrienationen mit Problemen im Verhältnis zu den Rohstofflieferanten der „Dritten Welt" konfrontiert. Die im Laufe der Dekolonisation unabhängig gewordenen Staaten Afrikas, Asiens, Mittel- und Südamerikas entschieden sich zumeist für weltpolitische Neutralität und schlossen sich in großer Mehrheit in der Bewegung der Blockfreien zusammen. Sie bildeten neben der kapitalistischen „Ersten" und der sozialistischen „Zweiten" die „Dritte Welt". Diese Gruppe, zu der so unterschiedliche Mitglieder wie erdölexportierende Staaten und rohstoffarme, immer stärker hinter die wirtschaftliche Entwicklung zurückfallende Länder gehörten, agierte Ende der 1960er, Anfang der 1970er Jahre zunehmend selbstbewusst. Wenngleich die Blockfreien eine nicht zuletzt ökonomisch immer heterogenere Bewegung wurden, stellten sie durchaus gemeinsame Forderungen, besonders jene nach einer Neuordnung der Weltwirtschaft und dem Ende ihrer strukturellen Benachteiligung im bestehenden System. Die Abhängigkeit der Industrienationen von Rohstoffimporten, vor allem vom Erdöl, suchten die Blockfreien dabei gezielt zu nutzen. Der Nord-Süd-Konflikt Mitte der 1970er Jahre umfasste insofern nicht allein das Problem der großen Armut in den sogenannten Entwicklungsländern,[3] sondern auch wirtschaftliche Auseinandersetzungen (Hobsbawm 2003, S. 432–464; Loth 2013, S. 118–120).

Wenn Genscher trotzdem die größere Bedeutung des Ost-West-Gegensatzes für die Bundesrepublik hervorhob, schätzte er deren Lage realistisch ein: Als ihrem Selbstverständnis nach westlicher Teil einer durch die Blockkonfrontation zerrissenen Nation und vor allem in prekärer Sicherheitslage direkt an der Systemgrenze gelegen blieb dieser weltpolitische Konflikt für Westdeutschland die entscheidende Determinante internationaler Politik. Der allen entspannungspolitischen Erfolgen zum Trotze unverminderten sicherheitspolitischen Abhängigkeit vom westlichen

---

3   Die Begriffe *Entwicklungshilfe* und *Entwicklungsländer* stützen sich auf die implizite Annahme eines vorgegebenen Wegs, den die betroffenen Länder nachholend beschreiten mussten. Insofern sind sie als Beschreibungskategorien mit Vorsicht zu verwenden. Zeitgenössisch wurden sie jedoch üblicherweise genutzt (Wolfrum 2007, S. 376).

Bündnis und besonders dem Schutze der USA waren sich westdeutsche Politiker stets bewusst (Conze 2009, S. 516).

Unmittelbar drängender erschienen allerdings zu Beginn der Amtszeit Genschers wirtschaftliche Schwierigkeiten, die in engem Zusammenhang mit dem politischen Agieren blockfreier Staaten standen. 1974 war die westdeutsche Wirtschaft in eine tiefe Rezession gerutscht. Katalysiert durch den Zusammenbruch des Währungssystems von Bretton Woods 1971 infolge der notorischen Dollarschwäche und nochmals durch den Ölpreisschock von 1973 hatte eine globale Wirtschafts- und Währungskrise die ökonomisch stark verflochtenen westlichen Industriestaaten mit voller Wucht getroffen. Das galt auch für die Bundesrepublik, wenngleich die Folgen in Gestalt von Exportrückgang, Preissteigerung, Inflation und Arbeitslosigkeit hier wenigstens im Vergleich weniger gravierend erschienen als in vielen anderen betroffenen Ländern und ab Ende 1975 zunächst – bis zur zweiten Ölkrise 1979 – wieder eine konjunkturelle Erholung einsetzte. Die schwierige Lage trug nichtsdestotrotz zu einem gesellschaftlich weit verbreiteten Krisengefühl bei. Die seit dem Aufschwung der Nachkriegszeit andauernde Gewissheit, ökonomisches Wachstum und gesellschaftlicher Wohlstand würden sich stetig mehren, war zutiefst erschüttert worden. Zukunftsgewissheit und Fortschrittsoptimismus gerieten individuell und kollektiv nachhaltig ins Wanken (Conze 2009, S. 465–495, 545–578; Doering-Manteuffel und Raphael 2012, S. 52–60). Die Krise führte den westlichen Staaten die Interdependenz ihrer nationalen Wirtschaften und die Abhängigkeit ihres Wohlstandes von Faktoren jenseits der eigenen Einflussmöglichkeiten deutlich vor Augen. Versuche zur Problembewältigung mussten dementsprechend auf internationaler Ebene ansetzen. Angesichts der amerikanischen finanz- und wirtschaftspolitischen Schwäche kam der Bundesrepublik als wirtschaftlich starkem, stabilem Staat eine wichtige Rolle dabei zu. Im westlichen Lager waren Gewicht und zugleich Verantwortung Westdeutschlands spürbar gewachsen (Hacke 2004, S. 206–207, 268–271).

Ausdruck dessen und ein Symbol für die multilateralen Versuche zur Krisenbekämpfung waren die Weltwirtschaftsgipfel, zu denen sich auf Initiative des westdeutschen Kanzlers und des französischen Staatspräsidenten Valéry Giscard d'Estaing seit 1975 die westlichen Industrienationen jährlich einfanden (Böhm 2014; Karczewski 2008). Für den neuen Außenminister bot sich hier indes kein Raum zur Profilierung. Die internationale Wirtschafts- und Finanzpolitik war die Domäne Helmut Schmidts, der im In- und Ausland nicht zuletzt für seine große, so nahm man es wahr, ökonomische Kompetenz geschätzt wurde. In einer Zeit, in der globale Politik ganz wesentlich Weltwirtschaftspolitik war, konnte Schmidt besonderes außenpolitisches Gewicht entfalten. Er zentralisierte einen Großteil der außenpolitischen Initiative im Bundeskanzleramt, das dem AA insofern als starker Konkurrent gegenübertrat. Dieses Phänomen war in der Bundesrepublik nicht neu, schließlich waren die Bundeskanzler für die Richtlinien der Außenpolitik verantwortlich. Gefördert wurde die partielle Marginalisierung des AA aber zusätzlich durch Schmidts Vorliebe, auf außenpolitischem Gebiet den persönlichen Kontakt zu suchen, und seine Abneigung gegen bürokratische Apparate und die Mitwirkung von Ministerien und Diplomaten (Hacke 2004, S. 215, 242, 266–268; Wolfrum 2007, S. 346–350).

Hinzu kam wohl, dass Genscher selbst nicht unbedingt als Wirtschaftsexperte galt (Kaiser 2003, S. 233). Über die Bedeutung ökonomischer Fragen für außenpolitische Zusammenhänge war er sich zwar völlig im Klaren (etwa Genscher [1975b], S. 100). In seinem Verständnis von Außenpolitik hatte Wirtschaft dennoch einen anderen Stellenwert als für den Kanzler. Genschers Hauptaugenmerk galt im engeren und klassischeren Sinne politischen Aspekten. So betonte er mit Blick auf die europäische Einigung, sein eigentliches Ziel sei eine politische Union mit umfassender Zusammenarbeit in den Bereichen Wirtschaft, Währung, Soziales, aber auch der Außen- und Sicherheitspolitik.[4] Die europapolitisch wichtigen Maßnahmen zur wirtschaftlichen Integration verstand er in erster Linie als „Mittel zu einem höheren Zweck", nicht etwa als Selbstzweck (Genscher [1976b], S. 154; auch Lucas 2002b, S. 91–104).

Das außenpolitische Gewicht und die Spielräume der Bundesrepublik hatten sich in den 1970er Jahren nicht nur dank ihrer ökonomischen Stärke, sondern auch infolge der sozialliberalen Ostpolitik vergrößert. Mit ihr waren Anschluss an den weltpolitischen Entspannungstrend gefunden und neue Felder außenpolitischer Aktivität erschlossen worden – etwa als Mitglied der Vereinten Nationen seit 1973 (Conze 2009, S. 458, 515; Haftendorn 2001, S. 216). Das Forum der UN wusste der neue Außenminister von Anfang an zu schätzen und zu nutzen. Die jährlichen Generalversammlungen waren ihm willkommene Gelegenheit zur öffentlichkeitswirksamen Selbstdarstellung und zur Profilschärfung westdeutscher Außenpolitik (Genscher 1995, S. 348; Kiessler 2002, S. 381). Zudem nahm er gerne die Möglichkeiten zum bilateralen Austausch am Rande der Versammlungen wahr. Hier boten sich ihm beispielsweise Gelegenheiten, Kontakte zu den Staaten der „Dritten Welt" zu pflegen (Genscher 1995, S. 343).

Dabei war das Verhältnis zwischen den westlichen Industrienationen und der Gruppe der Blockfreien in den UN eher konfrontativ. Letztere hatten während der 1960er Jahre die Stimmenmehrheit in der Generalversammlung erlangt und nutzten dies, um ihren Interessen Ausdruck zu verleihen (Böhm 2014, S. 64–65).

---

4   Gespräch des Bundesministers Genscher mit dem britischen Außenminister Callaghan in Dorneywood, 15.6.1974, AAPD 1974, Bd. I, S. 764; Genscher [1976a], S. 35.

Der Nord-Süd-Problematik wurde in den 1970er Jahren darüber hinaus mehr Aufmerksamkeit zuteil, weil die weltpolitische Entspannung den Blick für das Problem des Wohlstandsgefälles zwischen den Industriestaaten und gerade den ärmeren Entwicklungsländern der „Dritten Welt" als solchem frei machte. Waren die Entwicklungsländer lange Zeit primär als potentielle Einflussgebiete im Systemkonflikt wahrgenommen worden, sollten sich im Zeichen der *Détente* Maßnahmen zur Anhebung der materiellen, sozialen und gesundheitlichen Verhältnisse idealerweise an den Bedürfnissen der betroffenen Länder ausrichten. In der Bundesrepublik war die Entwicklungshilfe bis Ende der 1960er Jahre von deutschlandpolitischen Erwägungen dominiert worden (Gray 2003, S. 116–139). Mit der Aufgabe der Hallstein-Doktrin und der Neuen Ostpolitik war dieser Imperativ allerdings hinfällig geworden und es galt, neue entwicklungspolitische Konzeptionen zu erarbeiten. Doch auch jenseits humanitärer Fragen mussten politische Leitlinien für das Verhältnis zu den unterschiedlichen blockfreien Staaten entwickelt werden, wie in aller Deutlichkeit der Ölpreisschock von 1973 zeigte.

Ausgelöst worden war diese Krise durch den vierten Nahostkrieg. Der sogenannte Jom-Kippur-Krieg begann, nachdem ägyptische und syrische Truppen am 6. Oktober 1973, dem jüdischen Feiertag Jom Kippur, Israel angegriffen hatten. In dieser Situation entschlossen sich die Erdölförderstaaten, die westliche Abhängigkeit von günstigem arabischem Öl gezielt auszunutzen und die Verbündeten Israels durch eine Verteuerung des Erdöls bei gleichzeitiger Verknappung der Produktion unter Druck zu setzen. Den westlichen Industrieländern wurde ihre wirtschaftliche Verwundbarkeit demonstriert. Beunruhigend war aus ihrer Perspektive daneben aber das effektive, gemeinsame Vorgehen von blockfreien Staaten im Sinne eigener Interessen und gegen jene der Industriestaaten (Böhm 2014, S. 60–61; Haftendorn 2001, S. 230–235).

3 Die Bundesrepublik im Nord-Süd-Konflikt

Im Auswärtigen Amt beobachtete man diese Entwicklungen mit Sorge und empfahl koordinierte westliche Reaktionen: „In der gegebenen Situation können isolierte Bemühungen eines Staates wenig ausrichten. Dem geschlossenen Vorgehen der Dritten Welt […] haben die Industriestaaten jedoch bisher noch keine ausreichenden Kräfte entgegensetzen können."[5] Unter dem Eindruck des Ölpreisschocks und dem starken Auftreten der Staaten der „Dritten Welt" in den UN überschätzte die

---

5 Aufzeichnung des Ministerialdirektors van Well, 22.11.1974, AAPD 1974, Bd. II, S. 1510.

amtsinterne Aufzeichnung zwar die Geschlossenheit dieser Gruppe. Das Plädoyer für ein eng abgestimmtes Vorgehen der Industrieländer entsprach aber den
Vorstellungen Genschers, der sich etwa im November 1974 auf einer Konferenz
der westdeutschen Botschafter in der Region des Nahen Ostens in diesem Sinne
äußerte (Genscher 1974b, Bl. 90–91).

Aus seiner Sicht musste sich die Bundesrepublik bei der gemeinsamen Krisen-
bewältigung stark engagieren und besonders auf europäischer Ebene finanzielle
Opfer bringen, um den Verbündeten unter die Arme zu greifen (Genscher 1974b,
Bl. 86). Einerseits sollte die „Importfähigkeit unserer Partner" erhalten bleiben
(Genscher 1974b, Bl. 86). Jenseits ökonomischer Interessen ging es Genscher jedoch andererseits darum, die negativen Rückwirkungen der Wirtschaftskrise auf
den Prozess der europäischen Einigung abzumildern (Genscher 1974b, Bl. 81–82;
Genscher [1976b], S. 149–155). Besonders die wirtschaftliche Integration, die
doch Mittel zum politischen Zweck sein sollte, litt unter der Krise (Hacke 2004, S.
223–225; Lucas 2002b, S. 88).

Dies wog für Genscher auch deswegen schwer, weil seiner Vorstellung nach eine
starke Europäische Gemeinschaft (EG) der Neun zentraler Akteur im Dialog mit den
Staaten der „Dritten Welt" sein sollte.[6] Ganz im Einklang mit Einschätzungen aus
seinem Ministerium ging er davon aus, dass einzelne Staaten in der Nord-Süd-Aus-
einandersetzung wenig Gewicht entfalten konnten. Die westdeutschen Interessen
sah er effektiver im europäischen Verbund vertreten. Ein erster Schritt in diese
Richtung war ihm zufolge das Abkommen von Lomé zwischen den EG-Staaten und
46 Staaten Afrikas, des karibischen und des pazifischen Raums, in dem letzteren
Finanzhilfen und handelspolitische Vorteile zugesichert wurden. Das Abkommen
war nach kontroversen Verhandlungen 1975 zustande gekommen und wurde im
Ergebnis von den Beteiligten als Fortschritt im Nord-Süd-Verhältnis gewertet.[7]
Genscher betrachtete es als Beispiel und Vorbild für eine gelungene „Zusammenarbeit zwischen Nord und Süd".[8] Große Hoffnungen verband der Außenminister
anfänglich zudem mit dem europäisch-arabischen Dialog zwischen der EG und
der Arabischen Liga, den er als geradezu modelhaften multilateralen Austausch
anpries (Genscher 1974b, Bl. 87; Genscher [1975a], S. 72). Allerdings fand dieser

---

6   Genscher 1974b, Bl. 82, 87–88; Vortragender Legationsrat I. Klasse Feit, z. Z. Paris, an
     das Auswärtige Amt, 14.6.1975, AAPD 1975, Bd. I, S. 750; Runderlaß des Vortragenden
     Legationsrats I. Klasse Engels, 16.12.1975, AAPD 1975, Bd. II, S. 1816–1817.

7   Haftendorn 2001, S. 244; Runderlaß des Vortragenden Legationsrats Engels, 23.1.1975,
     AAPD 1975, Bd. I, S. 88, FN 18; Aufzeichnung des Ministerialdirigenten Lautenschlager,
     16.9.1975, AAPD 1975, Bd. II, S. 1259.

8   Gespräch des Bundesministers Genscher mit dem sowjetischen Außenminister Gromyko
     auf Schloß Gymnich, 6.5.1978, AAPD 1978, Bd. I, S. 679.

interregionale Dialog ein rasches Ende, als die Europäer sich nicht bereitfanden, auch die politischen Probleme im Nahen Osten zu erörtern und ihr Interesse an dem Austausch mit dem Druck der Ölkrise ohnehin nachließ (Haftendorn 2001, S. 242).

Zentral für Genschers grundsätzliche Haltung zum Nord-Süd-Konflikt war seine Überzeugung, die Auseinandersetzungen ließen sich beilegen. 1975 hielt er vor den Vereinten Nationen ein optimistisches Plädoyer für die Überwindung des „irrationalen Konflikts":

> Trotz aller Rückschläge und Katastrophen war unser Jahrhundert bisher auch ein Jahrhundert des beispiellosen Fortschritts für die Menschheit. Die Aufgaben, die an uns in unserer klein gewordenen Welt gestellt werden, sind außerordentlich – durch ihre Neuartigkeit ebenso wie durch ihre Größe. Aber außerordentlich und ohne Beispiel in der Geschichte sind auch die Mittel, die uns zu ihrer Erfüllung zur Verfügung stehen. Wenn wir diese Mittel in rationaler Zusammenarbeit einsetzen und sie nicht in irrationalem Konflikt vergeuden, werden wir die Aufgaben lösen. (Genscher [1975c], S. 125).

Hierin zeigt sich der geradezu „unerschütterliche Optimismus" des Außenministers, der trotz Krisenstimmung und gesellschaftlicher Fortschrittsskepsis im Sinne historisch-liberaler Grundannahmen von der Fortschrittlichkeit geschichtlicher Entwicklungen überzeugt war (Wirsching 2010, S. 68). In Genschers Augen konnte der Konflikt konstruktiv gewendet und langfristig gelöst werden. Dabei hob er zum einen Interessengegensätze innerhalb des Lagers der „Dritten Welt" hervor, wie sie zwischen Rohstofflieferanten und rohstoffarmen, wirtschaftlich abgehängten Staaten bestanden (Genscher 1974b, Bl. 78–79; Genscher [1975a], S. 65–66, 68). Wichtig war ihm zum anderen, den Eindruck einer westlichen Frontstellung gegenüber der „Dritten Welt" zu vermeiden. Eine „konfrontative Blockbildung" dürfe nicht provoziert werden, vielmehr müsse ein Zusammenwirken aller betroffenen Staaten angestrebt werden (Genscher 1974b, Bl. 92). „Kooperation, nicht Konfrontation" war das Motto, unter das Genscher seine Nord-Süd-Politik stellte (Genscher [1975a], S. 65).

In einer Zeit, in der das Schlagwort der Interdependenz Einzug in außenpolitische Debatten hielt (Böhm 2014, S. 71–79, 89–97), betonte auch Genscher die enge wirtschaftliche Verflechtung und gegenseitige Abhängigkeit der Staaten der Nord- und der Südhalbkugel (etwa Genscher [1974], S. 48–49; Genscher [1975b], S. 98–99; Genscher [1976a], S. 25–31). Er appellierte an die gemeinsame Verantwortung, Meinungsverschiedenheiten beizulegen und hinsichtlich der Rohstoffpreise wie einer gerechten Teilhabe an der Weltwirtschaft zu zufriedenstellenden Lösungen für alle Seiten zu gelangen. In einer „klein geworden[en]" Welt könne ein einzelner

Staat weltumspannenden Problemlagen nicht mehr wirksam begegnen (Genscher [1977], S. 198; auch Genscher [1975c], S. 122–125).

In dieser Argumentation zeigt sich der globale Bezugsrahmen von Genschers außenpolitischen Überlegungen (Kaiser 2003, S. 235–236; Kaiser 2002). Vor der UN-Generalversammlung diagnostizierte er 1975 sogar einen grundlegenden Wandel des internationalen Systems: „Aus der starren Ordnung des bipolaren Gegenübers zweier Blöcke wurde eine komplexe multipolare Welt, in der mannigfaltige Kräfte und Bemühungen sich Geltung verschaffen." (Genscher [1975c], S. 122). Zwar erscheint dieser Abgesang auf die bipolare Weltordnung im Rückblick mehr als verfrüht. Die erneute Verschärfung der Ost-West-Konfrontation ab Mitte der 1970er Jahre rückte den Systemkonflikt wieder in den Mittelpunkt weltpolitischer Aufmerksamkeit und überlagerte andere Entwicklungen. Die internationalen Beziehungen diversifizierten sich dennoch merklich in dieser Zeit. In Genschers Verständnis bedeutete Außenpolitik insofern ein „Management der Interdependenz" (Genscher [1978], S. 181). Dieses Management sollte besonders durch Stärkung von Institutionen des internationalen Austauschs und durch enge Koordinierung nationaler Politiken gelingen. Mittel einer so verstandenen Außenpolitik mussten vor allem Dialog und multilaterale Zusammenarbeit sein. Darüber hinaus gehörten für Genscher Verlässlichkeit internationaler Abmachungen und Vertragstreue ebenso zu den Pfeilern einer internationalen Ordnung wie die Absage an jegliche Form von Gewalt als Mittel der zwischenstaatlichen Politik (Genscher [1974], S. 44–45; Genscher [1978], S. 181; Bresselau von Bressensdorf 2011, S. 270; Czempiel 2002, S. 135–139; Wessels 2002, S. 190–194). Die Zeit des autonomen nationalen Machtstaats, dessen Interessen im antagonistisch gedachten internationalen System nötigenfalls gewaltsam durchgesetzt wurden, war in seinen Augen endgültig vorbei (Genscher 1995, S. 340–341; Kaiser 2003, S. 224–225). Diese Überlegungen stellten Genscher in eine Linie von Politikern, die seit 1945/49 westdeutsche Außenpolitik in strikter Abkehr von den überkommenen Formen der bilateralen Großmächtepolitik konzipierten. Krieg war nach Ende des Zweiten Weltkriegs als Mittel westdeutscher Außenpolitik ausgeschlossen. Um als außenpolitischer Akteur und Partner anerkannt zu werden, musste sich die Bundesrepublik als verlässliche Verbündete erweisen und sich bereitwillig in multilaterale Zusammenhänge in der Europäischen Integration und der NATO einfügen. Nur so war das internationale Auftreten Westdeutschland sowie der allmähliche, aber stetige Gewinn an Handlungsspielräumen und Macht überhaupt für die europäischen Nachbarn und ehemaligen Kriegsgegner hinnehmbar (Conze 2009, S. 45–75, 97–108; Haftendorn 2001, S. 14–15, 27–46, 56–59).

4   Die westdeutsche Südafrikapolitik

Genschers Hinweise auf die gemeinsame Verantwortung für die internationale „Schicksalsgemeinschaft" sind auch vor dem Hintergrund zu verstehen, dass der Nord-Süd-Konflikt in jener Zeit primär als Auseinandersetzung zwischen den Staaten der Südhalbkugel und den westlichen Industrienationen ausgetragen wurde (Genscher [1975c], S. 122). Ökonomische Forderungen richteten sich zumeist in erster Linie an westliche Länder. Gerade die ehemaligen Kolonialherren wollte man hier in die Pflicht nehmen. Wie konflikthaft die Lage etwa in den Vereinten Nationen aussah, schilderte Genscher 1974 den westdeutschen Botschaftern im Nahen Osten:

> Die Länder der Dritten Welt neigen immer mehr dazu, ihre Mehrheit in den Vereinten Nationen zur Durchsetzung unrealistischer Maximalforderungen auszunutzen. Wir sehen mit Sorge, daß sie auch nicht davor zurückschrecken, an den Grundprinzipien der Vereinten Nationen zu rühren. (Genscher 1974b, Bl. 111).

Zwar hatte die Bundesrepublik aufgrund des im Versailler Vertrag erzwungenen frühen Endes der deutschen Kolonialgeschichte ein in dieser Hinsicht unbelastetes Verhältnis zu den Staaten der „Dritten Welt". Der Auseinandersetzung entziehen konnte sie sich als wirtschaftlich starker Staat und Teil des westlichen Lagers jedoch nicht. Sie musste zu den „Maximalforderungen", besonders zum Drängen auf eine Neuorganisation der Weltwirtschaft, Stellung nehmen (Böhm 2014, S. 89-97). Genscher vertrat hier eine vermittelnde Position. Jegliche Vorschläge, die auf eine „radikal[e] Zerstörung des bestehenden Systems" hinausliefen, lehnte er kategorisch ab (Genscher 1974b, Bl. 111). An den freiheitlich-marktwirtschaftlichen Grundprinzipien der Weltwirtschaft wollte und konnte er im Interesse der Bundesrepublik nicht rütteln. Jedoch sprach er sich für eine Anpassung des Systems aus, die mehr Ausgewogenheit und Gleichberechtigung im Sinne der „Dritten Welt" schaffen sollte. So plädierte er dafür, durch gezielte Gewährung handelspolitischer Vorteile wie im Abkommen von Lomé die Ausgangsbedingungen für die betroffenen Staaten zu verbessern (Haftendorn 2001, S. 244).

Grundsätzlich war es Genscher ein Anliegen, dass die Bundesrepublik und ihre Verbündeten nicht passiv im Nord-Süd-Dialog blieben. Im Gespräch mit Präsident Nixon und Außenminister Kissinger plädierte er 1974 dafür, „daß der Westen nicht immer nur reagieren", sondern seinerseits die Initiative ergreifen sollte.[9] Für die

---

9   Aufzeichnung des Ministerialdirektors van Well, 9.12.1974, AAPD 1974, Bd. II, S. 1596; auch Vortragender Legationsrat I. Klasse Feit, z. Z. Paris, an das Auswärtige Amt, 14.6.1975, AAPD 1975, Bd. I, S. 752; Botschafter von Staden, Washington, an das Auswärtige Amt, 17.6.1975, AAPD 1975, Bd. I, S. 768.

Bundesrepublik musste dies zunächst bedeuten, überhaupt eine „aktive deutsche Politik in der Dritten Welt zu entwickeln" (Genscher 1995, S. 213). So berichtet ein ehemaliger Diplomat, Genscher sei bereits kurz nach seinem Amtsantritt dafür eingetreten, beispielsweise eine klare Linie zu den Konflikten im südlichen Afrika einzunehmen (Vergau 2002, S. 223). In dieser Region hatte sich – katalysiert durch die Beendigung der portugiesischen Kolonialherrschaft im Jahr 1974 – eine erhebliche Veränderungs- und Konfliktdynamik ergeben. In Angola kämpften rivalisierende Befreiungsbewegungen um die Vorherrschaft, dabei jeweils durch die Sowjetunion und Kuba beziehungsweise durch die USA und Südafrika unterstützt. Die Unabhängigkeit Angolas und auch Mosambiks verstärkten wiederum Auseinandersetzungen um die Dekolonisierung in Südrhodesien und Namibia sowie um das rassistische Apartheitsregime in Südafrika. Die ehemalige deutsche Kolonie Namibia war Ende des Ersten Weltkriegs zum südafrikanischen Mandatsgebiet erklärt worden. 1966 entzog die UN-Generalversammlung dieses Mandat, ohne dass indes die Regierung in Pretoria Namibia in die Unabhängigkeit entließ (Engel und Schleicher 1998, S. 54–55, 259–260; Davenport 1991, S. 452–472).

Zu Beginn der Amtszeit Genschers sah sich die Bundesrepublik unter Druck, ihr Verhältnis zu Südafrika neu zu bestimmen. In seiner Zeit als Außenminister hatte Willy Brandt sich für einen Spagat zwischen guten Beziehungen im Sinne ökonomischer Interessen Westdeutschlands und gleichzeitiger Verurteilung des Apartheitsregimes ausgesprochen. Die Leitlinie der Trennung von Handel und Politik war auch unter Außenminister Scheel ein wichtiger Aspekt der westdeutschen Afrikapolitik. Es zeichnete sich allerdings ab, dass man mit dem UN-Beitritt unter Zugzwang geraten würde, sich zu Resolutionen gegen die südafrikanische Regierung zu positionieren und sich dabei der Kritik aussetzen konnte (Rock 2010, S. 144–157; Engel und Schleicher 1998, S. 259). In seinen ersten Reden vor den UN grenzte sich Genscher – wie schon sein Vorgänger Scheel – kategorisch vom Kolonialismus ab, den er als unvereinbar mit dem Selbstbestimmungsrecht der Völker bezeichnete. Zugleich verurteilte er jegliche Form von rassistischer Diskriminierung und griff die Apartheitspolitik in Südafrika an (Genscher [1974], S. 57–58; Genscher [1975c], S. 128–129).

Die westdeutsche Haltung gegenüber Südafrika und in der Namibiafrage wurde unter Genscher in enger Abstimmung mit den westlichen Verbündeten festgelegt. Die Bundesregierung setzte in beiden Fällen auf einen friedlichen, evolutionären Wandel. Zur Lösung der Lage Namibias engagierte sich Westdeutschland in der sogenannten Kontaktgruppe, die sich im Rahmen der UN zusammengefunden hatte und zu der die USA, Großbritannien, Frankreich und Kanada gehörten. Ziel war es, die Unabhängigkeit Namibias auf diplomatischem Wege im Dialog mit den Befreiungsbewegungen und Südafrika zu erreichen. Nach schwierigen Verhandlungen wurde 1978 eine UN-Resolution über Namibias Weg zur Unabhängigkeit gefasst. Der Plan wurde in der Folgezeit allerdings von Südafrika torpediert, ohne dass die westlichen Staaten mit Sanktionen gegensteuerten. Letztlich scheiterten die Bemühungen der Kontaktgruppe aber vor allem, weil die USA Anfang der 1980er Jahre ihre Unterstützung faktisch entzogen (Engel und Schleicher 1998, S. 260–296; Vergau 2002, S. 223–239).

Auch auf europäischer Ebene bemühte man sich um eine gemeinsame Haltung gegenüber Südafrika. Dabei sprach sich die Bundesregierung im Interesse der westdeutschen Wirtschaft gegen Embargoforderungen aus.[10] Ein Kompromiss war die Entwicklung eines Verhaltenskodex für europäische Unternehmen in Südafrika. Bei der Ausarbeitung setzte sich die Bundesrepublik für eine eher milde Ausrichtung ein; Bestimmungen, die den Anschein allgemeiner Sanktionen erweckten, lehnte sie ab. Die 1977 verabschiedeten Richtlinien forderten von europäischen Firmen u. a. ein Ende jeglicher Diskriminierung am Arbeitsplatz. Obwohl westdeutsche Unternehmen, die den Kodex nicht anerkannten, keine staatlichen Bürgschaften für ihre Exporte nach Südafrika erhielten, wurde die praktische Umsetzung der Vorschriften jedoch nicht sanktioniert (Rock 2010, S. 166–178). Genscher selbst äußerte sich vor Verabschiedung der Richtlinien skeptisch über deren zu erwartende Reichweite, „da es in der BR Deutschland keine einschlägige gesetzliche Grundlage gebe."[11]

Im bilateralen Verhältnis verurteilte Genscher in Gesprächen mit südafrikanischen Regierungsvertretern wiederholt die Rassendiskriminierung und drängte darauf, die Entlassung Namibias in die Unabhängigkeit zügig umzusetzen. Nachdruck verlieh er seiner Forderung mit dem Hinweis, dies müsse auch im Sinne der westdeutsch-südafrikanischen Beziehungen im Interesse Pretorias liegen.[12] Der damalige Leiter der politischen Abteilung der westdeutschen UN-Vertretung Hans-Joachim Vergau betont, wie zentral für Genscher die Menschenrechtsfrage war (Vergau 2002, S. 225; auch Heumann 2012, S. 200–202). In der Tat engagierte sich der Außenminister auf diesem Gebiet stark, galt gar als „Motor" der Kontaktgruppeninitiative (Engel und Schleicher 1998, S. 274). Dabei musste er innenpoli-

---

10 Diese Haltung nahm sie auch im Rahmen der Kontaktgruppe ein (Botschafter Freiherr von Wechmar, New York (UNO), an das Auswärtige Amt, 12.2.1978, AAPD 1978, Bd. I, S. 243; Aufzeichnung des Vortragenden Legationsrats I. Klasse Pabsch, 21.4.1978, AAPD 1978, Bd. I, S. 564).

11 Gespräch des Bundesministers Genscher mit dem amerikanischen Außenminister Vance in Washington, 13.7.1977, AAPD 1977, Bd. II, S. 961.

12 Runderlaß des Vortragenden Legationsrats I. Klasse Müller, 27.4.1976, AAPD 1976, Bd. I, S. 522–523; Gespräch des Bundesministers Genscher mit dem südafrikanischen Außenminister Muller, 22.6.61976, AAPD 1976, Bd. I, S. 921–923.

tisch gegen zum Teil massive Widerstände kämpfen. Besonders die westdeutsche
Wirtschaft und maßgebliche Teile der Union lehnten gegenüber Südafrika eine
primär an Menschenrechten orientierte Außenpolitik ab, die die Unionsparteien
zugleich gegenüber der Sowjetunion und der DDR massiv einforderten (Rock 2010,
S. 165–166, 170–171; Engel und Schleicher 1998, S. 272, 294–296).

Allerdings wird man Genschers Bekenntnis zum Selbstbestimmungsrecht der
Völker, die Verurteilung der Apartheit und seinen Einsatz für Namibias Unabhängigkeit nicht allein mit moralischen Motiven erklären können. Er selbst äußerte
gegenüber dem südafrikanischen Botschafter in Bonn, „[d]ie von der Bundesregierung vertretenen Grundsätze des Selbstbestimmungsrechts und der Rassengleichheit
müßten auch unter […] machtpolitischen Aspekten gesehen werden".[13] Konkret ging
es ihm dabei um die Gefahr eines wachsenden sowjetischen Einflusses in der Region
des südlichen Afrikas, den er unter allen Umständen eindämmen wollte. In einer
Situation, in der sich der Systemkonflikt zunehmend in die „Dritte Welt" verlagerte
(Stöver 2007, S. 337–380), sorgte sich Genscher, die lokalen Befreiungsbewegungen
könnten sich dem Ostblock zuwenden. Neben dieser weltpolitischen Erwägung hatte
Genscher spezifisch westdeutsche Interessen im Blick, die mit der Afrikapolitik
gefördert werden sollten. Das Bekenntnis zum Selbstbestimmungsrecht bezog er
in seiner ersten Rede vor den Vereinten Nationen eindeutig auch auf die Perspektive einer friedlichen deutschen Wiedervereinigung (Genscher [1974], S. 44). Eine
wichtige Rolle spielten weiterhin die Stellung der Bundesrepublik in den Vereinten
Nationen sowie die westdeutschen Wirtschaftsinteressen (Vergau 2002, S. 224). Vor
diesem Hintergrund blieb unter Genscher eine Mischung aus wert- und vor allem
interessengeleiteter Politik kennzeichnend für das Verhältnis zum südlichen Afrika.

5   Die Bundesrepublik im Ost-West-Konflikt

Die Geschichte des Ost-West- und die des Nord-Süd-Gegensatzes sind analytisch
nur schwer voneinander zu trennen. Selbst in den Zeiten der *Détente* bestimmten
die Koordinaten des Ost-West-Konflikts das internationale System und – im
Westen wie im Osten – die Wahrnehmung der Verhältnisse in der „Dritten Welt".
Umgekehrt wirkten Faktoren der Nord-Süd-Problematik auf den Systemkonflikt
zurück. So warnte Genscher vor den Auswirkungen der Wirtschaftskrise auf die
Verteidigungsfähigkeit des westlichen Bündnisses. Die Reduzierung von Verteidi-

---

13 Runderlaß des Vortragenden Legationsrats I. Klasse Müller, 27.4.1976, AAPD 1976, Bd.
    I, S. 523.

gungsleistungen, die in einigen Nato-Mitgliedstaaten aus Kostengründen erwogen wurden, besorgte ihn zutiefst (Genscher 1974b, Bl. 94–96). Da der Systemkonflikt aus seiner Sicht existentielle Risiken für die westlichen Staaten und besonders die Bundesrepublik barg, betrachtete er dies als riskante Entwicklung. Wie Bundeskanzler Schmidt wies Genscher unermüdlich auf einen engen Zusammenhang zwischen Entspannungspolitik und Sicherheit hin. In der westdeutschen Debatte prägte er das Schlagwort der „realistischen Entspannungspolitik" und wollte damit nicht allein die Erwartungen an Erfolge einer Annäherung an den Ostblock dämpfen, sondern auch deutlich machen, dass diese Annäherung ohne den Rückhalt im westlichen Bündnis und ohne ein sicherheitspolitisches Gleichgewicht zwischen Ost und West nicht denkbar sei (Stöver 2007, S. 422; Wirsching 2010, S. 73–74). Bei seinem ersten Gespräch mit Präsident Nixon betonte er, Entspannungspolitik könne nicht die Sicherheit ersetzen, die das atlantische Bündnis garantiere.[14] Gegenüber Nato-Generalsekretär Luns stellte Genscher fest, „Entspannung könne lediglich dazu beitragen, Konflikte zu vermeiden".[15] In dieser Argumentation musste sich das westliche Bündnis darauf konzentrieren, ein militärisch gleichwertiges Gegengewicht zum Ostblock zu bilden. Abrüstungsgespräche zwischen Ost und West waren insofern aus Genschers Sicht vor allem ein vernünftiger Schritt, um das Streben nach militärischem Gleichgewicht möglichst bewältigbar zu halten, „um auf diese Weise nicht nur die ungeheure Verschwendung eines Rüstungswettlaufs zu vermeiden, sondern auch der Gefahr einer Destabilisierung vorzubeugen, die mit einem Rüstungswettlauf verbunden ist." (Genscher [1976a], S. 18)

Mit Blick auf die KSZE warb der Außenminister ebenfalls für eine nüchterne Betrachtung. Genscher gehörte zu den energischen Fürsprechern dieser Konferenz, von der er wesentliche Impulse für die europäische Friedenspolitik erhoffte (Conze 2009, S. 519; Heumann 2012, S. 161–166). Zugleich aber warnte er vor übersteigerten Erwartungen: „Dabei darf der Westen allerdings keine illusionären Erwartungen hegen. Die bestehenden Systemunterschiede zwischen Ost und West kann auch die KSZE nicht überwinden." (Genscher 1974b, Bl. 101–102). In dieser Feststellung zeigte sich Genschers Verständnis vom Ost-West-Gegensatz. Mitte der 1970er Jahre hatte nicht zuletzt die westdeutsche Ostpolitik den Status quo in Europa verfestigt. In dieser Konstellation betrachtete Genscher den Systemkonflikt als nicht auflösbar, solange sich einander ausschließende weltpolitische Ideologien gegenüberstanden. Zwar war er davon überzeugt, dass der Konflikt überwunden werden konnte, dies

---

14 Botschafter von Staden, Washington, an das Auswärtige Amt, 27.7.1974, AAPD 1974, Bd. II, S. 995.

15 Gespräch des Bundesministers Genscher mit Nato-Generalsekretär Luns, 12.7.1974, AAPD 1974, Bd. II, S. 945.

aber vor allem durch einen Wandel im Ostblock (Heumann 2012, S. 160–161; Wirsching 2010, S. 68). Dementsprechend warnte er davor, die kommunistische Ideologie zu verharmlosen und sprach vom fortgesetzten „Expansionsdrang der sowjetischen Weltmacht".[16] Mit der neuerlichen Verschärfung des Konflikts, die sich in der zweiten Hälfte der 1970er Jahre ankündigte und als „zweiter Kalter Krieg" bezeichnet wird, musste sich Genscher bestätigt sehen (Gassert et al. 2011, S. 12–15).

Für die Bundesrepublik ging es im Systemkonflikt nach seiner Auffassung vornehmlich um zwei Ziele: Einerseits galt es, sich in der Auseinandersetzung zu behaupten und dabei andererseits den Anspruch auf die deutsche Einheit aufrecht zu erhalten (Wirsching 2010, S. 70). Angesichts wirtschaftlicher Krisenerscheinungen sah Genscher die Bundespublik und das westliche Lager insgesamt unter Druck, die Dauerhaftigkeit der kapitalistisch-marktwirtschaftlich orientierten Demokratien zu beweisen. Er setzte dabei auf die Strahlkraft wirtschaftlicher Prosperität und der von ihm als westlich identifizierten Ideale von Freiheit und Menschenwürde (Genscher [1976a], S. 18, 39–40). Allerdings fürchtete Genscher um die Auswirkungen der Krise auf die Verhältnisse in der Bundesrepublik (etwa Genscher [1975a], S. 60; Genscher [1976a], S. 26). Innenpolitische Probleme, besonders die Schwierigkeiten des Sozialstaats und die Herausforderung durch den Linksterrorismus, riefen in den 1970er Jahren in Westdeutschland Sorge um die Stabilität der freiheitlich-demokratischen Grundordnung hervor, die auch den früheren Innenminister umtrieben (Conze 2009, S. 469–495; Wolfrum 2007, S. 339–346). Kernanliegen der Außenpolitik blieb für Genscher die Überwindung der deutschen Teilung. Ziel musste es sein, „die nationale Frage offenzuhalten"[17] und „auf einen Zustand des Friedens in Europa hinzuwirken, in dem das deutsche Volk in freier Selbstbestimmung seine Einheit wiedererlangt." (Genscher [1974], S. 54) Wie seine Amtsvorgänger betrachtete Genscher – im Einklang mit der Präambel des Grundgesetzes und wiederum in großer Übereinstimmung mit der Diplomatenschaft des AA (vgl. Wiegeshoff 2013, S. 164–205) – die Wiedervereinigung als „das zentrale Anliegen deutscher Politik seit 1949" und verlor diese Perspektive nie aus dem Blick (Genscher 1995, S. 348). Im Bereich der Ostpolitik bedeutete diese Zielsetzung, die bisherige Politik der Entspannung fortzusetzen. Zwar glaubte Genscher nicht an die Möglichkeit, unter den Bedingungen der bestehenden ideologischen Konfrontation eine Wiedervereinigung zu erreichen. Aber es musste aus seiner Sicht alles getan werden, um den Zusammenhalt der Nation über die Systemgrenzen hinweg zu

---

16   Genscher [1976a], S. 19; Botschafter von Staden, Washington, an das Auswärtige Amt, 27.7.1974, AAPD 1974, Bd. II, S. 995; Genscher [1976b], S. 155–156.

17   Gespräch des Bundesministers Genscher mit dem britischen Außenminister Callaghan in Dorneywood, 15.6.1974, AAPD 1974, Bd. I, S. 761.

wahren und möglichst menschliche Erleichterungen zu schaffen (Heumann 2012, S. 95). So kündigte er in seinen ersten Gesprächen mit Kollegen aus dem östlichen Lager entspannungspolitische Kontinuität an.[18]

Als Genscher das Amt des Außenministers übernahm, war die eigentliche Vertragspolitik so gut wie abgeschlossen. Nunmehr stand die „Phase der praktischen Anwendung" an (Genscher 1974b, Bl. 105). Dabei zeigten sich schnell die Grenzen der Annäherung. Ein strittiger Punkt mit der Sowjetunion, der Genscher geradezu als Gradmesser der Entspannung schien, war die Frage der Einbeziehung Berlins in bestehende Abmachungen und Folgeverträge.[19] Dem sowjetischen Botschafter Falin erläuterte Genscher seine grundsätzliche Linie bei allen Auseinandersetzungen: „Wir wollen das Machbare eingrenzen und möglichst noch einige Dinge zusätzlich machbar machen."[20] Hartnäckiges Bestehen auf westdeutschen Positionen kombinierte er mit einem tagespolitischen Pragmatismus, um die aus seiner Sicht maximal möglichen Ziele zu erreichen (Kaiser 2003, S. 232–233). Es kam ihm darauf an, den Gesprächsfaden nicht abreißen zu lassen und auch angesichts kontroverser Grundsatzfragen im möglichst konstruktiven Dialog zu bleiben. Diese Haltung wurde nicht zuletzt von der DDR auf eine harte Probe gestellt, war die ostdeutsche Regierung doch wenig gewillt, eine Öffnung gegenüber der Bundesrepublik zu vollziehen, sondern bemühte sich im Gegenteil um Abschottung (Creuzberger 2009, S. 122–124).

Ausgangspunkt der westdeutschen Politik im Ost-West-Konflikt war für Genscher zum einen die Partnerschaft mit den USA. Zum anderen – und dieser Aspekt war ihm ebenso wichtig – sollte die Europäische Gemeinschaft Grundlage des global-politischen Handelns der Bundesrepublik werden.[21] Dementsprechend bezeichnete er 1974 den Ausbau der EG als Schwerpunkt der bundesdeutschen „Westpolitik".[22] Die globalen Wirkmöglichkeiten Westdeutschlands beurteilte Genscher nüchtern:

---

18 Gespräch des Bundesministers Genscher mit dem tschechoslowakischen Außenminister Chňoupek, 19.7.1974, AAPD 1974, Bd. II, S. 960; Vortragende Legationsrätin I. Klasse Finke-Osiander an die Botschaft in Warschau, 19.7.1974, AAPD 1974, Bd. II, S. 961; Gespräch des Bundesministers Genscher mit dem sowjetischen Außenminister Gromyko auf Schloß Gymnich, 15.9.1974, AAPD 1974, Bd. II, S. 1158.

19 Stöver 2007, S. 422; Gespräch des Bundesministers Genscher mit dem sowjetischen Botschafter Falin, 26.8.1976, AAPD 1976, Bd. II, S. 1240.

20 Gespräch des Bundesministers Genscher mit dem sowjetischen Botschafter Falin, 12.7.1974, AAPD 1974, Bd. II, S. 941.

21 Etwa Genscher 1974b, Bl. 81, 93; Gespräche des Bundesministers Genscher mit dem bulgarischen Außenminister Mladenow, 5.3.1975, AAPD 1975, Bd. I, S. 222–223.

22 Gespräch des Bundesministers Genscher mit dem tschechoslowakischen Außenminister Chňoupek, 19.7.1974, AAPD 1974, Bd. II, S. 960.

Die heutige Welt ist eine Welt kontinentaler Mächte. USA, UdSSR, China – und eine
Welt großer Verhandlungsblöcke – Ölländer, Entwicklungsländer. In einer solchen
Welt kann der einzelne europäische Staat seine Lebensinteressen nicht mehr ausrei-
chend zur Geltung bringen. Allein auf sich gestellt ist er vielmehr mehr oder weniger
Objekt, nicht Subjekt der Weltpolitik. (Genscher [1976b], S. 145–146).

Diese Vorstellung, die europäische Einigung sei zur weltpolitischen Behauptung
notwendig, war in Westeuropa weit verbreitet (Thiemeyer 2010, S. 112–134, 167–171).
Auch Genscher betrachtete den Zusammenschluss insofern als alternativlose
„geschichtliche Notwendigkeit" (Genscher [1976a], S. 32). Die Möglichkeiten und
Grenzen westdeutschen Einflusses schätzte er damit realistisch ein, zumal die
Verbündeten immer noch wenig Verständnis für ein allzu selbstbewusstes west-
deutsches Auftreten zeigten. Außerdem war das Gewicht der Bundesrepublik im
eigenen Bündnis zwar gewachsen, aber im weltweiten Maßstab konnte sie nur
im europäischen Verbund auf effektive Durchsetzung eigener Interessen hoffen
(Conze 2009, S. 527).
    Der Europäischen Gemeinschaft der Neun maß Genscher ein großes Gewicht
im westlichen Lager zu. Mit Blick auf die KSZE stellte er beispielsweise fest, die
„ständige Abstimmung der Neun [sei] zum Nukleus der gemeinsam westlichen
Haltung" geworden (Genscher 1974b, Bl. 88). Hier zeigen sich seine großen Erwartungen an die Europäische Einigung, die ein Zusammenwirken der USA und
Westeuropas auf Augenhöhe ermöglichen sollte (Heumann 2012, S. 202–203).
Wenngleich die supranationale Integration ins Stocken geraten war, trat die EG
tatsächlich in den 1970er Jahren stärker als zuvor als außenpolitischer Akteur in
Erscheinung. Die Krise und die temporäre Schwäche der USA erwiesen sich in
dieser Hinsicht schlussendlich als Motor europäischer Kooperation. Besonders die
intergouvernementale Abstimmung wurde durch den Europäischen Rat und die
Europäische Politische Zusammenarbeit gestärkt (Conze 2009, 527–528; Thiemeyer
2010, S. 130–134). Genscher wollte diese Entwicklung für eine stärkere Stellung der
EG im westlichen Bündnis nutzen. Zu einer nachhaltigen Gewichtsverlagerung
ist es allerdings nicht gekommen. Die Bundesregierung selbst hatte bereits auf
massiven Druck der USA darauf hingewirkt, dass die EG-Staaten im sogenannten
Gentlemen's Agreement von Gymnich im Juni 1974 den USA ein faktisches Mit-
spracherecht in europäischen Entscheidungsprozessen einräumten (Conze 2009,
S. 456–457; Haftendorn 2001, S. 88). Eine Positionierung gegen die amerikanische
Vormachtstellung war für die Bundesrepublik und auch den überzeugten Europäer
Genscher nicht denkbar.

6   Schlussbetrachtung

In seiner Antrittsrede im AA betonte Genscher Kontinuität in der Außenpolitik. Zugleich stellte er klar, dass es ihm fernliege, seinen Vorgänger zu imitieren. Vielmehr wolle er mit Unterstützung der Amtsangehörigen die künftigen Aufgaben auf seine Weise angehen (Genscher 1974a, Bl. 97). Eigene Akzente vermochte der Außenminister vor allem dort zu setzen, wo der außenpolitisch dominante Kanzler nicht aktiv war. In einer internationalen Konstellation, in der globale Politik vor allem Wirtschaftspolitik war, war es keine leichte Aufgabe, ein eigenes außenpolitisches Programm zu entwickeln. Zum Teil mochte dies gar nicht dringlich erscheinen, so groß waren die Übereinstimmungen zwischen Schmidt und Genscher (Lucas 2002b, S. 86). Genscher hatte 1974 allerdings auch das Amt des Bundesvorsitzenden der FDP übernommen. In dieser Funktion musste es ihm ein Anliegen sein, sich und seine Partei zu profilieren (Kaiser 2003, S. 238). Gleich zu Beginn der Amtszeit war es das Verhältnis zu den Staaten der „Dritten Welt", in dem Genscher sich eigenständig positionierte. Dies galt vor allem für die Afrikapolitik der Bundesregierung, die er auch gegen innenpolitische Widerstände prägte. Im Verlauf der 1970er Jahre entwickelte Genscher weiterhin klare Schwerpunkte bei der Europapolitik (Lucas 2002b; Heumann 2012, S. 194–223). Weitreichende Vorschläge wie die Genscher-Colombo-Initiative 1981 machte er erst später, aber bereits in seinen ersten Jahren als Außenminister betrachtete Genscher die EG als Kern westdeutschen globalen Handelns und dies gleichermaßen in der Systemauseinandersetzung wie gegenüber der „Dritten Welt". Er sah das wachsende Gewicht der Bundesrepublik im europäischen Rahmen gut aufgehoben, die westdeutsche Macht auf eine Weise kontrolliert, die weniger Ressentiments auslösen sollte als etwaige Alleingänge (Kaiser 2003, S. 227). Entsprechend bemühte er sich, gemeinschaftliche Schritte und die Integration selbst zu fördern.

Wenn man mit Andreas Wirsching liberale Außenpolitik durch den Prozess- und Fortschrittscharakter von Geschichte, vernunftorientierten Dialog sowie die Verpflichtung auf Freiheit und Selbstbestimmung definiert, lassen sich schon zu Beginn von Genschers Amtszeit Elemente einer solchen Politik identifizieren (Wirsching 2010, S. 68–69; zur liberalen Außenpolitik auch Heumann 2012, S. 306–313; Heumann 2002). Beispielhaft wären hier die Appelle an die gemeinsame Verantwortung der Industriestaaten, der Erdölförderländer und der Entwicklungsländer für eine funktionierende und gerechte Weltwirtschaftsordnung, das Ziel der Überwindung des Nord-Süd-Gegensatzes und die Auffassung von Außenpolitik als multilaterale, dialog- und kompromissorientierte Politik zu nennen. Die Verurteilung des Kolonialismus und der Apartheid sowie das Eintreten für das Selbstbestimmungsrecht der Völker wären ebenfalls anzuführen. In all diesen Bereichen spielten nicht allein liberale Überzeugungen, sondern ganz handfeste westdeutsche Interessen eine wichtige Rolle für Genschers Überlegungen. Insofern sollte liberale Außenpolitik, wie auch Wirsching betont, nicht idealisierend mit einer wertgeleiteten Politik gleichgesetzt oder gar mit Interessenlosigkeit verwechselt werden (Wirsching 2010, S. 70).[23] Einen Gegensatz zwischen liberaler Außenpolitik und Interessenpolitik gab es zu Beginn der Amtszeit Genschers nicht.

Literatur

Akten zur Auswärtigen Politik der Bundesrepublik Deutschland (AAPD) 1974 (2005). Hrsg. im Auftrag des Auswärtigen Amts v. Institut für Zeitgeschichte. 2 Bde. München: Oldenbourg.

Akten zur Auswärtigen Politik der Bundesrepublik Deutschland (AAPD) 1975 (2006). Hrsg. im Auftrag des Auswärtigen Amts v. Institut für Zeitgeschichte. 2 Bde. München: Oldenbourg.

Akten zur Auswärtigen Politik der Bundesrepublik Deutschland (AAPD) 1976 (2007). Hrsg. im Auftrag des Auswärtigen Amts v. Institut für Zeitgeschichte. 2 Bde. München: Oldenbourg.

Akten zur Auswärtigen Politik der Bundesrepublik Deutschland (AAPD) 1977 (2008). Hrsg. im Auftrag des Auswärtigen Amts v. Institut für Zeitgeschichte. 2 Bde. München: Oldenbourg.

Akten zur Auswärtigen Politik der Bundesrepublik Deutschland (AAPD) 1978 (2009). Hrsg. im Auftrag des Auswärtigen Amts v. Institut für Zeitgeschichte. 2 Bde. München: Oldenbourg.

Baring, A. (1998). *Machtwechsel. Die Ära Brandt-Scheel.* Berlin: Ullstein.

Böhm, E. (2014). *Die Sicherheit des Westens. Entstehung und Funktion der G7-Gipfel (1975–1981).* München: Oldenbourg.

Bresselau von Bressensdorf, A. (2011). Hans-Dietrich Genscher und das Ende der Détente. In B. Bublies-Godau, H.-G. Fleck, J. Frölich, H.-H. Jansen, & B.-C. Padtberg (Hrsg.), *Jahrbuch zur Liberalismus-Forschung* 23 (S. 257–270). Baden-Baden: Nomos.

Conze, E. (2009). *Die Suche nach Sicherheit, Eine Geschichte der Bundesrepublik Deutschland von 1949 bis in die Gegenwart.* München: Siedler.

Creuzberger, S. (2009). *Westintegration und Neue Ostpolitik. Die Außenpolitik der Bonner Republik.* Berlin: be.bra.

Czempiel, E.-O. (2002). Multilaterale Entspannungspolitik. KSZE-Prozess und das Ziel einer gesamteuropäischen Friedensordnung. In H.-D. Lucas (Hrsg.), *Genscher, Deutschland und Europa* (S. 135–154). Baden-Baden: Nomos.

Davenport, T. R. H. (1991). *South Africa. A Modern History.* 4. Aufl. Toronto u. a.: Macmillan.

Der Spiegel (1974, 10. Juni). *Unter dem Tisch*, S. 24–26.

Doering-Manteuffel, A., Raphael, L. (2012). *Nach dem Boom. Perspektiven auf die Zeitgeschichte seit 1970.* 3. Aufl. Göttingen: Vandenhoeck & Ruprecht.

Engel, U., & Schleicher, H.-G. (1998). *Die beiden deutschen Staaten in Afrika. Zwischen Konkurrenz und Koexistenz 1949–1990.* Hamburg: Institut für Afrika-Kunde.

---

23   Auch Heumann 2012, S. 307; Heumann 2002, S. 415–418.

Gassert, P., Geiger, T., & Wentker, H. (2011). Zweiter Kalter Krieg und Friedensbewegung. Einleitende Überlegungen zum historischen Ort des NATO-Doppelbeschlusses von 1979. In Dies. (Hrsg), *Zweiter Kalter Krieg und Friedensbewegung. Der NATO-Doppelbeschluss in deutsch-deutscher und internationaler Perspektive* (S. 7–29). München: Oldenbourg.

Genscher, H.-D. (1974a). Ansprache des Bundesministers des Auswärtigen Hans-Dietrich Genscher anläßlich seiner Amtsübernahme am 17.5.1974 in Bonn. In Archiv des Liberalismus, *Bestand Scheel. N 82–421* (Bl. 90–101).

Genscher, H.-D. (1974b). Eröffnungsansprache des Herrn Bundesministers anlässlich der Nahost-Botschafterkonferenz am 4.11.1974. In Archiv des Liberalismus, *Bestand Genscher. N 52–120* (Bl. 75–115).

Genscher, H.-D. [1974]. Über die Grundlagen der internationalen Ordnung: Frieden, Freiheit, Menschenwürde. In Genscher, H.-D. (1985), *Deutsche Außenpolitik. Ausgewählte Reden und Aufsätze 1974–1985* (S. 42–58). Stuttgart: Bonn Aktuell.

Genscher, H.-D. [1975a]. Interessenausgleich und Kooperation mit der Dritten Welt. In Genscher, H.-D. (1985). *Deutsche Außenpolitik. Ausgewählte Reden und Aufsätze 1974–1985* (S. 59–76). Stuttgart: Bonn Aktuell.

Genscher, H.-D. [1975b]. Eine Reform der Weltwirtschaftsordnung im Geiste sozialer Marktwirtschaft. In Genscher; H.-D. (1985). *Deutsche Außenpolitik. Ausgewählte Reden und Aufsätze 1974–1985* (S. 97–120). Stuttgart: Bonn Aktuell.

Genscher, H.-D. [1975c]. Außenpolitik im Zeitalter weltweiter Interdependenz. In Genscher, H-D. (1985). *Deutsche Außenpolitik. Ausgewählte Reden und Aufsätze 1974–1985* (S. 121–138). Stuttgart: Bonn Aktuell.

Genscher, H.-D. [1976a]. Die zentralen Aufgaben der deutschen Außenpolitik. In Genscher, H.-D. (1977). *Deutsche Außenpolitik* (S. 15–40). Stuttgart: Bonn Aktuell.

Genscher, H.-D. [1976b]. Das Europa der Freiheit. Schwerpunkt unserer Außenpolitik. In Genscher, H.-D. (1977). *Deutsche Außenpolitik* (S. 143–163). Stuttgart: Bonn Aktuell.

Genscher, H.-D. [1977]. Partnerschaftliche Zusammenarbeit mit Asien. In Genscher, H.-D. (1977). *Deutsche Außenpolitik* (S. 197–210). Stuttgart: Bonn Aktuell.

Genscher, H.-D. [1978]. Perspektiven deutscher Politik in den Vereinten Nationen. In Genscher; H.-D. (1985). *Deutsche Außenpolitik. Ausgewählte Reden und Aufsätze 1974–1985* (S. 178–197). Stuttgart: Bonn Aktuell.

Genscher, H.-D. (1995). *Erinnerungen.* Berlin: Siedler.

Gray, W. G. (2003). *Germany's Cold War. The Global Campaign to Isolate East Germany, 1949–1969.* Chapel Hill u. a.: The University of North Carolina Press.

Hacke, C. (2004). *Die Außenpolitik der Bundesrepublik Deutschland. Von Konrad Adenauer bis Gerhard Schröder. 2. Aufl.* Berlin: Ullstein.

Haftendorn, H. (2001). *Deutsche Außenpolitik zwischen Selbstbeschränkung und Selbstbehauptung 1945–2000.* Stuttgart u. a.: DVA.

Heumann, H.-D. (2012). *Hans-Dietrich Genscher. Die Biographie.* Paderborn u. a.: Schöningh.

Heumann, H.-D. (2002). Genscher, ein „liberaler" Außenpolitiker?. In H.-D. Lucas (Hrsg.), *Genscher, Deutschland und Europa* (S. 413–432). Baden-Baden: Nomos.

Hobsbawm, E. (2003). *Das Zeitalter der Extreme. Weltgeschichte des 20. Jahrhunderts. 6. Aufl.* München: dtv.

Judt, T. (2010). *Postwar. A History of Europe Since 1945.* London: Vintage Books.

Kaiser, W. (2003). Halle – New York – Halle: Hans Dietrich Genscher. In B. Bublies-Gouda, M. Fassbender, H.-G. Fleck, J. Frölich, H.-H. Jansen, & B.-C. Padtberg (Hrsg.), *Jahrbuch für Liberalismus-Forschung 15* (S. 223–242). Baden-Baden: Nomos.

Kaiser, W. (2002). „Weltordnung der Partnerschaft". Genschers Ansätze einer westdeutschen Globalpolitik 1974–1982. In H.-D. Lucas (Hrsg.), *Genscher, Deutschland und Europa* (S. 201–221), Baden-Baden: Nomos.

Karczewski, J. von (2008). *„Weltwirtschaft ist unser Schicksal". Helmut Schmidt und die Schaffung der Weltwirtschaftsgipfel*. Bonn: Dietz.

Kiessler, R. (2002). Außenpolitik als „Public Diplomacy". Hans-Dietrich Genscher und die Medien. In H.-D. Lucas (Hrsg.). *Genscher, Deutschland und Europa* (S. 371–386), Baden-Baden: Nomos.

Loth, W. (2013). Staaten und Machtbeziehungen im Wandel. In I. Akira (Hrsg.), *1945 bis heute. Die globalisierte Welt* (Geschichte der Welt, Bd. 6) (S. 15–181). München: C.H. Beck.

Lucas, H.-D. (2002a). Wahrung der deutschen Option. Hans-Dietrich Genscher und die neue Ost- und Deutschlandpolitik (1969–1974). In Lucas, H.-D. (Hrsg.), *Genscher, Deutschland und Europa* (S. 59–81). Baden-Baden: Nomos.

Lucas, H.-D. (2002b). Politik der kleinen Schritte. Genscher und die deutsche Europapolitik 1974–1983. In Lucas, H.-D. (Hrsg.), *Genscher, Deutschland und Europa* (S. 85–113). Baden-Baden: Nomos.

Neumaier, E. (1974, 17. Mai). Ein Hochseilartist – nie ohne Netz. *Die Zeit*.

Rock, P. (2010). *Macht, Märkte und Moral. Zur Rolle der Menschenrechte in der Außenpolitik der Bundesrepublik Deutschland in den sechziger und siebziger Jahren*. Frankfurt am Main u. a.: Peter Lang.

Scheel, W. (1974). Übergabe des Auswärtigen Amtes an Herrn Bundesminister Hans-Dietrich Genscher, 17.5.1974. In Archiv des Liberalismus, *Bestand Scheel. N 82–421* (Bl. 68–88).

Schmidt, H. (1974). Regierungserklärung des Bundeskanzlers. In Verhandlungen des Deutschen Bundestages, Plenarprotokolle, 7. Wahlperiode, 100. Sitzung, 17.5.1974 (S. 6593–6605). Bonn: Heger.

Soell, H. (2008). *Helmut Schmidt. 1969 bis heute. Macht und Verantwortung*. München: DVA.

Stöver, B. (2007). *Der Kalte Krieg 1947–1991. Geschichte eines radikalen Zeitalters*. München: C.H. Beck.

Thiemeyer, G. (2010). *Europäische Integration. Motive, Prozesse, Strukturen*. Köln u. a.: Böhlau.

Vergau, H.-J. (2002). Genscher und das südliche Afrika. In H.-D. Lucas (Hrsg.), *Genscher, Deutschland und Europa* (S. 223–239). Baden-Baden: Nomos.

Wessels, W. (2002). Hans-Dietrich Genscher. Initiator des interregionalen Dialogs – Architekt einer Zivilmacht Europa. In H.-D. Lucas (Hrsg.), *Genscher, Deutschland und Europa* (S. 185–200). Baden-Baden: Nomos.

Wiegeshoff, A. (2013). *„Wir müssen alle etwas umlernen..." Zur Internationalisierung des Auswärtigen Dienstes der Bundesrepublik Deutschland 1945/51–1969*. Göttingen: Wallstein.

Wirsching, A. (2010). Hans-Dietrich Genscher. Liberale Außenpolitik zwischen Kontinuität und Wandel. In B. Bublies-Godau, M. Fassbender, H.-G. Fleck, J. Frölich, H.-H. Jansen, & B.-C. Padtberg (Hrsg.), *Jahrbuch zur Liberalismus-Forschung* 22 (S. 67–77). Baden-Baden: Nomos.

Wolfrum, E. (2007). *Die geglückte Demokratie. Geschichte der Bundesrepublik Deutschland von ihren Anfängen bis zur Gegenwart*. München: Pantheon.

Die Verhandlungen um die Freiheit Namibias (1977–1990) als Vorstufe zur friedlichen Überwindung der Apartheid in Südafrika

Hans-Joachim Vergau

Hans-Dietrich Genscher hatte als Schüler unter dem NS-Regime und dann als Student und Soldat in der DDR die Verweigerung des Selbstbestimmungsrechts tiefgreifend erfahren. Dieses Menschenrecht eines jeden Volkes durchzusetzen, gehörte zu den Grundmotiven seines gesamten politischen Wirkens. Als er ab 1974 im Auswärtigen Amt für 18 Jahre mein Chef geworden war, stand für uns außer Zweifel, dass sich die Richtlinien unserer Afrikapolitik dem entsprechend wandeln würden. Den drastischsten Tatbestand der Missachtung dieses Rechts bot das Apartheid-Regime im südlichen Afrika. Aus Bonn hatte es zwar stets viel Rhetorik dagegen gegeben, im tatsächlichen Umgang mit Pretoria lähmten aber wirtschaftliche Interessen alles effiziente Vorgehen. Und so wurde die BRD in fast jeder Generalversammlung der Vereinten Nationen (VN) von einer 90 %-Mehrheit unter Namensnennung „scharf verurteilt". Da Wirtschaftssanktionen innenpolitisch nicht durchsetzbar waren, zugleich aber gerade wir durch Hinnahme der Apartheid unsere Glaubwürdigkeit aufs Spiel setzten, förderte Genscher die Idee einer Initiative zur Befreiung Namibias aus dessen von Südafrika (SA) praktisch vollzogener Annexion.

Nachdem wir für die Jahre 1977/1978 Mitglied des Sicherheitsrats geworden waren, leitete er unsere aktive Teilnahme an einer Kontaktgruppe (KG) ein, zusammen mit den USA, Frankreich, Großbritannien, Kanada (ebenfalls nichtständiges Sicherheitsrats-Mitglied). Ohne das Bonner Kabinett zu beteiligen, trat er dafür ein, durch Drohung mit „stern action" (= Sanktionen!) seitens der Kontaktgruppe die Bereitschaft Südafrikas zu Namibia-Verhandlungen im VN-Rahmen mit der Kontaktgruppe zu erzwingen. In New York hieß diese alsbald „the Gang of Five". Im anschließenden langen Verhandlungsprozess (vgl. dazu ausführlich: Vergau 2006) mit dem Ziel, in Namibia freie Wahlen unter VN-Kontrolle durchzusetzen, erlebte ich immer wieder sein eigenständiges, oft mutiges Handeln zur Durchsetzung einer fairen Lösung.

Dabei konnte er überaus deutlich werden. Als der südafrikanische Premier P. W. Botha am 16. Oktober 1978 in Pretoria bei Servierung des Hauptgangs eines Gastgeberdinners für die fünf Minister der Kontaktgruppe, das ich vom nahen „Katzentisch" aus beobachten konnte, in höhnischer Überheblichkeit den Lösungsplan abzuwerten begann, schlug unser Minister so krachend auf den Tisch, dass die Gläser tanzten, leuchtete Botha in kategorischen Sätzen heim – und verließ den Raum, gefolgt von den vier Kollegen.

Und er wollte den Prozess unter Kontrolle behalten. Als in New York am Rande einer Konferenz zum Lösungsplan die Fünf sich im Hotel UN-Plaza spät „Gute-Nacht" gewünscht hatten und Genscher zur Ruhe gegangen war, bemerkte ich auf dem Gang, wie die Minister aus Frankreich, Großbritannien und den USA eine nicht unbedenkliche Mitteilung an die Presse für den nächsten Morgen zu verabreden begannen und sich zur Formulierung zusammen in die Suite des Briten begaben. Ich rannte in mein Zimmer am anderen Ende des Gangs und rief in der nebenan liegenden Suite Genschers an. Nach nur knapp drei Minuten trat unser Minister – im Bademantel überm Schlafanzug – freundlich lächelnd zu den verblüfften Dreien hinzu.

Die Befreiungsbewegung South West Africa People's Organization (SWAPO) unter der Führung von Sam Nujoma, hinter der die überwältigende Mehrheit des Volkes stand, wurde in ihrem Kampf von Moskau unterstützt. Und so klassifizierte Pretoria sie als „communist terrorists". Die Konservativen im Westen, und so auch bei uns die CDU/CSU und Teile der FDP, hatten sich das zu eigen gemacht. Genscher hielt dem unnachgiebig entgegen, die Befreiungsbewegungen im südlichen Afrika verfolgten das legitime Ziel, für ihre Völker das Selbstbestimmungsrecht durchzusetzen. Nicht aus ideologischer Neigung, sondern weil der Westen sie im Stich lasse, sähen sie sich auf Hilfe seitens des Ostblocks angewiesen. Er lud Nujoma 1980 – ungeachtet schreiender Proteste von rechts – offiziell nach Bonn ein. In harter Debatte brachte er 1981 die Mehrheit seiner innenpolitischen Gegner insoweit zum Schweigen – und traf die SWAPO-Führung zu weiteren offiziellen Gesprächen. Er wurde und blieb Nujomas bevorzugte Bezugsperson der Kontaktgruppe. Als der Minister ihn 1984 erneut nach Bonn eingeladen hatte, sah der keineswegs bekehrte Franz Josef Strauß rot: Aus Münchener Kreisen kam eine Strafanzeige gegen Nujoma mit dem Ziel eines Haftbefehls. Kühl lächelnd lenkte unser Minister das Treffen nach Paris um und empfing den Gast offiziell und pressewirksam in unserem prachtvollen Palais de Beauharnais (deutsche Botschafter-Residenz). Lange Gesichter in München.

Als von US-Präsident Ronald Reagan 1981 die schockierende Weisung kam, der Abzug der Kubaner aus Angola sei Bedingung für die weitere US-Unterstützung einer Namibia-Lösung („linkage"), protestierte Genscher auf der Stelle mit klarem Nachdruck; so auch die anderen drei KG-Mitglieder. Da aber ohne die USA keine

Kooperation Pretorias erreichbar war, bezog er den neuen US-Unterhändler Chester A. Crocker in die von Washington zunächst abgelehnte KG-Linie ein und bewog ihn zu einem ersten Treffen mit Nujoma in Bonn.

Es ging um eine akzeptable Lösung auch für den weißen Bevölkerungsteil in Namibia (etwa 70.000 Menschen), der zu fast einem Drittel aus Deutschen bestand. Jegliche Idee von einem demokratischen Prozess, der ja unvermeidlich zu einer SWAPO-Regierung führen musste, wurde von den meisten Weißen angstvoll-radikal abgelehnt. In Bonn agierte eine aufsässige Lobby Namibiadeutscher gegen die Politik Genschers. Immerhin hatte sich der zunächst kaum mehr als 300 Mitglieder zählende Verein „Interessengemeinschaft deutschsprachiger Südwester" (IG) ab 1980 auf eine realistische Lageeinschätzung und Interesse am VN-Prozess zubewegt. Bis heute ist es als einer der hilfreichsten Beiträge Genschers zur Namibialösung anerkannt, dass er mit dem Ziel einer Entdämonisierung der SWAPO ab 1980 fünf jeweils stundenlang dauernde und ein Abendessen einschließende Konklaven der IG mit der SWAPO-Führung in die Wege geleitet und mit Bundesmitteln finanziert hat. Die Treffen fanden in Genf, Paris, Lusaka und mehrmals in Harare statt. Zunehmend gewann die IG die Überzeugung, dass sich mit Nujoma und seinem Gefolge würde leben lassen. In Windhuk ist sie anfangs heftig angefeindet worden. Aber Genschers Kalkül mit dem Multiplikator-Effekt ist aufgegangen: Die IG wuchs an zu 2.200 Mitgliedern, und auch darüber hinaus wandte sich ein wesentlicher Teil der Weißen zu einer konstruktiven Haltung gegenüber dem KG-Lösungsplan.

Genschers 63. Geburtstag: Am 21. März 1990, dem Tag der Unabhängigkeit Namibias. In Windhuk an den Eingängen ins Stadion rabiates Gedränge, insbesondere am VIP-Eingang. Der alle überragende eingeklemmte Minister stemmt seine nach vorn gestreckten Arme mit aller Kraft nach außen, um seine vor ihm an ihn gelehnte Barbara vor dem Erdrücktwerden zu schützen. Ein gegen meine rechte Schulter gepresster Afrikaner haucht: „Do your feet still touch the ground? Mine don't." Später drinnen geht die Flagge Namibias hoch; die Menschen in der Stadionrunde beginnen zu singen. Im ganzen Lande ist Frieden. Vor uns stehen der neue südafrikanische Premier Frederik Willem de Klerk und Nelson Mandela, zwei große Staatsmänner. Am nächsten Tag trifft Genscher mit Mandela zu einem vertraulichen Gespräch zusammen. Dieser würdigt die Befreiung Namibias als einen nicht mehr aufzuhaltenden Anschub zur Überwindung der Apartheid im ganzen südlichen Afrika. In der Tat erreicht er sie nur vier Jahre später auf friedlichem Wege.

Für unseren Minister empfinden die Namibier bis heute und für immer anerkennenden Dank. Wer's bezweifelt, der marschiere von Windhuks Innenstadt nach Katutura: HANS-DIETRICH-GENSCHER-STRASSE.

Prof. Dr. Hans-Joachim Vergau, geb. 1935 in Liegnitz/Schlesien, war nach Aufnahme in den Auswärtigen Dienst 1963 auf Posten in Ungarn, Burkina Faso und Paris. Ein Schwerpunkt seines Wirkens wurden dann die Vereinten Nationen, wobei das Problemfeld südliches Afrika weitgehend im Mittelpunkt stand. Dabei war er insgesamt 10 Jahre lang an der VN-Vertretung New York im Einsatz. Danach war er Chefinspekteur des Auswärtigen Dienstes, Botschafter in der Türkei und 2003/04 Sonderbotschafter in Afghanistan. Seit 2000 lehrt Vergau Völkerrecht an der Freien Universität Berlin.

Literatur

Vergau, H. J. (2006). *Verhandeln um die Freiheit Namibias.* Baden-Baden: Nomos.

Bild 3

Ende der Apartheid? Seit Präsident de Klerk mit der schwarzen Bevölkerungsmehrheit über eine Neuverteilung der politischen Macht verhandelt, zeichnet sich in Südafrika eine Chance zum friedlichen Wandel ab. In Windhuk gratulieren de Klerk und sein Außenminister Botha Genscher zum 63. Geburtstag.

Realistische Entspannungspolitik, multilaterale Deutschlandpolitik

Der Weg zur KSZE-Schlussakte von Helsinki, 1974–1975

Petri Hakkarainen

1   Einleitung[1]

Als die Schlussakte der Konferenz über Sicherheit und Zusammenarbeit in Europa (KSZE) im August 1975 in der finnischen Hauptstadt unterzeichnet wurde, war die Aufmerksamkeit naturgemäß vor allem den anwesenden Staats- und Regierungschefs gewidmet. Dreißig Jahre nach dem Ende des Zweiten Weltkrieges waren in Helsinki die 35 teilnehmenden Staaten der KSZE auf dem höchsten Niveau vertreten – zweifelsohne ein Höhepunkt der Entspannungspolitik der späten 1960er und frühen 1970er Jahre.[2] Die Zukunft war auch damals ungewiss, und keiner von den Unterzeichnern konnte erahnen, welche dynamischen Auswirkungen das KSZE-Dokument in den folgenden fünfzehn Jahren noch für das Schicksal der Teilung Europas, und damit auch Deutschlands, haben sollte. Trotzdem hatte die Konferenz schon zu dem Zeitpunkt einen symbolkräftigen Charakter. Besonders greifbar wurde dies bei der bis dahin raren deutsch-deutschen Begegnung auf der internationalen Bühne.

In der Sitzordnung der Konferenz waren die zwei deutschen Staaten direkt nebeneinander platziert, nach dem französischen Alphabet unter „A“. Damit waren die Delegationsleiter der Bundesrepublik und der DDR, Bundeskanzler Helmut Schmidt und Erster Sekretär des SED-Zentralkomitees Erich Honecker, in der ersten Reihe der Finlandia-Halle nur mit einem schmalen Gang voneinander getrennt. In den vielen Fotos von dieser Konferenz-Koexistenz der deutschen Staaten erscheint der Außenminister der Bundesrepublik, Hans-Dietrich Genscher, eher im Schatten des Bundeskanzlers. Dies widerspiegelt aber ganz und gar nicht die tatsächlichen Gewichte in der KSZE-Politik der damaligen Bundesregierung. Auch wenn der

---

1   Dieser Artikel basiert weitgehend auf Hakkarainen (2011).
2   Eine kompakte Zusammenfassung bietet Niedhart (2014).

Bundeskanzler seine Richtlinienkompetenz in vielen außenpolitischen Dossiers tatkräftig ausübte, war die KSZE-Politik in der Regierung Schmidt/Genscher vom Anfang an stark im Griff des Außenministers.

Wie es die Geschichte haben wollte, haben die KSZE und Genscher einander während der gesamten Amtszeit des deutschen Rekordaußenministers maßgeblich geprägt. Im Sommer 1991 hat Genscher seine Kollegen in Berlin, im wiedervereinigten Deutschland, zum ersten Treffen eines neuen Gremiums, des KSZE-Außenministerrates empfangen. Obwohl die Ereignisse in Jugoslawien schon ihren Schatten auf dieses Treffen warfen, war mit dieser Veranstaltung für den Gastgeber in vielerlei Hinsicht der Kreis geschlossen. Für die Außenpolitik der Bundesrepublik, die Genscher fast zwei Jahrzehnte lang personifiziert und aktiv gestaltet hat, war eine europäische Friedensordnung, in der die deutsche Einheit wieder möglich war, das Langfristziel schlechthin gewesen. Genau zu diesem Zweck war die KSZE für die Bonner Republik so wichtig. Allgemeine Entspannungs- und Friedenspolitik gehörte selbstverständlich dazu, aber seit den 1970er Jahren war die Konferenz für die Bundesrepublik in erster Linie ein multilaterales Instrument der Deutschlandpolitik gewesen. Im Minimalfall musste gewährleistet werden, dass die Konferenz den Weg zur deutschen Einheit nicht verbaute. Im Maximalfall könnte die KSZE vielleicht sogar benutzt werden, um diesen Weg vorzubereiten. Diese beiden Elemente hatte Genscher in seiner KSZE-Politik über die Jahre geschickt miteinander verbunden. Im Endeffekt hatte die KSZE den Kalten Krieg überlebt und entscheidend dazu beigetragen, dass die deutsche Teilung überwunden werden konnte.

2   Zunehmende Aufgeschlossenheit für die Konferenzidee

Eine Erfindung Genschers war die KSZE natürlich nicht. Als er im Mai 1974 die Leitung des Auswärtigen Amtes von seinem Parteikollegen Walter Scheel übernommen hat, hatte die Konferenz bereits einen langen Vorlauf gehabt. Seit den 1950er Jahren hatte die Sowjetunion, entweder alleine oder im Namen des Warschauer Paktes, immer wieder eine gesamteuropäische Sicherheitskonferenz vorgeschlagen. Im westlichen Bündnis wurden diese Vorschläge lange mit großer Skepsis betrachtet – nicht ohne Grund, denn die Hauptmotivation Moskaus war tatsächlich die Festlegung der Nachkriegsordnung Europas. Erst Ende der 1960er Jahre hat die veränderte Großwetterlage im Kalten Krieg auch diesen Entspannungsweg ermöglicht. Mehrere Faktoren haben dazu beigetragen, dass der Boden für eine derartige Konferenz fruchtbarer wurde. Während die regelmäßigen Vorschläge des Warschauer Paktes schrittweise konstruktiver wurden, hat die NATO mit dem Harmel-Bericht 1967 ihr eigenes Entspannungskonzept entwickelt. In einem eigenartigen Kommuniqué-Dialog haben sich die Bündnisse allmählich einander angenähert, was die Modalitäten einer möglichen Konferenz anbelangte. Gleichzeitig hatte das neutrale Finnland im Frühjahr 1969 die Konferenzinitiative auch im Westen salonfähiger gemacht, als die finnische Regierung den östlichen Vorschlag aufgriff und sich bereiterklärte, als Gastgeber für eine KSZE zu agieren.

Schon in diesem frühen Stadium wurde klar, dass jede mögliche Art einer gesamt-europäischen Konferenz, die sich ernsthaft mit der Sicherheit und Zusammenarbeit in Europa befassen sollte, die deutsche Teilung nicht außer Acht lassen konnte. Es war ein Paradox: obwohl in den offiziellen deutschen Regierungspositionen über die Jahre hinweg penibel darauf beharrt wurde, dass eine KSZE nicht eine Konferenz über Deutschland, geschweige denn eine Art Ersatzfriedenskonferenz werden dürfte, war es den Entscheidungsträgern durchaus bewusst, dass die deutsche Frage wenigstens indirekt im Mittelpunkt einer KSZE stehen würde. Anfangs wurde diese Konstellation in Bonn ausschließlich als eine Gefährdung der nationalen und deutschlandpolitischen Interessen gesehen, aber nach und nach wuchs das Verständnis, dass die Bundesrepublik eigentlich auch davon profitieren könnte.

Einer von den ersten Spitzenpolitikern in Bonn und im Westen überhaupt, der sich zu dieser positiven Interpretation öffentlich geäußert hat, war in der Tat Hans-Dietrich Genscher. Schon 1966 hat Genscher in einer vielbeachteten Rede in Stuttgart für eine europäische Sicherheitskonferenz plädiert, an der auch die nordamerikanischen Bündnispartner teilnehmen würden – zu der Zeit noch ein inakzeptabler Vorschlag für die Sowjetunion (Genscher 1995, S. 90–99). Zwei Jahre später, im April 1968, damals als Abgeordneter der einzigen Oppositionspartei, hat Genscher in einer Bundestagdebatte seine Position noch deutlicher gemacht:

> [...] die Bundesregierung sollte geradezu Befürworterin einer solchen gesamteuro-päischen Sicherheitskonferenz sein, weil nach Lage der Dinge eine solche Konferenz, auf der die Fragen gesamteuropäischer Sicherheit behandelt werden, auf lange Sicht wahrscheinlich das einzige internationale Gremium ist, vor dem mit einiger Aussicht auf Erfolg auch über die deutschen Probleme gesprochen werden kann (Deutscher Bundestag 1968, S. 8648).

Diese einzelnen Interventionen als Beleg dafür zu benutzen, dass Genscher besonders früh und weitsichtig das Potenzial der Konferenz erkannt hat, kann leicht übertrieben werden.[3] Die Geschichte der KSZE hätte auch anders laufen können. Aber trotzdem sind diese Aussagen in dem Sinne interessant, dass sie durchaus

---

3 Gewisse Tendenzen hierzu gibt es etwa bei Heumann (2012, S. 159–166).

schon die zentralen Bausteine Genschers späterer KSZE-Politik erkennen lassen. Erstens, der wichtigste Mehrwert einer KSZE für die Bundesrepublik lag nach seiner Sicht ausgerechnet in der Möglichkeit, die Deutschlandpolitik direkt mit dieser multilateralen Konferenz zu verknüpfen. Und zweitens, Genscher hat die Konferenz als einen langfristigen Prozess verstanden, wo zwar keine schnellen Lösungen, sehr wohl aber schrittweise Verbesserungen möglich sein könnten. Diesen „Prozesscharakter" hat Genscher auch im Nachhinein immer wieder als die wichtigste Eigenschaft der Konferenz unterstrichen.[4]

Die damalige Große Koalition war zu dieser Einsicht aber noch nicht bereit. Bundeskanzler Kurt Georg Kiesinger und die ganze CDU/CSU haben die östlichen Vorschläge weiterhin sehr misstrauisch beurteilt. Der SPD-Außenminister Willy Brandt war jedoch offener gegenüber dem Konferenzgedanken, und sein Vertrauter Egon Bahr hat im Planungsstab des Auswärtigen Amtes schon in den Jahren 1968–1969 weitgehende Pläne dafür entwickelt, wie eine KSZE für die Ost- und Deutschlandpolitik einer künftigen Bundesregierung instrumentalisiert werden könnte. Die Sicherheitskonferenz war eines von jenen außenpolitischen Themen, bei denen die SPD und die FDP zueinander fanden. Nach der Bundestagswahl im Herbst 1969 haben die Parteien die erste sozialliberale Regierung der Bundesrepublik gebildet und sich als Nebenprodukt auch auf eine aufgeschlossenere Haltung gegenüber der KSZE geeinigt.

3   Westliche Abstimmung als Bestandteil der Ostpolitik

Im Rampenlicht war zuerst natürlich die „neue Ostpolitik", die die Regierung Brandt/Scheel (1969–1974) in ihren ersten Jahren mit atemberaubendem Tempo vorangetrieben hat. Die bilateralen Verhandlungen mit der Sowjetunion, mit Polen und mit der Tschechoslowakei führten zu der berühmten Ostverträge-Trias. Parallel zu den Moskauer, Warschauer und Prager Verträgen wurde das Viermächte-Abkommen über den Status von Berlin erreicht und als Krönung der bilateralen Ostpolitik dann auch noch der Grundlagenvertrag zwischen der Bunderepublik und der DDR unterzeichnet.

Die KSZE wurde aber nicht erst dann für die Bundesrepublik ein Thema, als die Ostverträge schon in trockenen Tüchern waren. Ganz im Gegenteil, die Konferenz war vom Anfang an ein wichtiges Bestandteil der Ost- und Deutschlandpolitik

---

4   So Genscher in Gesprächen mit dem Autor am 20. Januar 2005 in Berlin und am 11. Juli 2014 in Wachtberg-Pech.

der Brandt/Scheel-Regierung. Teilweise ging es da um Verhandlungstaktik: Dank einer geschickten Diplomatie konnten die von Bahr vorbereiteten Pläne zu einem hohen Grad umgesetzt werden. Die deutsche Bereitschaft, das Prestige-Projekt der Sowjetunion zu unterstützen, wurde erfolgreich als Hebel in den Ostpolitik-Verhandlungen benutzt – nach dem Motto: zuerst die Ostverträge, erst dann eine KSZE mit deutscher Teilnahme. Für eine bestimmte Zeit konnte mit diesen Vorbedingungen der Vorrang der bilateralen Verträge bewahrt werden.

Weniger bekannt ist jedoch die aktive Rolle, die die Bundesrepublik schon parallel zu dieser taktischen Instrumentalisierung in den KSZE-Vorbereitungen innerhalb des westlichen Bündnisses gespielt hat. Mit allen KSZE-Teilnehmern wurde die multilaterale Vorbereitung der Konferenz erst im November 1972 eingeleitet, aber die Jahre 1970–1972 waren entscheidend für die Meinungsbildung innerhalb des Westens. In diesem innerwestlichen Multilateralismus war die Rolle der Bundesrepublik zentral. Nach anfänglichem Zögern hat das Auswärtige Amt erkannt, dass es die Chance hatte, die KSZE-Tagesordnung maßgeblich zu beeinflussen. Und tatsächlich, ab 1970 hat die Bundesrepublik die multilaterale KSZE-Abstimmung im Westen immer stärker geprägt. Foren dafür gab es gleich drei. Neben den üblichen Konsultationen im Rahmen der NATO wurde gerade im KSZE-Kontext die neulich institutionalisierte Europäische Politische Zusammenarbeit (EPZ) der zuerst sechs und bald neun Mitgliedstaaten der Europäischen Gemeinschaft (EG) zunehmend wichtig. Darüber hinaus wurden KSZE-Themen ständig in der sogenannten Bonner Vierergruppe erörtert, wo die Vertreter der Bundesrepublik, der USA, Großbritanniens und Frankreichs regelmäßig die „Berlin und Deutschland als Ganzes" betreffenden Fragen besprachen.

Obwohl Innenminister Genscher in diesen Vorbereitungen zum großen Teil nur im Hintergrund als ein Kabinettsmitglied unter vielen gewirkt hat, hat das allerwichtigste Anliegen der Bundesrepublik sein Ressort direkt betroffen. Hier ging es um die defensive Seite der deutschen KSZE-Politik: die Offenhaltung der deutschen Frage und die Gewährleistung der Errungenschaften der bilateralen Ostverträge auch im multilateralen Rahmen. Als Innenminister war Genscher nämlich für die Wahrung der Verfassung zuständig, und damit auch für das Wiedervereinigungsgebot in der Präambel des Grundgesetzes. Mit aktivem Einfluss Genschers wurde der Moskauer Vertrag, und danach auch die anderen bilateralen Ostverträge, mit einem sogenannten Brief zur deutschen Einheit begleitet. In dem Brief hieß es, dass der entsprechende Vertrag „nicht im Widerspruch zu dem politischen Ziel der Bundesrepublik Deutschland steht, auf einen Zustand des Friedens in Europa hinzuwirken, in dem das deutsche Volk in freier Selbstbestimmung seine Einheit wiedererlangt". Für Genscher und für die gesamte Bundesregierung war es unabdingbar, dass dieser Grundsatz auch im KSZE-Rahmen nicht gefährdet wurde. Die deutsche Frage musste offenbleiben, besonders aufmerksam mussten deshalb alle möglichen Vereinbarungen zu den bestehenden Grenzen in Europa betrachtet werden. Vor diesem Hintergrund hat gerade die Bundesrepublik schon Anfang 1972 den Begriff der friedlichen Veränderbarkeit *(peaceful change)* von Grenzen, obwohl diese an sich unverletzlich gelten sollten, in den westlichen KS-ZE-Vorbereitungen eingeführt.

Schon die frühe KSZE-Politik der Bundesrepublik war aber nicht nur defensiv. Je konkreter die Konferenzvorbereitungen wurden, desto klarer hat die Bundesregierung eingesehen, dass die KSZE aus der deutschlandpolitischen Perspektive gesehen auch aktive Gestaltungsmöglichkeiten öffnete. In der NATO, in der EPZ und in der Bonner Vierergruppe war die Bundesrepublik in den Jahren 1971–1972 deshalb starker Befürworter einer schrittweisen, langfristig angelegten Strategie, wenn es um die Tagesordnung der Konferenz ging. Statt den Ostblock sofort polemisch in den schwierigen Fragen herauszufordern und damit den ganzen Konferenzverlauf aufs Spiel zu setzen, sollten am Anfang lieber kleine und einfache Schritte bei den menschlichen Erleichterungen angestrebt werden. Diese Erleichterungen würden unmittelbare Folgen für die Menschen jenseits der innerdeutschen Grenze haben. Im letzten Jahr vor der offiziellen Eröffnung der multilateralen KSZE-Vorbereitungsgespräche in Finnland im November 1972 ist es der Bundesrepublik weitgehend gelungen, diese Grundphilosophie – eine Variation des „Wandels durch Annäherung" – auch im Kreise der westlichen Verbündeten durchzusetzen. Die Maschinerie des Auswärtigen Amts hat dabei dafür gesorgt, dass die meisten Tagesordnungspunkte in der innerwestlichen Abstimmung von den deutschen Positionspapieren regelrecht überflutet wurden.

Mit der gelungenen Durchsetzung einer Vielzahl von den eigenen Positionen in dem innerwestlichen Multilateralismus im Vorfeld der eigentlichen KSZE hatte die Bundesregierung günstige Voraussetzungen für den Konferenzverlauf geschaffen. In den multilateralen KSZE-Konsultationen, in denen die Delegationen aus den NATO/EG-Staaten, den Warschauer-Pakt-Staaten und den neutralen und nichtgebundenen Staaten sich seit November 1972 zum ersten Mal begegneten, war eine aktive Einmischung von der hohen politischen Ebene in Bonn nicht mehr erforderlich. Als das Endergebnis dieser sechsmonatigen, auf Beamtenebene geführten Konsultationen im Juli 1973 in Helsinki von den Außenministern der Teilnehmerstaaten abgesegnet wurde, konnte Walter Scheel mit Zufriedenheit zustimmen. Die wesentlichen Bezugspunkte der Bundesrepublik, vorher sorgfältig in gemeinsame NATO- oder EPZ-Positionen eingearbeitet, waren auch in den sogenannten Schlussempfehlungen von Helsinki berücksichtigt. Dieses Dokument, nach den in der ersten Phase eingeführten „Körben" strukturiert, hat die Konturen der späteren KSZE-Schlussakte schon ziemlich genau fixiert. In der zweiten

Konferenzphase in Genf ab September 1973 wurden die Teilnehmerdelegationen beauftragt, die folgenden Themenbereiche näher zu bearbeiten: Prinzipien für die Gewährleistung von Frieden und Sicherheit sowie vertrauensbildende Maßnahmen (Korb I), engere wirtschaftliche, wissenschaftliche und technologische Zusammenarbeit (Korb II), Zusammenarbeit in humanitären und anderen Bereichen, unter anderem menschliche Kontakte (Korb III), und schließlich die Folgen einer KSZE (Korb IV) (KSZE 1973).

Der Rahmen für die Konferenz war also schon im Sommer 1973 gesetzt, aber der Zeitplan und das Endergebnis blieben noch völlig offen. Die Helsinki-Schlussempfehlungen waren der Startschuss für die intensivste Phase der Konferenz, die schließlich fast zwei Jahre dauern sollte. In den insgesamt fünf Verhandlungsrunden gab es weit über 2000 offizielle Konferenzsitzungen in unterschiedlichen Zusammensetzungen. In der für die Öffentlichkeit weitgehend unsichtbaren Hauptrolle waren deshalb die hunderte in Genf versammelten Beamten, die in den zähen, oft kleinkarierten Verhandlungen verwickelt waren. In einzelnen Schlüsselfragen während der Genfer Phase waren trotzdem Interventionen der Außenminister nötig – und von entscheidender Bedeutung. Keiner von seinen Amtskollegen hat von diesen Interventionen stärker Gebrauch gemacht als Hans-Dietrich Genscher.

4   Friedliche Veränderbarkeit der Grenzen: Ein Satz im Mittelpunkt

Genscher hat seinen Amtseid als Außenminister im Mai 1974 abgelegt, zu einer Zeit, als es viele Wolken am KSZE-Horizont in Genf gab. Nach monatelangem Ringen um Formulierungen in den unterschiedlichen Körben war ein Abschluss der zweiten Phase noch nirgendwo in Sicht. Die Atmosphäre war sogar wesentlich rauer geworden, und viele haben wahrscheinlich die Beobachtung des finnischen Delegationsleiters von der Osterpause 1974 geteilt: Hätte man erst jetzt die Eröffnung der multilateralen Konsultationen vorgeschlagen, wäre es im Gegensatz zum November 1972 wahrscheinlich gar nicht mehr möglich gewesen. Da die Konferenz aber bereits tief in ihrer zweiten Phase war, waren alle Delegationen bereit, die Verhandlungen trotz aller Strapazen fortzusetzen (Archiv des finnischen Außenministeriums 1974). Zum Teil waren die festgefahrenen Verhandlungen Ausdruck der allgemein veränderten internationalen Lage, von internen Rissen im atlantischen Bündnis bis zu Nahostkrieg und Ölkrise. Noch wichtiger war aber, dass erst jetzt die schwierigsten KSZE-Themen auf dem Tisch waren. Das deutsche Hauptaugenmerk galt da erwartungsgemäß den Grenzformulierungen.

In den Helsinki-Schlussempfehlungen war davon ausgegangen, dass die Unverletzlichkeit von Grenzen eines der zehn Prinzipien im ersten Korb sein sollte. Von *peaceful change* war in den Empfehlungen jedoch keine Rede. Für die Bundesrepublik war es aber unentbehrlich, dass dabei das Wiedervereinigungsgebot des Grundgesetzes respektiert wurde. Damit die KSZE den möglichen Weg zur deutschen Wiedervereinigung nicht verbauen würde, mussten Grenzen trotz ihrer Unverletzlichkeit friedlich veränderbar sein. Was in den bilateralen Ostverträgen mit dem Brief zur deutschen Einheit gelungen war, musste mit einer entsprechenden Formulierung im KSZE-Rahmen erreicht werden. Diese Frage hat in der Bonner Wahrnehmung alle anderen KSZE-Themen völlig überschattet.

Im April 1974 hatten die Verhandlungen in Genf endlich eine Textformulierung erzeugt, die sich auch auf die *Peaceful Change*-Option bezog: „Die Teilnehmerstaaten sind der Auffassung, dass ihre Grenzen nur in Übereinstimmung mit dem Völkerrecht durch friedliche Mittel und durch Vereinbarung verändert werden können." Dies wäre für die Bundesrepublik als integraler Teil des Prinzips „Unverletzlichkeit der Grenzen" hinnehmbar gewesen. Die Sowjetunion weigerte sich aber, das für sie so wichtige Prinzip der Unverletzlichkeit der Grenzen mit diesem Passus zu verwässern. Der *Peaceful Change*-Satz blieb deshalb in den Verhandlungsdokumenten mit eckigen Klammern umrahmt, ohne Gewissheit von dessen endgültigen Platzierung in der Schlussakte. Aus der Sicht der Bundesregierung war das eine äußerst problematische Lösung. Von dem ursprünglichen Kontext losgelöst konnte dieser Satz so interpretiert werden, dass eine friedliche Änderung von Grenzen noch eine zusätzliche Vorbedingung erfüllen müsste: den Einklang mit dem internationalen Recht. Erst nachträglich ließ die deutsche Delegation ihre diesbezüglichen Bedenken protokollieren. Auch für die Verbündeten war es oft unverständlich, dass dieser Satz für die Bundesrepublik keine Bagatelle war, sondern vielmehr der harte Kern der Bonner KSZE-Politik. Der Bundesregierung drohte deshalb nicht nur eine offene Konfrontation mit der Sowjetunion, sondern auch eine Isolation im eigenen Lager.

Eine Lösung dieses Dilemmas wurde für Hans-Dietrich Genscher sofort am Anfang seiner Amtszeit eine hochrangige Priorität. Selten hat ein Außenminister so viel Energie und politisches Kapital benutzt, um sich monatelang um das Schicksal eines einzelnen Satzes, seine Wortfolge und die Platzierung von Kommas zu kümmern. Einerseits ging es um ein vitales Interesse der Bundesrepublik, andererseits war es aber auch ein Zeugnis vom Politikstil Genschers. Trotz vieler Kontinuitäten in der Außenpolitik der Bundesrepublik im Allgemeinen, hat sich nämlich mit dem Ministerwechsel gerade in der KSZE-Politik einiges geändert. Genscher war im KSZE-Bereich bis in die Details informiert von den Genfer Ereignissen und hat sich dementsprechend viel aktiver in den täglichen Verhandlungen eingemischt als sein Vorgänger.

Um aus der Sackgasse der *Peaceful Change*-Klausel rauszukommen, war in Genschers Augen die normale Route über die Arbeitsebene, in der westlichen EPZ- oder NATO-Koordination in Genf, schon verspielt worden, weil die deutsche Delegation sich zu leichtsinnig mit der ersten Formulierung abgefunden hatte. Stattdessen hat der frischgekürte Außenminister im Juni 1974 die Bonner Vierergruppe mobilisiert, um im kleineren Kreis die wichtigsten Verbündeten der Bundesrepublik von der deutschen Haltung zu überzeugen. In Genschers Auftrag hat der Staatssekretär im Auswärtigen Amt die Botschafter der USA, Großbritanniens und Frankreichs in Bonn getroffen und gebeten, den Ernst der deutschen Sorgen auf die höchste Ebene in ihren Hauptstädten mitzuteilen. In der entscheidenden Phase der Verhandlungen über die Prinzipien im ersten KSZE-Korb war es aus Bonner Sicht unbedingt nötig, dass die Möglichkeit einer friedlichen Grenzänderung versichert wurde. Über die deutsche Frage hinaus wurde diese Notwendigkeit nun auch mit der Bewahrung der Rechte der Drei Mächte und der möglichen Vertiefung der europäischen Integration begründet – von daher war es im gemeinsamen Interesse der Bonner Vierergruppe, auch die restlichen Alliierten zu einer robusteren *Peaceful Change*-Haltung zu bringen. Entweder sollte der in Genf beratene Text wie vorgesehen direkt an das Prinzip „Unverletzlichkeit der Grenzen" angedockt werden, oder die Formulierung müsste erheblich überarbeitet werden, je nachdem, in welchem Prinzip sie landen würde.

Parallel zu den Vierergesprächen hatte Genscher aber auch schon den bilateralen Kanal mit seinem amerikanischen Kollegen Henry Kissinger geöffnet, und in dem ersten Vieraugengespräch mit ihm die gleiche Argumentation benutzt. Darauf folgte bald ein hartes Gespräch am Vorabend des NATO-Außenministertreffens in Ottawa. Beim traditionellen „Deutschlandessen" mit Kissinger und ihren britischen und französischen Amtskollegen hat Genscher erneut die Bedeutung der *Peaceful Change*-Formulierung unterstrichen. Wegen des Grundgesetzes, so Genscher, war es für die damalige wie auch für alle künftigen Bundesregierungen unmöglich, eine KSZE-Schlussakte zu unterzeichnen, in der dieser Aspekt nicht ausreichend berücksichtigt wurde. Genschers Kollegen waren widerwillig, aber haben ihre Vorbehalte letztendlich abgegeben. In einem gemeinsamen Statement haben die vier Außenminister es als essenziell bezeichnet, dass die KSZE-Prinzipien einen angemessenen Absatz zu *peaceful change* beinhalten. Um diesen auf Ministerebene in der Vierergruppe erreichten Konsens nicht zu gefährden, wurde gleich auch der Handlungsspielraum der deutschen Delegation in Genf in diesem Thema stark beschränkt.

Von entscheidender Bedeutung war aber der direkte Kontakt zwischen Genscher und Kissinger. Im Juli 1974 kam Kissinger direkt von dem amerikanisch-sowjetischen Gipfeltreffen in Moskau nach Deutschland und informierte Genscher von einer möglichen Nachgiebigkeit der Sowjetunion in dieser Frage. Außenminister Andrei Gromyko hatte signalisiert, dass Moskau eventuell damit einverstanden sein könnte, dass der *Peaceful Change*-Satz sofort unter dem ersten Prinzip über die „Souveräne Gleichheit" platziert werden könnte. Kissinger hatte schon in Moskau spontan eine geeignete Textformulierung skizziert, die er anschließend mit Genscher besprach und verbesserte. Der wichtigste Durchbruch war, dass Genscher Kissinger überzeugen konnte, in der Zukunft im Namen der Bundesrepublik die bilateralen Verhandlungen über diese Frage mit der Sowjetunion zu übernehmen. Im Endeffekt ist es Genscher also in dieser für die Bundesregierung wesentlichen Frage gelungen, den mächtigsten Verbündeten als Makler zu gewinnen. Ende Juli 1974 war es die Delegation der USA, die den mit Genscher abgestimmten *Peaceful Change*-Entwurf in Genf registrieren ließ.

Die Sowjetunion hat im Herbst 1974 mit widersprüchlichen Versionen eines Gegenvorschlags die innerwestliche Solidarität für die Bundesrepublik noch in Frage gestellt. Im Dezember hat aber Kissinger – der selbst die ganze Angelegenheit als „lächerlich" einstufe – Genscher erneut zugesichert, dass die USA weiterhin bereit waren, die Verantwortung für die gewünschte Formulierung zu tragen. Im Frühjahr 1975 gingen unterschiedliche Textvorschläge hin und zurück zwischen Gromyko und Kissinger, diejenigen des letztgenannten immer genau mit Genscher abgestimmt. Schließlich ging es tatsächlich um den Einsatz eines einzelnen Kommas. Mit der endgültigen Formulierung, die im März 1975 in Genf registriert wurde, konnte die Bundesregierung zufrieden sein: „Die Teilnehmerstaaten sind der Auffassung, dass ihre Grenzen, in Übereinstimmung mit dem Völkerrecht, durch friedliche Mittel und durch Vereinbarung verändert werden können."

So ist der Satz auch in der KSZE-Schlussakte zu finden. Für die Augen eines Uneingeweihten ist der Unterschied zum ursprünglichen Vorschlag vom April 1974 höchstens kosmetischer Natur, wenn nicht gerade unsichtbar. Für Hans-Dietrich Genscher ging es aber dabei um die Staatsräson der Bundesrepublik. Mit dem Einsatz der nötigen Kommas war die Möglichkeit zur friedlichen Grenzänderung nicht zu stark bedingt, und mit der prominenten Platzierung des Passus im ersten Prinzip des Katalogs im Korb I war die Schlussakte als Ganzes vertretbar. Die deutsche Frage war weiterhin offen. Für die Bundesrepublik war dieser eine Satz bei weitem der bedeutendste in der 80-seitigen Schlussakte.

5   Helsinki als Beginn eines Prozesses

Mit dem erfolgreichen Abschluss der zweiten KSZE-Phase in Genf im Juli 1975 war der Weg endlich frei für die dritte Phase. Einige Tage vor der Abreise des Bundeskanzlers und des Außenministers nach Helsinki hat Genscher im Bundestag eine Regierungserklärung zu den Konferenzergebnissen abgegeben. Diese Rede Genschers am 25. Juli 1975 war nicht nur eine Momentaufnahme, sondern fasste die gesamte KSZE-Politik der Bundesrepublik prägnant zusammen. Obwohl die Grundlagen dieser Politik schon vor seiner Außenministerzeit geschaffen waren, war es Genscher gelungen, in seinem ersten Jahr auch eigene klare Akzente zu setzen. Es lohnt sich, diese Elemente von der Regierungserklärung hervorzuheben, die auch die spätere Genscher-Rolle bei der Konferenz prägten (Deutscher Bundestag 1975, S. 12797–12803).

In seiner Rede hat Genscher erstens betont, dass die Bundesrepublik die Bedeutung der KSZE-Ergebnisse aus drei verschiedenen Perspektiven analysieren sollte: als NATO-Mitglied, als Teil der EG-Neun, und „als Deutsche angesichts der anhaltenden staatlichen Teilung". In der Konferenz hatten sich sowohl die NATO als auch die Europäische Gemeinschaft als zentrale politische Akteure der Entspannungspolitik bewährt. Diese Institutionen waren zugleich die konzentrierten Kreise der multilateralen KSZE-Politik Genschers. Denn der Schlüssel zum effektiven Multilateralismus im gesamten KSZE-Kreis war ein geschickter Multilateralismus innerhalb des Westens. Diese Art hatte die Bundesrepublik schon in der jahrelangen Konferenzvorbereitung gemeistert; Genscher hat es weiterentwickelt. Statt zu versuchen, eigene Forderungen im Alleingang durchzusetzen, hat die Bundesrepublik geduldig nach dem geeignetsten Weg gesucht, um die deutsche Haltung in eine abgestimmte westliche Position umzuwandeln. Manchmal lief es am besten über die NATO oder die EPZ, manchmal war eine Mobilisierung der Bonner Vierergruppe erforderlich, manchmal musste zuerst nur ein Verbündeter gewonnen werden. Aber im KSZE-Rahmen alleine als *demandeur* dazustehen, das hat Genscher sorgfältig vermieden. Die Deutschen „sollten als erste erkennen, was es bedeutet, wenn wir unsere Belange nicht allein, sondern in Gemeinschaft mit unseren europäischen Partnern und damit auch mit ihrer Unterstützung verfolgen können", hat Genscher vor dem Bundestag erklärt.

Zweitens hat Genscher in der Regierungserklärung die spezifische deutsche Beziehung zur KSZE betont. Laut Genscher konnte niemand ein größeres Interesse als die Deutschen daran haben, dass die Kontakte zwischen Menschen und Staaten in Europa verbessert und dass Entspannung und Zusammenarbeit über die Grenzen und Blöcke hinweg gefördert werden. Es war spezifisches deutsches Interesse, auch die geringsten Möglichkeiten aufzugreifen, die das Schicksal der geteilten deutschen Nation erleichtern könnten. Auch wenn diese Argumentation innenpolitisch motiviert war, um die verheerende Kritik der Opposition vorzubeugen, ließ es keinen Zweifel darüber, dass die Erleichterung der negativen Folgen der innerdeutschen Teilung tatsächlich Genschers Hauptmotivation bei der KSZE war.

Drittens hat Genscher den Bedarf für einen langen Atem unterstrichen. Eine Überwindung der bestehenden Lage konnte, wenn überhaupt, erst am Ende einer sehr langfristigen Entwicklung stehen. Deshalb waren in Genschers Augen auch begrenzte Fortschritte wertvoll. Das real Mögliche sollte die Messlatte des Erfolgs sein, nicht das im Idealfall Wünschenswerte. Von einer Konfrontation in Europa würde die Bundesrepublik keinen Nutzen ziehen, von der Förderung eines Entspannungsprozesses dagegen schon. Diese Entspannungspolitik sollte nach Genschers Worten auch in diesem Sinne realistisch sein, dass in der anderen Waagschale die Sicherheit, die Verteidigungsbereitschaft und die NATO-Mitgliedschaft weiterhin wichtig waren. Aber für Genscher war die Entspannung vor allem ein Prozess, der die dynamische Möglichkeit neuer Entwicklungen offenhalten konnte. „Zukunftsperspektiven offenhalten, nichts verbauen, der Tag wird kommen", hat er im Nachhinein dieses Grundprinzip seiner Außenpolitik formuliert.[5]

Als er in der Regierungserklärung die wesentlichen Inhalte der Schlussakte besprach, hat Genscher selbstverständlich wieder an erster Stelle die Bedeutung der friedlichen Veränderbarkeit der Grenzen hervorgehoben:

> Die Konferenz hat den Status Quo in Europa nicht festgeschrieben, wir sollten ihn deshalb auch nicht selbst festreden. In Wahrheit hat die Konferenz ausdrücklich und in Übereinstimmung mit dem Völkerrecht die Möglichkeit friedlicher und einvernehmlicher Grenzänderungen anerkannt. Sie hat damit sowohl die deutsche wie die europäische Option offengehalten (zit. n. Deutscher Bundestag 1975, S. 12799).

Weiterhin hat Genscher betont, dass die Beharrlichkeit der Bundesrepublik und ihrer Verbündeten in dieser Angelegenheit auch über den KSZE-Rahmen hinaus die höchste Priorität der in den Briefen zur deutschen Einheit niedergelegten Grundsätze bestätigt hat. Die *Peaceful Change*-Option war in keinem Widerspruch zu dem allgemeinen Gewaltverzicht, zu dem die Bundesrepublik sich uneingeschränkt bekannte.

Der zweitwichtigste Punkt in der Schlussakte waren für Genscher die menschlichen Erleichterungen, die mit dem dritten Korb der KSZE endgültig auf die europäische Tagesordnung gesetzt waren. Hier ging es in erster Linie um die Zusammenführung von Familien, persönliche Reisemöglichkeiten und verbesserten Informationsaustausch. Das waren alle Vereinbarungen, die, wenn auch tatsächlich

---

5   So Genscher im Gespräch mit dem Autor am 11. Juli 2014 in Wachtberg-Pech.

umgesetzt, direkte Folgen für die innerdeutsche Situation haben würden. Bemerkenswert ist jedoch, dass Genscher in seiner Erklärung das Wort „Menschenrechte" kein einziges Mal genannt hat. Das war kein Fauxpas, sondern ein Zeugnis einer bewussten Prioritätensetzung der deutschen KSZE-Politik. Obwohl es gerade die Bundesrepublik war, die schon 1971 in der westlichen Abstimmung die Achtung der Menschenrechte als eines der Prinzipien der zwischenstaatlichen Beziehungen vorgeschlagen hatte, wollte die Bundesregierung später unnötige Konfrontationen mit der Sowjetunion in diesem Feld vermeiden. Die harte Formulierung zu den Menschenrechten war im Prinzipienkatalog im Korb I der Schlussakte zu finden, aber Genscher und seine Mitarbeiter in Bonn haben sich primär auf die realistisch machbaren kleinen Schritte des dritten Korbes konzentriert.

> Die Bundesregierung erwartet keine spektakulären Fortschritte in der Phase unmittelbar nach der KSZE, aber sie wird um kontinuierliche Fortschritte auf der Basis des Ergebnisses von Genf ringen. Meine Damen und Herren, hüten wir uns vor der Illusion, es könne eine Politik geben, mit der uns schon am Anfang des Entspannungsprozesses all das in den Schoss fällt, was wir am Ende als sein Ergebnis für möglich halten und wünschen (Genscher zit. n. Deutscher Bundestag 1975, S. 12802).

Mit diesen abschließenden Worten Genschers in seiner Regierungserklärung wird nochmals klar, dass die KSZE Mitte der 1970er Jahren noch keineswegs einen revolutionären Charakter hatte. Die Überwindung der Teilung Europas lag noch in ferner, ungewisser Zukunft. Aber der unbestreitbare Verdienst Genschers war, dass er die Konferenz nicht als Ende, sondern als Beginn eines Prozesses verstanden hat. Eine realistische Entspannungspolitik bedeutete für Genscher, dass man diesen Prozess mit kleinen Schritten mitgestaltet. Zugleich konnten die Grundlagen für eine mögliche deutsche Wiedervereinigung multilateral verbessert und verankert werden.

6 Fazit

Vierzig Jahre nach dem Amtseintritt von Hans-Dietrich Genscher sind die Prinzipien der KSZE-Schlussakte weiterhin höchstaktuell. Deutschland hat seine Einheit 1990 wiedererlangt, aber der Zustand des Friedens in Europa wird wieder bedroht, diesmal vor allem von der Ukraine-Krise. Territoriale Integrität, Unverletzlichkeit der Grenzen, das Recht zur Angehörigkeit oder Nicht-Angehörigkeit in internationalen Organisationen, Enthaltung von der Androhung oder Anwendung von

Gewalt – mit diesen und weiteren Prinzipien ist nicht nur die jetzige OSZE, sondern auch die gesamte regelbasierte Ordnung Europas herausgefordert.

Selbstverständlich haben sich viele Umstände seit dem Kalten Krieg geändert, und direkt einsetzbare Lösungen zu aktuellen Krisen sind ohnehin nur selten aus der Geschichte zu finden. Trotzdem dürfte klar sein, dass ein Europa, in dem die Prinzipien der KSZE-Schlussakte geachtet werden, wünschenswerter ist, als ein Kontinent ohne solche gemeinsamen Regeln. Der Weg zurück zu diesen Grundsätzen muss unbedingt gefunden werden. Von dieser schwierigen Aufgabe konfrontiert, sind die Außenpolitiker der Gegenwart – egal ob nach dem Reisepass deutsch oder nicht, ob nach dem Parteibuch liberal oder nicht – sicherlich gut beraten, sich wieder auch mit den Ideen Hans-Dietrich Genschers zu beschäftigen. Die Grundphilosophie eines langfristigen multilateralen Prozesses, die Genschers KSZE-Politik geprägt hat, ist immer noch nicht verjährt.

Literatur

Archiv des finnischen Außenministeriums. (1974). 7B, ETYK, 30, Iloniemi (Genf), R-181/80, 4. April 1974.

Deutscher Bundestag. (1968). 5. Wahlperiode, 165. Sitzung, 2. April 1968. http://dipbt. bundestag.de/doc/btp/05/05165.pdf. Zugegriffen: 31. Juli 2014.

Deutscher Bundestag. (1975). 7. Wahlperiode, 183. Sitzung, 25. Juli 1975. http://dipbt.bundestag.de/doc/btp/07/07183.pdf. Zugegriffen: 31. Juli 2014.

Genscher, H.-D. (1995). *Erinnerungen*. Berlin: Siedler.

Hakkarainen, P. (2011). A State of Peace in Europe. West Germany and the CSCE, 1966–1975. New York, Oxford: Berghahn.

Heumann, H-D. (2012). *Hans-Dietrich Genscher. Die Biographie*. Paderborn: Ferdinand Schöningh.

KSZE – Konferenz über Sicherheit und Zusammenarbeit in Europa. (1973). Schlussempfehlungen der Helsinki-Konsultationen, Juni 1973. http://www.osce.org/de/mc/40215?download=true. Zugegriffen: 31. Juli 2014.

Niedhart, G. (2014). *Entspannung in Europa. Die Bundesrepublik Deutschland und der Warschauer Pakt 1966 bis 1975*. Oldenbourg: De Gruyter.

Bild 4

Mit der Unterzeichnung der KSZE-Schlussakte 1975 begann der erste Versuch, einen Verhaltenskodex für Ost und West in Europa zu schaffen. Für die beiden deutschen Staaten unterschrieben in Helsinki Helmut Schmidt und Erich Honecker. Trotz aller Rückschläge – auch im deutsch-deutschen Verhältnis – wurde der KSZE-Prozess zum Leitfaden für eine europäische Friedensordnung. Und die Opposition in Osteuropa berief sich immer wieder auf die KSZE-Dokumente.

Genscher und der NATO-Doppelbeschluss

Klaus Wittmann

1 Einleitung

„Grundgesetz, Brief zur deutschen Einheit, KSZE und Zwei-plus-vier-Vertrag sind die Marksteine auf dem Weg zur deutschen Einheit." schreibt Hans-Dietrich Genscher in seinen *Erinnerungen* (Genscher 1995, S. 99). Aber uneingeschränkt stimmt er der Aussage zu, dass Harmel-Report, NATO-Doppelbeschluss und die rasche Transformation des Nordatlantischen Bündnisses nach dem Fall der Berliner Mauer im selben Atemzug zu nennen sind (Genscher 2014[1]).

In der Tat wird der so genannte NATO-Doppelbeschluss vom Dezember 1979, die konkreteste Ausprägung der Harmel-Formel „Verteidigungsfähigkeit und Entspannung", zusammen mit seiner Implementierung und dem daraus resultierenden INF-Vertrag zur Abschaffung aller nuklearen Mittelstreckenwaffen von vielen als einer der wesentlichsten Katalysatoren für das Ende der Ost-West-Konfrontation angesehen.

Die Rolle von Außenminister Genscher bei der Vorbereitung des NATO-Doppelbeschlusses, der Durchsetzung der Nachrüstung angesichts einer machtvollen „Friedensbewegung" sowie der Konzipierung und Verhandlung der *Null-Lösung* bis zum Erfolg des Vertragsabschlusses soll hier nachgezeichnet werden. Dabei sind die Spannungsfelder innerhalb Deutschlands in Parteienlandschaft und Öffentlichkeit, im Bündnis zwischen Amerikanern und unterschiedlichen europäischen Gruppierungen und schließlich im Ost-West-Kontext zwischen den USA mit der NATO einerseits und der Sowjetunion andererseits zu berücksichtigen. Zugleich stellt sich im Rahmen dieses Sammelbands die Frage, in welcher Weise und in wel-

---

1 Der Autor hatte Gelegenheit, Minister a.D. Genscher am 22. Juli 2014 zu diesem Themenkomplex persönlich zu befragen. Darauf wird gelegentlich mit (Genscher 2014) verwiesen.

chem Maße Genschers Agieren „liberaler" Außenpolitik entsprach. Dazu werden in diesem Essay vor allem – neben Genschers gründlichen und detaillierten Memoiren und Erinnerungswerken – Beiträge anderer Akteure wie diese der Bundeskanzler Schmidt und Kohl, Standarduntersuchungen v. a. von Helga Haftendorn, Lothar Rühl, Wolfram F. Hanrieder, Stefan Fröhlich und Hubertus Hoffmann sowie der ergiebige Tagungsband des Instituts für Zeitgeschichte von 2011 (Gassert et al. 2011a) zu Geschichte und Wirkung des NATO-Doppelbeschlusses herangezogen.

2   Liberale Außenpolitik

„Liberale Außenpolitik" hat – auch in Genschers rückblickender Betrachtung (Genscher 2014) – hauptsächlich folgende Elemente: Verantwortung und Gewaltverzicht, Absage an Machtpolitik und Politik der Stärke, Multilateralismus und Vertrauensbildung, Freiheit und Menschenrechte, Interdependenz, Kooperation zum gegenseitigen Vorteil. Die in diesem Band von Hans-Dieter Heumann benutzte Formel „Verantwortliche Interessenpolitik" fasst die Elemente treffend zusammen, und zu Recht stellt dieser fest, dass „Idealismus und Realismus […] falsche Alternativen […], Werte und Interessen, Macht und Verantwortung, Konflikt und Zusammenarbeit keine Gegensätze" sind (Heumann 2014, S. 20). Im Prozess der Entwicklung des Ost-West-Verhältnisses hatte Entspannung eine entscheidende Funktion – aber nicht Entspannung um jeden Preis, wie von Kritikern Genschers unterstellt. Es ging vielmehr um den Abbau von Konfrontation und Spannung im Sinne weiterreichender Ziele. Diese erforderte gestalterische Impulse im Sinne der liberal-idealistischen Theorie der Internationalen Beziehungen. Doch zeigt sich auch am hier behandelten Beispiel, dass der Außenminister Genscher bei aller liberalen und idealistischen Motivation ein großer Realist war.

„Friedlicher Wandel" war der Begriff, den er in die Helsinki-Schlussakte von 1975 einführte (Heumann 2014, S. 25). Handlungsspielraum bzw. Handlungsfähigkeit war in diesem Zusammenhang ein wichtiges Ziel der Außenpolitik. Nach Heumann (2014, S. 27) treffen sich hier Interesse und Verantwortung. Ja, „Handlungsfähigkeit kann als außenpolitische Entsprechung des Begriffs der Freiheit verstanden werden." Sie sei „eine Alternative zum Begriff der Macht". (Heumann 2014, S. ebd.) Und schließlich wird im „Begriff der Kompatibilität, der die Berücksichtigung der Interessen anderer einschließt, […] die entscheidende Erweiterung des Begriffs Handlungsspielraum" gesehen. Wie beim großen Vorgänger Stresemann, der die Versailles-Revision ohne deutsche Machtmittel durchsetzte, war für Genscher friedlicher Wandel der einzig denkbare Weg zur Aufhebung der deutschen Teilung.

Dabei waren in der nach dem Zweiten Weltkrieg herrschenden bipolaren globalen Konstellation Selbstbehauptung und Dialogangebot notwendige Elemente. Dies entsprach der „Harmel-Philosophie".

3 Das Harmel-Prinzip

Genschers politisch-konzeptionelles Denken war in starkem Maße von dem doppelten Ansatz geprägt, den der Harmel-Bericht an den NATO-Rat vom 13. Dezember 1967 über „Die zukünftigen Aufgaben der Allianz" zum Ausdruck bringt (Auswärtiges Amt 1995, S. 311-313): Sicherheit und Entspannung, wie die gängige Kurzformel lautet. Präziser heißt es in dem Bericht (Ziff. 5): „Die Atlantische Allianz hat zwei Hauptfunktionen: Die erste besteht darin, eine ausreichende militärische Stärke und politische Solidarität aufrechtzuerhalten, um gegenüber Aggression und anderen Formen von Druckanwendung abschreckend zu wirken und das Gebiet der Mitgliedstaaten zu verteidigen, falls es zu einer Aggression kommt. [...] Ihre zweite Funktion [ist] die weitere Suche nach Fortschritten in Richtung auf dauerhafte Beziehungen, mit deren Hilfe die grundlegenden politischen Fragen gelöst werden können."

Dieser doppelte Ansatz, bei dem ausdrücklich festgestellt wird, dass „militärische Sicherheit und eine Politik der Entspannung [...] keinen Widerspruch, sondern eine gegenseitige Ergänzung [darstellen]", ist das hauptsächlich zitierte Element des Harmel-Berichts. Dabei darf aber nicht übersehen werden, dass er alle seine Empfehlungen in den Dienst einer übergeordneten Zielsetzung stellt (Ziff. 9): „Das höchste politische Ziel der Allianz ist es, eine gerechte und dauernde Friedensordnung in Europa mit geeigneten Sicherheitsgarantien zu erreichen." Und überdies stellt er fest (Ziff. 7): „Eine endgültige und stabile Regelung in Europa ist jedoch nicht möglich ohne eine Lösung der Deutschlandfrage."

Diese Zielsetzung durchzog Genschers Politik, seit er begann, in der FDP Verantwortung zu tragen und (ab 1965) als Bundestagsabgeordneter zu wirken. Im September 1966 hielt er in Stuttgart aus Anlass des 20. Jahrestags der dortigen Ansprache des amerikanischen Außenministers Byrnes eine Rede, in welcher er es als eine Hauptaufgabe der deutschen Politik bezeichnete, „die Voraussetzungen herbeizuführen, unter denen eine friedliche und freiheitliche Lösung der deutschen Frage möglich ist" (Genscher 1995, S. 93).

Der Harmel-Report war das politische Gegenstück zur gleichzeitig verabschiedeten neuen NATO-Militärstrategie der *Flexible Response*. Seine Entstehung war „zum einen [...] eine Reaktion auf die Krise in der Allianz, zum anderen stellte er den

Versuch dar, das Bündnis an die beginnende Ost-West-Entspannung anzupassen" (Haftendorn 2001, S. 124). Zur „Allianzkrise" trugen die Strategiedebatte nach der Kuba-Krise und Frankreichs Austritt aus der militärischen Integration sowie die bis dato recht starre Bonner Deutschlandpolitik bei. Die sogenannte Bukarester Erklärung des Warschauer Pakts vom Juli 1966 mit dem Angebot „Friedlicher Koexistenz" und dem Vorschlag einer Europäischen Sicherheitskonferenz empfanden viele NATO-Staaten als Chance oder auch Zugzwang. In der Entspannungspolitik begann mit der Großen Koalition von 1966 eine vorsichtig kreativere Entwicklung deutschlandpolitischer Positionen. Die innenpolitischen Voraussetzungen für eine Normalisierung der Beziehungen zur Sowjetunion und vor allem zur DDR, für „Wandel durch Annäherung" ergaben sich allerdings erst mit den Bundestagswahlen vom Herbst 1969, welche die „sozialliberale" Koalition an die Macht und Genschers FDP in die Regierung brachte. Sie ging in der Fortsetzung der Entspannungs- und Ostpolitik stärker als die Vorgängerregierung von den in Europa durch den Zweiten Weltkrieg geschaffenen Realitäten aus. Der Harmel-Report bezeichnete zwar den kleinsten gemeinsamen Nenner, wahrte aber deutsche Interessen und stellte ausdrücklich fest (Ziff. 7), „dass die Entspannungspolitik nicht zu einer Spaltung der Allianz führen" dürfe. Noch heute betrachtet Genscher die Harmel-Philosophie als Grundlage der Vitalität der NATO. „Probleme gab es immer, wenn sie missachtet wurde." (Genscher 2014).

Die Doppelformel „militärische Sicherheit und Entspannungspolitik bzw. Dialogbereitschaft" durchzog seit Harmel die gesamte NATO-Geschichte und ist bis heute eine geeignete Maxime für eine Politik, die einen Kontrahenten nicht zur Kapitulation zwingen, sondern für einen gemeinsamen Ausweg gewinnen will. Der prägnanteste Anwendungsfall dieses dualen Prinzips war der sogenannte „Doppelbeschluss" der NATO vom Dezember 1979.

4   Sowjetische Raketenbedrohung

In Genschers Memoiren sind kapitelweise als die „drei Säulen deutscher Verantwortungspolitik" die Konferenz über Sicherheit und Zusammenarbeit in Europa (KSZE), die Vereinten Nationen und die europäische Einigung abgehandelt. Doch wird die Bedeutung der NATO dadurch nicht relativiert. In den siebziger Jahren drängten sich in der Tat Divergenzen im transatlantischen Verhältnis in den Vordergrund. Die durch den Helsinki-Prozess geweckten Erwartungen auf Menschenrechtsverbesserungen im sowjetischen Machtbereich wurden teilweise enttäuscht und die Folgekonferenzen zum Misserfolg. Die konventionellen Abrüstungsverhandlungen

(MBFR) stockten. Nach dem strategischen Rüstungsbegrenzungsabkommen SALT I (1992) zwischen den USA und der Sowjetunion gab es Belastungen im bilateralen Verhältnis, auch durch die Menschenrechtskampagne Präsident Carters.

In der NATO erodierte das Vertrauen der Europäer, allen voran Deutschlands, in die westliche Nuklearstrategie nicht zuletzt aufgrund der Bestrebungen des US-Verteidigungsministers Schlesinger, die konventionelle Verteidigung in Europa zu stärken und die Bedeutung der dort stationierten Kernwaffen zu reduzieren sowie des Zickzackkurses, den Präsident Carter in der Frage der Neutronenwaffe einschlug, indem er das Projekt nach Überzeugungsbemühungen gerade Bundeskanzler Schmidts abrupt fallenließ. Zweifel an der Zuverlässigkeit des amerikanischen Schutzes und an den Führungsqualitäten Carters wuchsen.

Für Schmidt (1969) war die „Strategie des Gleichgewichts" seit jeher Richtschnur. Dies schien zunehmend gefährdet. So war er der erste, der – in seiner berühmten *Alistair Buchan Memorial Speech* am International Institute for Strategic Studies (IISS) in London am 28. Oktober 1977 – auf eine neue Bedrohung hinwies: die Stationierung mobiler, treffgenauer und mit Mehrfachsprengköpfen versehenen SS-20-Rakten durch die Sowjetunion (vgl. Schmidt 1987, S. 90–91; Haftendorn 1986, S. 23-28, 2001, S. 272-274). Diese waren in SALT I nicht berücksichtigt. Eine „Grauzone" in den Rüstungskontrollverhandlungen – nämlich zwischen strategischen und konventionellen Kräften – wurde befürchtet, und bei Parität auf strategischem Gebiet konnten sowjetische Systeme, die nur Europa erreichten, dessen „Abkoppelung" durch verringerte Glaubwürdigkeit der amerikanischen Schutzgarantie bzw. durch die Schwäche auf einer wichtigen Stufe der Eskalationsleiter bewirken (Hanrieder, S. 130).[2] Wenn die SS-20 auch nicht unbedingt Kriegführungsoptionen schaffen sollten, stand doch „Abschreckungs- und Einschüchterungsabsicht" hinter ihrer Aufstellung (Wettig 2011, S. 51), der Schmidt Deutschland und Europa nicht ausgesetzt sehen wollte. Übrigens blieb er in der Rede selbst (Text bei Haftendorn 1986, S. 194–212) noch relativ vage und sprach erst beim anschließenden Dinner, bei dem u. a. Außenminister Kissingers Berater Helmut Sonnenfeldt anwesend war, Klartext hinsichtlich des Versäumnisses bei SALT und der Notwendigkeit eines Gleichgewichts auf allen Ebenen (Haftendorn 1986, S. 29–30; Geiger, S. 98–99). Dadurch erregte das Alarmsignal in der US-Administration Aufmerksamkeit.

Schmidt ging es nicht vorrangig um einen Ausgleich der SS-20 durch neue westliche Systeme, sondern eher um den Einbezug von Mittelstreckenwaffen in ein – allerdings zu dem Zeitpunkt nicht sehr aussichtsreiches – SALT-II-Abkommen. Zwar ließen es unterschiedliche Auffassungen im Außen- und Verteidigungsmi-

---

2   Zur Terminologie: Zunächst wurden diese Systeme als *Long Range Theater Nuclear Forces* (LRTNF), später als *Intermediate Range Nuclear Forces* (INF) bezeichnet.

nisterium nicht zu konkreten deutschen Vorschlägen kommen (Haftendorn 2001, S. 273). Doch stimmte der Außenminister, wenngleich die Rede mit ihm nicht abgestimmt war – das Auswärtige Amt wurde erst drei Wochen später durch den Bericht des Botschafters in Washington aufmerksam –, mit dem Kanzler in der Grundbesorgnis überein (Genscher 2014).

5   Der Weg zum Doppelbeschluss

In der NATO, die im März 1978 ihr „Langfristiges Verteidigungsprogramm" – zur Verstärkung gegenüber steigender sowjetischer Offensivkapazität – beschloss, waren zugleich Überlegungen zur Modernisierung der taktischen Nuklearwaffen in Gang gekommen. Sie wurden verstärkt dadurch, dass man in Washington Schmidts Forderung nach Parität bei allen Waffenkategorien und seine Kritik an SALT-I ernstnahm. Doch spielte für die USA in den Beratungen der eigens für die Nuklearfrage geschaffenen High Level Group (HLG) der NATO die Rüstungskontrolloption eine weit geringere Rolle als die Modernisierung. Führungswillen wollten sie damit demonstrieren und europäische Zweifel an der Glaubwürdigkeit der NATO-Strategie überwinden.[3]

Im April 1979 empfahl die HLG die Modernisierung der europabezogenen Nuklearstreitkräfte, wobei Chancen zur Rüstungskontrolle nicht unbeachtet gelassen werden sollten. Letztere entsprachen insbesondere dem Interesse des deutschen Außenministers, wenngleich dieser sich „frühzeitig die amerikanischen Vorschläge für eine Modernisierung der taktischen Nuklearwaffen zu eigen gemacht hatte" (Haftendorn 2001, S. 280), so dass bei der Beratung der HLG-Überlegungen im Bundessicherheitsrat „die paradoxe Situation [entstand], dass das Auswärtige Amt militärisch argumentierte während der Verteidigungsminister [Apel] die NATO-Entscheidung in den Gesamtkontext der Ost-West-Beziehungen einordnete" (Haftendorn 2001, S. 280).

In der Meinungsbildung innerhalb des Bündnisses gewann die stark vom liberalen Außenminister geprägte deutsche Position zunehmenden Einfluss: Der erwogenen Stationierung neuer Systeme in Europa werde zugestimmt, sofern die Bundesrepublik Deutschland nicht das einzige Stationierungsland sei (Vermeidung einer „Singularisierung") und der Beschluss einhergehe mit dem Angebot an die

---

3   Nicht alle Fakten werden hier im Einzelnen belegt. Sie finden sich v. a. bei Genscher (1995), Haftendorn (2001), Rühl (1987), Fröhlich (2001), Hoffmann (1986) und in den Beiträgen bei Gassert et al. (2011a). Nachweise beschränken sich auf Zitate und interessante Nuancen in den Abläufen sowie auf Wertungen durch Autoren.

Sowjetunion zum Einbezug der Mittelstreckensysteme in Rüstungskontrollverhandlungen. Bei dieser unterschiedlichen Prioritätensetzung zwischen den USA und Europa verwies die Bundesregierung eindringlich auf den im Harmel-Bericht beschlossenen Doppelansatz. Die sogenannte Nachrüstung müsse unbedingt von Vorschlägen für Reduzierungen begleitet sein.

Der am 12. Dezember 1979 in einer gemeinsamen Sondersitzung der Außen- und Verteidigungsminister der NATO gefasste sogenannte „Doppelbeschluss" (Auswärtiges Amt, S. 469–472) sah die Stationierung von 108 Pershing-II-Raketen bei US-Einheiten in der Bundesrepublik sowie von insgesamt 104 Abschussvorrichtungen für 464 Marschflugkörper – in der Bundesrepublik und weiteren Ländern – vor. Gleichzeitig beinhaltete er das Angebot zu Verhandlungen über eine Begrenzung der weitreichenden Mittelstreckenwaffen, den unilateralen Abzug von 1000 nuklearen Gefechtsköpfen aus Westeuropa und neue Vorschläge für die Aktivierung der KSZE- und MBFR-Verhandlungen.

Außenminister Genscher unterrichtete zwei Tage nach dem NATO-Beschluss den Deutschen Bundestag (Auswärtiges Amt 1995 S. 472–477, S. 473–474): „Die Modernisierung der Mittelstreckenwaffen ist die angemessene Antwort auf die Beeinträchtigung des Gleichgewichts durch die sowjetische Vorrüstung bei den nuklearen Mittelstreckenraketen. Das Rüstungskontrollangebot will verhindern, dass sowjetische Vorrüstung und westliche Nachrüstung einen neuen Rüstungswettlauf einleiten."

Die Bundesregierung hatte alles getan, um den Verhandlungteil des Doppelbeschlusses zu stärken. So ist er ein prägnanter Ausdruck der Harmel-Politik von Verteidigungsfähigkeit und Verhandlungsbereitschaft. In zunehmendem Maße beanspruchte Genscher die „Vaterschaft" für sich und seine Partei. Vor der FDP-Fraktion sollte er einige Jahre später (nämlich nach dem Koalitionswechsel zur CDU) ausführen (zit. n. Rödder, S. 130): „Nachdem der damalige Bundeskanzler Schmidt westliche Nachrüstung bei weitreichenden nuklearen Mittelstreckenraketen […] gefordert hat, war es die FDP, die auf ihrem sicherheitspolitischen Kongress in Münster im April 1979 die Notwendigkeit eines Verhandlungsangebots herausgestellt hat. Diese Forderung wurde vom Kabinett und vom Bündnis übernommen. Die FDP hat somit den *Doppel*beschluss entworfen und für seine Durchsetzung gesorgt."

Sie war damit nicht ganz allein, aber jedenfalls lässt sich folgendem Fazit zustimmen: „In der Tat wäre der Dislozierungsteil des Beschlusses nicht ohne die Initiative der USA […] zustande gekommen, ebenso wie der spezifische *Doppelbeschluss*, die Ergänzung der Modernisierung durch neue Angebote zur Rüstungsbegrenzung deutlich die Handschrift der Bundesregierung trug." (Haftendorn 2001, S. 284). Und Vertreter aller Parteien unterstützten, mit unterschiedlicher Akzentuierung, Genschers in seiner Bundestagsrede zwei Tage nach dem NATO-Beschluss vorgetragene Position. Doch stimmt auch die ahnungsvolle Frage derselben Autorin (Haftendorn, S. 288–289): „Aber bestand nicht die Gefahr, dass mit der Koppelung von Nachrüstungsankündigung und Abrüstungsangebot die Sowjetunion Möglichkeiten zur propagandistischen Einwirkung erhielt und außerdem [wegen der von der Bundesrepublik bevorzugten Nicht-Nachrüstung] der Keim für neue Konflikte in den deutsch-amerikanischen Beziehungen gelegt würde?"

6   Verhandlungsstillstand, Kontroversen und Koalitionswechsel

Da das Abrüstungsangebot lange Zeit keine positiven Ergebnisse zeigte, rückte die „Stunde der Wahrheit" hinsichtlich der Nachrüstung näher. Die auf den NATO-Doppelbeschluss folgenden Jahre waren hinsichtlich seiner Umsetzung geprägt einerseits von der Verschlechterung der Ost-West-Beziehungen, andererseits vom Anschwellen der so genannten „Friedensbewegung" und Kanzler Schmidts zunehmendem Verlust innerparteilicher Unterstützung in der Stationierungsfrage.

Die sowjetische Haltung war davon mitbestimmt, dass sie – wie Breschnjews Bonner Rede noch zwei Monate vor dem Doppelbeschluss gezeigt hatte – mit Ablenkungsmanövern konkrete Verhandlungen zu vermeiden trachtete und auf wachsenden Wiederstand vor allem in der Bundesrepublik setzte (Wettig 2011, passim). Außerdem verhärteten sich die Ost-West-Beziehungen generell: Nichtratifizierung des 1979 unter Mühen ausgehandelten SALT-II-Abkommens im amerikanischen Kongress, Einmarsch der Sowjetunion in Afghanistan, Krise in Polen bis hin zur Verhängung des Kriegsrechts. Aber auch Ronald Reagans Wahlkampfaussagen – und dann erste politische Schritte als Präsident – hinsichtlich einer Politik der Stärke und eines „Fensters der Verwundbarkeit" in der Rüstung sowie seine Einschätzung der Entspannungspolitik als Fehler spielten eine Rolle. Die Bundesregierung befand sich im „Spagat" (Geiger 2011, S. 117) zwischen Entspannungs- und Abrüstungsskeptizismus in den USA sowie wachsenden Entspannungserwartungen in der deutschen Gesellschaft. Währenddessen trieb die Sowjetunion die Stationierung weiterer SS-20 voran. Nach Sondierungsgesprächen 1980 forderte ein erstes Verhandlungsangebot der USA vom Februar 1982 Parität, während die Sowjetunion stufenweise Reduzierungen und ein Moratorium für die Aufstellung neuer Systeme während der Verhandlungen verlangte. So sollte es bis 1987 dauern, bevor ernsthafte Verhandlungen über die Mittelstreckenwaffen beginnen konnten.

Nicht zu Unrecht hoffte die Sowjetunion auf Widerstand in den westlichen Gesellschaften, insbesondere in der Bundesrepublik Deutschland. Hier kam es zu einer Emotionalisierung des Themas, welche der „Atomtod"-Debatte der fünfziger Jahre glich und teilweise schon in der öffentlichen Diskussion über die Neutronenbombe angelegt gewesen war. Egon Bahr sprach angesichts von Waffen, die Material schonen und Menschen töten würden, von einer „Perversion des Denkens" (Gassert 2011, S. 170). Der NATO-Doppelbeschluss wurde dann „zum Kristallisationspunkt eines ursprünglich ökologisch orientierten Protestpotentials" (Haftendorn 2001, S. 291–292). Die sogenannte „Friedensbewegung" hatte einen großen Mobilisierungseffekt. Sie forderte den Verzicht auf die Stationierung der Pershing-Raketen und der Marschflugkörper.

Genschers Haltung war klar und eindeutig, sein Stehvermögen eindrucksvoll, weil er von der Richtigkeit der Regierungsposition und des Doppelansatzes überzeugt war und blieb. Beim FDP-Parteitag vom 20. August 1981 stellte er angesichts von Kritikern auch in der eigenen Partei sogar die Vertrauensfrage als Parteivorsitzender und Außenminister, die er mit einer Zweidrittelmehrheit gewann – nicht zuletzt ein Signal an den Koalitionspartner SPD. In seiner Parteitagsrede im November 1982 – nach dem Koalitionswechsel von der SPD zur CDU vornehmlich wegen der Nachrüstungsfrage – rief er aus (Genscher 1995, S. 480-482): „Wir sind nicht bedroht durch westliche Mittelstreckenraketen, die es noch gar nicht gibt, aber wir sind bedroht durch sowjetische SS-20-Rakten, die heute schon auf uns gerichtet sind und die wir durch Verhandlungen beseitigen wollen." In der Rede hieß es auch: „Die Vereinigten Staaten sind ernsthaft bemüht, das mit uns vereinbarte Verhandlungsziel der beiderseitigen Nulllösung zu erreichen. […] Ein Erfolg würde die Nachrüstung auf unserer Seite völlig überflüssig machen. Meine feste Hoffnung auf konkrete Verhandlungsergebnisse gründet sich allerdings auf die Entschlossenheit, an keinem der beiden Teile des Doppelbeschlusses zu rütteln." Und schließlich: „Wir müssen in Europa den Weg bereiten vom Nichtkrieg durch Abschreckung hin zum Frieden durch Vertrauen. […] Wer den Nachrüstungsteil des Doppelbeschlusses in Frage stellt, gefährdet die Verhandlungen."

Diese konsequente Haltung entsprach auch der des Bundeskanzlers, aber nur in abnehmendem Maße der von dessen Partei. Während in der Bundestagsdebatte vom 8. und 9. März 1979 die CDU-Opposition der Regierung Schmidt-Genscher allenfalls Zögerlichkeit vorgeworfen hatte (Haftendorn 2001, S. 286), aber ihre Gesamtposition unterstützte, hatte sich die SPD von dieser Linie in Gestalt prominenter Exponenten wie z. B. Herbert Wehner, Erhard Eppler und Oskar Lafontaine längst abgewandt. Unmittelbar vor dem NATO-Doppelbeschluss konnte Schmidt mit Hilfe einer Expertenkommission und dem Verhandlungsziel „Nulllösung" die offizielle Unterstützung noch sichern, doch erodierte diese Unterstützung in zunehmendem Maße. Genscher registrierte dies seismographisch und bedauerte es: „Hatte Helmut Schmidt das Verdienst, auf das Problem der sowjetischen Vorrüstung als erster aufmerksam gemacht zu haben, so waren die Bemühungen, den Doppelbeschluss und dann Verhandlungen über die Mittelstreckenraketen zustande zu bringen, unser gemeinsames Werk." (Genscher 1995, S. 423).

Genscher war der Auffassung, Koalitionen seien „Bündnisse auf Zeit" (Genscher 1995, S. 188), und nach zwölf Jahren hatten sich die Gemeinsamkeiten der sog. sozialliberalen Koalition erschöpft. In der Wirtschaft- und Finanzpolitik brachte das schon sein „Wendebrief" vom 20. August 1981 zum Ausdruck, der sich angesichts der schwierigen Haushaltslage gegen „Anspruchsmentalität" und für Selbstverantwortung aussprach (Genscher 1995, S. 447–448) und eine „Wende" forderte – Genscher zufolge weiterhin möglichst *innerhalb* der Koalition (Genscher 1995, S. 447–448). Der sich gleichwohl abzeichnende Koalitionswechsel führte zu einer Zerreißprobe für die FDP (mit Baum, Verheugen und Matthäus-Maier als prominenten Widersachern). Beim Bundesparteitag am 5.–7. November 1982 stellte Genscher fest, eine Wende in der Wirtschafts- und Sozialpolitik sei notwendig, aber eine Wende in der Außen- und Sicherheitspolitik – gemeint war der NATO-Doppelbeschluss – müsse verhindert werden (Genscher 1995, S. 479).

Am 1. Oktober 1982 wurde Bundeskanzler Helmut Schmidt im konstruktiven Misstrauensvotum gestürzt, nachdem am 17. September die vier FDP-Minister zurückgetreten waren. Am 16. September hatte Manfred Wörner, CDU, im Deutschen Bundestag festgestellt: „Die SPD nimmt Abschied von der Politik des Bündnisses und der Regierung. Prügeln Sie dafür nicht den Bundesaußenminister, prügeln Sie dafür nicht die CDU/CSU, sondern fassen Sie sich an die eigene Nase!" (Genscher 1995, S. 461). Ungeachtet der Tatsache, dass die Wirtschafts- und Finanzpolitik für die FDP wichtige Motive für den Koalitionswechsel ergab, war wohl die Nachrüstungsfrage der letztlich entscheidende Grund dafür, „dass ein außen- und sicherheitspolitischer Riss durch die Regierungskoalition ging, der der Politik der Bundesregierung die Grundlage entzog" (Genscher 1995, S. 461).

Wenn man in anderen Zusammenhängen, z. B. in der Frage der Modernisierung der LANCE-Raketen, siehe unten, Genscher „Entspannung um jeden Preis" oder, sehr negativ konnotiert, v. a. von amerikanischer Seite „Genscherismus" vorgeworfen hat: Im Fall der Nachrüstung, des „harten" Teils des NATO-Doppelbeschlusses, hielt er stand. Ebenso Helmut Kohl, seit Oktober 1982 Bundeskanzler.

7   Regierung Kohl/Genscher, „Friedensbewegung" und Nachrüstung

Helmut Kohls außenpolitisches Werte- und Interessengerüst war neben der europäischen Idee in besonderem Maße geprägt von der Westbindung der Bundesrepublik Deutschland und ihrer Integration in das transatlantische Bündnis. So waren die „außenpolitischen Koordinaten" (Fröhlich 2001, S. 139[4]) der neuen Regierung „Bündnistreue und pragmatische Ostpolitik" (Fröhlich 2001, S. 138). In seiner ersten Regierungserklärung am 13. Oktober 1982 bekannte Kohl sich zur vollständigen Implementierung des Doppelbeschlusses: „Die Bundesregierung steht uneingeschränkt zum Doppelbeschluss der NATO von 1979. […] Sie wird die Beschlüsse erfüllen und nach innen vertreten: den Verhandlungsteil und – wenn notwendig – auch den Nachrüstungsteil. […] Nur wenn die Sowjetunion weiß, dass sie mit einer Stationierung der amerikanischen Systeme ab Ende 1983 in Europa fest rechnen muss, kann mit ihrer Bereitschaft gerechnet werden, zu guten Verhandlungsergebnissen beizutragen." (Auswärtiges Amt 1995, S. 494–499, S. 496).

Auch im Wahlkampf verhehlten er und Genscher gegenüber den Wählerinnen und Wählern ihre diesbezügliche Haltung nicht – angesichts der „Friedensbewegung" mutig und riskant und ein Zeichen fester Führungskraft. Das geschah in einer weiterhin aufgeheizten, emotionalisierten politischen Atmosphäre, die der Sowjetunion und der DDR recht war, aber bei den Alliierten zu Besorgnis führten. Am 20. Januar 1983 schaltete sich sogar der französische Staatspräsident Mitterrand in seiner Bundestagsrede aus Anlass des 20. Jahrestags der Unterzeichnung des Elysée-Vertrags in die Nachrüstungsdebatte und damit indirekt in den deutschen Wahlkampf ein: „Mein innigster Wunsch geht dahin, dass es in den Genfer Verhandlungen gelingen möge, eine Gefahr zu beseitigen, die ganz ausgeprägt auf den europäischen Partnern lastet, die keine Atomwaffen besitzen. Aus diesem Grunde muss die gemeinsame Entschlossenheit und die Solidarität der Mitglieder des Atlantischen Bündnisses eindeutig bekräftigt werden, damit die Verhandlung gelingt — gelingt! —, und dies ist die notwendige Voraussetzung für die Nichtstationierung der im Doppelbeschluss vom Dezember 1979 genannten Waffen." (Deutscher Bundestag 1983, S. 8978C–8992A, S. 8987C).

Noch drei Tage vor dem Wahltag stellten Kohl, Strauß und Genscher in der Fernsehdiskussion der Parteivorsitzenden ihre „Absicht, den NATO-Doppelbeschluss durchzuführen und die Raketen zu stationieren, bei der Bundestagswahl

---

4   Bei Fröhlich (2001, S. 138-186) sehr differenzierte Analyse des Zusammenspiels zwischen Kanzleramt, Auswärtigem Amt und dem Bundesministerium der Verteidigung (BMVg) in der Frage des Doppelbeschlusses und der Nachrüstung in Kohls Regierung.

zur Abstimmung" (Genscher 1995, S. 463). Der SPD-Spitzenkandidat, Hans-Jochen Vogel, konnte ihrer Aufforderung zu eindeutiger Stellungnahme nicht nachkommen. Denn es war zutreffend, was Schmidt bei der Ablehnung erneuter Kanzlerkandidatur festgestellt hatte: „Mir ist auch klargeworden, dass manche Genossen die genannten Kontroversen [...] lediglich vorübergehend zurückstellen wollen." (Genscher 1995, S. 463). Auf dem Kölner SPD-Parteitag hatte er für den Doppelbeschluss nur noch 13 Unterstützer. In der vorgezogenen Bundestagswahl am 6. März 1983 erhielten Helmut Kohl und Hans-Dietrich Genscher eine deutliche Mehrheit und damit eine klare demokratische Legitimation für das zunächst durch den Koalitionswechsel der FDP zustande gekommene christlich-liberale bzw. schwarz-gelbe Regierungsbündnis. Neben der Haushaltskonsolidierung bestand seine erste herausfordernde Aufgabe in der angekündigten Stationierung der Raketen.

Indessen gewann die „Friedensbewegung" Zulauf. Ihre historische Bewertung soll hier nicht unternommen werden. Hans-Ulrich Wehler sah in ihren Aktivitäten und besonders im Krefelder Appell von 1980 den Beweis für das Unvermögen, „die gebotene machtpolitische Antwort auf die neue sowjetische Bedrohung zu verstehen" (Wehler 2008, S. 250), während Peter Graf von Kielmannsegg vermutete, es habe sich „in der Friedensbewegung eine in den Jahrzehnten des Schreckensgleichgewichts lange verdrängte und aufgestaute Elementarangst vor der nuklearen Katastrophe mit jäher Plötzlichkeit Bahn" gebrochen (Wehler 2008, S. 350). Wie die historische Einordnung ihrer Wirkung kann auch der, wie heute bekannt, erhebliche Einfluss Moskaus und des DDR-Staatssicherheitsdienstes auf die westdeutsche „Friedensbewegung" hier nicht erörtert werden (Heidemeyer 2011). Genscher war bewusst, dass – auch angesichts fehlender Sprachbarrieren – eine Unterwanderung der „Friedensbewegung" seitens der DDR stattfand. Aber er war nicht geneigt, die Bedeutung der Demonstrationen zu überschätzen und blieb überzeugt, die Regierung habe die Kraft zum Durchstehen (Genscher 2014). Das Bewusstsein, Deutschland sei „der Eckpfeiler für das Zustandekommen, die Durchsetzung und das Festhalten am NATO-Doppelbeschluss" (Genscher 1995, S. 507) war dabei leitend.

Beim Hamburger 19. Evangelischen Kirchentag am 20. Juni 1981 demonstrierten die 120.000 Teilnehmer gegen die Nachrüstung, ebenso anlässlich von Reagans Deutschlandbesuch im Oktober Hundertausende im Bonner Hofgarten, beim Antikriegstag 1983 Anfang September gab es die „Prominentenblockade" bei Mutlangen vor einem der P II-Stationierungsorte. Höhepunkt war dann der bundesweite „Aktionstag" am 22. Oktober 1983 mit einer 108 km langen Menschenkette von Neu-Ulm nach Stuttgart und der Großdemonstration im Bonner Hofgarten mit über 300.000 Teilnehmern. Die Debatte über den NATO-Doppelbeschluss war, so eine Forschungsthese (Gassert 2011, S. 176), „mehr als ein sicherheitspolitischer

Streit. Sie war ein Katalysator der Selbstverständigung über zentrale politische und gesellschaftliche Fragen" in der Bundesrepublik. Aber 1982 konzentrierte sie sich auf die Frage der Raketen-Nachrüstung und bedeutete nach Bewertung eines anderen Autors, dass „eine Massenbewegung, wie sie die Bundesrepublik noch nicht gesehen hatte, mit außerordentlicher Vehemenz in die bisher Expertenzirkeln vorbehaltenen Gefilde der Sicherheitspolitik ein[brach]. […] Die Friedensbewegung hat die westdeutsche Sicherheitspolitik in ihren Fundamenten erschüttert." (Kielmannsegg 2000, S. 234). Der öffentliche Druck war gewaltig.

Trotzdem stimmte der Bundestag am 22. November 1983 nach eindringlichen Appellen Kohls und Genschers mit der Koalitionsmehrheit für die Stationierung (Dt. Bundestag 1983, Protokolle 10/35 und 10/36). „Sie sind ein Verleumder, Herr Genscher!" schleuderte ihm in der Debatte der Abgeordnete Roland Vogt, Die Grünen, entgegen. „Gehen Sie doch einmal raus, und sehen Sie, was da läuft!" (Dt. Bundestag 1983, S. 2356B). Eine weniger standfeste Regierung hätte auch angesichts der Ablehnung der Stationierung in breiten Bevölkerungskreisen[5] wohl zurückweichen mögen. Aber Kohl war der Auffassung, es ging „letztlich um die Frage, ob wir noch ein zuverlässiger Partner [in der NATO] sind" (Kohl 1996, S. 26). Und Genscher meint noch heute, es wäre „das Ende der NATO" gewesen, hätte man die Entscheidung nicht durchgehalten (Genscher 2014).

Die Sowjetunion brach am 23. November die 6. Runde der INF-Verhandlungen ab. Weiterhin von Protestaktionen begleitet, wurde im Bündnis die Stationierung der Pershing II – nur in der Bundesrepublik, beginnend wenige Tage nach der Bundestagsentscheidung und bis 1985 abgeschlossen – sowie der Abschussvorrichtungen für Marschflugkörper (*cruise missiles*) in Großbritannien (großenteils noch 1983), Italien (1984), Belgien (1985) und Bundesrepublik (bis 1986) durchgeführt. Nur in den Niederlanden kam es nicht mehr zur geplanten Stationierung. Unter Breschnews beiden Nachfolgern gab es keine Aussicht auf sowjetisches Einlenken; vielmehr wurde eine „Eiszeit" im Verhältnis zum Westen angedroht (Wettig 2011, S. 63). Gleichwohl blieb das deutsch-deutsche Verhältnis, auch ein Bonus der Ostpolitik vorangegangener Jahre, davon relativ unberührt: Die DDR benötigte die wirtschaftlichen und finanziellen Vorteile und „scherte daher aus der Ablehnungsfront aus, auf die der Kreml die Staaten des Warschauer Pakts zu verpflichten suchte" (Wettig 2011, S. 64; Wentker).

Es bedurfte des Wechsels in der sowjetischen Führung, bis sich Aussicht auf erfolgversprechende Verhandlungen ergab.

---

5   Nach einer Gallup-Umfrage waren im November 1983 ca. 67 % der wahlberechtigten Bundesbürger gegen die Raketenstationierung (und auch 68 % der Niederländer, 58 % der Briten, 54 % der Italiener und 54 % der Franzosen) (vgl. Bess 1993, S. 137).

8   Gorbatschow und INF-Vertrag

Mit „Zeitenwende mit neuen Partnern" ist Teil V von Genschers *Erinnerungen* überschrieben. Damit ist in erster Linie Michail Gorbatschow gemeint, seit 12. März 1985 Generalsekretär der KPdSU – für Genscher „ein Tag, der zu einem historischen Datum werden sollte" (Genscher 1995, S. 469). Gorbatschow, der auf die rasch hintereinander verstorbenen „Gerontokraten" Breschnew, Andropow und Tschernenko folgte, hatte sich zum Ziel gesetzt, den Niedergang der Sowjetunion zu beenden, zu dem Haushaltsdefizite, Nahrungsmittelknappheit – mit der Notwendigkeit erheblicher Weizeneinfuhren aus den USA –, industrielle Rückständigkeit, Kosten der ungebremsten Rüstung in Konkurrenz mit den USA und des Afghanistan-Engagements beitrugen. Angesichts der Notwendigkeit innerer Neugestaltung und eines entspannteren Verhältnisses zum Westen schlug Gorbatschow in der Wirtschafts-, Innen-, Außen- und Sicherheitspolitik einen fast revolutionär zu nennenden neuen Kurs ein. *Perestroika* (Umbau) und *Glasnost* (Offenheit mit vorsichtiger Liberalisierung) kennzeichneten die Reformbemühungen im Innern; in der Außenpolitik proklamierte er ein „neues Denken", das zum „Gemeinsamen Haus Europa" führen sollte.

Es gab im Westen großes Rätselraten darüber, „how to read Gorbachev" und wie ernst seine Rüstungskontrollvorschläge und Gesprächsangebote zu nehmen waren (Wittmann, S. 17-28[6]), viel Spekulation über seine Ernsthaftigkeit und auch seine Möglichkeiten, Wandel durchzusetzen.[7] Inmitten dieser Ungewissheit war Genscher wohl der erste westliche Staatsmann, der Gorbatschow in seinen Intentionen ernstnahm. Sein erstes Treffen mit ihm bereitete er in äußerst gründlicher Weise vor durch Gespräche u. a. mit Staatpräsident Mitterrand, der Gorbatschow schon getroffen und von ihm zumindest von der Möglichkeit einer vollständigen Abrüstung von Pershing II und SS-20, also einer Null-Lösung, vernommen hatte.

Diese erste Begegnung Genscher-Gorbatschow, die am 21. Juli 1985 in Moskau stattfand, legte eine Vertrauensbasis und bot sehr weitreichende Anknüpfungspunkte. Das bemerkenswert ausführliche und offene Gespräch (Genscher 1995, S. 493–504; vgl. Kwizinskij, S. 408-412) über ein „europäisches Haus", Friedensordnung,

---

6   Der Autor des vorliegenden Essays hatte in einer Studie des International Institute for Strategic Studies im Zusammenhang mit den Aussichten für konventionelle Rüstungskontrolle dafür plädiert „to seek to establish what opportunities the ongoing change in the USSR offers for furthering legitimate Western aims [...] and to make intelligent, prudent and constructive use of the Soviet Union's apparently changed assessment of its situation and needs." (Wittmann 1989, S. 17–18).

7   Sehr treffend wurde das 1986 bei einer Konferenz ausgedrückt: „Perestroika may be a purgatory for the Soviet Union – it is certainly hell for Sovietologists!"

Helsinki, Harmel, zugespitzt über Raketenstationierung, vage über Möglichkeiten deutscher Einheit, führte über Genschers Vorschlag, „in den Ost-West-Beziehungen einen neuen Anfang zu wagen", zu Gorbatschows Aufforderung „Lassen Sie uns eine neue Seite aufschlagen in unseren Beziehungen." (Genscher 1995, S. 501). „Das", so Genscher, „war der entscheidende Satz."

Dem Bundeskabinett teilte Genscher als seine Bewertung mit, man habe es „mit einer völlig neuen sowjetischen Führung" zu tun, und verbürgte sich für „Beständigkeit und Ernsthaftigkeit des neuen Kurses". (Genscher 1995, S. 508). Auch in den USA berichtete er seinem Kollegen Shultz über seine Einschätzungen. Indes war die amerikanische Führung unter dem Ende 1984 wiedergewählten Präsidenten Reagan skeptisch. Auch Bundeskanzler Kohl gehörte zu denen, die eher sowjetische Propaganda am Werk sahen, und machte den fast unverzeihlichen Fehler, Gorbatschow diesbezüglich in einem Newsweek-Interview mit Goebbels zu vergleichen. Sein Außenminister musste viel Mühe investieren, um die Gesprächsfäden wieder zusammenzufügen (Genscher 1995, S. 515-522). Aber da schon Bundespräsident von Weizsäcker ihn gelegentlich eine „personifizierte vertrauensbildende Maßnahme" genannt hatte, gelang auch dies (Heumann 2012, S. 46).

Trotz der Skepsis hatte auch Reagan, nach seiner ersten durch harsche Rhetorik, Aufrüstung und die Strategic Defense Initiative („Star Wars") gekennzeichneten Amtszeit für die zweite den Ehrgeiz weitreichender Abrüstungserfolge (Haftendorn 2001, S. 306). Das „Reagan reversal" war möglich, weil die USA nun – auch nach begonnener Stationierung – aus einer Position der Stärke verhandeln konnten (Schwabe, S. 81). Es traf sich mit den Veränderungen im Kreml und entsprach den Wünschen im demokratisch kontrollierten Kongress sowie dem Entspannungsinteresse der Europäer. Auf dem Gipfeltreffen von Reykjavik am 11.–12. Oktober 1986 führten Reagan und Gorbatschow einen äußerst weitreichenden Gedankenaustausch über nukleare Abrüstung und fassten sogar die völlige Abschaffung aller Atomwaffen ins Auge. Einer Vereinbarung über die Mittelstreckenraketen kam man einen erheblichen Schritt näher, weil die Sowjetunion auf einen der Stolpersteine, die Forderung nach Anrechnung von „Drittstaatensystemen" (Frankreich und Großbritannien) verzichtete (siehe Fröhlich, S. 147–148). „Es gibt kein Zurück in die Zeit vor Reykjavik", frohlockte Genscher Anfang Januar in München (Genscher 1995, S. 524). Dies entsprach also den von ihm immer wieder formulierten deutschen und Bündnisinteressen, wenngleich er in Reagans neuer Linie die implizite Delegitimierung von Nuklearwaffen generell problematisch fand (Genscher 1995, S. 528). Jedenfalls boten sich in Genschers Sicht neue Chancen im Ost-West-Verhältnis und Möglichkeiten für Rüstungskontrollpolitik als funktionales Instrument der Kooperation.

In einer großen programmatischen Rede vor dem Weltwirtschaftsforum in Davos zog Genscher in geradezu leidenschaftlicher Überzeugungsarbeit für Gorbatschow alle Register: Das Überleben der Menschheit verlange Zusammenarbeit u. a. bei der Schaffung kooperativer Sicherheitsstrukturen. „Wer Gorbatschows Erklärungen beim Wort nehmen will, muss zur Zusammenarbeit bereit sein. Wer Zusammenarbeit verweigert, versündigt sich an den eigenen Interessen. Der Westen hat keinen Anlass, die Zusammenarbeit zu scheuen. Unsere Devise kann nur lauten: Nehmen wir Gorbatschow ernst, nehmen wir ihn beim Wort! Wenn es heute die Chance geben sollte, dass nach vierzig Jahren Konfrontation ein Wendepunkt erreicht werden könnte, dann wäre es ein Fehler von historischem Ausmaß, wenn der Westen diese Chance vorübergehen ließe, nur weil er sich nicht aus einem Denken lösen kann, das beim Blick auf die Sowjetunion immer nur einzig und allein den schlimmsten Fall anzunehmen vermag." (Genscher 1995, S. 526–527).

Wohl nicht zuletzt, weil er in dieser Rede auch eine „Politik der Stärke" und des „In-die-Ecke-Rüstens" verwarf, stieß sie nicht nur auf viel Zustimmung, sondern vielfach auf große Skepsis, und „Genscherism" wurde bei vielen in der angelsächsischen Welt zum Synonym für illusionsgeleitete Bereitschaft zum Entgegenkommen gegenüber der Sowjetunion. Doch Genscher war sich seiner Sache sicher, hatte Gorbatschow kennen und „lesen" gelernt und inzwischen auch zum sowjetischen Außenminister Schewardnadse ein Vertrauensverhältnis entwickelt. Und Gorbatschow fand ihn vertrauenswürdig mit seinem Verantwortungsgefühl für Gegenwart und Zukunft (Gorbatschow, S. 213–214). Berechenbarkeit und Vertrauensgewinn bei seinen Gesprächspartnern waren in der Tat große Stärken Genschers. „Das Kernproblem war nicht mehr die Frage, ob man Gorbatschow trauen, sondern vielmehr die, wie der Westen am besten die durch ihn eröffneten Möglichkeiten nutzen konnte, um das Ziel einer gesamteuropäischen gerechten und dauerhaften Friedensordnung zu verwirklichen und damit auch das Ziel des Harmel-Berichts, die deutsche Einheit." schreibt Genscher in seinen Memoiren (Genscher 1995, S. 527).

Am 26. Februar 1987 erklärte sich Gorbatschow zu einem separaten Abkommen über die LRTNF und Short Range Intermediate Nuclear Forces (SRINF), also zur *doppelten Null-Lösung* auf der Grundlage früherer Reagan-Vorschlage einverstanden. Das Junktim mit der Strategischen Verteidigungsinitiative und auch dem ABM-Vertrag wurde aufgegeben, Drittstaatensysteme blieben unberücksichtigt, und für strittige Verifikationsfragen fanden die Unterhändler Lösungen.

Genscher beansprucht für sich die „Erfindung" der Null-Lösung (Genscher 2014), anderseits war sie schon im Doppelbeschluss angelegt. Beides schließt sich nicht aus; schon in Kohls erster Regierungserklärung hieß es: „Die Bundesregierung hält am westlichen Verhandlungsziel der beiderseitigen Null-Lösung fest, d. h. am völligen

Verzicht auf landgestützte sowjetische und amerikanische Mittelstreckensysteme."
(Auswärtiges Amt 1995, S. 494–499, S. 496). Andererseits gab es wie im Bündnis
auch innerhalb der Koalition viel Diskussion um die Alternative Abschaffung vs.
Obergrenzen. Diese können hier nicht nachgezeichnet werden (siehe Rühl 1987
und Fröhlich 2001, passim). Jedenfalls stand der Bundeskanzler zwischen denen
v. a. im Bundesministerium der Verteidigung (BMVg) und in der CSU, die auf
lückenlosem nuklearem Spektrum bestanden und Sorge vor „Denuklearisierung"
und „Abkoppelung" ausdrückten, und Außenminister Genscher mit seiner FDP, für
die Rüstungskontrolle im Rahmen eines umfassenden Entspannungs- und ostpolitischen Konzepts Priorität hatte. In ihrer Selbstdarstellung war die FDP *die* Partei
der Kontinuität (Rödder 2011, S. 130). Rückblickend wird Genscher zitiert, er habe
„nie richtig verstanden, unter wessen Druck der Kanzler bei der Doppel-Null-Lö-
sung wie auch in der Frage der Einbeziehung der Pershing IA letztendlich stand"
(Fröhlich 2001, S. 157–158). Nach außen hin wurden unterschiedliche Positionen
innerhalb der Koalition in der Formel „Frieden schaffen mit immer weniger Waffen"
integriert oder auch übertüncht (Fröhlich 2001, S. 132).

Trotzdem gab es zwischen diesen „Fraktionen" langwierige Auseinandersetzungen innerhalb der Koalition auch um die doppelte *Null-Lösung,* die Systeme
unterhalb einer Reichweite von 1000 km einschließen sollte.[8] Genscher vertrat sie
konsistent, auch weil er in ihrem Gefolge auf Fortschritte auch bei der konventionellen Rüstungskontrolle und bei der Entspannung generell hoffte. Doch gab es in
der Koalition lange keinen Konsens (Haftendorn 2001, S. 298). Als aber die USA,
die an Gefechtsfeldwaffen kurzer Reichweite und auch deren Modernisierung
festhalten wollten, den Kohl-Vorschlag zu deren Einbezug in Folgeverhandlungen
über die Kurzstreckenraketen ablehnten, musste die Bundesregierung um der
Glaubwürdigkeit ihrer Abrüstungsbestrebungen willen der doppelten Null-Lösung
zustimmen. Genscher hatte sich auch hier durchgesetzt (Fröhlich, S. 176). Am 4.
Juni 1987 beschloss die Koalition, die doppelte Null-Lösung zu akzeptieren, wobei
sie – als Wunsch, nicht als Bedingung mit Anspruch auf Erfüllung – nachdrücklich angesichts des dort bestehenden Ungleichgewichts auf die Fortsetzung des
Abrüstungsprozesses auch für Reichweiten unter 500 km plädierte (Haftendorn
2001, S. 301–302.)

So wurde am 8. Dezember 1987 in Washington der so genannte INF-Vertrag
von Präsident Reagan und Generalsekretär Gorbatschow unterzeichnet. Mit ihm
wurde historisch erstmals eine ganze Waffenkategorie weltweit beseitigt und nicht

---

8 Hier gibt es viel Begriffsverwirrung: *Null-Lösung* bezog sich auf die LRTNF bzw. INF
   mit Reichweiten zwischen 1000 und 5500 km, *beiderseitige Null-Lösung* bezog sich auf
   Ost und West, *doppelte Null-Lösung* (wie sie dann auch zustande kam) sollte auch die
   Systeme kürzerer (aber nicht „kurzer") Reichweite beseitigen, also der SRINF.

nur auf Obergrenzen reduziert, wobei, ebenfalls erstmals, wirksame Verifikations-
verfahren vereinbart wurden. Der Vertrag betraf Mittelstreckenraketen mittlerer
Reichweite (1000 bis 5500 km – der ursprüngliche Verhandlungsgegenstand) und
Systeme kürzerer Reichweite (500 bis 1000 km). Die 72 mit amerikanischen Spreng-
köpfen ausgerüsteten Pershing-IA-Raketen der Bundeswehr, lange ein weiterer
Streitpunkt innerhalb der Bonner Koalition, wurden einbezogen. Dazu hatte der
Außenminister – für den sie nach seiner Aussage „ein lllusionsspielzeug" waren,
„das deutsche Beteiligung vorspiegelte" (Genscher 2014) – den Bundeskanzler mit
viel Mühe bewegt (vgl. Genscher 1995, S. 572-576). Der Tag der Unterzeichnung
des INF-Vertrags war für Genscher „ein Tag tiefer Befriedigung. […] Nur die FDP
konnte für sich in Anspruch nehmen, diesen revolutionären Durchbruch in allen
Schritten bewirkt zu haben. Die SPD war bei der Stationierungsentscheidung
abgesprungen, und die CDU/CSU musste bei der Zustimmung zur doppelten
Nulllösung zum Jagen getragen werden." (Genscher 1995, S. 580).

9   Ein Nachspiel

Ein Nachspiel, bei dem Genscher erneut gegen Widerstände bei seiner Linie blieb,
aber seitens der USA in besonderem Maße des „Genscherismus", also zu großen
Entgegenkommens gegenüber der Sowjetunion unter Vernachlässigung (angeblicher)
westlicher Sicherheitsinteressen bezichtigt wurde, gab es um den Plan, die amerikanischen Lance-Raketen in Deutschland zu modernisieren. Dies waren Systeme
mit einer Reichweite von 130 km, seit Mitte der siebziger in der Korpsartillerie der
Bundeswehr eingeführt. Sie sollten durch Systeme mit einer Reichweite von knapp
unter 500 km ersetzt werden, und die USA setzten die Bundesregierung unter Druck,
indem sie im Falle deutscher Verweigerung die Stationierung von US-Truppen als
gefährdet darstellten (US-Verteidigungsminister Carlucci: „No nukes, no troops!").
In Deutschland dagegen wurde gegen die so genannten Gefechtsfeldwaffen der Slogan
geboren „Je kürzer die Reichweite, umso toter die Deutschen" (Haftendorn 2001,
S. 302). Man schrieb das Jahr 1988. Genscher fand die Debatte „völlig überflüssig"
(Genscher 1995, S. 581), mehr noch, die Pläne erschienen ihm gefährlich und kontraproduktiv im Sinne der weiteren Entspannungs- und Abrüstungshoffnungen
und auch angesichts der sich anbahnenden Veränderungen im Osten. (Genscher
1995, S. 611-620). Genscher überwand erhebliche Widerstände in der Koalition, wo
die CDU mehrheitlich eine *dritte Null-Lösung* ablehnte, und und setzte zunächst
auf Verschiebung, bis der Gang der Ereignisse möglicherweise die Pläne obsolet
gemacht haben würden (Heumann 2012, S. 191/2).

Schließlich setzte die Bundesrepublik beim NATO-Gipfel im Mai 1989 im Zusammenhang mit der Verabschiedung des ihr lange geforderten „Gesamtkonzepts" zur Rüstungskontrolle eine Vertagung der Modernisierungsentscheidung auf 1992 durch. „Der ‚Genscherismus' [war] NATO-Doktrin geworden", stellte sein Nachfolger Kinkel mit leichtem Sarkasmus fest (Kinkel, S. 19). Fall der Mauer, Wegfall der östlichen Bedrohung, konventionelle Rüstungskontrolle und deutsche Wiedervereinigung machten dann alle entsprechenden Pläne obsolet – wären aber bei einer NATO-Aufrüstungsentscheidung möglicherweise gar nicht zustande gekommen, wenn diese kontrafaktische Gedankenspielerei zu Genschers Weitsicht und Durchsetzungskraft zulässig ist.

10 Schlussbetrachtung

Die liberal-idealistische Theorie der Internationalen Beziehungen will nach Wertvorstellungen und Menschheitszielen die Welt gestalten. Die realistische Theorie geht von Machstreben und Machtverhältnissen aus. Heumann zeigt in seinem Beitrag über „Liberale Außenpolitik" in diesem Band, dass „Macht" und „Verantwortung" zu Unrecht – teilweise auch von Genscher selbst – als Gegensatz stilisiert werden (Heumann 2014, S. ...). Angesichts der Art und Weise, in welcher der langjährige deutsche Außenminister Genscher unter einfühlsamer Berücksichtigung von Interessen aller Seiten das „Umfeld gestaltete" (Czempiel 1995), muss man feststellen, dass er der eigentliche Realist war. „Die Kooperation hat die sozialistischen Systeme nicht stabilisiert," konnte er rückblickend feststellen, „sondern im Gegenteil die Rahmenbedingungen geschaffen, unter denen sie sich friedlich verändern konnten." (Genscher 1995, S. 490). Schon in seiner Stuttgarter Rede von 1966 hatte er ja von der Notwendigkeit gesprochen, „die Voraussetzungen [für die friedliche und freiheitliche Lösung der deutschen Frage] herbeizuführen" (Genscher 1995, S. 93). Als notwendigen „Ehrgeiz der Deutschen" sah er es an, „Ideen für die Architektur eines solchen Sicherheitssystems zu entwickeln" , die Liberalen sollten „Vorreiter sein, wo andere zögern" (Genscher 1995, S. 97, S. 96).

Viel Relativierendes lässt sich anführen: Natürlich konnte auch Genscher nur im Geflecht seiner Partei, der Koalition, der innenpolitischen Situation und der außenpolitischen strukturellen wie personellen Konstellationen erfolgreich sein. Auch mag es sein, dass Genschers eigener Rückblick die persönliche Rolle und Leistung überaus stark im Vordergrund sieht, mag er Außenpolitik bisweilen als „one-man show" geführt haben (Czempiel 1995), mag „Genschmans" Kommunikationsstrategie und die von Anhängern und Angehörigen der „Genscher-Schule" vorangetriebene

Public Relations zu manchem Spott Anlass gegeben haben, mag es zutreffen, dass zu den Forschungsdesiderata eine genauere Analyse der Haltung Genschers und der FDP in der sicherheits- und innenpolitischen Debatte gehört (Gassert et al. 2011b, S. 28) – was im vorliegenden Überblick nicht geleistet werden kann.

Gleichwohl lässt sich zum Thema „Genscher und der NATO-Doppelbeschluss" zusammenfassend feststellen: Der Parteipolitiker und Außenminister war fest im westlichen Bündnis verankert, hatte den Harmel-Ansatz „Verteidigungsfähigkeit und Entspannung" zur Richtschnur erhoben und legte eine starke Betonung auf dessen zweiten Teil, im Sinne einer realistischen Ost-Politik, wie sie in seiner Arbeit für den Erfolg der KSZE zum Ausdruck kam. Immer war die Lösung der „deutschen Frage" das Fernziel, wobei er diese in den europäischen Rahmen einfügte und auf die Gestaltung der Voraussetzungen hinarbeitete. Er teilte Bundeskanzler Schmidts Besorgnis über die sowjetische Mittelstreckenraketenrüstung, hatte großen, möglicherweise originären, Anteil am Konzept des NATO-Doppelbeschlusses, unterstützte den Kanzler angesichts der erodierenden Unterstützung in der eigenen Partei, trat konsequent für die Implementierung beider Teile des Beschlusses ein und blieb standfest angesichts der Emotionalisierung der Nachrüstungsdebatte durch die „Friedensbewegung". Der Koalitionswechsel von der SPD zur CDU/CSU war kein „Verrat" und neben den wirtschafts- und finanzpolitischen Gründen in starkem, wenn nicht überwiegendem Maße von der Notwendigkeit kontinuierlicher prinzipienfester deutscher Außen- und Sicherheitspolitik motiviert.

Genscher hat die Chance, die Gorbatschow zu bieten schien, als erster und am konsequentesten ergriffen. Er hatte das Nullsummen-Denken, bei dem eine Seite nur auf Kosten der anderen gewinnen kann, überwunden. Kooperation mit der Sowjetunion (bzw. später mit Russland) war für ihn notwendige Bedingung einer europäischen Sicherheitsordnung. Die Mittelstrecken-Abrüstungsverhandlungen hat er in einem erfolgversprechenden Sinne entscheidend mitgeprägt bis hin zum INF-Vertrag, der nicht nur erstmals eine ganze Waffenkategorie abschaffte, sondern auch Anlass zur Hoffnung auf weitere Abrüstung, Entspannung und Kooperation bot und dazu beitrug, die Aussicht auf die deutsche Einigung zu eröffnen.

Es lässt sich darüber streiten, wieweit das konsequente Festhalten am NATO-Doppelbeschluss *das* auschlaggebende Moment zur Beendigung des Kalten Krieges und zur Erreichung der deutschen Einheit war. Fröhlich (2001, S. 186) nennt den INF-Vertrag und die Einigung in der Kurzstreckenfrage „die entscheidenden Katalysatoren", für Schwabe (2001, S. 65) markieren der NATO-Doppelbeschuss „und mehr noch seine Folgen [...] den entscheidenden Meilenstein der internationalen Beziehungen auf dem Wege zu der großen Wende von 1989/90 und zum Ende des Kalten Krieges". Die Herausgeber des hier mehrfach herangezogenen Tagungsbands zu Geschichte und Wirkung des NATO-Doppelbeschlusses weisen auf divergierende

Bewertungen hin: „Die Sowjetunion verlor den Kalten Krieg." Oder aber: Die „Friedensbewegung" half „das Vertrauen zu bilden [...], so dass Michail Gorbatschow zum Einlenken bereit war.". „Oder war der sowjetische Paradigmenwechsel auf ganz andere Ursachen zurückzuführen?" (Gassert et al. 2011b, S. 17–18). Wenn der „triumphalistischen Ex-post-Perspektive" entgegengesetzt wird, dass die „Konzeption [...], gewünschte Rüstungskontrollerfolge mittels Aufrüstungsdrohung erzwingen zu wollen, schon wenige Wochen nach dem Doppelbeschluss [nämlich mit dem sowjetischen Einmarsch in Afghanistan und dem drohenden Zusammenbruch der Entspannung] „grandios gescheitert" war (Geiger 2011, S. 121), so führt das zu der Frage, wie sich die Geschichte ohne die Amtsübernahme durch Gorbatschow entwickelt hätte. Und Genscher (1995, S. 507) zitiert aus dem Jahre 1993 Gorbatschow selbst mit der Feststellung, der NATO-Doppelbeschluss sei die eigentliche Ursache für den Kurswechsel in der sowjetischen Außenpolitik gewesen.

Jedenfalls war der deutsche Außenminister Genscher derjenige, der Gorbatschow „beim Wort nahm" und ganz entscheidenden Einfluss auf Vertrauensbildung, Überzeugung nach allen Seiten, Entscheidungsvorbereitung und Zustandekommen west-östlicher Einigung hatte. Da erscheint es geradezu tragisch, dass heute (Sommer 2014) nicht nur in der Ukraine-Krise das für Europa nach dem Kalten Krieg geschaffene Regelwerk von Präsident Putin in Gefahr gebracht wird, sondern dass nun auch Zweifel an Russlands Vertragstreue in Sachen INF-Vertrag, dem Ergebnis des NATO-Doppelbeschlusses, geäußert werden[9]. Die dem Harmel-Prinzip eigene Grundphilosophie „Festigkeit und Dialogangebot" ist weiterhin gültig und wird von EU und NATO sowie insbesondere von der Bundesregierung auch hinsichtlich der russischen Vorgehensweise in der Ukraine konsequent angewandt. Aber: Bedarf es für einen Neuanfang nicht abermals grundsätzlich „neuen Denkens" in Russland – und möglicherweise eines neuen Gorbatschow?

Literatur

Auswärtiges Amt (Hrsg.). (1995). *Außenpolitik der Bundesrepublik Deutschland. Dokumente von 1949 bis 1994.* Berlin: Verlag Wissenschaft und Politik.

---

9 Die USA werfen Moskau vor, vertragswidrig seit 2008 Marschflugkörper mit einer Reichweite von über 500 km zu testen (FAZ 2014).

Bess, M. (1993). Realism, utopia and the mushroom cloud. Four activist intellectuals and their strategies for peace, 1949–1989. Chicago: University of Chicago Press.

Boll, F., & Hansen, J. (2011). Doppelbeschluss und Nachrüstung als innerparteiliches Problem der SPD. In P. Gassert, T. Geiger, & H. Wentker (Hrsg.), *Zweiter Kalter Krieg und Friedensbewegung. Der NATO-Doppelbeschluss in deutsch-deutscher und internationaler Perspektive* (S. 203–229). München: Oldenburg.

Bredow, W., von. (2006). *Die Außenpolitik der Bundesrepublik Deutschland. Eine Einführung.* Wiesbaden: VS Verlag für Sozialwissenschaften.

Czempiel, E.-O. (1995, 19. Sep.). Außenpolitik als Umweltveränderung. Genscher formt seine Erinnerungen zur historischen Gesamtdarstellung. Rezension. *Frankfurter Allgemeine Zeitung.*

Deutscher Bundestag 1983, Stenographischer Bericht. 142. Sitzung 20.1.1983. Plenarprotokoll 9/142, S. 8977A-8992C.

Deutscher Bundestag 1983, Stenographische Berichte 35. und 36. Sitzung 21. und 22. 11.1983. Plenarprotokolle 10/35 und 36.

FAZ – Frankfurter Allgemeine Zeitung. (2014, 30. Juli). *Obama kritisiert Moskau*, S. 2.

Fröhlich, S. (2001). „*Auf den Kanzler kommt es an*": Helmut Kohl und die deutsche Außenpolitik. Persönliches Regiment und Regierungshandeln vom Amtsantritt bis zur Wiedervereinigung. Paderborn: Schöningh.

Gassert, P. (2011). Viel Lärm um Nichts? Der NATO-Doppelbeschluss als Katalysator gesellschaftlicher Selbstverständigung in der Bundesrepublik. In P. Gassert, T. Geiger, & H. Wentker (Hrsg.), *Zweiter Kalter Krieg und Friedensbewegung. Der NATO-Doppelbeschluss in deutsch-deutscher und internationaler Perspektive* (S. 175–202). München: Oldenburg

Gassert, P., Geiger, T., & Wentker, H. (Hrsg.) (2011a). *Zweiter Kalter Krieg und Friedensbewegung. Der NATO-Doppelbeschluss in deutsch-deutscher und internationaler Perspektive.* München: Oldenburg.

Gassert, P., Geiger, T., & Wentker, H. (2011b). Einleitende Überlegungen zum historischen Ort des NATO-Doppelbeschlusses von 1979. In P. Gassert, & H. Wentker (Hrsg.), *Zweiter Kalter Krieg und Friedensbewegung. Der NATO-Doppelbeschluss in deutsch-deutscher und internationaler Perspektive* (S. 7–29). München: Oldenburg.

Geiger, T. (2011). Die Regierung Schmidt-Genscher und der NATO-Doppelbeschluss. In P. Gassert, T. Geiger, & H. Wentker (Hrsg.), *Zweiter Kalter Krieg und Friedensbewegung. Der NATO-Doppelbeschluss in deutsch-deutscher und internationaler Perspektive* (S. 95–122). München: Oldenburg.

Genscher, H.-D. (1995). *Erinnerungen.* Berlin: Siedler.

Gorbatschow, M. (1997). Der weise Mann aus Halle. In K. Kinkel (Hrsg.), *In der Verantwortung. Hans-Dietrich Genscher zum Siebzigsten* (S. 210–215). Berlin: Siedler.

Haftendorn, H. (1986). *Sicherheit und Stabilität. Außenbeziehungen der Bundesrepublik zwischen Ölkrise und NATO-Doppelbeschluß.* (Deutsche Geschichte der neuesten Zeit vom 19. Jahrhundert bis zur Gegenwart). München: Deutscher Taschenbuch-Verlag.

Haftendorn, H. (2001). *Deutsche Außenpolitik zwischen Selbstbeschränkung und Selbstbehauptung.* Stuttgart: Deutsche Verlags-Anstalt.

Heidemeyer, H. (2011). NATO-Doppelbeschluss, westdeutsche Friedensbewegung und Einfluss der DDR. In P. Gassert, T. Geiger, & H. Wentker (Hrsg.), *Zweiter Kalter Krieg und Friedensbewegung. Der NATO-Doppelbeschluss in deutsch-deutscher und internationaler Perspektive* (S. 247–267). München: Oldenburg..

Hermann, W. (2011). Zwischen Unterstützung und Ablehnung der sowjetischen Linie: Die DDR, der Doppelbeschluss und die Nachrüstung. In P. Gassert, T. Geiger, & Wentker, H. (Hrsg.), Zweiter Kalter Krieg und Friedensbewegung. Der NATO-Doppelbeschluss in deutsch-deutscher und internationaler Perspektive (S. 137–154). München: Oldenburg.

Heumann, H.-D. (2012). *Hans-Dietrich Genscher. Die Biographie.* Paderborn: Schönigh.

Hoffmann, H. (1986). *Die Atompartner. Washington-Bonn und die Modernisierung der taktischen Atomwaffen. Vorgeschichte und Management der Neutronenwaffe und des Doppelbeschlusses der NATO.* Koblenz: Bernhard und Graefe.

Kielmannsegg, P. Graf von. (2000*). Nach der Katastrophe. Eine Geschichte des geteilten Deutschland.* Berlin: Siedler.

Kinkel, K. (Hrsg.). (1997). *In der Verantwortung. Hans-Dietrich Genscher zum Siebzigsten.* Berlin: Siedler.

Kinkel, K. (1997). Vorwort. In K. Kinkel (Hrsg.), *In der Verantwortung. Hans-Dietrich Genscher zum Siebzigsten.* Berlin: Siedler.

Kohl, H. (1996). *Ich wollte Deutschlands Einheit. Dargestellt von Diekmann, K. und Reuth, R. G.* Berlin: Ullstein.

Kohl, H. (1997). Deutschland und Europa – Hans-Dietrich Genscher als deutscher Außenminister in bewegten Zeiten. In K. Kinkel (Hrsg.), *In der Verantwortung. Hans-Dietrich Genscher zum Siebzigsten* (S. 199–209). Berlin: Siedler.

Kwizinskij, J. (1193). *Vor dem Sturm. Erinnerungen eines Diplomaten.* Berlin: Siedler.

Richter, S. (2011). Der Protest gegen den NATO-Doppelbeschluss und die Konsolidierung der Partei Die Grünen zwischen 1979 und 1983. In P. Gassert, T. Geiger, & H. Wentker (Hrsg.), *Zweiter Kalter Krieg und Friedensbewegung. Der NATO-Doppelbeschluss in deutsch-deutscher und internationaler Perspektive* (S. 229–245). München: Oldenburg.

Rödder, A. (2011). Bündnissolidarität und Rüstungskontrollpolitik. Die Regierung Kohl-Genscher, der NATO-Doppelbeschluss und die Innenseite der Außenpolitik. In P. Gassert, T. Geiger, & H. Wentker (Hrsg.), *Zweiter Kalter Krieg und Friedensbewegung. Der NATO-Doppelbeschluss in deutsch-deutscher und internationaler Perspektive* (S. 123–136). München: Oldenburg..

Rühl, L. (1987). *Mittelstreckenwaffen in Europa: Ihre Bedeutung in Strategie, Rüstungskontrolle und Bündnispolitik.* Baden-Baden: Nomos.

Schmidt, H. (1969). *Strategie des Gleichgewichts. Deutsche Friedenspolitik und die Weltmächte.* Stuttgart: Seewald.

Schmidt, H. (1987). *Menschen und Mächte.* Berlin: Siedler.

Schwabe, K. (2011). Verhandlung und Stationierung: Die USA und die Implementierung des NATO-Doppelbeschlusses 1981–1987. In P. Gassert, T. Geiger, & H. Wentker (Hrsg.), *Zweiter Kalter Krieg und Friedensbewegung. Der NATO-Doppelbeschluss in deutsch-deutscher und internationaler Perspektive* (S. 65–93). München: Oldenburg..

Wettig, G. (2011). Sowjetische Raketenrüstung und Auseinandersetzung mit den Reaktionen des Westens. Motivationen und Entscheidungen. In P. Gassert, T. Geiger, & H. Wentker (Hrsg.), *Zweiter Kalter Krieg und Friedensbewegung. Der NATO-Doppelbeschluss in deutsch-deutscher und internationaler Perspektive* (S. 49–64). München: Oldenburg.

Wehler, H.-U. (2008). *Deutsche Gesellschaftsgeschichte, 5. Bd.: Bundesrepublik und DDR 1949–1990.* München: Beck (Brosch. Studienausgabe).

Wittmann, K. (1989). Challenges of conventional arms control. London 1989. (International Institute for Strategic Studies. Adelphi Paper 239).

Bild 5

Statement in Washington D.C.: Nach einem Gespräch mit dem amerikanischen Präsidenten im Oval Office stellt sich der deutsche Außenminister im April 1990 der Presse. Längst ist Genscher in Washington wieder ein willkommener Gast. Das war nicht immer so. Noch zu Zeiten Ronald Reagans galt der Minister aus Bonn – nicht zuletzt wegen seiner ostdeutschen Herkunft – als ein unsicherer Kantonist, der den Schalmeienklängen aus Moskau zu erliegen schien. „Genscherismus" wurde zum Synonym für eine weiche Haltung gegenüber den Kommunisten in Moskau. Gorbatschow hat Genscher bestätigt. Sein US-Kollege James Baker sagte ihm nach der Maueröffnung: „Hans-Dietrich, Du hast recht behalten."

„Je kürzer die Reichweite, umso toter die Deutschen."

Frank Elbe

Die Tinte unter dem Washingtoner Vertrag über die Vernichtung der nuklearen Mittelstreckenwaffen vom Typ SS 20, Pershing II und Cruise Missiles war noch nicht trocken, als ein Murren der Unzufriedenheit unüberhörbar wurde. Hans Dietrich Genscher und sein Auswärtiges Amt hatten jahrelang für den Abschluss dieses Abkommens gekämpft. Es ging in erster Linie darum, die Bedrohung Europas durch sowjetische Mittelstreckenraketen abzuwenden. Wichtiger als dieser erste wesentliche Schritt zur Abrüstung war jedoch die Erwartung, dass der Weg dann für weitere Entwicklungen in den West-Ost-Beziehungen, vielleicht sogar für die Auflösung der Spaltung Europas frei werden könnte. Das wurde weder in allen politischen Quartieren Bonns noch bei einigen Verbündeten, vor allem nicht in Washington und London, so gesehen. Plötzlich hieß es, dass nach so viel Abrüstung nun auch wieder mal etwas Aufrüstung erforderlich sei. Über den Atlantik schallte der Ruf nach der Modernisierung der nuklearen Kurzstreckenraketen vom Typ LANCE, die über eine Reichweite von 300 Kilometer verfügten.

Genscher war völlig verblüfft über den Unverstand der Forderung. Er sorgte sich vor allen um das politische Überleben des sowjetischen Staatspräsidenten Michail Gorbatschow, der den Vertrag über die Vernichtung der nuklearen Mittelstreckenraketen gegen den bitteren Widerstand der sowjetischen Militärs durchgesetzt hatte. Was würde geschehen, wenn der Westen die Vernichtung aller sowjetischen SS 20 Raketen mit der keineswegs technisch erforderlichen Modernisierung seiner Kurzstreckenraketen honoriert hätte? Der Sturz Gorbatschows und das Ende seiner Politik von Perestroika und Glasnost?

Eine Modernisierungsentscheidung wäre ein falsches Signal gewesen. Sie hätte einen Rückschlag für die Entspannungspolitik bedeutet und wahrscheinlich die Reformprozesse in Mittel- und Osteuropa verlangsamt oder beendet. Es bestand schon Anlass, die Warnung von Marschall Sergei Achromejew ernst zu nehmen:

„Die Stationierung würde eine absolut unannehmbare Situation schaffen." Es gab noch eine andere politische Sorge. Die LANCE Raketen mit ihrer Reichweite von nur 300 Kilometer waren Kriegsschauplatzwaffen – zu einem territorial auf Mitteleuropa begrenzten nuklearen Schlagabtausch geeignet. Man durfte vermuten, dass einige Alliierte zunächst einmal an sich dachten, die nukleare Auseinandersetzung geografisch beschränken wollten und dabei die Zerstörung Mitteleuropas billigend in Kauf nahmen. Wie anders konnte man das nachdrückliche Pochen der englischen Premierministerin Margaret Thatcher verstehen, dass Großbritannien sich durch eine „Feuerwand" schützen müsse.

Genscher wusste, dass sein Widerstand gegen die Modernisierung eine Kontroverse auslösen würde, die zum Bruch der christlich-liberalen Koalition führen könnte. Aus der Union würde er wenig Unterstützung erfahren. Ähnlich wie er dachten nur von Weizsäcker und Süssmuth. Er zögerte eine Weile, zeigte dann aber klare Kante. In einem Artikel für eine norddeutsche Zeitung im Dezember 1988 wies er auf die dramatischen außenpolitischen Folgen einer Modernisierung hin. Der koalitionspolitische Konflikt war unvermeidbar geworden. Die Anhänger der Modernisierung stilisierten die SNF-Entscheidung zum Lackmustest für den Zusammenhalt der westlichen Allianz hoch. Die Bonner Koalition einigte sich am 21. April 1989 nach einer erbitterten Auseinandersetzung schließlich darauf, die Entscheidung über die Modernisierung zu verschieben. Genscher und seinen Mitarbeitern standen nun schwere Auseinandersetzungen mit den Verbündeten bevor.

Als Genscher und Verteidigungsminister Gerhard Stoltenberg im April 1989 nach Washington fuhren, um den Koalitionsbeschluss zu konsultieren, konnte der Besuch kaum frostiger beginnen. US-Außenminister James Baker ließ die Deutschen 13 Minuten im Konferenzraum der siebten Etage des State Departments warten. Dann zog die amerikanische Delegation geschlossen ein. Es schien, als wollten deren Mitglieder – Baker, Cheney, Scowcroft, Blackwill, Kimmitt, Lehman, Ridgeway, Zoellick und andere – einander an Grimmigkeit übertreffen. Bob Blackwill, Europadirektor im Nationalen Sicherheitsrat, amüsierte sich später: „Wir waren sauer, weil ihr Deutsche euch wie Amerikaner verhalten hattet: Erst entscheiden, dann konsultieren!" Nach etwa 20 Minuten steifer Verhandlungen wurde es Genscher zu bunt. Er forderte eine Unterbrechung der Sitzung und bat Baker um ein Gespräch im kleineren Kreis – Baker, Brent Scowcroft, Stoltenberg und er. Das Gespräch wurde auf der Dachterrasse des State Departments geführt. Es wurde zu einem Schlüsselereignis in den Beziehungen zwischen Baker und Genscher. Die deutsch-amerikanischen Positionen in der SNF-Frage näherten sich an. Wichtiger war jedoch, dass aus dieser politischen Belastungsprobe zwischen Baker und Genscher ein enges Vertrauensverhältnis erwuchs, das sich zu einer Freundschaft zwischen zwei politischen Profis entwickelte, die einander Respekt zollten. Beim anschließenden Mittagessen lehnte sich ein entspannter Baker zurück und fragte schelmisch: „Erklär uns doch einmal, Hans-Dietrich, wieso man uns aus Bonn fortgesetzt erzählt, dass es auf Deine Haltung nicht ankommt?"

Der Bundestag erlebte am 27. April 1989 einen der erregtesten Debattenbeiträge des FDP-Außenministers: „Auf unserer Seite geht es bei der Entscheidung über neue nukleare Kurzstreckenraketen um Waffensysteme, die das polnische und das tschechische Volk erreichen können, die im Zweiten Weltkrieg so unendliches Leid ertragen mussten" rief Genscher aus: „Es geht um nukleare Kurzstreckenraketen, die den anderen Teil unseres Vaterlandes erreichen können." Und dann nahm der gebürtige Hallenser seinen Koalitionspartner auf der Regierungsbank ins Visier: „Die Mitglieder der Bundesregierung leisten den Eid, ihre Kräfte dem Wohl des deutschen Volkes zu widmen", mahnte er. „Die Verpflichtung aus diesem Eid endet nicht an der Grenze mitten durch Deutschland." Genschers leidenschaftlicher Appell, das Friedensgebot des Grundgesetzes zu achten, führte zu einer paradoxen Allianz mit dem konservativen CDU/CSU-Fraktionsvorsitzenden Alfred Dregger. Dessen Wort „Je kürzer die Reichweite, desto toter die Deutschen!" machte fortan die Runde. Noch aber stand der NATO-Gipfel vom 29. bis 30. Mai 1989 für die endgültige Entscheidung über die Modernisierung aus. Mit der Empfehlung des FDP-Parteitags in Köln ausgestattet, die schwarz-gelbe Koalition im Fall einer Entscheidung zugunsten der Modernisierung zu verlassen, fuhr Genscher nach Brüssel. Hier bewährte sich das zwischen Baker und Genscher geschaffene Vertrauen – sichtbar für alle übrigen Außenminister –, als sie sich in der dramatischen Nachtsitzung des NATO-Gipfels in eine Ecke des Brüsseler Konferenzsaales zurückzogen, eine Kompromissformel fanden und diese – gegen erbitterten britischen und niederländischen Widerstand – schließlich durchsetzen konnten. Der NATO-Gipfel geriet damit noch unerwartet zu einem politischen Erfolg. Die dort getroffene Entscheidung schuf ein günstiges Umfeld für die weitere Gestaltung des Ost-West-Verhältnisses. Ohne diese Entscheidung wäre die Berliner Mauer – wenn überhaupt – nicht so schnell gefallen und die Welt würde heute anders aussehen.

Frank Elbe, Botschafter a. D., Rechtsanwalt, Publizist; geboren 1941 in Iserlohn; verheiratet. Studium der Rechtswissenschaft in Innsbruck und Bonn, beide juristische Staatsprüfungen. 1971 bis 2005 im diplomatischen Dienst. Überwiegend mit Ost-West Beziehungen, Sicherheits- und Abrüstungspolitik befasst. 1987 bis 1992 Leiter des Ministerbüros im Auswärtigen Amt. Verhandler bei den Zwei-plus-Verhandlungen über die Einheit Deutschlands. Redenschreiber für Außenminister

Genscher. 1990 Ernennung zum Botschafter zur besonderen Verwendung und Leiter des Leitungsstabes. 1992 Ernennung zum Ministerialdirektor und Leiter des Planungsstabes im Auswärtigen Amt. 1993 bis 2005 Botschafter in Indien, Japan, Polen und der Schweiz. Seit 2006 Rechtsanwalt in Bonn.

Bild 6

Wenn die berüchtigte Bonner Sommerschwüle den Aufenthalt in den Büros unerträglich werden lässt, finden Arbeitsgespräche schon mal unter den schattigen Bäumen im Park des Gästehauses des Auswärtigen Amtes statt. Die scheinbar lockere Atmosphäre trügt jedoch: Wenn Frank Elbe, Leiter Ministerbüro, Jürgen Chrobog, Sprecher des Auswärtigen Amtes, und Dieter Kastrup, politischer Direktor und einer der engsten Vertrauten Genschers, mit ihrem Chef zusammenkommen, wird hart gearbeitet.

Liberale Europapolitik?
Bundesaußenminister Hans-Dietrich Genscher und der Weg zur Einheitlichen Europäischen Akte (1981-1986)

Agnes Bresselau von Bressensdorf

1 Einleitung

Als Hans-Dietrich Genscher 1974 zum Bundesaußenminister ernannt wurde, war er für dieses Amt, das er 18 Jahre lang innehaben sollte, keineswegs prädestiniert. Weder in außen- noch in europapolitischen Fragen war der bisherige Innenminister in Erscheinung getreten, sieht man von der juristischen Absicherung der Ostverträge ab. So schlug ihm anfangs auch vonseiten der Medien unverhohlene Skepsis entgegen. Doch zur Überraschung vieler Zeitgenossen arbeitete er sich schnell und intensiv in sein neues Fachressort ein und nötigte auch seinen Zweiflern Respekt ab (Ruhfus 2006, S. 185). Nach nur fünf Monaten war in der Zeitschrift *Capital* zu lesen, der neue deutsche Chefdiplomat „verblüffe Freund und Feind durch überzeugende Amtsführung und sichere Auftritte auf internationalem Parkett" (Straeten 1998, S. 173).

Ein konkreter europapolitischer Fahrplan oder gar wegweisende Visionen waren zunächst allerdings nicht zu erkennen. Paradigmatisch hierfür steht seine Rede vor dem Deutschen Bundestag am 18. September 1974: „Die Einigung Europas bleibt das zentrale Thema unserer Außenpolitik. Zu diesem Ziel wollen wir sowohl über eine fortschreitende wirtschaftliche Integration als auch über eine immer dichter werdende außenpolitische Zusammenarbeit der neun Staaten gelangen. Wir haben in der Europäischen Gemeinschaft ein Maß an Integration erreicht, das noch vor zehn Jahren unvorstellbar war. Das darf uns aber nicht die Augen verschließen vor den Problemen, die noch zu lösen sind" (Genscher 1974, S. 7697). In der für ihn typischen sachlich-nüchternen Ausdrucksweise brachte er damit den Stand der Dinge auf den Punkt: Die Zeichen der Zeit standen auf Krisenmanagement.

Zu den vordringlichsten Problemen der Europäischen Gemeinschaft (EG) zählten zu diesem Zeitpunkt die wirtschafts- und währungspolitischen Turbulenzen infolge der Ölpreiskrise von 1973 sowie die Streitigkeiten um die britische

Nettozahlerposition (Wirsching 2006, S. 505; Lucas 2002, S. 87–88). Außerdem hatten sich die Staats- und Regierungschefs der EG auf der Pariser Gipfelkonferenz von 1972 zum Ziel einer „Europäischen Union" bekannt. Eine entsprechende institutionelle Vertiefung war bislang jedoch nur stockend vorangekommen. Auch das vom amerikanischen Außenminister 1973 ausgerufene „Jahr Europas", welches zu einer Neuordnung des transatlantischen Verhältnisses beitragen sollte, hatte nicht zur Dynamisierung des europäischen Einigungsprozesses beigetragen. Darüber hinaus war ein geschlossenes außenpolitisches Auftreten der Neun in den Verhandlungen um die KSZE-Schlussakte, in der Nahost-Krise und innerhalb der Vereinten Nationen unabdingbar, wollte die EG ihr politisches Gewicht auf internationaler Bühne geltend machen. Selten hatte Europa so sehr nach einer neuen integrationspolitischen Initiative verlangt, deren Chancen auf Verwirklichung gleichzeitig so ungemein gering waren.

Vor diesem Hintergrund befasst sich der Beitrag mit der Europapolitik Hans-Dietrich Genschers in den Krisen- und Aufbruchsjahren zwischen 1981 und 1986. In einem ersten Schritt werden die europapolitischen Perspektiven und Leitbilder Genschers dargelegt. Dazu zählen sein Verständnis von Europa als „Schicksalsgemeinschaft der Freiheit" ebenso wie die Vorstellung eines demokratischen „Europas der Bürger". Ausgehend davon steht im zweiten Kapitel mit der „Genscher-Colombo-Initiative" die wohl bedeutendste europapolitische Initiative des Bundesaußenministers, die 1986 in die Verabschiedung der Einheitlichen Europäischen Akte (EEA) mündete, im Zentrum der Analyse. Abschließend soll der Diktion des Sammelbandes folgend der Frage nach den spezifisch liberalen Implikationen in Genschers Europapolitik nachgegangen werden.

2 Grundlinien liberaler Europapolitik in der Ära Genscher

2.1 Die EG als historische Schicksalsgemeinschaft der Freiheit

Obwohl Genscher bei seinem überraschenden Amtsantritt noch kein konkretes europapolitisches Konzept in Händen hielt, so lässt eine systematische Auswertung seiner öffentlichen Reden doch schon bald drei Grundpfeiler seines außenpolitischen Denkens erkennen, die sich im Laufe der folgenden Jahre weiter verfestigten: Ein erster Schwerpunkt galt der Politik gegenüber der DDR mit dem langfristigen Ziel der Wiedervereinigung. Die unabdingbare Grundlage einer solch konstruktiven

Deutschlandpolitik sah Genscher zweitens in dem Bemühen um eine Vertiefung der europäischen Integration. Drittens schließlich betrachtete er die Entspannungspolitik gegenüber dem Ostblock als wesentlichen Beitrag zur Überwindung der deutschen und europäischen Teilung. Auf diesen drei Säulen ruhte gleichsam als Dach das Ziel einer „europäischen Friedensordnung", während der Nordatlantischen Allianz die Funktion eines sicherheitspolitischen Fundaments zukommen sollte (Bresselau von Bressensdorf 2011, S. 257).

Genschers Europapolitik war also immer auch Deutschlandpolitik und folgte damit der parteiübergreifenden bundesdeutschen Staatsräson:

> „Wir sehen auch die Überwindung der deutschen Teilung nicht als ein europäisches Hindernis, sondern als eine europäische Aufgabe. Wir sind überzeugt, dass die Geschichte mit der bestehenden Teilung unseres Volkes nicht das letzte Wort gesprochen hat. […] Die deutsche Nation, gleichberechtigt und vereinigt in einer europäischen Friedensordnung, das meinen wir, wenn wir von Wiedervereinigung sprechen" (Genscher 1981a, S. 244).

Gleichzeitig sah er den Weg dorthin stärker als etwa die Vertreter von CDU und CSU an eine Politik konstruktiver Zusammenarbeit und Kommunikation mit den Staaten des Warschauer Paktes gekoppelt. Im Kalten Krieg, der für Genscher weniger eine machtpolitische, denn eine ideologische Auseinandersetzung um die Freiheit war (Genscher 1981b, S. 117), sah er die EG nicht als gegen die östlichen Nachbarn gerichtete Institution an. Vielmehr betrachtete er sie als historische „Schicksalsgemeinschaft" liberaler Demokratien (Genscher 1981a, S. 246), deren historische Aufgabe es sein musste, als „Kraftzentrum der Freiheit" zu wirken (Lucas 2002, S. 89). „Die Idee, die Europa zu Europa gemacht hat, ist die Idee der Freiheit", so Genscher in einem Vortrag vor dem European Management Forum in Davos am 29. Januar 1982. Weiter heißt es: „Dabei ist uns stets gegenwärtig, dass dies nicht das ganze Europa ist, dass Warschau, Prag und Budapest – um nur diese drei Namen zu nennen – europäische Städte sind, so wie Leipzig und Dresden deutsche Städte sind" (Genscher 1982, S. 85). Erkennbar wird hierin nicht nur der klassisch liberale Fortschrittsoptimismus, der Genscher so sehr prägte, sondern auch ein Sendungsbewusstsein, das darauf abzielte, die europäischen Werte über den Eisernen Vorhang hinweg zu verbreiten, in dem festen Glauben daran, dass sie der kommunistischen Weltanschauung überlegen und diese langfristig zu überwinden in der Lage seien (Wirsching 2010, S. 68).

Nicht unbedeutend für diese politische Grundüberzeugung mögen auch biographische Faktoren gewesen sein. Für Genscher, der 1927 nahe der Stadt Halle an der Saale und damit in der späteren DDR geboren worden war, entwickelte sich die deutsche Teilung zu einem wichtigen Antriebsmoment seines politischen Engagements. So formulierte er rückblickend in seinen Memoiren, der 8. Mai 1945 „war auch für uns Deutsche der Tag der Befreiung. Tag der Niederlage war er für ein verbrecherisches Regime. [...] Wir wollen dabei gleichwohl nicht vergessen, dass Befreiung vom Nationalsozialismus nicht für alle Deutschen auch Freiheit bedeutete" (Genscher 1995, S. 57). 1946 der Liberal-Demokratischen Partei Deutschlands (LDPD) beigetreten, zeigte er sich zunehmend enttäuscht von den Entwicklungen in der Sowjetischen Besatzungszone hin zu einem Staat sozialistischer Prägung. Angesichts seiner Ohnmacht, unter diesen Rahmenbedingungen seine politischen Überzeugungen zu verwirklichen, siedelte er 1952 in die Bundesrepublik über und wurde wenig später Mitglied der FDP (Genscher 1995, S. 55–69). Nicht durch Zufall rekurrierte er daher in öffentlichen Reden, aber auch in diplomatischen Verhandlungen stets auf seine „mitteldeutsche Heimat" Halle und beschwor geradezu mantraartig das Ziel, „auf einen Zustand des Friedens in Europa hinzuwirken, in dem das deutsche Volk in freier Selbstbestimmung seine Einheit wiedererlangt" (Genscher 1975a, S. 12798).

Nach außen zielte Genschers Vorstellung von einem Europa der Freiheit also darauf ab, seine Anziehungskraft auf jene Europäer, „die heute unter einer fremden, aufgezwungenen Ideologie leben müssen" (Genscher 1981a, S. 214), zu verstärken. Dazu zählten natürlich in erster Linie die Länder des kommunistischen Ostblocks. Das passende politische Instrumentarium, um eine solche Entwicklung zu forcieren, sah er in der Konferenz für Sicherheit und Zusammenarbeit in Europa (KSZE), insbesondere im sogenannten dritten Korb der Schlussakte von Helsinki, die sich mit humanitären Fragen wie „menschliche Kontakte", Reiseerleichterungen und Familienzusammenführungen befasste. „Bei Korb drei", so Genscher vor dem Deutschen Bundestag am 25. Juli 1975 anlässlich der Unterzeichnung der Schlussakte, „geht es um Fragen, die das Leben und das Schicksal unzähliger Menschen unmittelbar berühren. Es geht darum, ob Menschen ihre Angehörigen besuchen können, ob Familien, die auseinandergerissen sind, zusammenkommen, ob Menschen, die einander lieben, heiraten können, ob die Menschen überall in Europa mehr voneinander erfahren, ob sie einander besser verstehen können. An den praktischen Auswirkungen gerade dieser Aussagen wird die Bundesregierung den Wert der Konferenzergebnisse messen" (Genscher 1975a, S. 12801).

Was die KSZE für die wachsende Zusammenarbeit sowie die politische und wirtschaftliche Verflechtung mit Osteuropa war, sollte das Angebot eines EG-Beitritts für andere, bislang autoritär regierte Staaten auf dem europäischen Kontinent, wie etwa Portugal, Griechenland und Spanien sein. Nach dem Sturz der Militär-Junta 1974 und der Rückkehr zur griechischen Republik stellte Athen unter Ministerpräsident Konstantinos Karamanlis ein Jahr später einen Antrag auf Beitritt zur Europäischen Gemeinschaft (Axt 2004, S. 377–404; Kohler 1981,

S.133–254). Schon kurz nach dem Abschluss der Römischen Verträge 1957 hatte das Land die Annäherung an die EG gesucht. Aufgrund der politisch und wirtschaftlich instabilen Lage ging man in Brüssel allerdings von einer langen Übergangsphase aus, die mittels eines 1962 geschlossenen Assoziierungsabkommens strukturiert werden sollte. Nach dem Staatsstreich griechischer Offiziere im April 1967 wurde eine weitere Annäherung an die Europäische Gemeinschaft zunächst jedoch auf Eis gelegt. Erst die Rückkehr zur Demokratie ermöglichte die erneute Wiederannäherung Athens an die EG. Bereits am 9. September 1974, wenige Wochen nach der Neubildung der griechischen Regierung, führte Genscher ein Gespräch mit Außenminister Georgios Mavros in Bonn, bei dem Letzterer die prekäre ökonomische Lage des Landes und den unbedingten Reformwillen Athens unterstrich (Institut für Zeitgeschichte 2005). Genscher seinerseits betonte, die Bundesrepublik wisse aus eigener Erfahrung, welche Bedeutung wirtschaftliche Stabilität für eine demokratische Entwicklung besitze. Dieser politische Aspekt bilde den Maßstab seines Handelns, weshalb er sich in Brüssel für die schnellstmögliche Wiederaufnahme der Assoziierungsverhandlungen als Vorstufe zu einem späteren Beitritt ausgesprochen habe. Während einige EG-Partner angesichts der ökonomischen Schwäche Athens und dem weiterhin schwelenden griechisch-türkischen Konflikt zum Teil erhebliche Bedenken gegenüber einem raschen Beitritt vorbrachten (Institut für Zeitgeschichte 2007), entwickelte sich Bonn zum vehementesten Fürsprecher der Regierung Karamanlis, um die „Wiederherstellung der Demokratie in Griechenland zu unterstützen" (Institut für Zeitgeschichte 2005, Anm. 12). Als die Verhandlungen in Brüssel am 21. Dezember 1978 schließlich kurz vor ihrem Scheitern standen, gelang es Genscher, durch stundenlange Vermittlungstätigkeit zwischen der griechischen Delegation und der Kommission den Durchbruch zu erzwingen (Institut für Zeitgeschichte 2009, Anm. 3). Dieser Einsatz, den er nach eigenen Worten „aus europäischer Überzeugung" geleistet hatte, brachte ihm nachhaltige Anerkennung und großen Dank vonseiten der athenischen Regierung ein und trug wesentlich dazu bei, dass Griechenland 1981 der EG beitreten konnte (Institut für Zeitgeschichte 2011a, S. 1013).

Auch die Länder der iberischen Halbinsel standen 1974 an einer historischen Wegscheide. Spanien sah sich nach dem Sturz des Franco-Regimes der Herausforderung gegenüber, die bisherigen autokratischen Strukturen zu überwinden und eine freiheitlich demokratische Grundordnung im Rahmen einer konstitutionellen Monarchie zu etablieren (Abellán 2005; Däumer 2007; Mauersberger 1981, S. 468–477; Kohler 1981, S. 255–416). In Portugal hatte die „Nelkenrevolution" mit dem Sturz des Diktators Marcelo Caetano im April 1974 ebenfalls die Tür zur demokratischen Dritten Republik aufgestoßen (Kohler 1981, S. 17–132). Wenn auch unter gänzlich anderen historischen Rahmenbedingungen befanden sich beide Staaten ähnlich wie Griechenland in einer schwierigen politischen Übergangsphase, hatten mit einer desolaten Wirtschaftslage zu kämpfen und stellten im Frühjahr bzw. Sommer 1977 einen Aufnahmeantrag an die EG. Aufgrund der zu erwartenden ökonomischen Zusatzbelastungen für die Mitgliedstaaten wehrte sich vor allem Frankreich gegen eine neuerliche Erweiterung der Gemeinschaft (Institut für Zeitgeschichte 2010, Anm. 24). Genscher hingegen schob, wie schon im Falle Griechenlands wirtschaftliche und finanzielle Bedenken beiseite und nannte vor allem politische Gründe, die einen Beitritt dieser Staaten nicht nur empfahlen, sondern ihn erneut als alternativlos erscheinen ließ: Ein rascher Beitritt könne zu einer innenpolitischen Stabilisierung der noch jungen Demokratien erheblich beitragen – eine historische Chance, die unter keinen Umständen verpasst werden dürfe (Genscher 1977, S. 2037). Trotz seiner eindringlichen Appelle konnten die langwierigen Verhandlungen allerdings erst Mitte der 1980er Jahre abgeschlossen werden. Am 1. Januar 1986 traten Spanien und Portugal schließlich der Europäischen Gemeinschaft bei.

2.2   Ein demokratisches „Europa der Bürger"

Richtete sich die äußere Dimension der EG als Gemeinschaft der Freiheit also vor allem auf die Transformation autokratischer Regime durch die Verbreitung liberalen Gedankenguts sowie die Erweiterung der Gemeinschaft, zielte die innere Dimension auf die Demokratisierung des europäischen Institutionensystems. Bereits 1974 hatten die Staats- und Regierungschefs auf dem Pariser Gipfel beschlossen, die in den Römischen Verträgen vorgesehenen direkten Wahlen zur „Versammlung der Europäischen Gemeinschaften" – nun Europäisches Parlament genannt – 1978 durchzuführen und dessen Befugnisse zu erweitern. Dieses Ansinnen wurde im Bericht Leo Tindemans unterstrichen, der 1975 eine Vertiefung der Integration forderte. Davon war man jedoch weit entfernt. Vor allem Frankreich, Dänemark und Großbritannien wehrten sich strikt gegen eine Kompetenzausweitung des Parlaments und auch in der Frage eines einheitlichen europäischen Wahlsystems konnte keine Einigkeit erzielt werden (Link 1987, S. 282–283). Die zähen Verhandlungen verwiesen einmal mehr auf die grundlegenden, gleichsam traditionellen Differenzen der Mitgliedstaaten bezüglich der konkreten Gestaltung der Europäischen Gemeinschaft. Lehnten Paris, Kopenhagen und London aus Sorge vor einem Souveränitätsverzicht der Nationalstaaten eine institutionelle Vertiefung der Integration ab, vertrat Bonn gemeinsam mit Italien und den Benelux-Ländern eine prinzipiell integrationsfreundliche Haltung (Brunn 2004, S. 63–67).

Auch die FDP, deren Europapolitik nach der Ablehnung der Römischen Verträge 1957 lange Zeit ein Schattendasein geführt hatte, verabschiedete auf ihrem
Mainzer Parteitag 1975 ein europapolitisches Grundsatzprogramm (Lucas 2002,
S. 90; Remmert 1992, S. 143–164). Darin forderte sie eine bundesstaatliche Ordnung
Europas mit einem demokratisch legitimierten Parlament, das eine Verfassung für
eine Europäische Union und einen europäischen Grundrechtskatalog ausarbeiten
sollte, außerdem einen von den nationalen Regierungen bestellten „Staatenrat"
als Vertretung der Mitgliedstaaten sowie eine vom Staatenrat ernannte und vom
Europäischen Parlament gewählte „Europäische Regierung" (Verheugen 1980a).
„Die Liberalen", so Genscher im Oktober 1975, „wollen mehr als ein lediglich am
Warenaustausch interessiertes Europa. Sie wollen ein politisch verfasstes Europa
mit demokratisch legitimierten Institutionen, ein Europa der Grundrechte, auf die
sich der einzelne Bürger berufen kann, ein Europa, dessen Außen-, Wirtschafts-
und Bildungspolitik nach liberalen Grundsätzen geleitet wird" (Genscher 1975b).
Dementsprechend entwickelte sich Genscher zu einem der stärksten Befürworter
einer Direktwahl des Europäischen Parlaments. Um möglichst rasch einen Termin
für den Wahltag vereinbaren zu können, war der Bundesaußenminister auch bereit, in der umstrittenen Frage der Sitzaufteilung im Europäischen Parlament den
Partnern weit entgegen zu kommen (Genscher 1977) – eine Haltung, die besonders
in der CDU/CSU-Fraktion auf Kritik stieß (Lenz 1977).

Genscher selbst versprach sich von der Wahl vor allem eine stärkere Einbindung
der deutschen und europäischen Öffentlichkeit sowie einen neuen Integrations-
schub. Brüssel dürfe nicht länger als großer technokratischer Verwaltungsapparat
und institutionalisierter Debattierklub wahrgenommen werden.

> Mit der Direktwahl zum Europäischen Parlament wird ein neuer Abschnitt in der
> Geschichte der europäischen Einigung beginnen. […] Zum ersten Mal wird ein
> Parlament gewählt, das europäisch legitimiert ist. […] Der Wahlkampf selbst wird
> das Thema Europa endgültig aus den Konferenzsälen der Regierungen und Experten
> heraustragen und zu den Bürgern bringen und ihnen bewusst machen, wie sehr ihre
> eigene Zukunft mit der Zukunft der Gemeinschaft verbunden ist (Genscher 1977,
> S.2036).

Wenn es gelänge, die europäische Politik zu einer Sache der breiten Öffentlichkeit
zu machen, wäre dies ein entscheidender Schritt in Richtung eines „Europas der
Bürger". Eine umfassende Debatte sollte dazu beitragen, die Wähler dem europäischen Einigungsgedanken wieder näher zu bringen und – jenseits nationaler
Staatsangehörigkeit – ihre Identifikation als Bürger einer in Freiheit vereinigten
Europäischen Gemeinschaft voranzutreiben. Das Entstehen einer solchen, über
nationalstaatliche Grenzen hinausreichenden, spezifisch europäischen Öffentlich-

keit würde dem Integrationsprozess neue Dynamik verleihen, so die Überzeugung Genschers:

> Mit der Direktwahl überschreiten wir – endlich – die Schwelle zu einem Europa der Bürger. Mit ihr tun wir einen wichtigen Schritt hin zu einer Gemeinschaft, die sich nicht nur aus parlamentarischen Demokratien zusammensetzt, sondern auch selbst wirklich demokratisch verfasst ist. Ich bin deshalb überzeugt, dass die erste Direktwahl in die Geschichtsbücher als eines der entscheidenden Ereignisse im europäischen Einigungsprozess eingehen wird (Genscher 1981c, S. 180).

So war es nur folgerichtig, dass Genscher einer professionellen Öffentlichkeitsarbeit der Bundesregierung und einer zielgerichteten Medienkampagne im Vorfeld der Wahl einen hohen Stellenwert beimaß. Gleichzeitig war jedoch unübersehbar, dass Genscher die Wahlen de facto weniger zur Herstellung einer transnationalen europäischen Öffentlichkeit, als – ein Jahr vor der Bundestagswahl – zur Etablierung „seiner" FDP als die bundesdeutsche Europapartei schlechthin zu nutzen gedachte. So richtete die Bundestagsfraktion zur Planung des Wahlkampfes ein sogenanntes Europabüro ein (Strohbecke 1993, S. 49) und setzte auf eine Strategie der Personalisierung. Auf ihren Plakaten posierte neben dem Spitzenkandidaten Martin Bangemann und einem weiteren Direktwahlkandidat stets auch der Bundesaußenminister. Trotz relativ inhaltsleerer Slogans wie „Europa liberal" und „Ja zu Europa" formulierte das Wahlprogramm der FDP im Vergleich zu demjenigen von SPD und CDU/CSU einen relativ klaren europapolitischen Kurs (Verheugen 1980b). Deutlich wurde allerdings auch, dass die länderübergreifende Föderation der Liberalen und Demokratischen Parteien in der Europäischen Gemeinschaft – ähnlich wie ihre sozial- und christdemokratischen Pendants, der Bund der sozialistischen Parteien in der Europäischen Gemeinschaft und die Europäische Volkspartei – nur eine nachgeordnete Rolle spielten (Hülsken 2011). Von der Entstehung einer dezidiert europäischen Öffentlichkeit konnte somit kaum die Rede sein (Brunn 2004, S. 68).

Insgesamt blieb das Ergebnis der ersten Direktwahl des Europäischen Parlaments, die im Juni 1979 – und damit ein Jahr später als ursprünglich vorgesehen – abgehalten wurde, für die FDP, die lediglich 6 % der Stimmen auf sich vereinigen konnte, enttäuschend (Hülsken 2011, S. 185). Das neue, demokratisch legitimierte Parlament wurde nicht zu einem Integrationsmotor, sondern recht schnell von den realen Machtverhältnissen innerhalb der Gemeinschaft in seine Schranken gewiesen. Zwar nahmen die Parlamentarier ihr Budgetrecht im Dezember 1979 erstmals wahr, als sie den EG-Haushaltsplan für das Jahr 1980 spektakulär ablehnten. Gleichwohl zogen sie sich wenige Monate später selbst zurück, da mit der Haushaltsblockade nicht zuletzt die eigene Arbeit behindert wurde. Auch die Regierung Schmidt/

Genscher zeigte sich nicht gewillt, den konkreten haushaltspolitischen Forderungen des Parlaments nachzukommen oder Letzteres über ihre Politik bzw. die Politik des Ministerrats mehrheitlich abstimmen zu lassen (Link 1987, S. 283–284). So blieb nach wie vor die intergouvernementale Ebene und damit der Ministerrat das entscheidende Organ im europäischen Institutionengefüge. Genscher war also, trotz seines Einsatzes für eine Kompetenzausweitung des Parlaments, letztlich nicht bereit, eigene Befugnisse zugunsten einer nachhaltigen Demokratisierung europäischer Politik preiszugeben. Ihn deshalb mangelnder integrationspolitischer Motivation zu bezichtigen wäre gleichwohl verfehlt. Seine Vorstellung von Europa folgte dem Primat der Politik – einer Politik, die er selbst auf Regierungsebene mitgestalten wollte. Gerade in der so schwierigen Phase der „Eurosklerose" setzte er sich weiter für eine Vertiefung der Gemeinschaft ein und ging 1981 mit seinem wohl wichtigsten europapolitischen Projekt an die Öffentlichkeit: der Genscher-Colombo-Initiative.

3 Europa als politisches Projekt: Von der Genscher-Colombo-Initiative zur Verabschiedung der Einheitlichen Europäischen Akte (1981-1986)

Trotz der erfolgreichen Umsetzung der ersten Direktwahlen zum Europäischen Parlament gelang es der Europäischen Gemeinschaft Ende der 1970er Jahre nicht, sich aus ihrer Krise zu befreien. Nach wie vor verhinderten vor allem die fortwährenden Haushaltsstreitigkeiten Fortschritte in anderen Gebieten des Integrationsprozesses. Während insbesondere Frankreich davon profitierte, dass noch immer zwei Drittel aller EG-Ausgaben auf den Agrarsektor entfielen, sah sich London strukturell benachteiligt. Da im Industriestaat Großbritannien der Landwirtschaft eine nur geringe volkswirtschaftliche Bedeutung zufiel, resultierten daraus entsprechend niedrige Förderleistungen der Gemeinschaft, weshalb die Regierung Thatcher hartnäckig eine Korrektur des Ungleichgewichts durch die Reduzierung der britischen Beiträge bzw. eine substanzielle Aufstockung der Rückzahlungen aus Brüssel forderte. Die Bundesrepublik ihrerseits sah sich mit einem Beitrag von 30 % der EG-Einnahmen bei Zuflüssen von nur 23 Prozent der EG-Leistungen zunehmend als „Zahlmeister" der Gemeinschaft und verweigerte eine Beitragserhöhung (Kühlcke und May 1986; Rosengarten 2008, S. 18–19). Darüber hinaus nahmen die Herausforderungen für die EG weltweit drastisch zu, wie etwa der Einmarsch sowjetischer Truppen in Afghanistan, die Auseinandersetzung um die Aufrüstung Moskaus mit nuklearen Mittelstreckenraketen, die iranische Geiselaffäre und nicht zuletzt die Massenproteste in Polen eindrücklich vor Augen führten. Entsprechend düster fiel die Bestandsaufnahme des Auswärtigen Amtes im Herbst 1980 aus. In einer Aufzeichnung an Genscher konstatierten die Ministerialdirektoren Klaus Blech und Per Fischer:

> Vieles spricht somit dafür, dass wir uns um die Jahreswende 1981/82 vor eine Krisensituation gestellt sehen werden, die den Zusammenhalt der Gemeinschaft ernsthaft in Frage stellen und unsere auf fester Verankerung im Westen beruhende Position gefährden könnte. Da gerade wir aus außen- wie aus wirtschaftspolitischen Gründen auf eine funktionsfähige Gemeinschaft nicht verzichten können, werden wir uns dem Zwang zu Kompromissen und Opfern (auch finanzieller Natur) ausgesetzt sehen. Um eine solche Politik innenpolitisch abzustützen und der Gemeinschaft förderliche Lösungen überhaupt zu ermöglichen, reicht eine Politik vornehmlich pragmatischer Teilschritte bei der Bewältigung anstehender konkreter Probleme nicht mehr aus. Vielmehr bedarf die europäische Politik dringend zusätzlicher Anstöße durch Fortschritte in Richtung auf eine auch politisch konzipierte Europäische Union (Institut für Zeitgeschichte 2011b, S. 1411).

Blech und Fischer schlugen daher eine Initiative zum Abschluss eines Vertrages über eine Europäische Union unter Rückgriff auf die Fouchet-Pläne der frühen 1960er Jahre vor, verwiesen jedoch gleichzeitig darauf, dass eine solche Initiative frühestens in der zweiten Hälfte des Jahres 1981 Aussicht auf Erfolg habe, da dann die Wahlen in der Bundesrepublik, Frankreich und den USA abgeschlossen wären. Zudem, so der dringliche Appell an den Minister, müsste ein solcher europapolitischer Vorstoß vorab mit Frankreich besprochen werden, und könne erst dann an die übrigen Mitgliedstaaten weitergeleitet werden.

Anders als von seinen Staatssekretären empfohlen, ging Genscher bereits am 6. Januar 1981 –ohne vorherige Absprache mit Paris und dem Bundeskanzleramt – an die Öffentlichkeit:

> Die Antworten auf die großen Herausforderungen unserer Zeit dürfen von den Europäern nicht nur in der unbestreitbar wichtigen Reform des Agrarmarktes, im Streit über Marktordnungen und auch nicht in den Auseinandersetzungen zwischen den Organen der Gemeinschaft gesucht werden. Ein Europa, das sich nur darin verstehen würde, beschritte mit der Stagnation den Weg des Zerfalls. Es meldete sich ab aus der internationalen Politik. Europa braucht einen neuen politischen Impuls. Es braucht einen sichtbaren Schritt in Richtung auf die Europäische Union. Ich frage: Ist es nicht endlich Zeit für einen Vertrag über die Europäische Union? (Genscher 1985, S. 309).

Als Ziele einer solchen Union nannte Genscher den Ausbau der Gemeinschaftspolitiken entsprechend der Verträge von Paris und Rom, die Abstimmung im Bereich der Sicherheitspolitik, die engere Zusammenarbeit im kulturellen Bereich, die Harmonisierung der Gesetzgebung sowie – und dies in besonderer Weise – die Entwicklung einer gemeinsamen europäischen Außenpolitik.

Seinen europapolitischen Vorstoß hatte Genscher nicht durch Zufall in seiner Rede auf dem traditionellen Dreikönigstreffen der FDP in Stuttgart platziert und folgte damit auch parteipolitischen Implikationen – es galt, der FDP ein europapolitisches Profil zu verleihen. Nicht zuletzt deshalb stieß er auf sehr zurückhaltende Reaktionen des Koalitionspartners. Während Bundesverteidigungsminister Hans Apel einer Vertiefung der sicherheitspolitischen Integration skeptisch gegenüber stand, besaß Bundeskanzler Helmut Schmidt ein vornehmlich ökonomisch motiviertes Interesse an der EG (Rosengarten 2008, S. 33; Lappenküper 2010, S. 280; Karama 2001, S. 167–171; Loth 2004, S. 480; Genscher 1995, S. 364). Dessen ungeachtet beauftragte Genscher den für Europafragen zuständigen Staatssekretär im Auswärtigen Amt, Hans-Werner Lautenschlager, mit der Ausarbeitung eines Konzepts für die Europäische Union, in dem dieser die Rolle des Europäischen Rates und die Notwendigkeit einer Stärkung der Europäischen Politischen Zusammenarbeit (EPZ) betonte (Fröhlich 2001, S. 188). Gleichzeitig erhielten die Botschafter des Auswärtigen Amts vorsorglich die Order, im Falle kritischer Nachfragen der EG-Partner zu betonen, dass der Initiative Genschers kein ausgearbeiteter Europaplan zugrunde liege, sondern lediglich die europapolitische Diskussion wieder in Gang gebracht werden solle (Institut für Zeitgeschichte 2012, S. 9).

In der Tat stieß Genschers Appell auch im europäischen Ausland, insbesondere in Paris und London, auf deutliche Zurückhaltung. Rückendeckung erfuhr er stattdessen aus Rom. Der italienische Außenminister Emilio Colombo, der von 1977 bis 1979 als Präsident des Europäischen Parlaments maßgeblich an der Durchführung der ersten Direktwahl beteiligt gewesen war und dessen Laudatio anlässlich der Verleihung des internationalen Karlspreises der Stadt Aachen im Mai 1979 von Genscher gehalten wurde, zeigte sich aufgeschlossen gegenüber der deutschen Initiative. Bereits Ende Januar 1981 erklärte er seine prinzipielle Bereitschaft, Genscher zu unterstützen (Rosengarten 2008, S. 34). Anders als sein deutscher Amtskollege strebte er allerdings keinen neuen EG-Vertrag an, der sich auf die Reform der Institutionen und auf außenpolitische Fragen konzentrieren sollte, sondern plädierte dafür, die vorhandenen Verträge voll auszuschöpfen und zudem die wirtschafts- und währungspolitischen Probleme der Gemeinschaft – also die strittige Agrar- und Haushaltspolitik – einzubeziehen (Lappenküper 2012, S. 229–230; Bonvicini 1987, S. 177–178). Formal bevorzugte Italien das flexible Instrument einer herausgehobenen politischen Erklärung statt den von Genscher präferierten Vertrag, um eine formelle und wenig Erfolg versprechende Ratifizierung vermeiden zu können (Rosengarten 2008, S. 34).

Beide Außenministerien beauftragten daraufhin eine bilaterale Kommission mit der Ausarbeitung einer deutsch-italienischen Erklärung, die – ein Novum in der Geschichte des europäischen Integrationsprozesses – gemeinsam von den beiden Außenministern vor dem Europäischen Parlament vorgestellt werden sollte (Lappenküper 2012, S. 230). Die in mehreren Außenministertreffen am 11./12. September und 3. Oktober 1981 erzielte Kompromisslösung sah einen gesonderten Text zu Fragen der wirtschaftlichen Integration als zusätzliches Dokument vor (Auswärtiges Amt 1982, S. D50–55). Damit war den für Italien wichtigen Aspekten Rechnung getragen, gleichzeitig aber eine Präjudizierung der parallel laufenden Verhandlungen um eine Reform der Agrar- und Haushaltspolitik vermieden worden. So präsentierten Genscher und Colombo gemeinsam ihren Plan für eine „Europäische Akte" am 18. November 1981 vor dem Europäischen Parlament. Die weiteren Verhandlungen der Zehn um die konkrete Ausgestaltung einer solchen „Europäischen Akte", die hier nicht im Detail wiedergegeben werden können, gestalteten sich allerdings äußerst zäh und langwierig, es setzte „eine Zeit der Verwässerungen und Textabstriche" (Rosengarten 2008, S. 55) ein. Ende August 1982 konnte man sich des Eindrucks nur schwer erwehren, dass einige EG-Staaten die Genscher-Colombo-Initiative mit einer Grundsatzerklärung der Staats- und Regierungschefs wenn nicht beerdigen, so doch in einen langen Dornröschenschlaf versetzen wollten (Lappenküper 2012, S. 237; Fröhlich 2001, S. 189).

Nach dem Koalitionswechsel in Bonn im Oktober 1982 allerdings erfuhr Genscher nun zumindest verstärkte Unterstützung aus dem Kanzleramt. Anders als Schmidt machte sich Helmut Kohl gemeinsam mit seinem Außenminister für die Vertiefung der politischen Einigung Europas stark. Ausdrücklich begrüßte der neue Kanzler in seiner Regierungserklärung am 14. Oktober 1982 deshalb den Entwurf einer „Europäischen Akte" (Kohl 1984, S. 30–31). Doch auch der Rückhalt des Kanzleramts konnte nichts daran ändern, dass bei der turnusmäßigen Übernahme der Ratspräsidentschaft durch Bonn im Januar 1983 wenig Anlass zu Optimismus bestand. So hatte eine von den EG-Außenministern eingesetzte Ad-hoc-Gruppe einen Text zur Europäischen Akte vorgelegt, der die Integration fördernde Elemente der Genscher-Colombo-Initiative hinsichtlich der Beschlussverfahren im Rat und der Kompetenzerweiterung des Europäischen Parlaments weitgehend überging. Britischem Drängen nachgebend verabschiedeten die Außenminister beim Europäischen Rat in Stuttgart im Juni 1983 lediglich eine „Feierliche Deklaration", die sich zum schrittweisen Aufbau einer Europäischen Union mit vergemeinschafteter Außenpolitik und zur Beschleunigung der wirtschaftlichen Integration bekannte sowie die Befugnisse des Europäischen Parlaments stärkte (Rosengarten 2008, S. 168–170 und S. 180–182). Genschers rückblickende Interpretation der Stuttgarter Erklärung als Ausgangspunkt einer „Dreistufenrakete" (Genscher 1995, S. 362), die über die Verabschiedung der Einheitlichen Europäischen Akte 1986 gleichsam auf direktem Wege zum Vertrag von Maastricht 1991 geführt habe, kann nicht darüber hinwegtäuschen, dass sein Ziel eines bindenden Vertrags zugunsten einer reinen Willenserklärung aufgegeben worden war (Fröhlich 2001, S. 189).

Neue Dynamik kam in den stockenden Einigungsprozess erst, als die übrigen Gemeinschaftsprobleme – das Haushaltsungleichgewicht, die gemeinsame Agrarpolitik, die Beitrittsverhandlungen mit Spanien und Portugal, die Verbesserung der Entscheidungsverfahren und die Stärkung des Europäischen Parlaments – Anfang 1984 endlich beigelegt worden waren. Dazu trug auch die Wiederbelebung des deutsch-französischen „Integrationsmotors" unter Kohl und dem französischen Staatspräsidenten François Mitterrand bei (Fröhlich 2001, S. 191–192; Wirsching 2006, S. 522; Lappenküper 2010, S. 284–286). Auf dem Gipfel von Fontainebleau setzte der Europäische Rat im Juni 1984 schließlich einen Ad-hoc-Ausschuss unter Leitung des ehemaligen irischen Außenministers James Dooge zur Behandlung der noch ungelösten institutionellen Fragen ein.

Die führende Rolle des Dooge-Komitees, das seit Ende September 1984 in engem Kontakt zur EG-Kommission wie zum Europäischen Parlament tagte, übernahm auf französischer Seite Maurice Faure. Die Bundesregierung entsandte ihrerseits den Staatssekretär im Auswärtigen Amt, Jürgen Ruhfus. Gleichzeitig zeichnete sich ab, dass Genscher mit Bundeskanzler Kohl in europapolitischen Fragen nicht nur ein wichtiger Verbündeter, sondern auch ein regierungsinterner Konkurrent erwachsen war, was in den Folgejahren immer wieder zu Kompetenzstreitigkeit führen sollte. Insbesondere der Chef des Kanzleramts, Horst Teltschick, entwickelte sich zunehmend zum „heimlichen Außenminister" (Wirsching 2006, S. 182) und ließ im Auswärtigen Amt den Eindruck entstehen, an den Rand gedrängt zu werden (Fröhlich 2001, S. 220–234; Rosengarten 2008, S. 183; Korte 1998, S. 87).

Nach schwierigen Verhandlungen gerieten die Delegationen der EG-Mitgliedstaaten auf dem Mailänder Gipfel 1985, der den Dooge-Bericht verabschieden sollte, am zweiten Sitzungstag durch die Vorlage weiterer Reformpapiere und immer neue Fassungen und Ergänzungen des deutsch-französischen Vertragskonzeptes in eine Sackgasse. Den Ausweg wies ihnen ein deutsches Papier, das Genscher praktisch in letzter Minute am Morgen des 29. Juni diktiert hatte und das holzschnittartig folgende Zielsetzung formulierte:

> Die Europäische Union beginnt; die Mitgliedstaaten werden über die Ausgestaltung einen Vertrag anschließen. Es wird eine Regierungskonferenz eingesetzt, die den Entwurf des Vertrages bis zum 31. Oktober 1985 erarbeitet. Er wird auf dem Europäischen Rat in Luxemburg beraten und beschlossen (Gaddum 1994, S. 257).

In Bezug auf das strittige Entscheidungsverfahren der Gemeinschaft sah Genschers so genanntes Badezimmerpapier (Genscher 1995, S.373) vor, zum System vor dem Luxemburger Kompromiss zurückzukehren, Mehrheitsbeschlüsse in Binnenmarktfragen zuzulassen und das Vetorecht abzuschaffen. Auf dieser Grundlage beschloss der Europäische Rat unter Umgehung des britischen, dänischen und griechischen Widerstands mehrheitlich die Annahme des Dooge-Berichts und die Einberufung einer Regierungskonferenz, die bis Februar 1986 die wesentlichen Modalitäten der Einheitlichen Europäischen Akte ausarbeiten sollte (Presse- und Informationsamt der Bundesregierung 1985). Obwohl Genschers Initiative nicht mit dem Bundeskanzleramt abgestimmt war, fand sie dessen uneingeschränkte Unterstützung und zeigte, wie sehr Kohl und Genscher in den großen Linien ihrer Europapolitik übereinstimmten (Fröhlich 2001, S. 230).

Mit der EEA, die im Februar 1986 schließlich unterzeichnet werden konnte, wurde nicht der Anfang der 1970er Jahre beschrittene Weg der Schaffung neuer Organisationsformen fortgesetzt, sondern der Versuch unternommen, die bestehenden Institutionen (EG, EPZ, Europäischer Rat) unter einem rechtlichen Dach zu bündeln. Im Mittelpunkt des Vertragswerkes standen die schrittweise Verwirklichung des Binnenmarktes bis zum 31. Dezember 1992 und die Einführung eines neuen Beschlussverfahrens, das qualifizierte Mehrheitsentscheidungen im Rat vorsah, sowie die Stellung des Europäischen Parlaments stärkte, zugleich jedoch eine Reihe von Ausnahmen formulierte, bei denen Einstimmigkeit gefordert wurde. Des Weiteren wurde der EWG-Vertrag um ein Kapitel über die Zusammenarbeit in der Wirtschafts- und Währungspolitik ergänzt, das erstmals den Begriff der Währungs- und Wirtschaftsunion verankerte und eine Methode zu ihrer Bildung vorlegte. Die Entwicklung der EPZ spielte demgegenüber eine nachgeordnete Rolle. Zwar verwendete die EEA erstmals ausdrücklich den Begriff einer „europäischen Außenpolitik", die sich künftig am Prinzip der Kohärenz ausrichten müsse, und stärkte die EPZ in ihrer technischen Arbeitsweise wie auch in ihrer politischen Wirkung als zweite Säule des europäischen Einigungsprozesses. Eine tiefgreifende institutionelle Reform der Gemeinschaft in diesem Bereich wie auch eine weitreichende Demokratisierung der EG durch eine Aufwertung des Europäischen Parlaments aber musste – zur Enttäuschung des deutschen Außenministers – vorerst eine Vision bleiben (Rosengarten 2008, S. 189–190; Wirsching, S. 522–524; Pfetsch, S. 236–240).

4 Liberale Europapolitik? Ein Fazit

Hans-Dietrich Genscher verstand die Europäische Gemeinschaft stets als politisches Projekt. Aus den Trümmern des Zweiten Weltkriegs hervorgegangen bildete das geeinte Europa für ihn eine „Schicksalsgemeinschaft der Freiheit", deren Ziel es sein musste, über die eigenen Grenzen hinaus zu wirken. Dieses Sendungsbewusstsein und die Überzeugung, dass der europäische Wertekanon in der Auseinandersetzung mit dem kommunistischen Ostblock letztlich den Sieg davon tragen würde, kann mit guten Gründen als liberal bezeichnet werden – eine Überzeugung, die er mit Vertretern anderer parteipolitischer Couleur wie etwa Helmut Kohl teilte. Genschers Einsatz für eine Erweiterung der Gemeinschaft um Länder wie Griechenland, Portugal und Spanien zeigten darüber hinaus seine Überzeugung von der Wirkmächtigkeit des europäischen Institutionensystems, das seiner Meinung nach zur politischen Stabilisierung der noch jungen Demokratien wesentlich beitragen konnte. Seine Vision eines „Europas der Bürger" als Gemeinschaft selbstbestimmter und vernunftbegabter Menschen sowie sein Plädoyer für die Bildung einer transnationalen europäischen Öffentlichkeit darf jedoch nicht darüber hinwegtäuschen, dass Genscher auch partei- und machtpolitischen Implikationen folgte. Deutlicher noch als im Umgang mit dem Europäischen Parlament wurde dies in den Jahren der Regierung Kohl, als sich die Europapolitik zu einem konkurrierenden Spielfeld zwischen Bundeskanzleramt und Auswärtigem Amt entwickelte. Mit dem Genscher-Colombo-Plan setzte der Bundesaußenminister schließlich ein politisches Ausrufezeichen, das in den Folgejahren nur mit Unterstützung Kohls, der Überwindung der strittigen Haushaltsverhandlungen und der Revitalisierung des deutsch-französischen Tandems bis zur Unterzeichnung der Einheitlichen Europäischen Akte erfolgreich umgesetzt werden konnte. Sie folgte in ihrer Zielsetzung, vor allem aber in ihrer politischen Ausgestaltung weniger spezifisch liberalen Visionen als vielmehr integrationspolitischen Notwendigkeiten. Genschers Verdienst bleibt es, in einer der größten Krisen der Europäischen Gemeinschaft die Initiative ergriffen, gegen erheblichen Widerstand weiterverfolgt und damit eine historisch bedeutsame Etappe im schwierigen Prozess der europäischen Einigung aktiv mitgestaltet zu haben.

Literatur

Abellán, J. (2005). Der Beitritt Spaniens zur Europäischen Gemeinschaft in den 1980er Jahren, oder: Warum die Spanier für Europa votierten. In R. Hohls, I. Schröder, & H. Siegrist (Hrsg.), *Europa und die Europäer. Quellen und Essays zur modernen europäischen Geschichte*, (S. 349–353). Stuttgart: Franz Steiner.

Auswärtiges Amt. (1982). Gemeinsamer deutsch-italienischer Vorschlag für die Fortentwicklung der Europäischen Gemeinschaft zur Europäischen Union. Entwurf vom 4. November 1981 für eine Europäische Akte und eine Erklärung zu Fragen der wirtschaftlichen Integration. *Europa-Archiv 41*(2), D50–55.

Axt, H.-J. (2004). Überwindung der „doppelten nationalen Spaltung". Griechenlands EG-Beitritt, seine Voraussetzungen und Folgen. In F. Knipping, & M. Schönwald (Hrsg.), *Aufbruch zum Europa der zweiten Generation. Die europäische Einigung 1969-1984*, (S. 377–404). Trier: Wissenschaftlicher Verlag Trier.

Bonvicini, G. (1987). The Genscher-Colombo-Plan and the „Solemn Declaration on European Union" (1981–1983). In R. Pryce (Hrsg.), *The dynamics of European Union*, (S. 174–187). London: Croom Helm.

Bresselau von Bressensdorf, A. (2011). *Hans-Dietrich Genscher und das Ende der Détente* (Jahrbuch zur Liberalismus-Forschung, *Bd. 23*). Baden-Baden: Nomos.

Brunn, G. (2004). Das Europäische Parlament auf dem Weg zur ersten Direktwahl 1979. In F. Knipping, & M. Schönwald (Hrsg.), *Aufbruch zum Europa der zweiten Generation. Die europäische Einigung 1969-1984*, (S. 47–72). Trier: Wissenschaftlicher Verlag Trier.

Däumer, M. (2007). Von der Isolierung zur europäischen Gestaltung – Spaniens Rückkehr in die Weltgemeinschaft. Länderberichte der Konrad-Adenauer-Stiftung. http://www.kas.de/wf/doc/kas_10940-1522-1-30.pdf?070523093644. Zugegriffen: 29. Mai 2014.

Fröhlich, S. (2001). „Auf den Kanzler kommt es an": Helmut Kohl und die deutsche Außenpolitik. Persönliches Regiment und Regierungshandeln vom Amtsantritt bis zur Wiedervereinigung. Paderborn: Ferdinand Schöningh.

Gaddum, E. (1994). Die deutsche Europapolitik in den 80er Jahren. Interessen, Konflikte und Entscheidungen der Regierung Kohl. Paderborn: Ferndinand Schöningh.

Genscher, H.-D. (1974). Rede vor dem Deutschen Bundestag am 18.09.1974. Plenarprotokoll 7/115. Deutscher Bundestag. http://dipbt.bundestag.de/doc/btp/07/07115http://dipbt.bundestag.de/doc/btp/07/07115. Zugegriffen: 7. Juli 2014.

Genscher, H.-D. (1975a). Rede vor dem Deutschen Bundestag am 25.07.1975. Plenarprotokoll 7/183. Deutscher Bundestag. http://dipbt.bundestag.de/doc/btp/07/07183. Zugegriffen: 7. Juli 2014.

Genscher, H.-D. (1975b, 18. Okt.). Liberale wollen kein Europa der Krämer. *Nordsee-Zeitung.*

Genscher, H.-D. (1977). Rede vor dem Deutschen Bundestag am 26.05.1977. Plenarprotokoll 8/29. Deutscher Bundestag. http://dip21.bundestag.de/dip21/btp/08/08029. Zugegriffen: 7. Juli 2014.

Genscher, H.-D. (1981a). Vom geistigen Charakter der Europäischen Gemeinschaft. Ansprache anlässlich der Verleihung des internationalen Karlspreises der Stadt Aachen an den Präsidenten des Europäischen Parlaments, Emilio Colombo, am 24.05.1979. In H.-D. Genscher (Hrsg.), *Deutsche Außenpolitik. Ausgewählte Reden und Aufsätze 1975-1980*, (S. 241–249). Stuttgart: Bonn Aktuell.

Genscher, H.-D. (1981b). Das Europa der Freiheit – Schwerpunkt unserer Außenpolitik. Rede vor der Landesvereinigung industrieller Arbeitgeber Nordrhein-Westfalens am

14.05.1976 in Düsseldorf. In H.-D. Genscher (Hrsg.), *Deutsche Außenpolitik. Ausgewählte Reden und Aufsätze 1975–1980,* (S. 117–137). Stuttgart: Bonn Aktuell.

Genscher, H.-D.. (1981c). Die Europäische Gemeinschaft vor den Herausforderungen einer sich wandelnden Welt. Rede vor dem Europäischen Parlament anlässlich der Übernahme der Präsidentschaft im Ministerrat der EG in Luxemburg am 04.07.1978. In H.-D. Genscher (Hrsg.), *Deutsche Außenpolitik. Ausgewählte Grundsatzreden 1975-1980,* (S. 165–180). Stuttgart: Bonn Aktuell.

Genscher, H.-D.(1982). Europas Rolle in der Weltpolitik. *Europa-Archiv 4,* 85–94.

Genscher, H.-D.(1985). Die Europäische Union – Antwort auf die Herausforderungen unserer Zeit. Auszug aus der Rede auf dem Dreikönigstreffen der Freien Demokraten in Stuttgart am 06.01.1981. In H.-D. Genscher (Hrsg.), *Deutsche Außenpolitik. Ausgewählte Reden und Aufsätze, 1974-1985,* (S. 306–314). Stuttgart: Bonn Aktuell.

Genscher, H.-D. (1995). *Erinnerungen.* Berlin: Siedler.

Hülsken, C. (2011). Ein europäisches „Jahrhundertereignis"? Die ersten Direktwahlen zum Europäischen Parlament 1979. In J. Mittag (Hrsg.), *30 Jahre Direktwahlen zum Europäischen Parlament (1979–2009). Europawahlen und EP in der Analyse, (S. 177–193).* Baden-Baden: Nomos.

Institut für Zeitgeschichte (Hrsg.). (2005). *Akten zur Auswärtigen Politik der Bundesrepublik Deutschland, 1974,* Dok. 255: Deutsch-griechisches Regierungsgespräch am 09.09.1974 in Bonn, (S. 1120-1125). München: Oldenbourg.

Institut für Zeitgeschichte (Hrsg.). (2007). *Akten zur Auswärtigen Politik der Bundesrepublik Deutschland, 1976,* Dok. 28: Drahterlass des Vortragenden Legationsrats I. Klasse, Trumpf, vom 03.02.1976, Betr.: EG-Beitritt Griechenlands, hier: Stellungnahme der Kommission vom 29.01.1976, (S. 108-113). München: Oldenbourg.

Institut für Zeitgeschichte (Hrsg.). (2009). *Akten zur Auswärtigen Politik der Bundesrepublik Deutschland, 1978,* Dok. 396: Botschafter Sigrist, Brüssel (EG), an das Auswärtige Amt am 21.12.1978, Betr.: 10. Ministertreffen im Rahmen der Beitrittsverhandlungen EG-Griechenland am 20./21.12.1978, (S. 1904-1906). München: Oldenbourg.

Institut für Zeitgeschichte (Hrsg.). (2010). *Akten zur Auswärtigen Politik der Bundesrepublik Deutschland, 1979,* Dok. 370: Gespräch des Bundesministers Genscher mit dem amerikanischen Außenminister Vance am 11.12.1979, (S. 1878-1883). München: Oldenbourg.

Institut für Zeitgeschichte (Hrsg.). (2011a). *Akten zur Auswärtigen Politik der Bundesrepublik Deutschland, 1980,* Dok. 191: Botschafter Oncken, Ankara, an das Auswärtige Amt am 26.06.1980, Betr.: Begegnung BAM/ griechischer AM Mitsotakis in Ankara, 25.06.1980, (S. 1012-1015). München: Oldenbourg.

Institut für Zeitgeschichte (Hrsg.). (2011b). *Akten zur Auswärtigen Politik der Bundesrepublik Deutschland, 1980,* Dok. 274: Aufzeichnung der Ministerialdirektoren Blech und Fischer vom 19.09.1980, Betr.: Deutsche Europapolitik, hier: Weiterentwicklung des europäischen Einigungsprozesses (Europäische Union), (S. 1408-1414). München: Oldenbourg.

Institut für Zeitgeschichte (Hrsg.). (2012). *Akten zur Auswärtigen Politik der Bundesrepublik Deutschland, 1981,* Dok. 2: Runderlass des Staatssekretärs van Well vom 06.01.1981, Betr.: Ausführungen BM zur Europafrage auf dem Dreikönigstreffen in Stuttgart, (S. 9-11). München: Oldenbourg.

Karama, M. (2001). *Struktur und Wandel der Legitimationsideen deutscher Europapolitik.* Bonn: Europa-Union.

Kohl, H. (1984). Regierungserklärung am 13.10.1982. In H. Kohl (Hrsg.), *Reden 1982-1984,* (S. 9–48). Bonn: Presse- und Informationsamt der Bundesregierung.

Kohler, B. (1981). *Politischer Umbruch in Südeuropa. Portugal, Griechenland, Spanien auf dem Weg zur Demokratie.* Bonn: Europa Union.

Korte, K.R. (1998). *Deutschlandpolitik in Helmut Kohls Kanzlerschaft. Regierungsstil und Entscheidungen 1982–1989.* Stuttgart: Deutsche Verlags-Anstalt.

Kühlcke, H., & May, B. (1986). *Zahlmeister oder Nutznießer? Die Bedeutung der Europäischen Gemeinschaft für die Bundesrepublik Deutschland.* Bonn: Europa-Union.

Lappenküper, U. (2010). Die deutsche Europapolitik zwischen der „Genscher-Colombo-Initiative" und der Verabschiedung der Einheitlichen Europäischen Akte (1981–1986). In G. Buchstab (Hrsg.), *Die Ära Kohl im Gespräch. Eine Zwischenbilanz,* (S. 275–294). Köln: Böhlau.

Lappenküper, U. (2012). Hans-Dietrich Genscher, Emilio Colombo und der Kampf gegen die „Eurosklerose". In M. Gehler, & M. Guitto (Hrsg.) *Italien, Österreich und die Bundesrepublik Deutschland in Europa,* (S. 225–242). Wien: Böhlau.

Lenz, A. (1977). Rede vor dem Deutschen Bundestag am 26.05.1977. Plenarprotokoll 8/29. Deutscher Bundestag. http://dip21.bundestag.de/dip21/btp/08/08029. Zugegriffen: 7. Juli 2014.

Link, W. (1987). Außen- und Deutschlandpolitik in der Ära Schmidt, 1974–1982. In W. Link, & W. Jäger (Hrsg.), *Republik im Wandel. Die Ära Schmidt 1974–1982* (Geschichte der Bundesrepublik Bd. 5/II), (S. 273–432). Stuttgart: Deutsche Verlags-Anstalt.

Loth, W. (2004). Deutsche Europapolitik von Helmut Schmidt bis Helmut Kohl. In F. Knipping, & M. Schönwald (Hrsg.), *Aufbruch zum Europa der zweiten Generation. Die europäische Einigung 1969–1984,* (S. 474–488). Trier: Wissenschaftlicher Verlag Trier.

Lucas, H.-D. (2002). Politik der kleinen Schritte – Genscher und die deutsche Europapolitik 1974–1983. In H.-D. Lucas (Hrsg.), *Genscher, Deutschland und Europa,* (S. 85–113). Baden-Baden: Nomos.

Mauersberger, V. (1982). Die Europapolitik in den Mitgliedstaaten der EG: Spanien und Portugal. In W Weidenfeld, & W Wessels (Hrsg.), *Jahrbuch der europäischen Integration 1981,* (S. 468–477). Bonn: Europa-Union.

Pfetsch, F. R. (2001). *Die Europäische Union. Geschichte, Institutionen, Prozesse.* München: Fink.

Presse- und Informationsamt der Bundesregierung. (1986). Schlussfolgerungen des Vorsitzes des Europäischen Rates zur 31. Ratstagung am 28./29.06.1985 in Mailand. In W Weidenfeld, & W Wessels (Hrsg.), *Jahrbuch der Europäischen Integration 1985,* (S. 425–429). Bonn: Europa-Union.

Remmert, M. (1992). Die Europapolitik der FDP in den achtziger Jahren. In H.-G. Fleck, J. Frölich, B.-C. Padtberg, H. Scheerer (Hrsg.), *Jahrbuch zur Liberalismus-Forschung 4,* (S. 143–164). Baden-Baden: Nomos.

Rosengarten, U. (2008). *Die Genscher-Colombo-Initiative. Baustein für die Europäische Union.* Baden-Baden: Nomos.

Ruhfus, J. (2006). *Aufwärts. Erlebnisse und Erinnerungen eines diplomatischen Zeitzeugen 1955 bis 1992.* St. Ottilien: EOS Verlag.

Straeten, H. (1988). Von Kanzler zu Kanzler. In W Filmer, & H. Schwan (Hrsg.), *Hans-Dietrich Genscher,* (S. 170–185). Düsseldorf: ECON Verlag.

Strohbecke, C. (1993). *Die Arbeit der F.D.P.-Abgeordneten im Europäischen Parlament seit der ersten Direktwahl 1979.* Bochum: Borckmeyer.

Verheugen, G. (1980a). Beschluss des 26. Ordentlichen F.D.P.-Bundesparteitags in Mainz vom 27.-29.10.1975. In G Verheugen (Hrsg.), *Das Programm der Liberalen. Zehn Jahre Programmarbeit der F.D.P.*, (S. 212–221). Baden-Baden: Nomos.

Verheugen, G. (1980b). Programm für Europa. In G Verheugen (Hrsg.), *Das Programm der Liberalen. Zehn Jahre Programmarbeit der F.D.P.*, (S. 463–524). Baden-Baden: Nomos.

Wirsching, A. (2006). *Abschied vom Provisorium. Geschichte der Bundesrepublik Deutschland 1982–1990*. München: Deutsche Verlags-Anstalt.

Wirsching, A. (2010). Hans-Dietrich Genscher. Liberale Außenpolitik zwischen Kontinuität und Wandel. In B. Bublies-Godau, M. Faßbender, H.-G. Fleck, J. Frölich, H.-H. Jansen, & B.-C. Padtberg (Hrsg.), *Jahrbuch zur Liberalismus-Forschung 22*, (S. 67–77). Baden-Baden: Nomos.

Neues Denken im Osten
Das Ende des Ost-West-Konflikts (1985–1989)

Christian Hacke

1   Der Hintergrund

Bis zum Frühjahr 1985 stand die Politik des Westens gegenüber der Sowjetunion im Zuge der Nachrüstung im Zeichen sicherheitspolitischer Entschlossenheit. Kein Wunder, dass die sowjetische Führung zunächst auf die deutschen Entspannungsbemühungen zurückhaltend reagierte. Deshalb musste die Regierung Kohl/ Genscher zu Beginn der 1980er Jahre in ihrer Politik gegenüber der Sowjetunion gegen vier Strömungen ankämpfen:

- Innenpolitisch musste sie den Nachweis erbringen, dass sie ebenso entspannungsfähig ist wie die sozialdemokratisch geführten Vorgängerregierungen.
- Außenpolitisch musste sie für die sowjetische Führung Anreize finden, um uneingelöste Interessen der Bundesrepublik zu verwirklichen.
- Weltpolitisch mussten Kohl und Genscher ihre Entspannungspolitik im verschärften Gegenwind amerikanisch-sowjetischer Konfrontation verfolgen.
- Koalitions- und parteipolitisch verwies die öffentliche Kontroverse zwischen der so genannten „Stahlhelm-Fraktion" und den so genannten. „Genscheristen" auf außen- und ostpolitische Gegensätze innerhalb der Regierungsparteien.

Somit blieben alle Antworten auf die drei entscheidenden außenpolitischen Fragen „Was ist außenpolitisch möglich? Was findet innenpolitische Zustimmung und was ist koalitionspolitisch machbar?" zunächst unklar (Hacke 2004, S. 317).

2   Genschers Einschätzung von Gorbatschows Politik zwischen Realismus und Illusion

Vieles änderte sich, als Michail Gorbatschow im März 1985 neuer Generalsekretär der KPdSU wurde. Doch konzentrierte sich die neue sowjetische Außenpolitik zunächst ganz auf die USA, wobei die Debatte um die Strategic Defense Initiative (SDI; deutsch: Strategische Verteidigungsinitiative) zum zentralen Zankapfel wurde, der die Gräben zwischen Ronald Reagan und Michail Gorbatschow vertiefte. Reagan wollte mit SDI den amerikanischen Traum der Unverwundbarkeit und absoluten Sicherheit verwirklichen sowie die nukleare Abschreckungsstrategie zu Grabe tragen. Und SDI war für Ronald Reagan Teil einer globalen Politik der Stärke und der militärischen Aufrüstung, um den Zusammenbruch der Sowjetunion zu forcieren. Im Wissen um die eigene Schwäche des Sowjetimperiums handelte Gorbatschow vorsichtig – taktierend. Er versuchte Reagan von SDI abzubringen, um damit einen neuen Rüstungswettkampf zu vermeiden. Reagan betrieb seine aggressive Außen- und Sicherheitspolitik weitgehend ohne Abstimmung mit den Verbündeten, auch deshalb wuchsen die Zweifel und Vorbehalte in Westeuropa, vor allem in der Bundesrepublik. So war der bündnispolitische Ausgangspunkt für die Beziehungen zur Sowjetunion denkbar ungünstig.

Doch nach der Katastrophe von Tschernobyl im April 1986 wurde der Zwang zur Kooperation intensiver, besonders zwischen Moskau und Westeuropa. Umweltschutz, Datenverarbeitung, Biotechnik, Nuklearforschung und besonders Reaktorsicherheit strahlten positive Impulse auf die Beziehungen zwischen Moskau und Bonn aus. Außenminister Genscher griff daraufhin Gorbatschows Formel vom „gemeinsamen" Haus Europa auf, verwies aber gleichzeitig auf die Notwendigkeit von mehr Menschenrechten und Freizügigkeit (Szabo 2002, S. 250–251).

Allerdings wurden Genschers Entspannungsbemühungen in Washington und München misstrauisch beäugt, auch Franz-Josef Strauß war Genschers Bemühen um mehr Kooperation mit Moskau ein Dorn im Auge. Eine weitere Belastung wurde spürbar, als Bundeskanzler Helmut Kohl im November 1986 durch einen unglücklichen Vergleich zwischen den Propagandamethoden von Michail Gorbatschow und Joseph Goebbels die deutsche Politik gegenüber der sowjetischen Führung unnötig belastete und damit auch die Regierung im eigenen Land schwächte bzw. isolierte. Außenminister Genscher ließ sich davon jedoch nicht beirren, sondern setzte seine Bemühungen um Dialog mit dem Kreml fort. Er verstand die Politik Gorbatschows nicht als Propagandamanöver, sondern als Chance für die Ost-West-Entspannung. Konsequenterweise forderte er mehr eigene Anstrengungen, um Gorbatschows Glasnost und Perestroika verhandlungspolitisch zu nutzen. Es war nicht verwunderlich, dass Gorbatschow von Genschers couragierter Offerte beeindruckt war.

Das gab dem deutschen Außenminister einen Trumpf in die Hand, mit dem er die unselige Entgleisung von Bundeskanzler Kohl in der Politik gegenüber dem Kreml halbwegs auslöschen konnte. Der Preis war allerdings, dass Kohl vorerst eine gewisse Arbeitsteilung mit seinem Außenminister hinnehmen musste: Kohl musste seine Außenpolitik auf den Westen beschränken während Genscher und das Auswärtige Amt für die Sowjetunion und die übrigen Warschauer-Pakt-Staaten zum ausgesuchten Ansprechpartner wurden. Genscher hatte nach seinem ersten Gespräch mit Gorbatschow am 21. Juli 1986 den Eindruck gewonnen, „daß dieser es mit seiner Reformpolitik ernst meine. Demokratie und Wirtschaftsreformen zogen zwangsläufig eine neue Außenpolitik nach sich. Sie wurde dadurch zur berechenbaren Konstante" (Genscher 1995, S. 502–503).

Im Zuge dieses ersten und sehr offenen Gesprächs zwischen Genscher und Gorbatschow, das mit einer heftigen Kontroverse über Mittelstreckenraketen begonnen hatte, war beiden schließlich klar geworden, dass eine substanzielle Verbesserung der Beziehungen im beiderseitigen Interesse lag. Als Gorbatschow seinem Gesprächspartner schließlich vorschlug, „in den Beziehungen eine neue Seite aufzuschlagen" (Genscher 1995, S. 504), entschloss sich Genscher ein gutes halbes Jahr später zu einem dramatischen Signal zur Unterstützung von Gorbatschow. Vor dem Weltwirtschaftsforum in Davos erklärte er am 1. Februar 1987:„Sitzen wir nicht mit verschränkten Armen da und warten, was uns Gorbatschow bringt! Versuchen wir vielmehr, die Entwicklung von unserer Seite aus zu beeinflussen, voranzutreiben und zu gestalten! Nehmen wir Gorbatschow ernst, nehmen wir ihn beim Wort!" (Genscher 1995, S. 527). Genschers Aufruf schlug in den westlichen Hauptstädten ein wie eine Bombe. In Moskau wiederum fühlte sich Gorbatschow durch Genscher bestätigt, dass die von ihm angestrebte Modernisierung der Sowjetunion nur in Zusammenarbeit mit dem Westen, insbesondere mit der Bundesrepublik, zu bewältigen war. Kein Wunder, dass Gorbatschow beim Besuch von Bundespräsident von Weizäcker im Juli 1987 – in Begleitung von Außenminister Genscher – von Deutschland als dem „wichtigsten Staat in Westeuropa" sprach. Und auch bei seinem Besuch in Bonn im Sommer 1989 würdigte Gorbatschow Genschers Rolle bei der Entwicklung der beiderseitigen Beziehungen noch einmal ausdrücklich: „Genscher hat eine gewaltige Rolle gespielt." (Heumann 2012, S. 188).

Gorbatschow hatte auf eine schrittweise Demokratisierung sozialistischer Gesellschaften und staatlicher Institutionen gesetzt, mit der Perspektive eines freiwilligen Commonwealth reformierter sozialistischer Staaten in Mittel- und Osteuropa unter Führung der neuen Reformmacht Nummer Eins, der Sowjetunion. Gorbatschow, immer noch Marxist, vertrat die kühne, ja, wie sich herausstellen sollte, illusorische Auffassung, dass nicht nur innenpolitisch der Kommunismus reformierbar sei, sondern dass auch außenpolitisch die doktrinäre Breschnew-Doktrin durch die flexible Gorbatschow-Doktrin erfolgreich abgelöst werden könnte. Seine Hoffnung entpuppte sich jedoch als Illusion. Und das Gegenteil trat ein: Die schnell einsetzende Reformpolitik in den kommunistischen Staaten fegte nicht nur bald die dogmatischen Politkader weg, sondern die Geschichte kehrte zurück. Die unterdrückten Nationalstaaten suchten mit aller Macht unumkehrbare Unabhängigkeit von Moskau. Der Warschauer Pakt und der Rat für gegenseitige Wirtschaftshilfe (COMECON), die institutionellen Klammern, zerbrachen und die jahrzehntelang unterdrückten Völker befreiten sich vom Kommunismus. Das Sowjetimperium war zusammengebrochen. Die deutsche Frage wurde wieder virulent und die Abrüstung erhielt eine neue Chance.

3 End Game für *Genscher:* Modernisierung oder Abrüstung von Nuklearwaffen?

Das von Ronald Reagan initiierte Wettrüsten, das in der SDI-Initiative kulminierte, hatte seinen politischen Zweck erreicht. Es überlastete die sowjetische Wirtschaft, folglich blieb Gorbatschow keine andere Wahl als eine neuerliche Initiative zur Abrüstung. Diese politische Bedeutung von SDI darf nicht vergessen werden. Eine neue konfrontative Politik in Washington gegenüber „dem Reich des Bösen" und der daraus resultierende Zwang zu neuem Denken in Moskau verkomplizierte die bundesrepublikanische Entspannungspolitik.

Genscher war als orthodoxer Sicherheitspolitiker, der auf nukleare Abrüstung auf möglichst niedrigem Niveau setzte, von Reagans Idee, alle Nuklearwaffen weltweit abzuschaffen, nicht überzeugt. Aber er erkannte früher als andere im Westen die politische Bedeutung: unter diesem Druck würde Gorbatschows Bereitschaft zu Zugeständnissen ansteigen. Das zeigte sich beim amerikanisch-sowjetischen Gipfel in Reykjavik, als im Oktober 1986 eine Übereinkunft zwischen Reagan und Gorbatschow, alle Nuklearwaffen abzuschaffen, an der Weigerung des amerikanischen Präsidenten scheiterte, auf SDI zu verzichten. In den westlichen Hauptstädten, insbesondere bei den NATO-Mitgliedstaaten, atmete man auf, denn nukleare Abschreckung war für die westliche Sicherheitsdoktrin unverzichtbar. Auf der anderen Seite wollte Gorbatschow SDI mit allen Mitteln verhindern, weil sie die Sowjetunion zu einem weiteren Rüstungswettlauf um Raketenabwehrsysteme zwang, die sich das marode Riesenreich nicht mehr leisten konnte. Der amerikanisch-sowjetische Gipfels in Reykjavik scheiterte zwar 1986 an SDI, ebnete jedoch den Weg für einen anderen großen Erfolg in der nuklearen Abrüstung: Ein Jahr später, im Dezember 1987, wurde in Washington mit den INF-Verträgen (Intermediate Range Nuclear

Forces, deutsch: nukleare Mittelstreckensysteme) die Vernichtung aller Mittelstreckenraketen in Europa beschlossen (Hacke 2005, S. 338–339).

Auch hier wirkte Genscher im Hintergrund als Schrittmacher: Er hatte schon für eine Null-Lösung bei nuklearen Mittelstreckenraketen plädiert, bevor die USA diese als ihren Vorschlag einführten. Das bedeutete, dass die Sowjetunion 1335 nukleare Sprengköpfe, die USA jedoch nur 216 abrüsten würden. Und Gorbatschow ging sogar noch weiter, als er dem Westen im April 1987 die doppelte Null-Lösung vorschlug, d. h. die Einbeziehung von Raketen mit einer Reichweite von 500 bis 1000 km. Hier standen den 700 sowjetischen Raketen nur 78 Pershing-IA-Raketen gegenüber. Genscher begrüßte die INF-Verträge enthusiastisch, denn nun waren in Mitteleuropa nur noch Kurzstreckenraketen mit einer Reichweite von weniger als 500 km stationiert. Aber er hatte weitere Ziele im Auge: „Erstaunlicherweise wurde über Kurzstreckenraketen und nukleare Artilleriemunition in der Friedensdiskussion in Deutschland kaum gesprochen, obwohl gerade die Deutschen von dieser Waffe bedroht waren." (ebd., S. 556)

Diese Problematik löste in der Regierung Kohl/Genscher eine heftige Kontroverse aus: Während Bundeskanzler Kohl in der Abschaffung der Pershings eine Gefährdung der Sicherheit sah, begriff Genscher die Abschaffung als historische Chance, erstmals eine gesamte Kategorie von Massenvernichtungswaffen abzuschaffen – unter der Bedingung, dass die USA und die Sowjetunion auch über die Abschaffung ihrer Kurzstreckenraketen in Europa verhandelten. In diese Kategorie fielen im Westen die Lance-Raketen – die Mitte der 1990er Jahre außer Dienst gestellt werden sollten – sowie die SS-21 und Frog-Raketen auf sowjetischer Seite. Während die USA wie auch der deutsche Bundeskanzler und sein Verteidigungsminister auf die Modernisierung von Lance-Raketen drängten und dementsprechend eine Null-Lösung bei diesen Kurzstreckenraketen ablehnten, plädierte Genscher vehement gegen die Modernisierung von Nuklearwaffen. Angesichts der dramatischen Veränderungen in Europa seit Sommer 1988, angesichts der entspannungspolitischen Reformen im sowjetischen Herrschaftsbereich und angesichts von Gorbatschows entschlossener Abrüstungsbereitschaft war für Genscher eine Modernisierung von Lance oder anderen Kurzstreckenraketen völlig kontraproduktiv. Genscher war besorgt, dass „die höchst fragwürdige Lance-Modernisierung die überfällige Modernisierung des politischen Denkens behindern und gefährden würde. Der sich immer deutlicher abzeichnende Übergang im Machtbereich der Sowjetunion konnte nur in einem Klima des Vertrauens und der West-Ost-Entspannung verantwortlich gestaltet werden" (Genscher 1995, S. 612).

Entsprechend argumentierte Genscher am 12. Mai 1989 gegenüber seinem amerikanischen Amtskollegen James Baker. Als dieser, sichtlich beeindruckt von Genschers Argumenten, dem deutschen Kollegen allerdings entgegenhielt, dass

England und andere im Bündnis einen starken Druck für die Modernisierung ausüben werden, praktizierte Genscher subtile aber unübersehbare Machtpolitik, als er Baker entgegnete: „Die NATO ähnelt einer Aktiengesellschaft. In der Hauptversammlung entscheiden die Stimmpakete. Ich möchte Sie daran erinnern, dass England nur wenige schwere Panzer mehr besitzt als Holland. Deutschland aber stellt ein Vielfaches an schweren Panzern. Wir bestehen lediglich auf Offenhaltung einer Option" (Genscher 1995, S. 612). Genscher war, das hatte nun auch die amerikanische Regierung erkannt, entschlossen, um keinen Preis eine Modernisierung der Kurzstreckenwaffen zu akzeptieren. Am Vorabend des NATO-Gipfels nutzte Genscher den FDP-Bundesparteitag erneut, um nach innen und außen zu zeigen, dass die FDP mit ihrem ganzen politischen Gewicht für eine Reduzierung der Kurzstreckenraketen und gegen eine vorzeitige Modernisierung plädierte. Auch der sowjetische Außenminister Schewardnadse war verwundert: „Wozu müssen wir die SS-23-Raketen vernichten, wenn die andere Seite ähnliche Raketen wie Lance weiterentwickeln und stationieren wird?" (Genscher 1995, S. 616). In einer langen Nachtsitzung gelang es Genscher schließlich, die NATO-Mitglieder davon zu überzeugen, dass eine Modernisierung der Lance-Raketen derzeit nicht in Frage komme, dass eine dritte Null-Lösung ausgeschlossen werde, dass aber eine teilweise Reduzierung der Kurzstreckenraketen ins Auge gefasst werde.

Wenige Wochen später setzten die schweren Eruptionen im sowjetischen Herrschaftsbereich in Europa ein. Vor diesem sich abzeichnenden Panorama empfand der deutsche Außenminister verständlicherweise die Debatte über die Modernisierung der Lance-Raketen als geradezu „gespenstisch" und die Entwicklung gab ihm recht: Im Juni wurde in Polen bei ersten freien Wahlen die erste nicht-kommunistische Regierung gewählt, im September öffnete Ungarn seine Grenzen nach Westen und zwei Monate später fiel in Berlin die Mauer – der Zusammenbruch des Warschauer Paktes und der DDR war unaufhaltsam geworden. Was heute wie selbstverständlich klingen mag, war aber damals undenkbar. Deshalb wurde Genschers Ziel, die Verpflichtung zur Modernisierung ohne gleichzeitige Verhandlungen durch kühne Bündnisdiplomatie schließlich in eine Verpflichtung zu Verhandlungen ohne gleichzeitige Modernisierung umzukehren auf ganzer Linie zu einem ungeahnten Erfolg: Er musste sich in der Regierungskoalition gegen enorme Widerstände, auch gegen die des Bundeskanzlers durchsetzen und in Washington Außenminister James Baker überzeugen. Beides gelang, weil Genscher das diplomatische Meisterstück gelang, seine Ausnahmeposition in der NATO mehrheitlich durchzusetzen. „Genscherismus" war von nun an – selbst in Washington – kein Schimpfwort mehr, sondern Ausdruck von Respekt, in den sich auch Bewunderung mischte. Und selbst in Moskau war endgültig klar geworden, dass der deutsche Außenminister zur Schlüsselfigur in den West-Ost-Beziehungen aufgestiegen war, man in Washington aber zögerlich agierte. Nicht die USA, sondern die Bundesrepublik drängte auf weitere Entspannung und Abrüstung (Szabo 2002, S. 243–244).

4 Genscher und die Deutsche Frage

In dieser dynamischen und zunächst unübersichtlichen Übergangsphase von 1982 bis 1989 blieb die deutsche Frage weiterhin völlig ungeklärt. Einerseits erklärte Gorbatschow bis 1989 unverblümt, dass „alle Erklärungen über die Wiederbelebung der deutschen Einheit von der Realpolitik weit entfernt sind" (Hacke 2005, S. 321). Wie so oft berief sich Gorbatschow auch hier auf die Geschichte: „es gibt zwei deutsche Staaten. Jeder hat seine eigenen Wertvorstellungen. Beide haben aus der Geschichte Lehren gezogen, und jeder von ihnen hat einen Beitrag geleistet für die Sache Europas und der Welt" (Hacke 2005, S. 321). Aber Gorbatschow konnte nicht ahnen, dass ausgerechnet die Bevölkerung der DDR, der es an einer eigenen nationalen Identität mangelte, sich besonders nach Freiheit und nationaler Einheit sehnte. Öffnung nach Westen bedeutete für die DDR, dass sie sich selbst immer stärker der Magnetwirkung des attraktiven, freien und demokratischen deutschen Staates aussetzen würde. Ungewollt erweiterte Gorbatschow den Handlungsspielraum der Bundesrepublik – auch in der Deutschlandpolitik –, setzte aber die DDR außen- und innenpolitisch unter extremen Reformdruck. Der reformresistente Immobilismus des Honecker-Regimes als verzweifelte Antwort auf Glasnost und Perestroika beschleunigte jedoch nur den sich anbahnenden Zusammenbruch des SED-Regimes. Die Regierung Kohl/Genscher musste in dieser außerordentlich zweischneidigen Phase eine Diplomatie auf der Rasierklinge praktizieren: Einerseits galt es, Gorbatschow in seinen Reformbemühungen zu bestärken, andererseits mussten die westlichen Partner, insbesondere die amerikanische Regierung Reagan, die Genschers Ostpolitik und auch Gorbatschow misstrauten, beruhigt werden. Als Genscher im September 1989 an der alljährlichen UNO-Vollversammlung teilnahm, hatte sich die Lage in der DDR dramatisch verschärft. Seit 1974 hatte Genscher alljährlich vor der UNO das Recht der Deutschen auf Selbstbestimmung bekräftigt, – nicht als Ritual, sondern als zentrales Anliegen. Jetzt musste gehandelt werden, denn der enorme Flüchtlingsstrom von DDR Bürgern nach Westen über Polen, die CSSR und Ungarn machte Verhandlungslösungen in New York mit allen Beteiligten unumgänglich. Nicht ohne Druck machte Genscher seinem Ostberliner Kollegen Fischer klar, dass etwa siebentausend DDR-Flüchtlinge aus Prag und Warschau schnellstmöglich mit Zügen durch die DDR in die Bundesrepublik ausreisen dürfen müssten (Hacke 1997, S. 411-413). Doch diese Aktion nahm nicht den wachsenden Druck aus dem Kessel, im Gegenteil, die realen Probleme in der DDR stiegen weiter an, die Massenproteste nahmen entsprechend zu. Ohne massive politische Veränderungen verschärfte sich die Lage weiter, suchten die Menschen weiter ihr Heil in der Flucht nach Westen.

Das deutsche Problem durfte in dieser heiklen Phase außenpolitisch nicht durch unklare oder unbedachte Äußerungen belastet werden. Deshalb war es Genscher ein zentrales Anliegen, gerade mit Blick auf die Grenzproblematik der Oder-Nei-ße-Linie in New York der Weltöffentlichkeit und besonders Polen zu versichern: „Das polnische Volk ist vor fünfzig Jahren das erste Opfer des Krieges geworden. Es soll wissen, dass sein Recht, in sicheren Grenzen zu leben, von uns Deutschen weder jetzt noch in Zukunft durch Gebietsansprüche in Frage gestellt wird. Die Unverletzlichkeit der Grenzen ist Grundlage des friedlichen Zusammenlebens in Europa." (Hacke 1997, S. 415) Dann bekräftigte Genscher das Ziel der deutschen Politik, „auf einen Zustand des Friedens in Europa hinzuwirken, in dem das deut-sche Volk in freier Selbstbestimmung seine Einheit wiedererlangt" (Hacke 1997, S. 411-416). Die Reaktion der UNO-Vollversammlung war ergreifend. Der polnische Außenminister gratulierte nach der Rede demonstrativ. Die lange Schlange von Gratulanten löste sich erst nach fast einer Stunde auf. Jeder Deutsche, der zu der Zeit im Saal war, war stolz auf sein Land und seinen Außenminister. Genscher flog zwei Tage später in die Bundesrepublik zurück, um am gleichen Tag noch nach Prag weiterzufliegen. Dort ermöglichte er den DDR-Flüchtlingen ihre Ausreise in die Bundesrepublik. Er hatte nun alles getan, um die deutsche Problematik an den richtigen Stellen mit den richtigen Mitteln auf ein gutes Ende vorzubereiten.

Als die Mauer am 9. November 1989 geöffnet wurde, war Genscher nicht nur auf die kommenden Probleme vorbereitet, noch wichtiger war, das er durch seine umsichtige und weitsichtige Entspannungsdiplomatie in den 1980er Jahren weltweit Respekt und Ansehen gewonnen hatte – in West und Ost. Das war vielleicht die wichtigste Voraussetzung für das Gelingen der Zwei-plus-Vier-Gespräche, die er dann souverän im deutschen Interesse auszutarieren wusste.

5   Zusammenfassung

Zwar besaß die Bundesrepublik nicht die Macht zu führen, aber mit ihrer ideen-reichen und couragierten Außenpolitik unter Genschers Federführung perfekti-onierte sie die Kunst der Diplomatie, besonders in Moskau und Washington – ein Umstand, der Genscher das Prädikat vom „Stresemann der Außenpolitik der Bundesrepublik" (Szabo 2002, S. 251) eintrug. Genscher hatte alles getan, um den eigenen und gesamteuropäischen Handlungsspielraum für Selbstbestimmung zu vergrößern, Menschenrechte zu verwirklichen und die Teilung Deutschlands und Europas zu überwinden. Schon vor Ausbruch der Freiheitsrevolutionen wurde die Bundesrepublik unter Genschers Führung zur Entspannungsvormacht in Mitteleuropa. Wie keinem zweiten gelang es ihm, bi- und multilateral, die großen internationalen Organisationen wie die Vereinten Nationen, die NATO, die KSZE und die EG für Frieden, Freiheit und Ausgleich zu mobilisieren. Auch deshalb ist die Reduzierung der historischen Leistung von Hans-Dietrich Genscher auf seine überragende Rolle in den Zwei-plus-Vier-Gesprächen unzulässig. Sie übersieht oder verdunkelt seine zumindest gleichrangigen, wenn nicht sogar noch höher zu bewertenden Erfolge in den 1980er Jahren, als sich strategische Weitsicht und taktische Umsicht in einem extrem unübersichtlicheren und widersprüchlicheren Terrain der europäischen und internationalen Politik bewähren mussten (Hacke 2002, S. 263–295). Genschers herausragende außenpolitische Leistung der 1980er Jahre hat folglich eine doppelte Bedeutung: Zum einen als originärer großer Beitrag zur Geschichte der bundesrepublikanischen Außenpolitik bis 1989 und zum zweiten als teils geahnte, teils kalkulierte Vorbereitung für einen historischen Gezeitenwechsel. Genscher, nicht selten wetterfühlig, hat auch die revolutionären Veränderungen vermutlich einfach in seinen Knochen gespürt.

Literatur

Genscher, H.-D. (1995) *Erinnerungen*. Berlin: Siedler.

Hacke, C. (2004) *Die Außenpolitik der Bundesrepublik Deutschland – Von Konrad Adenauer bis Gerhard Schröder*. Berlin: Ullstein.

Hacke, C. (1997) UNO-Vollversammlung, New York, 27. September 1989. In Kinkel, K. (Hrsg.) *In der Verantwortung: Hans-Dietrich Genscher zum Siebzigsten* (411-419). Berlin: Siedler.

Hacke, C. (2002) Der Mantel der Geschichte: „2+4" und deutsche Einheit in gesamteuropäischer Konkordanz. In H.-D. Lucas (Hrsg.), *Genscher, Deutschland und Europa* (S. 263–295).Baden-Baden: Nomos

Hacke, C. (2005) *Zur Weltmacht verdammt: Die amerikanische Außenpolitik von J.F. Kennedy bis George W. Bush*, München-Berlin: Ullstein.

Heumann, H.-D. (2012) *Hans-Dietrich Genscher. Die Biografie*. Paderborn: Schöningh.

Szabo, S.F. (2002) Lotse im europäischen Gezeitenwechsel – Genscher und die Vorboten der großen Wende (1985-1989). In H.-D. Lucas (Hrsg.), *Genscher, Deutschland und Europa* (250–251). Baden-Baden: Nomos.

Der Kommunikator

Richard Kiessler

Wie kein anderer Politiker seiner Zeit hat der Außenminister Hans-Dietrich Genscher seine Politik über die Medien in einer Zeit transportiert, in der es zunächst weder CNN noch die Satellitenkommunikation gab. Ab 1989 aber war das Auswärtige Amt (AA) als erstes Bonner Ressort mit einer Website im Internet vertreten. Kam das Auswärtige Amt vor Genscher eher einer Verlautbarungsmaschinerie in der verhüllenden Terminologie der Diplomaten gleich, nahm Genscher die Pflege der Medien vom ersten Tag selbst in die Hand. Die damit – auf den ersten Blick – transparenter gemachte Außenpolitik fiel mit der Komplexität der Regierungstätigkeit und dem Stellenwert der Medien zusammen. Das Wesen der demokratisch-politischen Prozesse veränderte sich erheblich, die Institutionen und die Regierungspraxis passten sich der gewichtigeren Rolle der Medien an.

Indikatoren und Folgen dieser Kommunikationsspirale waren in materieller Hinsicht die wachsende Bedeutung der Öffentlichkeitsarbeit sowie die Spezialisierung und Professionalisierung der Kommunikationsleistung politischer Akteure. Genscher wuchs schneller als andere in die Rolle des Kommunikators hinein und folgte konsequent den Gesetzen der Mediengesellschaft. Er erkannte sehr rasch, dass sowohl die Medien als auch die politischen Akteure permanente strategische Anpassungsleistungen zu erbringen hatten.

Etliche seiner Kritiker stießen sich an seiner „atemlosen Darstellungswut", schalten den Außenminister einen „Manipulator der Presse" und hofften vergebens auf einen „Genscher-freien TV-Abend". Kühl setzte Genscher solchen Verdikten entgegen: „Politik wird durch Worte gemacht." Und er lebte dies seinen Koalitionspartnern ebenso wie seinen Parteifreunden vor, indem er die Medien Tag für Tag mit seinen Themen beschäftigte und so die Öffentlichkeit permanent an sich erinnerte. Genschers Bedürfnis zur Selbstdarstellung war immer auch eine Funktion seiner Rolle: Als Repräsentant der kleineren Regierungspartei bekräftigte er so den Anspruch auf eine eigenständige Politik und wich auch Konflikten mit dem größeren Koalitionspartner nicht aus.

Das Wesen der *public diplomacy* hat Edmund Gullion, Dekan der Fletcher School of Law und Diplomacy, erstmals 1965 als „a polite term for what many would regard as straightforward propaganda" definiert. Genscher war der Terminus *public diplomacy* zu Beginn seiner Amtsjahre gewiss nicht geläufig. Doch auch so hatte er für sich eine Definition gefunden: „Was mir nützt, nützt auch dem Auswärtigen Amt." Es war diese scheinbare Vermessenheit, mit der er zur Integrationsfigur an der Spitze des AA (und auch seiner Partei) wurde. An Genschers Wirken lässt sich nachweisen, dass der Grat zwischen *public diplomacy* und „Propaganda" sehr schmal ist – geht es doch in beiden Fällen um den Versuch, die Meinung anderer nachhaltig zu beeinflussen.

Die Journalisten suchte Genscher mittels intensiver Pflege für seine Zwecke zu instrumentalisieren. Er testete sie, scheinbar Vertrauen gewährend, und fragte sie zugleich aus. In Konfliktlagen der Politik freilich ließ sich auch Genscher trefflich instrumentalisieren. Wohl aus der schmerzlichen Erfahrung, dass er nach dem Bruch der sozial-liberalen Koalition 1982 für die meisten Journalisten eine Persona non grata geworden war, suchte er die Pressearbeit des AA zu perfektionieren: Der Service wurde umfassend, in geduldigen Gesprächen wurden die Medienvertreter dahin gebracht zu denken, was Genscher dachte. Und wer nicht nachfragte, wurde angesprochen – notfalls vom Minister persönlich. Fiel ein Kommentar nicht in seinem Sinne aus, ließ er seinen Sprecher schon mal ausrichten, dieser sei „nicht hilfreich" gewesen.

Die zahllosen Interviews und Reden Genschers überschwemmten nicht nur die Bonner Pressetische. Sie dienten auch den Auslandsvertretungen als Sprachregelung. Das morgendliche Minister-Interview im DLF, in Wahrheit ein Monolog ohne lästige Zwischenfragen, wurde ebenso zum Führungsinstrument wie Genschers ungezählte Namensartikel in der *Nordsee-Zeitung*. Bei TV-Interviews setzte er durch, dass seine Statements nicht im Nachhinein geschnitten wurden. Als Gegenleistung vermochte Genscher in jeder vorab verabredeten Länge sendereif zu formulieren.

Seine sprachliche Disziplin wurde ein Prinzip zur Durchsetzung seiner Außenpolitik. Auf viele wirkte Genschers Sprache abgehoben, etliche Journalisten verstanden ihn auch nicht. Denn auf Interviewfragen waren in aller Regel kaum präzise Antworten zu erwarten. Dabei verfügte dieser Außenminister über eine reiche Bandbreite an Aussagen, Begriffen, Argumenten und Pointen, die er in einem Baukastensystem zusammenfügte. News erfuhr nur, wer seine Formulierungen aus langer Erfahrung kannte und eine feine Nase für Nuancen entwickelt hatte. Üblicherweise verstand es Genscher, seine Antworten auf präzise Frage virtuos ins

Allgemeine zu dehnen oder in einer fast einschläfernden suggestiven Monotonie Begriffe und Floskeln zu wiederholen. Hatte der Vorsichtige die Schraube ein wenig weiter gedreht, verspürten nur jene die neue Wendung, die genau hingehört hatten.

Um seine Politik „über die Medien verständlich zu machen", besetzte dieser Kommunikator auch stets aufs Neue Begriffe oder Floskeln, die zu politischen Ohrwürmern gerannen. Zu Genschers Wortschöpfungen zählten die „Wende", die „Neidsteuer" oder auch – wie er behauptet – die Reizvokabel „Nachrüstung." In Erinnerung bleibt auch sein Satz bei einem Pressegespräch in New York 1989 in Vorbereitung seiner Rede vor den Vereinten Nationen: „Wer die (polnische) Grenzfrage offenhält, schlägt das Tor zur deutschen Einheit zu." In der Konsequenz am nachhaltigsten wirkte sein Satz: „Nehmen wir Gorbatschow ernst, nehmen wir ihn beim Wort."

Von einer Kumpanei mit den Medien sieht sich Genscher und sehen sich die, die über die Jahre mit ihm zu tun hatten, bei aller Nähe weit entfernt. Trotz aller kooperativen, aber auch gezielten Instrumentalisierung blieb stets eine professionelle und persönliche Distanz. Dass Genscher über Jahre an der Spitze der Beliebtheitsskala stand, ist dabei weniger der Kommentierung seiner Außenpolitik zu verdanken als einer bis dahin unbekannten Form der Öffentlichkeitsarbeit. Sie machte den Mann mit dem gelben Pullover in TV-Shows zum festen Bestandteil des abendlichen Geschehens in den deutschen Wohnzimmern, den Karnevalisten Genscher zum Menschen wie du und ich und den Batman „Genschman" zur Kultfigur mit Maske. Aber diese Methode persönlicher Profilierung liegt einem anderen Narrativ zugrunde.

Dr. Richard Kiessler war von 1979-93 Diplomatischer Korrespondent des SPIEGEL und begleitete Genscher auf zahlreichen seiner Auslandsreisen. Von 1994 bis 2007 war er Chefredakteur der Neuen Ruhr/Neuen Rhein Zeitung in Essen, bis Ende 2010 Chefredakteur und Sonderkorrespondent Außenpolitik der WAZ-Mediengruppe. Seither ist er als Publizist mit den Schwerpunkten Außen- und Sicherheitspolitik tätig.

Bild 7

Unablässig greift Hans-Dietrich Genscher zum Telefon, wo immer er gerade ist. Telefon-kabel sind für ihn die Nabelschnur zur äußeren Welt. Seit er das mobile Telefon für sich entdeckt hat, kann sich niemand mehr vor ihm sicher wähnen. Das Telefon ist eines seiner wichtigsten Führungsinstrumente.

Deutschland und Europa
Grundzüge der Außenpolitik Genschers 1989 bis 1992

Gerhard A. Ritter

1   Genschers strategisches Grundkonzept

Hans-Dietrich Genscher gilt für die Zeitgenossen, die Historiker und Politik-wissenschaftler als genialer Taktiker, der in der Innen- wie in der Außenpolitik sich geschickt an die jeweilige Situation anpasste und über die von ihm sorgfältig gepflegten Netzwerke aufgrund persönlicher Beziehungen und seiner guten Kontakte zu den Medien seine Politik verfolgte, dem aber – etwa im Unterschied zu Egon Bahr – ein strategisches Grundkonzept fehlte. Diese Auffassung übersieht jedoch, dass er in seiner Außenpolitik beharrlich, wenn auch nicht ohne die von der jeweiligen Machtkonstellation bedingten Umwege, vier zentrale Ziele verfolgte.

1. Die wichtigste Aufgabe sah er in der deutschen Wiedervereinigung. Das entsprach der Forderung der Präambel des Grundgesetzes, nach der das gesamte deutsche Volk aufgefordert blieb, „in freier Selbstbestimmung die Einheit und Freiheit Deutschlands zu vollenden". Das deckte sich aber auch mit der Überzeugung Genschers, dass eine wirkliche Stabilität in Europa eine Lösung der Deutschen Frage voraussetze. Hinzu kam für ihn auch eine starke emotionale Bindung an seine Heimat in Halle und die Menschen in der DDR (Genscher 1991, S. 232-238; Genscher 1995, S. 733-735).

Dabei war ihm immer klar, dass die deutsche Vereinigung nur auf friedlichem Wege und im Einvernehmen mit den europäischen Nachbarn, der Sowjetunion und den Vereinigten Staaten herbeigeführt werden konnte und dass die Menschen in der DDR in Ausübung des Selbstbestimmungsrechts dabei die entscheidende Rolle spielen mussten. In der Bundesrepublik galt es, die Optionen offen zu halten und auf eine internationale Situation hinzuwirken, die eine Vereinigung möglich machte.

Die in den Hintergrund getretene Frage der deutschen Einheit wieder zur zentralen Aufgabe bundesdeutscher Politik zu machen, war das Anliegen seiner berühmten Stuttgarter Rede vom 6. September 1966, in der er die Schaffung der Voraussetzungen für „eine friedliche und freiheitliche Lösung der deutschen Frage" und der Sicherung von „Frieden, Freiheit und Unabhängigkeit" für die Bundesrepublik und West-Berlin als „gleichrangig[e]" Ziele deutscher Politik bezeichnete (Genscher 1966, S. 730-741). Die Verwirklichung des Ziels der Einheit setzte dabei die Veränderung der gesamteuropäischen Situation voraus. Daraus ergab sich für ihn auch die Erkenntnis, dass die Grenze zu Polen nicht angetastet werden dürfe. Genscher hat so Grundpositionen der späteren neuen Ostpolitik vorweggenommen, aber in dieser vor allem auch ein Mittel gesehen, sich nicht an die deutsche Teilung zu gewöhnen. Die FDP sah er dabei als Vorreiter einer aktiven Deutschland-Politik.

2. Genscher setzte sich mit Nachdruck für eine Stärkung der Europäischen Gemeinschaft und deren Weiterentwicklung zu einer Wirtschafts- und Währungsunion und zu einer politischen Union mit einer gemeinsamen Außen- und Sicherheitspolitik ein. Endziel war die Schaffung der Vereinigten Staaten von Europa, die föderalistisch konstituiert sein sollten und nach dem Subsidiaritätsprinzip weitgehende Kompetenzen bei den Mitgliedstaaten ließen. Das war für ihn eine Konsequenz der Selbstzerfleischung Europas im Zweiten Weltkrieg und den vorrangegangenen Kriegen. Es war aber auch der Weg zur Sicherung der Freiheit, zur Vermehrung des Wohlstandes und zur Förderung der Demokratie, der Rechtsstaatlichkeit und liberaler Ideen. Im gemeinsamen Vorgehen mit Frankreich sah er den Motor des europäischen Integrationsprozesses, versuchte aber auch, Großbritannien bei der Stange zu halten und lehnte eine Dominanz der deutsch-französischen Achse über die kleineren Nationen in der Europäischen Gemeinschaft und der angestrebten Europäischen Union ab.

Genscher hat immer wieder Vorstöße zur Förderung des europäischen Integrationsprozesses gemacht. Ein bedeutendes Beispiel dafür war die Initiative, die er Anfang der 1980er Jahre gemeinsam mit dem italienischen Außenminister Emilio Colombo vorlegte. Ihren Ursprung hatte sie in einer Rede Genschers auf dem traditionellen Dreikönigstreffen der FDP in Stuttgart am 6. Januar 1981 (Genscher 1995, S. 302). Sie zielte auf eine Überwindung der damals von vielen beklagten Euro-Sklerose. Als Weg zu einer späteren Europäischen Union wurde eine Verstärkung der Europäischen Politischen Zusammenarbeit und eine Aufwertung des Europäischen Parlaments sowie die Initiierung einer auf Demokratisierung und Wahrung der Menschenrechte ausgerichteten, wertorientierten europäischen Außenpolitik vorgeschlagen. Zur Vertiefung der ökonomischen Integration sollte zudem eine Europäische Wirtschafts- und Währungsunion entwickelt werden. Die Initiative mündete in der „Feierlichen Deklaration zur Europäischen Union" des Europäischen Rates vom 17. Juni 1983 (Europa-Archiv 1983, S. D 420-428).

Genscher sah in dieser Erklärung die Zündung einer „Dreistufenrakete" (Genscher 1995, S. 368), die über die Erklärung als erster Stufe zur Europäischen Akte von 1986 als zweiter Stufe und zum Vertrag von Maastricht 1992 als dritter Stufe führte. Allerdings war es zunächst nur eine Proklamation ohne unmittelbare Folgen und die von Genscher betonte weitere Entwicklung war keineswegs zwangsläufig. Sie hatte aber die Wirkung, dass sie nach Jahren der Stagnation die europäische Integration erneut auf die Tagesordnung der Politik setzte.

Eine noch stärkere unmittelbare Bedeutung für die operative Europa-Politik hatte eine Denkschrift Genschers vom 26. Februar 1988 (Genscher, Memorandum 1988), in der er als notwendige Konsequenz der 1986 in der Europäischen Akte vorgenommenen Verpflichtung zur Schaffung eines gemeinsamen europäischen Binnenmarktes bis zum 31. Dezember 1992 eine Wirtschafts- und Währungsunion vorschlug. Sein Memorandum sah die Bildung einer unabhängigen Europäischen Zentralbank, die auf Bewahrung der Geldwertstabilität ausgerichtet sein sollte und nicht zur „Finanzierung nationaler oder gemeinschaftlicher Haushaltsdefizite verpflichtet" sein dürfe, vor. Die Grundelemente des Bundesbankgesetzes und die Ziele des bundesdeutschen Gesetzes zur Förderung der Stabilität und des Wachstums in der Wirtschaft sollten „zur Grundlage einer europäischen Magna Charta der Stabilitätspolitik gemacht werden". Der gemeinsame Währungsraum sollte als „Katalysator für die notwendige Konvergenz der Wirtschaftspolitiken der Mitgliedstaaten" wirken, „ohne die es keine Währungsunion geben kann".

Das Memorandum beendete die „währungspolitische Defensive" (Wirsching 2006, S. 536), in der sich die Bundesrepublik bisher gegenüber Vorstößen vor allem von französischer Seite befunden hatte. Es hatte wesentlichen Einfluss auf die Entscheidung des Europäischen Rates in Hannover im Juni 1988, eine Kommission aus den Präsidenten der Zentralbanken der Mitgliedstaaten und weiterer Experten unter dem Vorsitz des Präsidenten der Europäischen Kommission Jacques Delors zur Erarbeitung eines konkreten Konzepts einer Wirtschafts- und Währungsunion einzusetzen. Mit dem im April 1989 vorliegenden Delors-Bericht (Europa-Archiv 1989, S. 283-304) wurde die französische Forderung nach einer einheitlichen Währung, die den dominierenden Einfluss der Deutschen Bundesbank auf die Finanzpolitik Frankreichs und anderer Mitgliedstaaten brechen sollte, mit dem deutschen Insistieren auf strikten Regeln zur Koordinierung und Konvergenz der Wirtschaftspolitik und der Haushaltsdisziplin zur Sicherung der Preisstabilität verbunden. Damit rückte die Herbeiführung der Währungsunion ins Zentrum der Bestrebungen zur Vertiefung der europäischen Integration. Dieser Prozess ist – wie noch zu zeigen sein wird – von Genscher auch im Zusammenhang mit dem Prozess der deutschen Einigung massiv gefördert worden.

3. Die Ausrichtung von Genschers Politik am Ziel der deutschen Einigung und der damit im engen Zusammenhang gesehenen Vertiefung der europäischen Integration sind eindeutige Ergebnisse der historischen und politikwissenschaftlichen Forschung. Hier soll darüber hinaus betont werden, dass sich Genscher auch kontinuierlich und mit Nachdruck für die Schaffung einer gesamteuropäischen Friedensordnung einsetzte. Diese sollte die Spaltung zwischen Ost und West überwinden und damit auch den Rahmen für eine deutsche Einigung bilden. In diese europäische Friedensordnung sollten die USA und Kanada sowie die ostmitteleuropäischen Staaten, aber auch die Sowjetunion bzw. nach deren Auflösung deren wichtigste Nachfolgestaaten, einbezogen werden. Genschers Ziel, die Sowjetunion bzw. Russland zu einem Teil Europas zu machen, hatte enge Berührungspunkte mit Gorbatschows Konzept des „Gemeinsamen Europäischen Hauses" (Schewardnadse 1991, S. 89-118). Dieses neue, größere Europa sollte zur Modernisierung der Wirtschaft, zur Steigerung des Wohlstandes und letztlich – auch in der Sowjetunion – zur Förderung des Übergangs zur Demokratie und Rechtsstaatlichkeit beitragen. Die deutsche Wirtschaft sollte schon aufgrund ihrer günstigen geographischen Lage und ihrer Exportorientierung eine wesentliche Rolle bei der Modernisierung der Wirtschaft und der Förderung des Übergangs von der Plan- zur Marktwirtschaft im ehemaligen Ostblock spielen. Weiterhin sollte dieses Europa bei der Lösung globaler Probleme mitwirken und generell ein Mitspieler in der Weltpolitik werden.

4. Den Weg zur Durchsetzung seiner Ziele sah Genscher spätestens seit dem Ende der 1960er Jahre in einer konsequenten Entspannungs- und Abrüstungspolitik. Er berief sich dabei immer wieder auf den Harmel-Bericht von 1967 (Haftendorn 1992, 169-221), der die bisherige, allein gegen die Bedrohung aus dem Osten gerichtete Strategie der NATO durch eine Doppel-Strategie ersetzen wollte. Erstens sollte durch eine ausreichende militärische Stärke die Fähigkeit der NATO zur Abschreckung von Gegnern und zur erfolgreichen Verteidigung des Gebiets der Mitgliedstaaten erhalten bleiben. Zweitens sollten aber im Rahmen dieses Sicherheitssystems dauerhafte Beziehungen zu den Staaten des Ostblocks geknüpft werden, um im Dialog Spannungen abzubauen und zentrale politische Fragen gemeinsam zu lösen.

Zu diesen Fragen gehörte, wie Genscher immer wieder betonte (Genscher 1991, S. 259), auch die Deutsche Frage. Die Politik sollte sich dabei nicht mit einer friedlichen Koexistenz der beiden verfeindeten politischen Systeme zufriedengeben, sondern bewusst eine Änderung des Status quo – allerdings ohne Gewaltanwendung – anstreben. Diese Politik zielte also auf eine Kooperation und schließlich auch auf eine Überwindung der feindlichen Blöcke und damit auf eine gesamteuropäische Friedens- und Sicherheitsordnung.

Wichtige Elemente dieser Politik waren der kontrollierte Abbau der Rüstungen sowie die Schaffung und der Ausbau der Konferenz für Sicherheit und Zusammenarbeit in Europa (KSZE) als einer Organisation, in der die Staaten der verfeindeten Blöcke der NATO und des Warschauer Paktes zusammentrafen, um gemeinsam politische Probleme zu diskutieren und nach Möglichkeit zu lösen. Genscher hat die Bedeutung der KSZE als mögliches Instrument zur Förderung der spezifischen politischen Interessen der Bundesrepublik sehr klar erkannt und die Akzeptanz der auf einer Konferenz in Helsinki verabschiedeten Schlussakte und eine starke Rolle der Bundesrepublik in der neuen Institution gegen heftige Attacken der Opposition, vor allem auch von Franz Josef Strauß, durchgesetzt.

Genscher sah in der KSZE eine logische Fortsetzung der deutschen Ostpolitik. Er betonte immer wieder, dass auf Betreiben Deutschlands die KSZE-Schlussakte die friedliche und einvernehmliche Veränderung von Grenzen zuließ. Auch die Freiheit der Wahl des Bündnisses, die in der Schlussphase der Zwei-plus-Vier-Verhandlungen über die Regelung der außenpolitischen Aspekte der deutschen Vereinigung eine so zentrale Rolle spielen sollte, war in der Akte verankert (Genscher 1995, S. 300-301). Gleichzeitig haben die Forderung nach Durchsetzung der Menschenrechte und besonders auch der Freizügigkeit, auf die sich die Bürger der DDR berufen konnten, zum Aufkommen der Bürgerrechtsbewegung in der DDR, zur Delegitimierung der SED-Führung und schließlich auch zur Destabilisierung der DDR 1989/1990 beigetragen. Seine 1989 einsetzenden Versuche, die KSZE stärker zu institutionalisieren und zu einem Nukleus der gesamteuropäischen Friedensordnung zu machen, waren allerdings nur begrenzt erfolgreich.

2 Genschers Bemühungen um die Überwindung der Eiszeit in den deutsch-sowjetischen Beziehungen 1982-1988

Genscher hat an den Grundsätzen der Entspannungspolitik, dem Streben nach Dialog und der Bildung vertrauensbildender Maßnahmen gegenüber den Staaten des Ostblocks, auch in der Zeit massiver Aufrüstung der Sowjetunion und ihrem imperialistischen Vorgehen gegenüber Afghanistan und Ländern der Dritten Welt, festgehalten. Das hat ihm zeitweise den Vorwurf des „Genscherismus", d.h. der Schwäche und der Verfolgung einer Appeasement-Politik gegenüber der Sowjetunion, bei Teilen der politischen Eliten, besonders in den Vereinigten Staaten, in Großbritannien, aber auch in Deutschland, eingetragen.

Ein wesentlicher Teil seiner Entspannungspolitik war der Versuch, das Eis der deutsch-sowjetischen Beziehungen in den 1980er Jahren aufzutauen. Diese Eiszeit war eine Antwort der Sowjetunion auf das gegen massive innere Widerstände erfolgende Festhalten der Regierung Kohl-Genscher am NATO-Doppelbeschluss. Dieser sah als Reaktion auf die Stationierung neuer sowjetischer Mittelstreckenraketen die Stationierung amerikanischer Mittelstreckenraketen vor, die aber mit einem Angebot über Verhandlungen über den schrittweisen oder gänzlichen Abbau der nuklearen Mittelstreckenraketen verknüpft wurde (Haftendorn 1986, S. 232–268). Es kam zu einer ersten Begegnung Genschers mit Gorbatschow am 21. Juli 1986, die auf den deutschen Außenminister die „tiefgreifendsten Eindrücke" machte (Genscher 1995, S. 872). In der Vorstellung meines Buches über „Hans-Dietrich Genscher, das Auswärtige Amt und die deutsche Vereinigung" (München, 2013) in einer Podiumsdiskussion am 4. Juni 2013 erzählte Genscher, dass Gorbatschow ihn gefragt habe, wieso denn die Sowjetunion trotz ihrer Erfolge in der Erschließung des Weltraums und der Rüstung in der Wirtschaftskraft, der Versorgung der Bevölkerung und in der Entwicklung moderner Technologien so weit hinter dem Westen hinterherhinke und was er ihm zur Behebung dieses Mankos empfehlen könne. Er habe sich gefühlt, als ob der Papst ihn frage, ob er heiraten sollte.

Als Ergebnis des Gesprächs Genschers mit Gorbatschow (Genscher 1995, S. 493-504; mehrere Fernschreiben der Delegation Genschers an das AA vom 22.7.1986, in: PAAA, ZA 139316), bei dem es auch um die Schaffung einer gesamteuropäischen Friedensordnung und die allerdings nach Gorbatschow durch die Geschichte verwirkten deutschen Einheit ging, erwartete man auf beiden Seiten eine Verbesserung der gegenseitigen Beziehungen. Das beruhte auf dem Interesse der Sowjetunion an regen Wirtschaftsbeziehungen mit der Bundesrepublik und der Einsicht Gorbatschows, dass wirkliche Fortschritte im Rüstungsabbau und bei der Schaffung eines neuen Systems internationaler Beziehungen zumindest in Europa nicht ohne die Bundesregierung durchgesetzt werden könnten (Analyse von Gerold von Braunmühl, dem Leiter der Politischen Abteilung II im AA vom 25.07.1986, in: PAAA, ZA 139316). Die erhoffte Normalisierung der Beziehungen wurde jedoch durch ein Interview von Bundeskanzler Kohl mit dem amerikanischen Magazin „Newsweek", in dem er Gorbatschow durch einen Vergleich mit dem NS-Propagandaminister Goebbels tief verletzte (Biermann 1997, S. 100), zunächst wieder verhindert. Wenn auch Kohl sich von diesem „Kommunikationsdesaster" (Schwarz 2012, S. 456) zu distanzieren versuchte, so gab es doch damals deutliche Unterschiede der Beurteilung Gorbatschows bei Kohl und Genscher. Während Kohl in dem Reformprogramm Gorbatschows und seiner „neuen" Außenpolitik zunächst nur einen raffinierten Propagandaschachzug sah, war Genscher der Meinung, dass man Gorbatschow ernst nehmen und ihn beim Wort nehmen sollte. Das war die

Kernforderung einer bedeutenden Rede, die Genscher auf dem World Economic Forum in Davos am 1. Februar 1987 (Genscher 1991, S. 137-150) hielt. Die Rede basierte auf einer scharfsinnigen Analyse der sowjetischen Politik, die nach Meinung Genschers aufgrund der Wachstumskrise der sowjetischen Wirtschaft und ihrem Zurückbleiben bei den neuen Hochtechnologien eine Modernisierung und Öffnung der Gesellschaft nach innen und außen und insbesondere einen Abbau der Rüstungsausgaben erforderlich mache.

Genscher hat sich folgerichtig und letztlich erfolgreich gegen heftige Widerstände in der CDU/CSU und besonders von Franz Josef Strauß für die doppelte Nulllösung, also den Abbau der landgestützten nuklearen Mittelstreckenraketen der Vereinigten Staaten und der Sowjetunion unter Einschluss der in der Bundesrepublik stationierten 72 Pershing-IA-Raketen eingesetzt (Genscher 1995, S. 565-577). Während das auch den Interessen der Vereinigten Staaten entsprach, traf Genscher mit seinem massiven Einsatz gegen eine Modernisierung der nuklearen Kurzstreckenraketen 1988/1989 zunächst nicht nur auf den an die „Grenze des Koalitionsbruchs" (Genscher 1995, S. 712) führenden Widerstand der CDU/CSU, sondern auch auf einen zunächst die Grundfesten des NATO-Bündnisses erschütternden Gegensatz besonders zu den Vereinigten Staaten und Großbritannien. Gerade wegen ihrer kürzeren Reichweite hätten diese Raketen besonders Polen, die Tschechoslowakei, aber auch die DDR vollständig verwüsten können. Genscher hat schließlich am Vorabend des NATO-Gipfeltreffens in Brüssel am 29. und 30. Mai 1989 den amerikanischen Außenminister Baker mit der Unterstützung Kohls für einen Kompromiss gewinnen können, der vorsah, dass der Beschluss zur Modernisierung der Kurzstreckenraketen auf 1992 und damit schließlich endgültig vertagt wurde (Genscher 1995, S. 618-619).

Diese Aktivitäten Genschers waren natürlich den sowjetischen Führern bekannt. Sie, wie auch die Gespräche anderer deutscher Politiker in Moskau, ebneten schließlich den Weg für den vorher immer wieder verschobenen Besuch Kohls in Moskau am 24. Oktober 1988 und den einem Triumphzug gleichenden Gegenbesuch Gorbatschows in der Bundesrepublik Mitte Juni 1989. Diese Begegnungen führten zu einem allerdings zeitweilig wieder gefährdeten Vertrauensverhältnis zwischen dem deutschen Kanzler und dem sowjetischen Parteichef. In einer „Gemeinsamen Erklärung" vom 13. Juni 1989 (Kaiser 1991, S. 143-148) verständigten sich die Bundesrepublik und die Sowjetunion, die ausdrücklich das Recht auf Selbstbestimmung der Völker und Staaten anerkannte, auf ein umfangreiches Programm enger Zusammenarbeit auf den verschiedensten Gebieten. Die Sowjetunion, die in erster Linie als Weltmacht einen historischen Ausgleich mit den Vereinigten Staaten suchte, hatte damit anerkannt, dass Bonn in der Europapolitik nicht zu umgehen war. Der Bundesregierung, die noch keine operative Deutschlandpolitik hatte, war klar, dass die Sowjetunion letztlich den Schlüssel zur deutschen Einheit in der Hand hielt.

Die hier skizzierten Hauptziele Genschers und die ihnen entsprechende Politik bis zum Sommer 1989 waren eng miteinander verwoben und letztlich auf die zentrale Aufgabe der Förderung der deutschen Wiedervereinigung ausgerichtet. In der Verfolgung dieser Ziele war Genscher ausgesprochen flexibel und innovativ in der Suche nach neuen Wegen. Nach den Worten des Leiters seines Ministerbüros Frank Elbe bewegte er sich mit der „Vorsicht eines Rieseninsektes, das mit seinen vielen Fühlern vorsichtig das Umfeld abtastete, bereit, zurückzuzucken, wenn es Widerstand spürte, um dann sofort die Fühler an einer anderen Stelle anzusetzen" (Kiessler/Elbe 1993, S. 78). Diese Einschätzung des Vorgehens von Genscher in den entscheidenden Wochen um die Jahreswende 1989/1990 gilt in abgeschwächter Weise auch für die generelle Taktik des deutschen Außenministers. Genscher besaß zudem ein hervorragendes Gefühl für Timing und hatte die Fähigkeit, seine Argumente an den jeweiligen Gesprächspartner, dessen Interessen er zu verstehen suchte, anzupassen.

Genscher stand nach dem Wechsel der Koalition 1982 für die Kontinuität der Außenpolitik der Bundesrepublik. Insbesondere die Fixierung auf die deutsche Einigung und die Förderung der europäischen Integration waren ein Kitt der sonst von starken Spannungen in anderen Politikbereichen erschütterten christlich-liberalen Koalition. Dazu kam, dass bei aller parteipolitischen Konkurrenz und der quasi institutionalisierten Rivalität zwischen dem Kanzleramt und dem Auswärtigen Amt in der Bestimmung der Außenpolitik ein insgesamt gutes persönliches Verhältnis zwischen dem Bundeskanzler und seinem Außenminister bestand. Sie wussten, dass sie aufeinander angewiesen waren und sich bei unterschiedlichen Auffassungen zusammenraufen mussten.

Genscher hatte dabei als Ressortminister mit einem eingespielten, leistungsfähigen Apparat, aber auch als unverzichtbarer Koalitionspartner, eine starke Stellung. Das galt auch für die internationale Ebene, in der er aufgrund seiner großen Sachkenntnis und seiner hervorragenden Fähigkeit als Netzwerker, seinen guten persönlichen Beziehungen zu fast allen führenden Akteuren der Außenpolitik, aber auch als der seit 1974 amtierende, dienstälteste Außenminister über eine große Autorität verfügte.

3　Der Außenminister setzt 1989 auf Reformen im Ostblock und eine deutsche Wiedervereinigung von unten

Diese Autorität kam ihm zugute, als im Sommer und Herbst 1989 es nicht mehr nur darum ging, die Optionen der Deutschlandpolitik offenzuhalten, sondern die Bundesregierung durch eine operative Politik und konkrete Verhandlungen die deutsche Vereinigung voranbringen musste. Genscher hat sich frühzeitig und nachdrücklich für die Unterstützung der Reformen in der Sowjetunion, in Polen und Ungarn und schließlich auch in der DDR durch die Bundesrepublik, die Europäische Gemeinschaft und die westlichen Bündnispartner eingesetzt.

An der Geheimkonferenz mit dem ungarischen Ministerpräsidenten Miklós Németh und seinem Außenminister Gyula Horn auf Schloss Gymnich bei Bonn hat er zusammen mit Kohl erreicht, dass die ungarische Regierung gegen die Zusicherung von Krediten am 10. und 11.09. ihre Grenze für flüchtige DDR-Bürger öffnete. Genscher spielte durch Gespräche, vor allem mit dem sowjetischen Außenminister Eduard A. Schewardnadse und den Außenministern der DDR, der ČSSR und Polens Oskar Fischer, Jaromír Johanes und Krzysztof Skubiszewski, eine wesentliche Rolle in der Durchsetzung der Ausreise der massenhaft in die deutschen Botschaften in Prag und Warschau geflohenen Bürger der DDR in die Bundesrepublik (Genscher 1995, S. 14–24). Die Ausreise- und Fluchtwelle im Spätsommer und Herbst 1989 hat neben den immer stärker werdenden Massendemonstrationen und der Gründung oppositioneller Vereinigungen und Parteien maßgeblich zur Delegitimierung der DDR-Führung und damit auch zur Destabilisierung der DDR als zweiter deutscher Staat beigetragen.

Angesichts dieser Entwicklungen hat Genscher seine eigene Position in einem Interview für den SPIEGEL kurz vor dem 40. Jahrestag der Gründung der DDR am 07. Oktober 1989 und in einer Rede in der Paulskirche, dem Tagungsort der ersten deutschen Nationalversammlung 1848/1949, am 19. Oktober 1989 (Genscher 1991, S. 196-206 und S. 208-226) umrissen. Er betonte die Notwendigkeit durchgreifender und umfassender Reformen in der DDR, wobei er vor allem die Sowjetunion als Vorbild sah. Mit Nachdruck wandte er sich gegen eine Enteuropäisierung der DDR und der Bundesrepublik. Es gebe keine zwei deutschen Nationen. Die Deutsche Frage könne jedoch nicht im Alleingang gelöst werden, sondern sei eingebettet in das Ziel einer gesamteuropäischen Einigung. Es sei „schwer vorstellbar, dass Europa zunehmend zusammenwächst, aber die beiden deutschen Staaten auseinanderwachsen" (Genscher 1991, S. 200). Die Europäische Gemeinschaft, die eine große Ausstrahlung auf die Reformkräfte in Mittel- und Osteuropa habe, solle – falls diese das wünschen – der DDR und allen europäischen Staaten offenstehen.

Zentrale Aufgaben sah Genscher dabei in der Ablösung der Konfrontation der militärischen Bündnisblöcke durch Zusammenarbeit und in der Schaffung einer kooperativen Sicherheitsordnung für ganz Europa unter Einschluss der Sowjetunion, der Vereinigten Staaten und Kanada. Offenbar schwebte ihm damals auch die langfristige Entwicklung eines föderalistischen Europas vor, in der Platz für einen alle Deutschen umfassenden föderalistischen deutschen Staat wäre. Allerdings dürfe man „der künftigen Entwicklung keine Zwangsjacke anlegen" (Genscher 1991, S. 203).

Während Genscher in diesen Stellungnahmen noch jede Einmischung in die inneren Angelegenheiten der DDR ablehnte, wurde diese Zurückhaltung von der Bundesregierung kurz vor dem Fall der Mauer aufgegeben. In einer Rede vom 08. November 1989 erklärte sich Kohl bereit, einen „Weg des Wandels" in der DDR umfassend zu unterstützen, machte das aber von einer grundlegenden Reform der politischen Struktur und der Wirtschaft der DDR abhängig: „Die SED muss auf ihr Machtmonopol verzichten, muss unabhängige Parteien zulassen und freie Wahlen verbindlich zusichern" (Protokolle Bundestag, 11. Wahlperiode, S. 13221).

Am Tage danach fiel die Mauer und damit war – ohne dass das den Zeitgenossen schon klar war – auch das Schicksal der DDR besiegelt. Genscher hat auf der Veranstaltung vor dem Schöneberger Rathaus zum Mauerfall in einer kurzen Rede betont, dass man keine Bevormundung der DDR, deren Bürger frei über ihren weiteren Weg entscheiden sollten, wolle. Gleichzeitig hat er zur Beruhigung der europäischen Nachbarn erklärt, dass die Bundesrepublik zu den von ihr geschlossenen Verträgen stehe und insbesondere die Grenze mit Polen nicht in infrage stelle (Genscher 1991, S. 228–230). Während Kohl Generalsekretär Gorbatschow beruhigte, der – offenbar von seinem Geheimdienst alarmiert – eine chaotische Situation in Berlin befürchtete (Kohl 2005, S. 968-969.; Teltschik 1991, S. 19-20), dankte Genscher in einem Telefonat mit Schewardnadse am 11. November 1989 der Sowjetunion „für ihre verständnisvolle und verantwortungsbewusste Haltung". Er unterstrich, dass die Bundesrepublik etwa auftretende Schwierigkeiten bei den Reformentwicklungen in Mittel- und Osteuropa nicht ausnützen würde und sich für die Bewahrung der Stabilität in Europa einsetze (Hilger 2011, S. 42-43).

Am 21. November 1989 war Genscher in Washington, um in Unterredungen mit Präsident George Bush, Außenminister James Baker und dem Nationalen Sicherheitsbeauftragten des Präsidenten Brent Scowcroft die Positionen insbesondere in der Deutschlandpolitik vor der Gipfelkonferenz der Vereinigten Staaten mit der Sowjetunion in Malta am 02./03. Dezember 1990 aufeinander abzustimmen. Genscher betonte gegenüber dem Präsidenten, dass das Schicksal Deutschlands in die Entwicklung auf dem europäischen Kontinent eingebettet sei und dass die Bundesrepublik die Deutsche Frage nicht isoliert lösen könne und sie die Dynamik des Integrationsprozesses in der Europäischen Gemeinschaft weiter unterstützen würde. Die Allianz der NATO und die Präsenz amerikanischer Truppen in Europa sei gerade auch für die Entwicklung einer stabilen Friedensordnung vom Ural bis zum Atlantik unverzichtbar. Der Präsident solle sich aber für eine stärker politische Orientierung der Bündnisse und die Entstehung kooperativer Sicherheitsstrukturen einsetzen. Für eine derartige Entwicklung sei auch die weitere Existenz des Warschauer Paktes wichtig (Hilger 2011, S. 43–48).

Im Gespräch mit Baker warb er vor allem für die Idee einer gesamteuropäischen Friedensordnung unter Einschluss der Vereinigten Staaten und der Sowjetunion und einen Ausbau und eine Institutionalisierung des KSZE-Prozesses zur Schaffung weiterer kooperativer Strukturen. Er skizzierte die Tendenzen zu einer Wiedervereinigung von „unten", an die die Bundesrepublik allerdings „mit großer Sensibilität und Delikatesse" herangehen müsse. Eine Viermächtekonferenz über Deutschland und die Idee eines Friedensvertrages mit Deutschland lehnte er scharf ab (Fernschreiben 4742 der Botschaft Washington vom 22. November 1989, in: PAAA, B130 503 E).

Deutschland, so beschwor er Scowcroft, dürfe nicht wie in den 1950er Jahren an einen „Katzentisch" verbannt werden (Vermerk von Kastrup vom 23. November 1989 über das Gespräch, in: PAAA, ZA140 730 E). Baker versicherte, dass die Vereinigten Staaten für die deutsche Einheit seien, diese sich aber in friedlicher und stabiler Form vollziehen müsse. „Die sensitive Frage sei hier nur das Wann und Wie" (Fernschreiben 4742 der Botschaft Washington vom 22. November 1989, in: PAAA, B130 503 E). Gewisse Differenzen zeigten sich in der geringeren Einschätzung der Bedeutung der KSZE durch die Vereinigten Staaten und ihrer weniger ausgeprägten Bereitschaft, neben der NATO kooperative Sicherheitsstrukturen unter Einbeziehung der Sowjetunion zu entwickeln.

Im Unterschied zu Genscher, der keine Forcierung der Deutschen Frage von Seiten der Bundesregierung wünschte und auf die Wiedervereinigung von unten in der DDR setzte, ergriff Kohl am 28. November 1989 mit der Verkündigung seines berühmten Zehn-Punkte-Programms (Protokoll Bundestag, 11. Wahlperiode, S. 13510–13513) über den Weg zu einer deutschen Föderation über eine Vertragsgemeinschaft mit der DDR und die Entwicklung „konföderativer Strukturen" eine deutschlandpolitische Initiative. Genscher wurde von diesem Vorschlag ebenso wie die vier Mächte Vereinigte Staaten, Sowjetunion, Großbritannien und Frankreich, die besondere Verantwortlichkeiten und Rechte für Deutschland als Ganzes und Berlin hatten, völlig überrascht. Nach Absprache mit dem FDP-Vorsitzenden Otto Graf Lambsdorff unterstützte er Kohls Erklärung, bemängelte aber, wie die SPD, das Fehlen eines weiteren Punktes über das Recht der Polen auf sichere Grenzen (Weidenfeld 1998, S. 111-112). Später kritisierte er in seinen Erinnerungen, dass die „in vollem Gang" befindliche „Vereinigung von unten" im östlichen und westlichen Ausland „weitaus günstiger aufgenommen werde als eine von oben in Gang gesetzte Aktivität". Er führte weiter aus, dass angesichts der Geschwindigkeit der Entwicklung keine Zeit „für die Herstellung konföderativer Strukturen…bleiben würde" (Genscher 1995, S. 673).

Die Forcierung der Deutschen Frage durch Kohl, die ihm die Meinungsführerschaft in der Bundesrepublik verschaffte, traf tatsächlich auf massive Kritik im Ausland. Sie gab aber den Menschen in der DDR eine Perspektive und wurde dort zum Katalysator des Umschlags von der Forderung nach einer Demokratisierung der DDR zur Bewegung für eine deutsche Vereinigung. Der Umweg über eine Vertragsgemeinschaft und die Schaffung konföderativer Strukturen wurde angesichts des wachsenden Misstrauens von Kohl gegenüber dem als SED-Reformer neu gewählten Ministerpräsidenten Hans Modrow, der Fortsetzung der massiven Auswanderung aus der DDR, des fortschreitenden Prozesses der Auflösung der staatlichen und kommunalen Institutionen der DDR und des Niedergangs ihrer Wirtschaft schließlich zugunsten einer schnellen Einheit aufgegeben (Ritter 2013, S. 66–69).

Genscher hatte zunächst die undankbare Aufgabe, als eine Art Feuerwehr den durch Kohls zehn Punkte entfachten Brand zu löschen und die wichtigsten westlichen Verbündeten und die Sowjetunion mit der Versicherung, dass Deutschland keinen Alleingang anstrebe und an seinen internationalen Verpflichtungen festhalte, zu beruhigen. Er tat das in Gesprächen mit der britischen Premierministerin Margaret Thatcher, dem französischen Präsidenten François Mitterand und Generalsekretär Gorbatschow.

Gegenüber Thatcher, die zu jener Zeit eine deutsche Vereinigung ohne Rücksicht auf die von der NATO eingegangenen Verpflichtungen zur Unterstützung einer friedlichen deutschen Vereinigung scharf ablehnte (Notizen Tschernjajews über ein Gespräch Thatchers mit Gorbatschow am 23. November 1989, in: Masterpieces, S. 532), bekräftigte er am 29. November 1989 das Festhalten der Bundesrepublik an ihren Verpflichtungen in der EG und der NATO und versuchte, sie als fanatische Kritikerin des Sozialismus mit der Aussicht auf die Ersetzung des Sozialismus durch den Übergang zur freien Marktwirtschaft in der DDR nach der geplanten Volkskammerwahl zu gewinnen (Hilger 2011, S. 49–53).

Ein außerordentlich schwieriges Gespräch führte er am 30. November 1989 mit Mitterand. Der französische Präsident akzeptierte zwar prinzipiell das Selbstbestimmungsrecht der Deutschen, hielt aber die deutsche Frage nicht für aktuell, und befürchtete eine Rückkehr zur Vorstellungswelt von 1913 mit ihren privilegierten Bündnissen und ihrer latenten Kriegsgefahr. Er setzte sich auch durch einen Staatsbesuch in der DDR vom 20. bis 22. Dezember 1989 und in Gesprächen mit Thatcher und Gorbatschow für eine Verhinderung einer schnellen deutschen Einheit ein. Für ihn hatte die europäische Einheit durch die weitere Integration der Europäischen Gemeinschaft eine klare Priorität vor einer vielleicht später möglichen deutschen Einheit. Insbesondere forderte er, dass auf dem bevorstehenden Treffen des Europäischen Rates in Straßburg am 8. und 9. Dezember 1989 eine Entscheidung für die Einberufung einer Regierungskonferenz noch vor Ende des Jahres 1990 zur Förderung der Schaffung einer Wirtschafts- und Währungsunion getroffen werden sollte. Kohl, der prinzipiell für eine europäische Währungsunion war, versuchte damals zunächst, die Einberufung der Regierungskonferenz zu verzögern, da er mit der Opposition der in der Deutschen Bundesbank und im Finanzministerium verankerten „Ökonomisten", die eine gemeinsame Währung erst als Krönung nach Abschluss eines Prozesses der ökonomischen Konvergenz der beteiligten Staaten für vertretbar hielten und eine vorzeitige Schaffung gemeinsamer Institutionen ablehnten, rechnen musste. Zudem wollte er sich in dem für Ende 1990 bevorstehenden Bundestagswahlkampf nicht dem Vorwurf aussetzen, dass er die populäre D-Mark leichtfertig preisgegeben habe. Genscher hat sich in dem Gespräch mit Mitterand zu der Position des französischen Präsidenten bekannt. Er erwarte für Ende 1990 Wahlen sowohl in der DDR wie in der Bundesrepublik. „Niemand solle glauben, daß die Frage der Regierungskonferenz in unserem Wahlkampf eine größere Rolle spielen werde […] Wenn die Bundesregierung sich in den Verdacht brächte, die europäische Einigungspolitik zu bremsen, würde sie die Wahl verlieren" (Hilger 2011, S. 61).

Es ist kennzeichnend, dass Genscher in seiner Rede zum Leitantrag der FDP zur Deutschlandpolitik vor dem Bundeshauptausschuss seiner Partei am 02. Dezember 1989 in Celle die zehn Punkte von Kohl überhaupt nicht erwähnte, aber betonte, dass das Voranschreiten der europäischen Integration und die enge Verbindung mit Frankreich eine Voraussetzung für die Überwindung der Spaltung Europas und damit auch Deutschlands sei. Er forderte daher die durch das Einlenken Kohls in dieser Frage auch tatsächlich erfolgende Entscheidung des Europäischen Rates in Straßburg für die Einberufung einer Regierungskonferenz zur Ausarbeitung eines Vertragsentwurfs für die Wirtschafts- und Währungsunion (Archiv des Liberalismus, A 48–59).

Genscher hatte nach seinem Gespräch mit Mitterand den Eindruck, dass man mit der „Unterstützung" Frankreichs rechnen könne (Genscher 1995, S. 680). Tatsächlich hat jedoch die Sphinx Mitterand seinen Kampf gegen eine schnelle deutsche Vereinigung erst Mitte/Ende Januar 1990 aufgegeben, als er feststellen musste, dass entgegen der ihm von führenden Vertretern der DDR und der SED bei seinem Staatsbesuch in der DDR vermittelten Ansicht die weit überwiegende Mehrheit der DDR-Bürger für eine schnelle Vereinigung war. Auch wurde ihm klar, dass Gorbatschow dagegen kein Veto einlegen werde und ein gemeinsames Vorgehen mit Großbritannien gegen eine deutsche Einigung durch eine Wiederbelebung der Entente cordiale aus der Zeit vor 1914 an den unterschiedlichen Interessenlagen der beiden Länder scheiterte. Während Mitterand eine Eindämmung der Macht eines vereinigten Deutschlands durch eine Vertiefung und Beschleunigung der europäischen Integration wollte, lehnte Thatcher diese als eine Einschränkung der britischen Souveränität, aber auch aus Furcht vor einer noch stärkeren deutschen Dominanz in einer mächtigeren Europäischen Gemeinschaft ab.

Das härteste seiner Gespräche zur Besänftigung des durch die zehn Punkte Kohls bewirkten Aufruhrs führte Genscher am 05. Dezember 1989 mit Gorbatschow. Der Generalsekretär kritisierte scharf, dass er von Kohl nicht vorher informiert und konsultiert worden war und dass Kohl aus wahltaktischen Gründen eine Destabilisierung der DDR bezwecke. Die Bindung der Hilfe der Bundesrepublik an die DDR an deren umfassenden Wandel sah er als „ultimative Forderung" und als eine Einmischung in die inneren Angelegenheiten des souveränen zweiten deutschen Staates an. Genscher verteidigte loyal die Position Kohls als Beitrag zu einer langfristig zu erreichenden gesamteuropäischen Integration. Er wolle keine Destabilisierung der DDR und bei den Vorschlägen Kohls handelte es nicht um ein „Diktat", sondern um Vorschläge, über die die Bürger der DDR frei entscheiden könnten (Galkin und Tschernjajew 2011, S. 254–265; Hilger 2011, S. 74–80).

Gorbatschow war schließlich zur weiteren Zusammenarbeit bereit, warnte aber vor erneuten unliebsamen Überraschungen und deutete an, dass, bei Fortschritten im gesamteuropäischen Prozess und den bilateralen Beziehungen, „es auch in der deutschen Frage Entwicklungen geben" könne (Hilger 2011, S. 80). Tatsächlich hatte die deutsche Botschaft in Moskau schon seit Längerem Anzeichen für eine Aufweichung der Ablehnung einer deutschen Einheit durch die Sowjetunion, in der die verschiedenen Kräfte um die Gestaltung der Deutschlandpolitik ringen würden, konstatiert (vgl. zum Beispiel die Fernschreiben 3856–3858 der Botschaft in Moskau vom 21. September 1989 und 5169 vom 14. Dezember 1989, in: PAAA, B130 13503 E).

Zunächst aber versuchte die Sowjetunion mit der Wiederherstellung der Vier-Mächte-Verantwortung für Deutschland, den Status quo in Europa zu bewahren, um die weitere Entwicklung zu steuern. Auf Einladung der Sowjetunion fand am 11. Dezember 1989 im Kontrollratsgebäude in Berlin ein Treffen der Botschafter der vier Hauptsiegermächte statt, in dem der sowjetische Vertreter die besondere Verantwortung der vier Mächte für die Stabilität in Europa betonte und regelmäßige Treffen der Botschafter zur Kontrolle der weiteren Entwicklung in Deutschland vorschlug. Nach dem Kommentar der sowjetischen Nachrichtenagentur TASS zu dem Treffen seien „die Großmächte [...] wie viele andere Länder der Meinung, dass die vom Bundeskanzler unterbreitete Idee von der Wiedervereinigung der beiden Deutschland gegenwärtig nicht auf der Tagesordnung steht" (Mitter 2011, S. 52).

Genscher hat bei dem traditionellen Vierer-Treffen der Außenminister der Vereinigten Staaten, Großbritanniens, Frankreichs und der Bundesrepublik am 13. Dezember 1989 anlässlich einer NATO-Konferenz mit aller Schärfe gegen dieses spektakuläre Treffen, dass die „Würde des deutschen Volkes verletzt habe", protestiert. Die Westmächte müssten sich entscheiden „zwischen der Zusammenarbeit mit uns in der NATO und in der Europäischen Gemeinschaft oder mit der Sowjetunion im Kontrollrat" (Genscher 1995, S. 695-696). Genscher war überzeugt, dass seine Kollegen seine Empörung verstanden hatten und einlenken würden.

Allerdings hat die Sowjetunion in einem non-paper – also einem inoffiziellen Arbeitsdokument – vom 10. Januar 1990 erneut zu einem Treffen der vier Mächte über Deutschland eingeladen. Bei einer Konsultation der politischen Direktoren der Westmächte und der Bundesrepublik in Washington am 23. Januar 1990 ist bei den Vertretern der Vereinigten Staaten und Großbritanniens angesichts der möglichen Instabilität der DDR eine Zusammenarbeit der vier Mächte als potenziell nützliches Instrument auf erhebliches Interesse getroffen, ehe sie vom politischen Direktor des Auswärtigen Amtes Dieter Kastrup als Bildung einer Art „Direktorium" der Siegermächte über die Köpfe der Deutschen hinweg scharf zurückgewiesen wurde (Vermerk von Kastrup vom 29. 01.1990, in: PAAA, ZA 130/13523 E). Es wurde aber klar, dass ein Gremium zur Regelung der äußeren Aspekte der deutschen Einheit gefunden werden musste.

Dies umso mehr, als inzwischen deutlich geworden war, dass neben den Hardlinern in der Sowjetunion dort andere Kräfte eine flexiblere Haltung einnahmen und sich auf eine deutsche Einheit einzustellen begannen. So betonte Schewardnadse in einer vielbeachteten Rede in Brüssel vom 19. Dezember 1989 vor dem Politischen Ausschuss der Europäischen Parlaments zwar das Interesse der Sowjetunion an der weiteren Existenz zweier souveräner deutscher Staaten, bekannte sich aber gleichzeitig grundsätzlich zum Selbstbestimmungsrecht der Deutschen und formulierte sieben Fragen, die die außenpolitischen Aspekte einer möglichen deutschen Vereinigung berührten. Dabei ging es unter anderem um die Bündniszugehörigkeit eines vereinigten Deutschlands und das Verhältnis einer deutschen Einigung zur Schaffung einer gesamteuropäischen Friedensordnung (Auswärtiges Amt 1990, S. 146–153).

4   Genscher und die Grenzen der NATO im Osten

Die Sowjetunion für die deutsche Einheit zu gewinnen, ohne die Allianz mit dem Westen aufzugeben, die Westmächte in den Prozess der deutschen Vereinigung einzubinden und durch eine befriedigende Lösung der äußeren Aspekte der deutschen Einheit die Rechte der vier Mächte für Deutschland als Ganzes und für Berlin abzulösen und damit die deutsche Souveränität zurückzugewinnen, stand in den folgenden Wochen und Monaten im Mittelpunkt von Genschers Denken und Handeln.

Einen ersten Versuchsballon ließ er auf dem traditionellen Dreikönigstreffen seiner Partei am 06. Januar 1990 in Stuttgart steigen, in dem er in einem ersten Schritt die Entwicklung nicht mehr konfrontativer, sondern kooperativ strukturierter Bündnisse forderte, die in einem zweiten Schritt in einen Verbund kollektiver Sicherheit überführt werden sollten (FAZ, 07. 01. 1990). Das lag auf der Linie der Forderungen der Sowjetunion nach der Herausbildung eines neuen Sicherheitssystems, das neben den Vereinigten Staaten und Kanada auch die Sowjetunion umfassen sollte. Noch konkreter wurde Genscher in seinem Werben um die Sowjetunion in einer sorgfältig vorbereiteten, aber mit Kohl nicht abgesprochenen Rede in der Evangelischen Akademie in Tutzing am 31. Januar 1990. Um den Hintergrund dieser Rede zu verstehen muss man die zeitgenössischen Auseinandersetzungen in der Bundesrepublik berücksichtigen, in denen intensiv die Frage diskutiert wurde, ob man durch einen Verzicht auf die NATO-Mitgliedschaft und die Zusicherung der deutschen Neutralität die sowjetische Zustimmung zur Einheit erkaufen könne. Genschers Rede enthielt dann auch zunächst eine klare Absage an ein „neutralistisches Gesamtdeutschland". Das wird ergänzt durch ein Bekenntnis zur Europäischen Gemeinschaft und zur Herausbildung einer neuen gesamteuropäischen Friedensordnung unter Ausnutzung des KSZE-Prozesses und der Forderung nach einer Garantie der Grenzen durch eine gemeinsame Erklärung des Bundestages und der am 18. März zu wählenden neuen Volkskammer der DDR. Der Kern der Rede war aber die Aufforderung an die NATO, zu erklären: „Was immer im Warschauer Pakt geschehe, eine Ausdehnung des NATO-Territoriums nach Osten, das heißt, näher an die Grenzen der Sowjetunion heran, wird es nicht geben [...] Der Westen muß auch der Einsicht Rechnung tragen, dass der Wandel in Osteuropa und der deutsche Vereinigungsprozess nicht zu einer Beeinträchtigung der sowjetischen Sicherheitsinteressen führen darf" (Mitteilungen an die Presse Nr. 1026/90 vom 31. 01. 1990, in: PAAA, ZA 179077).

Genschers Position wurde vom Gesandten und Leiter der Politischen Abteilung der bundesdeutschen Botschaft in Moskau, Joachim von Arnim, als Öffnung des Weges für eine Neutralitätslösung bereits nach der Rede vom 06. Januar 1990 scharf kritisiert. Er hat in einem illoyalen Akt unter Umgehung des Botschafters und des Auswärtigen Amtes in einem langen Brief seine Bedenken dem Leiter der Abteilung Auswärtige und innerdeutsche Beziehungen und engsten außenpolitischen Berater Kohls, Horst Teltschik, mitgeteilt, der den Brief außerhalb des Dienstweges an Kohl weiterleitete. Der von von Arnim in seinem Buch „Zeitnot" leider nur paraphrasierte, aber nicht wörtlich abgedruckte Brief wandte sich gegen unvertretbare Konzessionen vor dem Beginn der Verhandlungen mit der Sowjetunion und argumentierte, dass man auch ohne sicherheitspolitische Konzessionen die Zustimmung der Sowjetunion zur deutschen Einheit durch die Gewährung umfassender Finanzhilfen, also durch Geld, kaufen könne (von Arnim 2012, S. 264–267). Der Vorwurf des Neutralismus gegen Genscher war unberechtigt. Zweifellos war aber Genscher bereit, den sowjetischen Führern in sicherheitspolitischen Fragen sehr weit entgegenzukommen.

In Moskau war inzwischen in einer Konferenz der engsten Mitarbeiter Gorbatschows am 26. Januar 1990 die deutsche Einheit angesichts des Fehlens eines verlässlichen Partners in der DDR grundsätzlich akzeptiert worden. Man wollte aber weiter auf den Prozess der Einigung über die Bundesrepublik und die Siegermächte einwirken. Es fehlte allerdings ein klares deutschlandpolitisches Konzept. Es war eine der Schwächen der Sowjetunion, dass sie im Gegensatz zu den Westmächten über keine klare, konsequente sicherheitspolitische Konzeption verfügte. Sie schwankte so zwischen der zunächst erhobenen Forderung nach deutscher Neutralität, der Doppelmitgliedschaft Deutschlands in beiden militärischen Blöcken, der politischen, aber nicht der militärischen Integration Deutschlands in der NATO, wie das bei Frankreich der Fall war, und der Idee des Eintritts der Sowjetunion in die NATO (Ritter 2013, S. 181).

Genscher gelang es zunächst, den amerikanischen Außenminister Baker und zeitweise auch den britischen Außenminister Douglas Hurd, der allerdings eine Diskussion der Frage im NATO-Bündnis forderte, auf seine Tutzinger Formel einzuschwören. In einem Gespräch mit Gorbatschow in Moskau vom 09. Februar 1990 betonte Baker, dass die „Jurisdiktion oder militärische Präsenz der NATO in östlicher Richtung um keinen einzigen Zoll ausgedehnt" werde (Galkin und Tschernjajew, S. 312). Genscher und Baker haben später behauptet, dass sich ihre Äußerungen nur auf die DDR bezogen hätten. Dem steht aber der Wortlaut der Äußerungen Bakers und die Erklärung Genschers in einem Gespräch mit Schewardnadse vom 10. Februar 1990 entgegen, dass die Nicht-Ausdehnung der NATO nicht nur für die DDR, sondern „ganz generell" gelten solle (Hilger 2011, S. 102).

Bei einer Unterredung Kohls mit Gorbatschow in Moskau am 10. Februar 1990 versicherte dieser, dass es allein „Sache der Regierung der Bundesrepublik und der DDR" sei, „ob sie sich einigen wollen, wie sie sich einigen wollen, wie schnell sie sich einigen wollen und wann sie sich einigen wollen" (so Teltschik im Interview, in: Kuhn 1993, S. 108). Obwohl Gorbatschow in dem Gespräch eine Präferenz für ein blockfreies, vereintes Deutschland erkennen ließ (Galkin und Tschernjajew 2011, S. 329) legte er sich jedoch nicht eindeutig gegen eine NATO-Mitgliedschaft Gesamtdeutschlands fest.

5   Genschers Konzept einer gesamteuropäischen Friedensordnung

Für die weitere Entwicklung war entscheidend, dass mit dem Zwei-plus-Vier-Prozess – das heißt Gesprächen der beiden deutschen Staaten mit den Vereinigten Staaten, Großbritannien, Frankreich und der Sowjetunion – eine Institution zur Regelung der äußeren Aspekte der deutschen Einheit auf einer Konferenz der 23 Staaten der NATO und des Warschauer Paktes im kanadischen Ottawa am 12. Februar 1990 geschaffen wurde. Die zunächst im State Department entwickelte Idee dieses Instruments wurde von Genscher, der ähnliche Vorstellungen hatte, am 02. Februar 1990 in einem Gespräch mit Baker akzeptiert, wobei Genscher auf die Formel Zwei-plus-Vier, statt Vier-plus-Zwei, besonderen Wert legte und sich mit dieser Auffassung auch durchsetzte (Genscher 1995, S. 716-718).

Den deutschen und amerikanischen Konzeptionen kam entgegen, dass die Verhandlungen ausdrücklich auf „die äußeren Aspekte der Herstellung der deutschen Einheit, einschließlich der Fragen der Sicherheit der Nachbarstaaten" (Kommuniqué der sechs Außenminister, 13. 02. 1990, in: Kaiser 1991, S. 194) beschränkt wurden und damit mögliche Alternativen – eine Vier-Mächte-Konferenz über Deutschland, eine allgemeine Friedenskonferenz, die Reparationsfragen aufgeworfen hätte, eine Konferenz der 35 Mitgliedstaaten der KSZE oder auch eine Mitwirkung der Staaten der NATO oder der Europäischen Gemeinschaft – die die Verhandlungen kompliziert und verlängert hätten, vom Tisch waren.

Vor dem Beginn der Verhandlungen wurden die Positionen der Vereinigten Staaten und der Bundesrepublik ohne Beteiligung Genschers in Gesprächen von Kohl mit Präsident Bush in Camp David am 24. und 25. Februar 1990 aufeinander abgestimmt. Dabei wurde deutlich, dass die Tutzinger Formel Genschers nicht mehr auf die Zustimmung der Vereinigten Staaten traf. Auch in der Bundesrepublik hatte sich schon vorher Bundesverteidigungsminister Gerhard Stoltenberg für den Fall einer Vereinigung Deutschlands für eine Ausdehnung des NATO-Bündnisses auf das Gebiet der früheren DDR, das nicht demilitarisiert werden dürfe, ausgesprochen. In dem koalitionsinternen Streit, der daraus entstand, setzte sich zunächst mit

Hilfe des Kanzlers Genscher durch (Weidenfeld 1998, S. 262). Nun aber war in den Vereinigten Staaten, insbesondere vom Nationalen Sicherheitsberater Scowcroft, die Frage aufgeworfen worden, wie man ohne eine Erstreckung der NATO auf den Osten eines vereinigten Deutschlands diesen im Ernstfall verteidigen könne (Sarotte 2009, S. 105). Bush hatte ähnliche Bedenken. Er war zwar bereit, einen „speziellen militärischen Status" für das ehemalige Gebiet der DDR zu akzeptieren, machte aber keine Aussage über die Nichtausdehnung der Jurisdiktion der NATO auf das Gebiet der DDR (Bush an Kohl, 09. 02.1990, in: Deutsche Einheit, S. 784-785). Kohl übernahm die neue Position der Vereinigten Staaten, nach der die Jurisdiktion der NATO auch auf die frühere DDR ausgedehnt werden sollte und Baker musste seine früheren Aussagen entsprechend korrigieren (Gespräch Kohls mit Bush, 25. 02.1990, in: Deutsche Einheit 1989, S. 877).

Für das Gebiet der ehemaligen DDR wurde schließlich im Zwei-plus-Vier-Vertrag festgelegt, dass bis zum Abschluss des Abzugs der sowjetischen Truppen Ende 1994 nur deutsche Verbände der Territorialverteidigung, die nicht in die NATO integriert sind, auf dem Gebiet der ehemaligen DDR stationiert werden dürften. Danach durften auch der NATO angegliederte deutsche Streitkräfte, aber keine ausländischen Streitkräfte und keine Kernwaffenträger, auf diesem Gebiet stationiert werden. Schließlich ist die NATO auch auf die ostmitteleuropäischen Staaten – allerdings ohne die Stationierung ausländischer Landstreitkräfte – ausgedehnt worden. Das war zweifellos ein Bruch der Zusagen, die Genscher und Baker Anfang Februar 1990 gemacht hatten. Der Verzicht auf eine schriftliche Garantie der Zusagen ist später Gorbatschow von seinen Kritikern in der Sowjetunion und in Russland vorgeworfen worden. Man muss allerdings bedenken, dass weder Gorbatschow noch sein Außenminister oder auch die westlichen Verhandlungspartner damals mit der schnellen Auflösung des Warschauer Paktes gerechnet hatten. Andererseits muss man auch sehen, dass die ursprüngliche Konzeption von Genscher und Baker eine Einschränkung der in der Helsinki-Schlussakte festgelegten Freiheit der Bündniswahl der früheren Satellitenstaaten der Sowjetunion – wie Polen, Ungarn und die ČSSR – und der baltischen Provinzen, die 1990/91 durch Sezession von der Sowjetunion ihre Unabhängigkeit als eigene Staaten gewannen, bedeutet hätte.

Seine Vorstellung von der Entwicklung einer neuen kooperativen Sicherheitsstruktur hat Genscher insbesondere in einer Rede vor der Westeuropäischen Union in Luxemburg am 23. März 1990 weiter präzisiert. Zur Lösung der deutschen Frage sei nicht nur deren Einbettung in einen europäischen Rahmen, sondern auch der Wandel der Bündnisse von ihrer bisherigen „antagonistisch-militärischen hin zu einer sicherheitsbildenden politischen Rolle" notwendig. In „einem ersten Schritt" sollte die von ihnen gewährte Sicherheit durch kooperative Sicherheitsstrukturen verstärkt werden. In einem zweiten Schritt müssen die kooperativ strukturierten Bündnisse in einen Verbund gemeinsamer kollektiver Sicherheit überführt werden. Sie schaffen neue Strukturen der Sicherheit in Europa, von denen sie zunehmend überwölbt werden, in denen sie schließlich aufgehen können (Genscher 1991, S. 258–268, Zitate S. 263 und 265-266).

Mit dieser Äußerung, die von Kohl scharf zurückgewiesen wurde, hatte sich Genscher zu weit aus dem Fenster gelehnt. Er musste in einem Zeitungsinterview einen Rückzieher machen und erklärte, dass er nicht von der „Auflösung der Bündnisse" gesprochen habe (Süddeutsche Zeitung, 30.03.1990).

Die amerikanischen Politiker und in ihrem Gefolge auch Bundeskanzler Kohl waren zwar bereit, der KSZE eine komplementäre Rolle zur NATO einzuräumen und ihre Kompetenzen, auch durch die Schaffung neuer Institutionen in ihrem Rahmen, zu stärken. Sie hielten aber an der eindeutigen Priorität der NATO und deren fortdauernder Existenz fest. Die KSZE, so erklärte Baker am 18. Mai 1990 gegenüber Gorbatschow, sei zwar „ein herrlicher Traum, jedoch nur ein Traum", nur eine Ergänzung, aber kein Ersatz der NATO (Galkin und Tschernjajew 2011, S. 407).

Genscher hat zweifellos der KSZE, für deren Ausbau er in einer Rede auf einer Konferenz in Potsdam vom 09. Februar 1990 ein umfassendes Programm entwickelte (Genscher 1991, S. 242–256), eine sehr viel stärkere Rolle im Prozess der Schaffung einer neuen Sicherheitsordnung eingeräumt, die allerdings zunächst von den Bündnissen gesteuert werden sollte. Es ging ihm dabei auch nicht nur um die Überwindung sowjetischer Bedenken gegen eine NATO-Mitgliedschaft des vereinigten Deutschland, sondern auch um eine Anbindung der Sowjetunion an Europa. Die deutsche Vereinigung sei, wie er vor der Bundestagsfraktion der FDP am 29. Mai 1990 betonte, nicht nur ein „Katalysator" des Wandels von der Europäischen Gemeinschaft zur Europäischen Union durch die Vertiefung und Beschleunigung des Integrationsprozesses. Sie müsse auch ein „Ferment sein für die Zusammenführung von West-, Mittel- und Osteuropa in einem immer enger werdenden Netzwerk vielfältiger Integrations- und Kooperationsformen für das ganze Europa", für eine „europäische Konföderation vom Atlantik bis zum Ural". In Übernahme eines Begriffes von Gorbatschow spricht er vom „Bau des gemeinsamen europäischen Hauses", also einer europäischen Friedensordnung, wie sie schon 1967 im Harmel-Bericht gefordert worden war. „Ohne die Sowjetunion wird das von uns gewollte eine Europa nicht werden (freie demokratische korrespondenz, Ausgabe 144 vom 29.05.1990, in: Archiv des Liberalismus).

Auch der am 23. April 1990 von Kohl der Sowjetunion angebotene und am 09. November 1990 unterzeichnete „große" Vertrag über „gute Nachbarschaft, Partnerschaft und Zusammenarbeit" (Abdruck in Kaiser 1991, S. 334–342) sollte über enge bilaterale Beziehungen zwischen der Sowjetunion und dem vereinigten

Deutschland nicht nur der deutschen Wirtschaft die Chance geben, an der geplanten Umwandlung der sowjetischen Planwirtschaft in eine Marktwirtschaft mitzuwirken, sondern sollte auch die Bindung der Sowjetunion an Europa stärken. Die Hoffnung von Gorbatschow, durch Zusammenarbeit mit der reichen Bundesrepublik zur Förderung der Wirtschaft und des Wohlstandes in der Sowjetunion beizutragen, war wohl auch der letztlich entscheidende Grund für deren Einlenken in der Frage der Bündniszugehörigkeit eines vereinigten Deutschland.

6 Der Wandel im Charakter der NATO und die sowjetische Zustimmung zur Freiheit der Bündniswahl eines vereinigten Deutschland

Dafür war allerdings auch nach der Einigung in Ottawa über den Zwei-plus-Vier-Prozess und der Schaffung einer durch demokratische Wahlen legitimierten Regierung der DDR nach der Volkskammerwahl am 18. März 1990 noch ein weiter und steiniger Weg zurückzulegen. Das Auswärtige Amt hatte die Ziele der Bundesrepublik bei den Verhandlungen klar definiert. So sollte ein Friedensvertrag, der Reparationsfragen aufgeworfen hätte, verhindert, die Ablösung der Vier-Mächte-Rechte und damit die Souveränität Deutschlands erreicht, die Mitgliedschaft eines vereinten Deutschland in der NATO und der Abzug der sowjetischen Streitkräfte aus dem Gebiet der DDR nach einer Übergangsperiode gesichert, die Grenzfrage mit Polen geklärt und eine Diskriminierung Deutschlands verhindert werden (Kiessler und Elbe, S. 106). Es war eine politische Meisterleistung von Genscher, aber auch seiner führenden Berater im Auswärtigen Amt, vor allem des Direktors der für Europa, die Sowjetunion, Nordamerika, die NATO und die EG zuständigen politischen Abteilung des Ministeriums, Dieter Kastrup, dass diese Ziele ohne Abstriche erreicht wurden.

Der Prozess der Verhandlungen ist von mir in meinem Buch über „Hans-Dietrich Genscher, Das Auswärtige Amt und die deutsche Vereinigung" (2013) im Detail skizziert worden. Ich will mich daher hier auf wenige, besonders Genscher betreffende Punkte konzentrieren. Die von der Sowjetunion in einer Erklärung vom 14. März 1990 gewünschte Synchronisation der „Vereinigung der beiden deutschen Staaten mit dem gesamteuropäischen Prozess" (Galkin und Tschernjajew 2011, S. 357) war angesichts des sich ständig beschleunigenden Tempos der deutschen Vereinigung nicht möglich. Dem Protest der sowjetischen Seite gegen eine schnelle Vereinigung aufgrund des Artikels 23 des Grundgesetzes durch Beitritt der DDR zur Bundesrepublik als eine unrechtmäßige und inakzeptable „Usurpation des einen deutschen Staates durch den anderen" (Erklärung vom 14. 03.1990, in: Galkin und Tschernjajew 2011, S. 358) wurde von Genscher die Schärfe genommen, indem er in einem Brief an Schewardnadse vom 16. März 1990 erklärte, dass „unabhängig von dem staatsrechtlichen Weg zur deutschen Vereinigung, die äußeren Aspekte der Vereinigung mit den Vier für Deutschland als Ganzem verantwortlichen Mächten besprochen werden müssten" und durch den staatsrechtlichen Weg nicht präjudiziert würden (PAAA, ZA 257752 E). Das bedeutete, dass die DDR durch ihren Beitritt zur Bundesrepublik auch nicht automatisch Mitglied der NATO werden würde.

Auf der ersten Sitzung der sechs Außenminister am 5. Mai in Bonn machte Schewardnadse den überraschenden Vorschlag, die inneren und äußeren Aspekte der deutschen Einheit voneinander abzukoppeln. Das bedeutete, dass die innere Einheit auch unter Anwendung des Artikel 23 des Grundgesetzes vollzogen werden könnte, während die äußeren Aspekte der deutschen Einheit, darunter die Bündnisfrage und die Stärke der Streitkräfte eines vereinten Deutschland, erst nach einer längeren Übergangsperiode in einer Paketlösung geregelt werden sollten (Hilger 2011, S. 136–144). Dieser Vorschlag, der die Tür zur schnellen deutschen Einheit geöffnet hätte, ohne dass die Beziehungen der Bundesrepublik zur NATO und zur EG aufgegeben werden mussten, war recht verführerisch. Genscher, aber auch der FDP-Vorsitzende Otto Graf Lambsdorff, wollten daher zunächst diesen Vorschlag ernsthaft prüfen. Sie gerieten damit in Konflikt mit Kohl, der von Bush und Mitterand in der Ablehnung des Vorschlages unterstützt wurde (Weidenfeld 1998, S. 435–438). Auch von Baker gewarnt (Zelikow und Rice 1997, S. 352), lenkte Genscher ein und erklärte am 10. Mai 1990 im Deutschen Bundestag, dass das deutsche Volk den Anspruch habe, „daß die äußeren Aspekte seiner Vereinigung ohne Verzögerung geklärt werden. Wir wollen das vereinigte Deutschland nicht mit offenen Fragen belasten" (Deutscher Bundestag 1990, S. 218-224).

Genscher hat in vielen mehrstündigen Gesprächen mit Schewardnadse in einer Art Seelenmassage versucht, seinen sowjetischen Kollegen zu einem Einlenken in der Bündnisfrage zu bewegen. Neben den Sicherheitsinteressen der Sowjetunion musste er dabei berücksichtigen, dass die sowjetische Führung die öffentliche Meinung ihres Landes, in der das Feindbild NATO nur langsam abgebaut werden konnte, nicht einfach ignorieren konnte und dass die Sowjetunion ein großes Interesse an der Aufrechterhaltung ihrer starken Wirtschaftsbeziehungen mit der DDR und der sie regelnden Verträge hatte.

In der Vorbereitung eines Gipfeltreffens von Gorbatschow und Bush Ende Mai/ Anfang Juni 1990 am 17. Mai in Washington wurde zwischen Kohl und Bush eine weitgehende Übereinstimmung in der grundsätzlichen Haltung und der einzuschlagenden Taktik erreicht. Genscher berichtete, dass die sowjetische Regierung sich in ihrer Öffentlichkeitsarbeit bemühe, die NATO zu „entdämonisieren". Er

brachte das Argument ein, dass nach der Helsinki-Schlussakte der KSZE vom
01. August 1975 jeder Staat die Freiheit habe, einem Bündnis anzugehören oder
nicht (Deutsche Einheit 1998, S. 1130).

Tatsächlich hat dann Gorbatschow bei dem Gipfeltreffen mit Präsident Bush
in Washington am 31. Mai 1990 zur Verblüffung der amerikanischen und zum
Entsetzen einiger der Mitglieder der sowjetischen Delegation der Aussage Bushs,
dass nach der KSZE-Schlussakte alle Staaten, also auch ein vereinigtes Deutschland,
das Recht auf freie Bündniswahl hätten, zugestimmt (Protokoll des Gesprächs
von Gorbatschow und Bush am 31.05.1990, in: Galkin und Tschernjajew 2011,
S. 440-441). Über diese Konzession des sowjetischen Parteichefs wurde Kohl sofort
telefonisch und in einem Fernschreiben Bushs vom 04.06.1990 (Deutsche Einheit
1998, S. 1178-1180) unterrichtet.

Das macht deutlich, dass neben der Zwei-plus-Vier-Gespräche wichtige direkte
Verhandlungen zwischen den Großmächten stattfanden. So wurde Gorbatschow
seine Isolierung in der Frage der Bündniszugehörigkeit eines vereinten Deutschlands
auch in Gesprächen mit Mitterand vom 25. Mai 1990 (Galkin und Tschernjajew
2011, S. 417-431) und mit Thatcher am 08. Juni 1990 (Galkin und Tschernjajew
2011, S. 443-450; German Unification 2010, S. 411-417) im Kreml verdeutlicht.

Die Zusage Gorbatschows über die Freiheit der Bündniswahl eines vereinigten
Deutschlands war ein wichtiger Etappensieg der westlichen Alliierten und der
Bundesregierung, bedeutete aber noch nicht den endgültigen Durchbruch in der
Bündnisfrage. Das wurde deutlich, als Schewardnadse auf dem zweiten Ministertreffen der Zwei-plus-Vier am 22.06.1990 in Ost-Berlin in einer Rede über die von
ihm vorgelegten „Grundprinzipien für eine abschließende völkerrechtliche Regelung
mit Deutschland" (Abdruck in Deutsche Einheit 1998, S. 1252–1256) auf seine ursprünglichen Maximalforderungen zurückkam. Neben der Nicht-Anfechtung der
Legitimität der Maßnahmen der Besatzungsmächte 1945–1949, der Mitwirkung
der Bundesregierung an der Entschädigung von sowjetischen Zwangsarbeitern und
der Verhinderung der Wiederbelebung nazistischer Ideologien sollte die Bundesrepublik nicht nur auf die Herstellung, den Besitz und die Verfügungsgewalt über
ABC-Waffen (atomare, biologische und chemische Waffen) verzichten, wozu sie
bereit war, sondern auch deren Stationierung und die Beteiligung Deutschlands an
den Beschlüssen über ihre Anwendung verboten werden. Das hätte wahrscheinlich zum Abzug der Streitkräfte der USA, die nach Meinung der amerikanischen
Führung auf Atomwaffen zu ihrer Verteidigung angewiesen waren, geführt und
zudem den Status Deutschlands in der NATO vermindert.

Zudem kam die Sowjetunion auf ihre ursprüngliche Forderung nach einer
Übergangsperiode zur Regelung der noch offenen äußeren Aspekte der deutschen
Einheit zurück. Diese sollte mindestens fünf Jahre nach der Schaffung eines ge-

samtdeutschen Parlaments und einer Regierung des vereinigten Deutschlands dauern. In dieser Zeit sollten die vertraglichen Verpflichtungen der beiden deutschen Staaten, also auch ihre jeweilige Bündniszugehörigkeit, erhalten bleiben. Auch die Rechte und Verantwortlichkeiten der Vier Mächte sollten erst später nach weiteren Verhandlungen aufgehoben werden. Diese für die Westmächte und die Bundesrepublik – nicht aber für die DDR (Ritter 2013, S. 146f.) – völlig inakzeptablen Vorschläge waren offensichtlich darauf ausgerichtet, die erwartete innersowjetische Kritik an der Außenpolitik Gorbatschows und Schewardnadses auf dem Anfang Juli bevorstehenden Parteitag der KPdSU zu besänftigen. Auf der abschließenden Pressekonferenz deutete Schewardnadse allerdings an, dass die „Grundprinzipien" nicht das letzte Wort seien und viel von der bevorstehenden NATO-Tagung in London am 05. und 06. Juli 1990 abhänge (Genscher 1995, S. 826).

Tatsächlich war Schewardnadse weit hinter die Konzessionen zurückgegangen, die er in Unterredungen mit Genscher in Brest am 11. Juni und in Münster am 18. Juni gemacht hatte. In ihrem Mittelpunkt hatte die Überlegung gestanden, die bisherige Konfrontation der Bündnisse durch ihre enge Verflechtung, ihre „Entfremdung" zu ersetzen und diese zu treibenden Kräften der Schaffung neuer Formen der Sicherheit und Zusammenarbeit in Europa zu machen (Vermerke über die Gespräche, in: Hilger 2011, S. 170–188, S. 194–211, S. 212–214).

Die Reform der NATO stand seit einem Kohl vorher mitgeteilten Vorschlag von Präsident Bush zur Einberufung einer NATO-Gipfelkonferenz zur Überprüfung der zukünftigen politischen Rolle der NATO, des Bedarfs an konventioneller Verteidigung angesichts der Reduzierung der sowjetischen Kräfte in Europa, der Zukunft der Nuklearwaffen in Europa und der Festlegung erweiterter Aufgaben für den KSZE-Prozess auf der Tagesordnung (Vorlage Teltschiks über diesen Vorschlag an Kohl 03. 05. 1990, in: Deutsche Einheit 1998, S. 1076–1078). Vonseiten der Bundesrepublik wurde erfolgreich versucht, der geplanten Gipfelkonferenz einen möglichst konkreten Inhalt in Richtung Gewaltverzicht und der Beseitigung aller nuklearen Artilleriegeschosse in Europa bei einem gleichzeitigen entsprechenden Vorgehen der Sowjetunion zu geben.

Die Londoner Erklärung der NATO vom 6. Juli 1990 bekannte sich zu einem mehr politischen statt militärischen Charakter der NATO und zu dem Verzicht, als Erste Gewalt anzuwenden. Man bot weiter die Intensivierung der gegenseitigen Beziehungen durch die Errichtung einer Ständigen Vertretung der Mitgliedstaaten des Warschauer Paktes am Sitz der NATO in Brüssel an. In der Militärstrategie wurde das Abgehen von der „Vorneverteidigung" und die Veränderung des Konzepts der „flexiblen Erwiderung" durch eine verminderte Abstützung auf Atomwaffen zugesichert. Auch wurde ein Ausbau des KSZE-Prozesses durch regelmäßige Kontakte auf Minister- und Beamtenebene, eine Institutionalisierung der KSZE durch die Schaffung eines kleinen Sekretariats, einer Wahlkommission zur Überwachung freier Wahlen, eines KSZE-Zentrums zur Konfliktverhütung und eines parlamentarischen KSZE-Gremiums vorgesehen. Auf Vorschlag der Bundesrepublik wurde weiterhin den Mitgliedstaaten des Warschauer Paktes und der NATO eine gemeinsame Erklärung vorgeschlagen, „in der wir feierlich bekunden, daß wir uns nicht länger als Gegner betrachten, und in der wir unsere Absicht bekräftigen, uns der Anwendung von Gewalt zu enthalten" (Europa-Archiv 17 / 1990, S. D 456–460). Mit der Verbindung von „konkreten Zusagen und symbolischen Gesten" (Weidenfeld 1998, S. 525) signalisierte die Londoner Erklärung gleichsam das Ende des Kalten Krieges und kam damit den Reformern in Moskau entgegen. Sie wurde daher von Gorbatschow und Schewardnadse begrüßt und erleichterte – wie auch der Sieg Gorbatschows über seine innenpolitischen Gegner auf dem Parteitag der KPdSU vom 2. bis 14. Juli 1990 – die Akzeptanz der NATO-Mitgliedschaft Deutschlands durch die Sowjetunion.

Bei einem Besuch Kohls mit einer großen Delegation in Moskau und im Kaukasus vom 14. bis 16. Juli 1990 hat die Sowjetunion schließlich die Vollmitgliedschaft eines vereinigten Deutschland in der NATO wie auch die volle Souveränität Deutschlands zum Zeitpunkt seiner Vereinigung akzeptiert. Die Regelungen über die Stationierung deutscher Truppen auf dem Gebiet der ehemaligen DDR vor und nach dem endgültigen Abzug der sowjetischen Truppen nach drei bis vier Jahren wurden bereits erwähnt. Über den weiteren Aufenthalt der sowjetischen Truppen in der früheren DDR sollte ein gesonderter Vertrag abgeschlossen werden, der auch deutsche Zahlungen für den Abzug und die Unterbringung der Soldaten und ihrer Angehörigen in der Sowjetunion in Aussicht nahm. Die Zahl der deutschen Soldaten wurde auf 370.000 begrenzt. Eine neue Qualität der Beziehungen sollte durch den vorgesehenen großen Vertrag zwischen den beiden Ländern erreicht werden (zu den Gesprächen und der folgenden Pressekonferenz vgl. Deutsche Einheit 1998, S. 1340–1348, S. 1352–1366; Galkin und Tschernjajew 2011, S. 458–503).

Das Einlenken der Sowjetunion hatte viele Gründe. Der wichtigste war, dass sie nach dem Verzicht auf eine militärische Intervention zur Sicherung der SED-Herrschaft keine wirksamen Mittel hatte, um den Machtverlust der SED und die Vereinigung der DDR mit der Bundesrepublik zu verhindern. Sie hatte aber mit der Präsenz von 380.000 Mann Elitetruppen in der DDR und ihrer Stellung als eine der Mächte mit besonderen Rechten für Berlin und Deutschland als Ganzes weiterhin wichtige Faustpfände zur Beeinflussung der Regelung der äußeren Aspekte der deutschen Einheit – vor allem die Bündniszugehörigkeit eines vereinten Deutschlands – in der Hand. Dass sie diese schließlich aufgab, hing mit der Schwäche ihrer Wirtschaft, die mit dem Übergang zur D-Mark in der DDR am 1. Juli nun noch mit erhöhten Kosten für die Stationierung ihrer Truppen belastet wurde, der Geschlossenheit des westlichen Bündnisses nach der Konferenz von Ottawa, dem Wunsch nach guten Beziehungen mit den USA, aber auch dem Fehlen einer klar definierten und konsequent verfolgten Sicherheits- und Deutschlandpolitik zusammen. Sehr bedeutsam waren auch die Isolierung der Sowjetunion im Ostblock und die Tendenzen zur Auflösung des Warschauer Paktes. Mit Polen, Ungarn und der Tschechoslowakei hatten zudem die wichtigsten Mitglieder des Paktes nach der Sowjetunion und der DDR schon vorher verdeutlicht, dass sie den raschen Abzug der russischen Truppen wünschten und dass sie die Mitgliedschaft eines vereinigten Deutschlands in der NATO deren freischwebender, möglicherweise unberechenbarer, Neutralität vorzogen.

Außerdem hatten der Erfolg der Perestroika und die letztlich gescheiterten Versuche zur Erhaltung der Sowjetunion angesichts der scharf aufflammenden Unabhängigkeitsbestrebungen in den baltischen Provinzen, im Kaukasus und schließlich in weiteren sowjetischen Republiken einschließlich Russland und der Ukraine Priorität gegenüber der Behauptung einer sowjetischen Vorherrschaft in Osteuropa und der DDR.

Einen wesentlichen Einfluss hatten schließlich auch die finanziellen Hilfen, die die Bundesrepublik bereits gezahlt hatte oder in Aussicht stellte und ihre allerdings wenig erfolgreichen Versuche, die anderen Länder– vor allem die Vereinigten Staaten – für eine umfangreiche Finanzhilfe für die Sowjetunion zu gewinnen.

7   Das Auswärtige Amt und der Abschluß des Zwei-plus-Vier-Vertrages sowie das Ende des Kalten Krieges

Die letzte Phase der Zwei-plus-Vier-Gespräche profitierte vom Durchbruch bei den deutsch-sowjetischen Verhandlungen Mitte Juli 1990. Beim dritten Treffen der sechs Außenminister in Paris am 17. Juli 1990, an dem zeitweise auch der polnische Außenminister Skubiszewski teilnahm, wurde im Gespräch mit seinem polnischen Kollegen die von Genscher seit Jahren mit Nachdruck vertretene Regelung der Grenzfrage durch das Versprechen des baldigen Abschlusses eines völkerrechtlich verbindlichen Grenzvertrages mit Polen erreicht und zur Stärkung der Zusammenarbeit ein weiterer deutsch-polnischer Vertrag über gute Nachbarschaft und freundschaftliche Beziehungen in Aussicht genommen.

Auch die weiteren, insbesondere zwischen der Sowjetunion und Deutschland noch offenen Fragen haben sich schließlich unter intensiver Beteiligung Genschers lösen lassen. So lehnte die Bundesrepublik einen als diskriminierend und als Einmischung in ihre inneren Verhältnisse angesehenen Artikel des sowjetischen

Vertragsentwurfs ab, der unter anderem festlegen wollte, dass das vereinigte Deutschland die Legalität von Maßnahmen der Besatzungsmächte nicht anfechten, ein Wiederaufleben der Nazi-Ideologie und nationalsozialistischer Parteien verhindern, sowjetische Denkmäler und Kriegsgräber in der früheren DDR erhalten sollte. Die Sowjetunion hatte weiter eine Bekräftigung der von der DDR und der Bundesrepublik mit ihr abgeschlossenen internationalen Verträge, die im Bedarfsfall in Verhandlungen der Vertragspartner im Einvernehmen geändert oder beendigt werden sollten, verlangt (Text des sowjetischen Vertragsentwurfs vom 01. 09.1990, in: Hilger 2011, S. 241–247).

Der Artikel wurde nicht in den Vertrag übernommen. Dagegen wurde in einem gemeinsamen Brief von Genscher und Lothar de Maizière, der nach dem Bruch der Koalition von CDU und SPD in der DDR seit 20. August 1990 auch das Außenministerium übernommen hatte, den Außenministern der Siegermächte mitgeteilt, dass die Denkmäler und Kriegsgräber der sowjetischen Soldaten geschützt und gepflegt werden und die übrigen Forderungen durch eine Gemeinsame Erklärung der beiden deutschen Staaten vom 15. Juni 1990 „zur Regelung offener Vermögensfragen", das Grundgesetz und den Einigungsvertrag zwischen der Bundesrepublik und der DDR geregelt worden wären (Bulletin der Bundesrepublik vom 14. 09.1990, S. 15).

Genscher lehnte die von der Sowjetunion – abweichend von den Absprachen in Moskau und im Kaukasus – gewünschte Verlängerung der Abzugsfrist der sowjetischen Truppen von höchstens vier auf fünf bis sechs Jahre ab (Ritter 2013, S. 167). In der noch offenen schwierigen Frage der Erleichterung des sowjetischen Truppenabzugs aus dem Gebiet der früheren DDR vor allem durch den Bau von Wohnungen für die in die Sowjetunion verlegten Soldaten und ihre Angehörigen durch Zahlungen der Bundesrepublik war es Kohl, der schließlich in einem telefonischen Verhandlungspoker mit Gorbatschow (Deutsche Einheit 1998, S. 1527–1530; Kohl 2007, S. 213-214) mit dem Angebot der Zahlung von 12 Mrd. DM und der Gewährung eines fünfjährigen zinslosen Kredits von 3 Mrd. eine Einigung erreichte. Insgesamt ist nach Berechnungen des Bundesfinanzministeriums vom 12. April 1991 an Zahlungen für Kreditkosten, Bürgschaften zur Unterstützung des Handels, die noch für 1990 fälligen Stationierungskosten und anderen Zahlungen der Sowjetunion eine Summe von 57,3 Mrd. DM gewährt worden, die allerdings zu einem erheblichen Teil zurückgezahlt wurde bzw. nicht fällig wurde. Die deutsche Einheit ist damit zweifellos nicht zu teuer erkauft worden.

Der am 12. September in Moskau unterzeichnete Zwei-plus-Vier-Vertrag ersetzte faktisch einen Friedensvertrag mit Deutschland. Er regelte die Grenzen Deutschlands, legte das Datum des Abzugs der sowjetischen Streitkräfte fest, bestätigte die Bündnisfreiheit eines vereinten Deutschland sowie die Aufgabe der Vier-Mächte-Rechte und gab damit Deutschland seine Souveränität zurück. Dagegen erklärte Deutschland den Verzicht auf ABC-Waffen und bestätigte eine Erklärung der Bundesrepublik vom 30. August 1990 zur Reduzierung seiner Streitkräfte auf höchstens 370.000 bei den Verhandlungen in Wien über konventionelle Streitkräfte in Europa. Da die vier Mächte zudem in einer Erklärung die Suspendierung ihrer Rechte noch vor dem Abschluss des Ratifikationsprozesses, der sich in der Sowjetunion bis zum 04. März 1991 hinzog, erklärt hatten, war das vereinigte Deutschland vom Tag der deutschen Einigung am 03. Oktober 1990 an souverän.

Die Durchsetzung des für die Bundesrepublik außerordentlich günstigen Zwei-plus-Vier-Vertrages war vor allem das Werk Genschers und seiner führenden Mitarbeiter im Auswärtigen Amt. Sie konnten sich dabei nach der Konferenz in Ottawa auf die insgesamt loyale Haltung der Außenminister der drei Westmächte und deren Mitarbeiter zur Überwindung des hinhaltenden Widerstandes der Sowjetunion, der es lange Zeit insbesondere um eine Synchronisation der Regelung der äußeren Aspekte der deutschen Einheit mit der Schaffung einer neuen gesamteuropäischen Friedens- und Sicherheitsordnung ging, verlassen. Zu dem Erfolg der Verhandlungen haben aber auch die finanziellen Zusagen Kohls, die vor allem vom Bundeskanzler in Gipfelgesprächen mit Bush erreichte massive Unterstützung der deutschen Politik durch die Vereinigten Staaten, aber auch die Gipfeldiplomatie zwischen Washington und Moskau eine mitentscheidende Rolle gespielt.

In der Bundestagswahl vom 02. Dezember 1990, deren zentrales Thema die deutsche Einigung war, wurde die Regierungskoalition von CDU/CSU und FDP bestätigt. Die FDP konnte mit einem Anteil von 12,9 % der Stimmen im Wahlgebiet Ost und 11,9 % im gesamten Bundesgebiet eines der besten Ergebnisse ihrer Geschichte einfahren. Dabei war der Wahlkampf der FDP ganz stark auf die Person des im Osten besonders populären „Hallensers" Genscher und seine wichtige Rolle als Außenminister im Einigungsprozess zugeschnitten worden.

Knapp zwei Wochen vor dieser Wahl war vom 19. bis 21. November in Paris eine sorgfältig vorbereitete KSZE-Gipfelkonferenz zusammengetreten. Diese sollte nach Meinung Genschers und Gorbatschows einen Impuls zur Stärkung der KSZE auch als Instrument zur Schaffung einer gesamteuropäischen Friedensordnung geben. In der Charta von Paris (Europa-Archiv 24/1990, S. D656–664) wurde das Ende des Zeitalters der Konfrontation, der Aufbruch in ein neues Zeitalter „der Demokratie, des Friedens und der Einheit" verkündet. Man bekannte sich zum Gewaltverzicht, zur friedlichen Lösung von Streitfällen und würdigte die deutsche Einheit als bedeutenden „Beitrag zu einer dauerhaften und gerechten Friedensordnung für ein geeintes, demokratisches Europa". Die Beschlüsse zur Intensivierung der Beziehungen zwischen bisher verfeindeten Staaten und zur Schaffung neuer Institutionen der KSZE entsprachen den Vorschlägen der Londoner Erklärung von 6. Juli 1990. Der neu geschaffene Rat der Außenminister wurde mit der Prüfung weiterer Maßnahmen zur „Festigung von Sicherheit und Zusammenarbeit in Europa" beauftragt.

Die KSZE hat das Bündnis der NATO, die mit der Auflösung des Warschauer Paktes ihren Gegner verlor, nicht durch ein neues, die Sowjetunion einbeziehendes Sicherheitssystem ersetzen können. Mit dem Sturz von Gorbatschow und dem Zerfall der Sowjetunion und der schließlichen Einbindung der mittel- und osteuropäischen Staaten in die NATO scheiterte der von Gorbatschow gewünschte und von Genscher unterstützte Plan der Schaffung einer die rivalisierenden Blöcke überwölbenden und diese schließlich ersetzenden neuen Sicherheitsordnung vom Ural bis zum Atlantik unter Einbeziehung der Sowjetunion, der Vereinigten Staaten und Kanadas. Damit entfiel auch die dauerhafte Anbindung der Sowjetunion und ihrer späteren Nachfolgestaaten an Europa und dessen Werte- und Wirtschaftsordnung, die eines der zentralen Ziele Genschers und mit gewissen Abstrichen auch Kohls gewesen war.

Man kann Genscher vorwerfen, dass er im Unterschied zu Kohl die massiven Interessen der USA an der Erhaltung der NATO unterschätzte, dass er zu einseitig und zu lange auf Gorbatschow und Schewardnadse setzte, die von nationalistischen Kräften in der Sowjetunion betriebene Auflösung des sowjetischen Imperiums und das ungeheuer schwierige Problem der Reform ihrer Wirtschaft nicht genügend berücksichtigte und seine Hoffnungen auf eine Demokratisierung der Sowjetunion und ihren schließlichen Übergang zur Marktwirtschaft illusionär waren und daher scheitern mussten. Auch hat Genscher wohl die Aversion der Polen und anderer ostmitteleuropäischer Nationen, die die sowjetische Herrschaft gerade abgeschüttelt hatten, gegen ein enges Zusammengehen mit der Sowjetunion und dem späteren Russland in einem Gemeinsamen Europäischen Haus nicht ausreichend in Rechnung gestellt. Gerade die jüngsten Entwicklungen in der Ukraine, aber auch die Blockierung von weltpolitischen Entscheidungen im Sicherheitsrat durch die Sowjetunion und China haben jedoch gezeigt, dass es den Versuch wert war, die Sowjetunion und ihre Nachfolgestaaten in Europa einzubinden, um einen dauerhaften Frieden im Osten Europas zu sichern und das Gewicht Europas in der Weltpolitik zu stärken.

8   Die deutsche Einigung als Katalysator der Vertiefung und Erweiterung der Europäischen Union

Im Unterschied zu der nur teilweise durch Einbeziehung der ostmitteleuropäischen Staaten, aber – mit Ausnahme der baltischen Staaten – nicht der Nachfolgestaaten der Sowjetunion, erfolgreichen Schaffung einer gesamteuropäischen Friedens- und Sicherheitsordnung war der deutsche Einigungsprozess ein „Katalysator" der Vertiefung und Erweiterung der Europäischen Gemeinschaft und ihrer Weiterentwicklung zur Europäischen Union. Das ist von Genscher klar gesehen und mit seinem frühzeitigen nachdrücklichen Eintreten für eine europäische Wirtschafts- und Währungsunion und eine baldige Regierungskonferenz zu deren Förderung unterstützt worden.

Die weitere Entwicklung wurde aber vor allem vom Kommissionspräsidenten Jaques Delors, der sich frühzeitig für eine Einbeziehung der DDR in die Europäische Gemeinschaft und die Förderung des deutschen Einigungsprozesses eingesetzt hatte, sowie von Kohl und Mitterand ohne weitere maßgebliche Mitwirkung von Genscher vorangetrieben.

Die These, dass Kohl mit seiner Zustimmung zur Währungsunion einen Preis für die französische Akzeptanz der deutschen Einigung zahlte, kann hier nicht im Detail erörtert werden. Sie ist im Kern falsch, da es eine Festlegung auf das Ziel einer solchen Union bereits in der Europäischen Akte von 1986 gab und Kohl seine grundsätzliche Unterstützung bereits 1988 signalisiert hatte. Allerdings ist der Entstehungsprozess der Währungsunion durch die deutsche Einigung beschleunigt, die Form ihrer Verwirklichung beeinflusst worden. Kohl musste sein ursprüngliches Konzept zur Schaffung einer weitgehenden politischen Union, die zu einem föderalen europäischen Bundesstaat führen sollte, zurückstellen und konnte auch seine Pläne zur Verbesserung der demokratischen Legitimation der Europäischen Gemeinschaft, die Kompetenzen des Europäischen Parlaments wesentlich auszudehnen, nur in Ansätzen durchsetzen.

Nach der europäischen Gipfelkonferenz vom 9. bis 12. Dezember 1991 wurde schließlich mit dem am 07. Februar 1992 unterschriebenen Vertrag von Maastricht die stufenweise Etablierung der Wirtschafts- und Währungsunion (WWU) geregelt. Die Bundesrepublik setzte sich mit der Festlegung der WWU auf eine Stabilitätspolitik und die Unabhängigkeit der neu errichteten Europäischen Zentralbank sowie dem Ausschluss der Haftung der Union für Schulden der Mitgliedstaaten durch. Dem entsprach auch die Festlegung auf eine jährliche Neuverschuldung von höchstens drei Prozent und eine Gesamtverschuldung von nicht über 60 Prozent. Angesichts des Fehlens automatischer Sanktionen wurden diese Richtzahlen sehr bald von verschiedenen Ländern, auch von Frankreich und Deutschland, überschritten.

Entscheidend war das Fehlen einer Wirtschaftsregierung und damit einer gemeinsamen Finanz- und Wirtschaftspolitik und einer wirksamen Kontrolle der nationalen Haushalte. Das hatte unter dem Einfluss der Deutschen Bundesbank vor allem die Bundesrepublik zu verantworten (Loth 2013, S. 478–480). Diese Geburtsfehler haben zwei Jahrzehnte später zur schweren Krise des Euro entscheidend beigetragen.

Das weiterhin in Maastricht proklamierte Ziel der Herausbildung einer gemeinsamen Außen-, Sicherheits- und Verteidigungspolitik blieb relativ vage und konnte massive Interessendifferenzen der Mitgliedstaaten in der Außen- und Verteidigungspolitik in den folgenden Jahren nicht verhindern. Wichtig war aber die Schaffung einer gemeinsamen Unionsbürgerschaft neben der weiterhin bestehenden nationalen Staatsangehörigkeit. Die demokratische Legitimierung der politischen Union, in der weiterhin die Europäische Kommission und vor allem die europäischen Regierungen, und nicht das Europäische Parlament, dominierten, blieb unterentwickelt.

Trotzdem hatte die Europäische Union wie schon vor 1990 die Europäische Gemeinschaft eine große Anziehungskraft auf die ostmitteleuropäischen Länder. Eine wesentliche Initiative zu deren Einbeziehung in die Europäische Union erfolgte durch die von Genscher zusammen mit seinem tschechoslowakischen Amtskollegen Dienstbier vorgelegten Prager Thesen vom 11. April 1991. Diese verkündeten, dass die Europäische Gemeinschaft „den neuen Demokratien in Mittel- und Osteuropa zur Mitgliedschaft offensteht" (Europa-Archiv 46/1991, S. D253-254). Tatsächlich war die Bundesrepublik in den folgenden Jahren der wichtigste „Advokat und Makler" (Wirsching 2012, S. 61) der osteuropäischen Beitrittskandidaten, die schließlich nach der Jahrhundertwende in die Europäische Union aufgenommen wurden.

Am 18. Mai 1992, genau 18 Jahre nach seinem Amtsantritt als Außenminister, trat Genscher – wohl vor allem aus Gesundheitsgründen – zurück. Er war einer der Architekten der deutschen Einheit und einer der treibenden Kräfte für die Vertiefung und Erweiterung der Europäischen Gemeinschaft. Er war aber auch ein unermüdlicher Advokat für die Überwindung der Spaltung zwischen Ost und West durch den Abbau der Rüstungen und die Anbindung der Sowjetunion an Europa durch enge bilaterale Beziehungen mit der Bundesrepublik, aber auch die Schaffung einer neuen europäischen Friedensordnung, die allerdings in Ansätzen steckenblieb. Für Genscher war von Anfang an die Frage der deutschen und der europäischen Einheit untrennbar miteinander verknüpft.

Literatur

Arnim, J. von. (2012). *Zeitnot. Moskau, Deutschland und der weltpolitische Umbruch*. Bonn: Bouvier Verlag.

Auswärtiges Amt (Hrsg). (1990). Umbruch in Europa. Die Ereignisse im zweiten Halbjahr 1989. Eine Dokumentation. Bonn.

Archiv des Liberalismus der Friedrich-Naumann-Stiftung für die Freiheit.

Biermann, R. (1997). *Zwischen Kreml und Kanzleramt. Wie Moskau mit der deutschen Einheit rang*. Paderborn/München/Stuttgart: Schöningh.

Bulletin der Bundesrepublik. 14.09.1990

Deutscher Bundestag. Protokolle. 11. Wahlperiode.

Deutscher Bundestag (Hrsg.). (1990). *Auf dem Weg zur deutschen Einheit: deutschlandpolitische Debatten im Deutschen Bundestag vom 30. März bis 10. Mai 1990*. Bonn.

Deutsche Einheit (1998). Sonderedition aus den Akten des Bundeskanzleramtes 1989/90, bearbeitet von Küsters, H. J./Hofmann, D. München: R. Oldenbourg Verlag.

Europa-Archiv 38 (1983), S. D 420-428.

Europa-Archiv 19 (1989), S. 283-304.

Europa-Archiv 17 (1990), S. D 456–460.

Europa-Archiv 24 (1990), S. D656–664.

Europa-Archiv 46 (1991), S. D253-254.

Galkin, A,. & Tschernjajew, A. (Hrsg). (2011). Michail Gorbatschow und die deutsche Frage. Sowjetische Dokumente 1986 – 1991. Deutsche Ausgabe. München: Oldenbourg Verlag.

Salmon, P./Hamilton, K. A./Twigge, S. R. (Hrsg.). (2010). *German Unification 1989 – 1990. Documents on British Policy Overseas, Series III, Vol. VII*. London/New York: Routledge.

Genscher, H.-D. (1966). Rede vor der liberalen Gesellschaft. In: *Liberal*: 730-741.

Genscher, H.-D. (1988). Memorandum für die Schaffung eines Europäischen Währungsraums und einer Europäischen Zentralbank. 26.02.1988. In *Archiv des Liberalismus*, A41/401 Bestand Wolfgang Mischnik.

Genscher, H.-D. (1991). *Unterwegs zur Einheit. Reden und Dokumente aus bewegter Zeit*. Berlin: Wolf Jobst Siedler Verlag.

Genscher, H.-D. 1995. *Erinnerungen*. Berlin: Siedler Verlag.

Grosser, D. (1998). *Das Wagnis der Währungs-, Wirtschafts- und Sozialunion. Politische Zwänge im Konflikt mit ökonomischen Regeln*. Stuttgart: Deutsche Verlagsanstalt.

Haftendorn, H. (1986). *Sicherheit und Entspannung. Zur Außenpolitik der Bundesrepublik Deutschland 1955 – 1982*. 2. Aufl. Baden-Baden: Nomos.

Haftendorn, H. (1992). Entstehung und Bedeutung des Harmel-Berichtes der NATO 1967. In *VfZ* 40/1992, 169 – 221.

Heumann, H.-D. 2012. *Hans-Dietrich Genscher. Die Biographie*. Paderborn: Schöningh.

Hilger, A. (Hrsg) (2011*). Diplomatie für die deutsche Einheit: Dokumente des Auswärtigen Amts zu den deutsch-sowjetischen Beziehungen 1998/90*. München: Oldenbourg Verlag.

Kaiser, K. (1991). *Deutschlands Vereinigung. Die internationalen Aspekte. Mit den wichtigsten Dokumenten. Bearbeitet von Klaus Becker*. Bergisch Gladbach: Lübbe Verlag.

Kiessler, R. & Elbe, F. (1992). *Ein runder Tisch mit scharfen Ecken. Der diplomatische Weg zur deutschen Einheit*. Baden-Baden: Nomos.

Kohl, H. (2005). *Erinnerungen 1982 – 1990*. München: Droemer.

Kohl, H. (2007). *Erinnerungen 1990 – 1994*. München: Droemer.

Kuhn, E. (1993). *Gorbatschow und die deutsche Einheit. Aussagen der wichtigsten russischen und deutschen Beteiligten.* Bonn: Bouvier Verlag.

Loth, W. (2013). Helmut Kohl und die Währungsunion. In *VfZ* 61/2013, 455 – 480.

Savranskaya, S., Blanton, T., & Zubok, V. (Hrsg.) (2010). *Masterpieces of History. 2010. The Peaceful End of the Cold War in Europe, 1989* Budapest/New York: Central European University Press.

Mitter, A. (2011). *„Die Tragödie ist vorbei". Die Alliierten in Berlin 1989/1990.* Berlin, Schriftenreihe des Berliner Landesbeauftragten für die Unterlagen des Staatssicherheitsdienstes der ehemaligen DDR.

Ritter, G. A. 2013. *Hans-Dietrich Genscher, das Auswärtige Amt und die deutsche Vereinigung.* München: C.H. Beck.

Sarotte, M. E. (2009). *1989. The Struggle to Create Post-Cold War Europe.* Princeton and Oxford: Princeton University Press.

Schewardnadse, E. (1991). *Die Zukunft gehört der Freiheit.* Reinbek bei Hamburg: Rowohlt.

Schwarz, H.-P. 2012. *Helmut Kohl. Eine politische Biographie.* München: Deutsche Verlags-Anstalt.

Süddeutsche Zeitung. 30.03.1990.

Teltschik, H. (1991). *329 Tage. Innenansichten der Einigung.* Berlin: Wolf Jobst Siedler-Verlag.

Weidenfeld, W. (mit P. M. Wagner und E. Bruck). (1998). *Außenpolitik für die deutsche Einheit. Die Entscheidungsjahre 1989/90.* Stuttgart: Deutsche Verlags-Anstalt.

Wirsching, A. (2006). *Abschied vom Provisorium. Geschichte der Bundesrepublik Deutschland 1982–1990.* Stuttgart: Deutsche Verlags-Anstalt.

Wirsching, A. (2012). *Der Preis der Freiheit. Geschichte Europas in unserer Zeit.* München: C.H. Beck.

Zelikow, P. & Rice, C. (1997). *Sternstunde der Diplomatie. Die deutsche Einheit und das Ende der Spaltung Europas.* Berlin: Propyläen.

Bild 8

Grenzgänger: Am Checkpoint Charlie, dem früheren Übergang in den amerikanischen Sektor Berlin, wurde im Juni 1990 das Wachhäuschen entfernt. Unter den Augenzeugen auch die sechs Außenminister der Zwei-plus-Vier-Runde. Gemeinsam überschreiten sie die mit einem weißen Strich markierte Grenzlinie zum Ostteil der Stadt.

Der Weg zur deutschen Einheit
Die „deutsche Frage" als roter Faden in der Politik Hans-Dietrich Genschers

Andreas Wirsching

1

Als Hans Dietrich Genscher am 16. Mai 1974 sein neues Amt als Außenminister der Bundesrepublik Deutschland antrat, war er zwar ein Neuling auf internationalem Parkett, aber unvorbereitet betrat er es nicht. Von Beginn an ließ er keinen Zweifel daran, dass er Außenpolitik zugleich auch immer als Deutschlandpolitik verstand, auch wenn letztere streng genommen nicht seinem Ressort angehörte. Schon 1966 legte Genscher einige grundlegende Leitlinien künftiger „Ost-, Sicherheits- und Wiedervereinigungspolitik" fest, die erkennbar vom Willen zur liberalen Erneuerung geprägt waren (Genscher 1966). Denn innerhalb der F.D.P., die damals noch stark nationalliberal geprägt und erstmals überhaupt in eine unbedeutende parlamentarische Oppositionsrolle gedrängt worden war, herrschte ein Richtungskampf, an dessen Ende 1969 die sozial-liberale Koalition stehen sollte. In außen- und deutschlandpolitischer Hinsicht ging es dabei vor allem um die Verhältnisbestimmung zwischen deutscher Frage und europäischer Einigung. Manche Nationalliberale sahen in einer Betonung der (west-)europäischen Einigung Probleme für die deutsche Einheit (Genscher 2008, S. 112–113). Dagegen hieß liberale Außenpolitik seit 1969 strikte Gleichausrichtung nationaler und europäischer Politik. Wenn Genscher 1966 darauf hinwies, die vornehmste Aufgabe der deutschen Politik sei es, „die Voraussetzungen herbeizuführen, unter denen eine friedliche und freiheitliche Lösung der deutschen Frage möglich ist" (Genscher 1966, S. 731), so bezog er sich schon damals auf eine europäische Einigungsbewegung: Die Lösung der deutschen Frage werde „erleichtert durch eine Ordnung für Europa, die, ausgehend von einem Sicherheitssystem, auf andere Bereiche von gemeinen Interessen erstreckt wird. Sie kann am Ende durch eine Vielzahl von Beziehungen bilateraler und multilateraler Art zu einer föderativen Verdichtung führen" (Genscher 1966, S. 734). Zehn Jahre später erklärte Genscher als Außenminister selbstbewusst: Liberale hätten „im 18.

und 19. Jahrhundert den freiheitlich-demokratischen Nationalstaat geschaffen [...] [heute] wollen sie [...] das freiheitlich-demokratische Europa schaffen" (Genscher 1976a, S. 28).

Genscher fasste im Auswärtigen Amt rasch Fuß und vermochte auch konzeptionell schon bald Akzente zu setzen. Dabei profitierte er davon, dass die Zeit der großen innenpolitischen Konflikte über die neue Ostpolitik, die auch die F.D.P. einer Zerreißprobe unterworfen hatte, im Jahre 1974 vorüber war. Das galt auch für die deutsch-deutschen Beziehungen, die mit dem Grundlagenvertrag auf eine neue, pragmatische Schritte erlaubende Basis gestellt worden war. Schon am 31. Juli 1973 hatte das Bundesverfassungsgericht die normativen Grenzen solcher pragmatischen Zusammenarbeit verbindlich festgelegt. Demzufolge war der Wiedervereinigungsgedanke „im Innern wach zu halten und nach Außen beharrlich zu vertreten – und alles zu unterlassen, was die Wiedervereinigung vereiteln würde". Verbunden mit diesen normativen Kautelen erklärte das Gericht den Grundlagenvertrag für verfassungskonform und sanktionierte damit die pragmatische Politik der kleinen Schritte und der partiellen Anerkennung. In eigener Verantwortung hatte die Bundesregierung demzufolge zu entscheiden, auf welchen politischen Wegen sie das Ziel der Wiedervereinigung anstrebte „oder ihm zumindest näherzukommen versucht. Die Abschätzung der Chancen ist ihre und der sie tragenden parlamentarischen Mehrheit Sache" (Münch 1974, S. 368–369). Mit diesen Formulierungen hatte das Bundesverfassungsgericht die Spannung zwischen Norm und Praxis der Bonner Deutschland- und Ostpolitik dauerhaft eingeschrieben.

Genscher hat diese Spannung niemals abgeschreckt oder gar resignieren lassen. Stets glaubte er an die Möglichkeit dynamischer Veränderungen; und wohin ein dynamischer Prozess der Entspannung aus deutscher Sicht verlaufen sollte, unterlag für ihn keinem Zweifel: An seinem Ende, so wollte es sein Optimismus, könnte das alte deutsche Dilemma von Freiheit oder Einheit aufgelöst werden, so wie es sich die Liberalen seit 1848 erträumten. „Bestandteil dieser Politik der Bundesrepublik Deutschland ist das erklärte Ziel, auf einen Zustand des Friedens in Europa hinzuwirken, in dem das deutsche Volk in freier Selbstbestimmung seine Einheit wiedererlangt." Diese Formel aus dem Brief zur deutschen Einheit von 1970 hat Genscher wieder und wieder repetiert. Seine politische Sprache, die sich unverändert an dieser Formel orientierte, ist geradezu zu einem Medium dieses Briefes zur deutschen Einheit geworden.

Wie kein anderer verstand es Genscher, die entsprechende Spannung in der konkreten Politik auszuhalten beziehungsweise aktiv zu gestalten. Dazu gehörte auch, die Ost- und Deutschlandpolitik möglichst aus dem parteipolitischen Streit herauszuhalten. Tatsächlich ermutigte Genscher die Opposition, nach dem Abschluss des Vertragswerkes über ihre Schatten zu springen und an der nun folgenden „Anwendungsphase" der Ostverträge mitzuwirken.[1] Dabei kam ihm zugute, dass ihn sein Amtsantritt mitten in die heiße Phase der KSZE-Verhandlungen führte. Die für jede künftige deutsche Wiedervereinigungsperspektive essentielle Formulierung, die ein „peaceful change" der ansonsten unverletzlichen europäischen Grenzen im gegenseitigen Einvernehmen ermöglichte[2], fand unter anderem auf Genschers Betreiben Eingang in die Schlussakte von Helsinki[3]

Genscher betrachtete die Verabschiedung der KSZE-Schlussakte als einen wichtigen Höhepunkt der Entspannungspolitik, so wie er sie verstanden wissen wollte: nicht als eine statische „friedliche Koexistenz" im Sinne des Ostblocks, sondern als Infusion von Dynamik in das geteilte Europa. Das galt zum einen für die Institutionalisierung des Ost-West-Dialogs, zum anderen aber vor allem für den umstrittenen Korb III der Schlussakte, der Genscher besonders am Herzen lag. Hier ging es um die Erleichterung von menschlichen Kontakten und Informationsaustausch über die Blockgrenzen hinweg – um das genuin liberale Prinzip der Kommunikation also. „Entspannung", so formulierte es der Bundesaußenminister 1975 vor dem Bundestag, „ist nach westlichem Verständnis ein Prozess, der der Geschichte unterliegt, der den status quo nicht auf ewig festschreibt, sondern dynamisch die Möglichkeit neuer Entwicklungen offenhält. Das schließt für uns sowohl die Möglichkeit der deutschen Einheit wie auch die der Vollendung der europäischen Einigung ein" (Genscher 1991, S. 38).

Zu den unverrückbaren Basisgrundsätzen seiner Politik machte Genscher also die Koppelung der deutschen Frage und des Ziels der deutschen Einheit an die Einigung Europas. Solange Osteuropa kommunistisch blieb, bedeutete dies, dass zunächst die westeuropäische Integration vorangetrieben und die deutsche Frage offengehalten werden mussten.

Zugleich markierte Genscher freilich auch die Grenzen dieser Entspannungspolitik. Sie verliefen dort, wo es um die militärische und politische Sicherheit des eigenen Landes, Westeuropas und der westlichen Welt im Ganzen ging. Vonnöten war das, was Genscher 1975 „realistische Entspannungspolitik" nannte. Eine solche Politik brauchte „das Fundament Sicherheit, und Sicherheit gibt es für uns nicht ohne das Bündnis und seine und damit auch unsere Verteidigungsbereitschaft.

---

1 „In den Wind", in: Der Spiegel 26/1974, 24.6.1974.

2 Aufzeichnung des Ministerialdirektors van Well, 4.6.1974, in: Akten zur Auswärtigen Politik der Bundesrepublik Deutschland 1974, Bd. I (1. Januar bis 30. Juni), hrsg. im Auftrag des Instituts für Zeitgeschichte von Hans-Peter Schwarz u. a. [AAPD] München 2005, Dok. 158, S. 671-676.

3 Aufzeichnung des Ministerialdirektors van Well (Gespräch Genscher Kissinger), 6.7.1974, in: AAPD 1974 II, München 2005, Dok. 202, S. 889.

Wer glaubt, er könne seine Sicherheit gewährleisten allein durch Bemühung um Entspannung, wäre ein gefährlicher Träumer" (Genscher 1991, S. 37).

Was dies konkret bedeuten konnte, wurde beim Regierungswechsel 1982/83 und der Debatte um die Nachrüstung deutlich. Einerseits war es für Genscher eine conditio sine qua non für den Koalitionswechsel, dass sich die Union mehrheitlich und mit dem neuen Kanzler Helmut Kohl an der Spitze dem Kalkül der Entspannungspolitik angeschlossen hatte. Andererseits aber war dieser Koalitionswechsel auch notwendig, um die „Doppelstrategie" der Entspannungspolitik, wie sie Genscher verstand, weiterzuführen. Diese Doppelstrategie ging im Kern auf den Harmel-Bericht von 1967 zurück. Sie verband die Aufrechterhaltung des militärischen Gleichgewichts und damit der Sicherheit des Westens mit dem Angebot der Entspannung an den Osten. Aber bis Ende der siebziger Jahre hatte sich die sicherheitspolitische Lage des westlichen Bündnisses dramatisch verschlechtert. Die Aufstellung der sowjetischen SS 20-Raketen und der sowjetische Einmarsch nach Afghanistan belebten den Kalten Krieg. Den Blütenträumen der Entspannung folgte die Eiszeit der Nachrüstung, der vergeblichen Verhandlungen und der militärtechnischen Kalkulationen.

Genscher vollzog diese Wendung mit, ja er gestaltete sie aktiv, ohne zu zaudern, obgleich er damit damit auch die Existenz der F.D.P. als Bundestagspartei riskierte. Er tat dies im vollen Bewusstsein, recht zu haben mit der Politik der „aktiven Friedenssicherung", wie er es nannte. „Die [christlich-liberale] Koalition, vor allem die F.D.P.", so sagte er vor den Wahlen im März 1983, „hat dabei ein gutes Gewissen. Sie setzt nur die Linie der alten Regierung fort" (zit. n. Lorenz 1983, S. 40). Angesichts der Bedrohung durch die SS 20 galt es die Fundamente einer „realistischen Entspannungspolitik" zu bewahren. Sie betonte die eigene militärische Sicherheit, die sich für Genscher stets transatlantisch definiert hatte, und wies den östlichen Partner auf seine Grenzen hin.

Freilich zögerte Genscher auch nicht, die umgekehrte Richtung einzuschlagen, wenn es seinem Entspannungskonzept entsprach. So setzte er sich 1987 ebenso nachhaltig wie erfolgreich für die sogenannte doppelte Null-Lösung und 1989 gegen die Modernisierung der Lance-Kurzstreckenraketen ein. Dies geschah gegen den Willen von erheblichen Teilen in der CDU/CSU, die eine nukleare „Singularisierung" und eine erdrückende konventionelle Übermacht des Warschauer Paktes befürchteten. Es kostete Genscher einige Mühe, Kohl von seiner Auffassung zu überzeugen. 1987 kam es über die doppelte Null-Lösung zu einem Riesenkrach mit Franz Josef Strauß. Strauß hielt Kohl vor, er solle sich „mit seinen wirklichen Freunden abstimmen, nicht nur mit Herrn Genscher telefonieren"[4], und zog kurz-

---

4   Frankfurter Rundschau, 5.9.1987. Vgl. Frankfurter Allgemeine Zeitung, 5.9.1987.

fristig sogar die CSU-Minister aus dem Bonner Kabinett zurück. Am Ende hatte aber die Bundesrepublik ihr ganzes Gewicht in die Waagschale der Bündnispolitik geworfen und einen nachhaltigen Erfolg erzielt. Mit dem Verzicht auf die Pershing IA-Raketen und die Modernisierung der Lance dokumentierte die Bundesregierung, dass sie willens war, auf Gorbatschows Abrüstungsinitiativen zu vertrauen. Auf das deutsch-sowjetische Klima übte dies eine entscheidende Wirkung aus. In ihrer Bedeutung kann man sie nicht hoch genug veranschlagen, wenn man über die außenpolitischen Voraussetzungen der Wiedervereinigung spricht.

2

An dieser Stelle ist es indes wichtig, sich die konzeptionellen Grundsätze der Genscherschen Außenpolitik noch einmal systematisch zu vergegenwärtigen. Zwar wird man in diesen Grundsätzen durchaus genuin liberale Prinzipien erkennen, allerdings steht es außer Frage, dass sie phasenweise auch der Kontingenz der koalitionspolitischen Umstände geschuldet waren. Die F.D.P. profitierte von ihrer Rolle als langjähriger Juniorpartner in unterschiedlichen Regierungskoalitionen. Die langjährige personelle Kontinuität im Amt des Vizekanzlers und Außenministers verdankte sie weitgehend dieser Konstellation. Sie ermöglichte die Anwendung dreier Grundprinzipien politischen Denkens, die historisch den Liberalismus geprägt haben und die 1989/90 zu einer überraschenden Wirkung gelangten (Lucas 2002).

Eine klassische liberale Denkfigur bezog sich auf den Entwicklungsgedanken, das heißt auf die Vorstellung vom Prozesscharakter der Geschichte. Kein Zustand kann aus dieser Sicht unverrückbar sein, jeder Status quo ist veränderbar, wenn auch vielleicht nur langsam, mühsam und unter Inkaufnahme von Rückschlägen. Hans-Dietrich Genscher bezog hieraus seinen unerschütterlichen Optimismus, seinen Glauben an die Möglichkeit des Fortschritts in der Geschichte. In der überwiegenden Mehrzahl seiner Amtsjahre bezog sich dieser Optimismus auf die Hoffnung, der Ost-West-Gegensatz möge eines Tages überwunden und damit auch die deutsche Frage gelöst werden können. Dies war die Ratio der Entspannungspolitik. „Entspannung ist nicht Zustand, sondern Prozess", formulierte Genscher 1976. Sie „ist nicht Abwesenheit von Spannung, sondern Bemühung, die Ost-West-Spannung unter Kontrolle zu halten und wo immer möglich zu verringern" (Genscher 1976b, S. 10).

Als ein weiteres, entscheidend wichtiges liberales Grundprinzip erwies sich in Genschers Konzept der Rationalismus, die Vorherrschaft der Vernunft. Rationalität, das bedeutet in guter aufklärerisch-liberaler Tradition den offenen Austausch des

Arguments, die Möglichkeit und vor allem auch die Freiheit zur Diskussion. Aus ihr speist sich der Glaube daran, die Kraft des vernünftigen, an der Realität orientierten Arguments werde sich durchsetzen. Erst aus einer solchen Haltung heraus erwächst Berechenbarkeit und aus Berechenbarkeit allein wächst Vertrauen – in der Politik wie im privaten Umgang.

Eine solche liberale Auffassung stand jener dezisionistischen Haltung eines Alles oder Nichts entgegen, die in der ersten Hälfte des 20. Jahrhunderts die deutsche Außenpolitik so häufig und so verderblich charakterisierte. Bereits bei Gustav Stresemann, der sich im Namen einer rationalen „Realpolitik" dem Illusionismus seiner deutschnationalen Gegner entgegenstemmte, kam ein solcher vernunftbetonter Entwicklungsgedanke zum Tragen. Und es kennzeichnete Genschers liberalen Rationalismus, dass es ihm stets darum zu tun war, den Dialog der Vernunft gleichsam zu institutionalisieren. Dies war auch eines der entscheidenden Antriebsmotive für die KSZE, deren Bedeutung Genscher stets zu Recht hervorhob. Jenseits aller konkreten Verhandlungen und Verträge pflanzte die KSZE ein Forum vernünftiger Kommunikation in die Welt des scheinbar unüberwindlichen Blockgegensatzes ein.

Kommunikation und Öffentlichkeit sind mithin die Garanten des aufgeklärt-liberalen Rationalismus. Wie kein anderer deutscher Außenminister vor ihm setzte Genscher auf regelmäßige Kommunikation zwischen den Blöcken, aber auch mit der politischen Öffentlichkeit im Inland. Er verstärkte die Öffentlichkeitsarbeit des Auswärtigen Amtes und präsentierte seine politische Linie regelmäßig mit gezielten Interviews und Presseartikeln (Bresselau von Bressensdorf 2013). Kommunikation und Öffentlichkeit sollten helfen, die Ziele einer liberal geprägten Außenpolitik zu erreichen. Es galt, einen alten liberalen Traum von Europa zu verwirklichen, einen Traum, der einerseits im frühen 19. Jahrhundert wurzelte, der andererseits aber ganz neue Kraft ausstrahlte und auf einen freien Zustand jenseits des Blockgegensatzes zielte: nämlich „ein Haus der offenen Türen, der freien Kommunikation, ein Europa der Freiheit und Selbstbestimmung" (Genscher 1991, S. 169).

Freiheit und Selbstbestimmung verweisen auf ein weiteres Element in Genschers Außenpolitik, das sich in den klassischen liberalen Kanon einfügt. Das künftige Europa sollte ein demokratisches „Europa der Bürger" sein, ein Europa, in denen die Menschen- und Bürgerrechte für jeden einzelnen ungeteilt Geltung haben würden. Voraussetzung hierfür war freilich, dass sich alle europäischen Nationalstaaten in freier Selbstbestimmung für das demokratische Prinzip entscheiden konnten – ohne ideologische und militärische Bevormundung.

Entwicklungsgedanke und Fortschrittsoptimismus, Rationalismus und freie Kommunikation, Verpflichtung auf Freiheit und Selbstbestimmung: dies waren die entscheidenden liberalen Prinzipien in Genschers Außenpolitik. Welche Methoden wandte er nun an, um diesen Grundsätzen auch in der praktischen Politik Geltung zu verschaffen?

Zwei Merkmale stechen hervor: Zum einen gehörte zu Genschers Politik ein hohes Maß an Empathie, an Verständnis für den jeweils anderen Blickwinkel der internationalen Gesprächspartner. Hans-Dieter Heumann hat dies als das „Kompatibilitätsprinzip" bezeichnet. Das heißt: Kein Politikfeld sollte so ausgestaltet werden, dass es in anderen Politikfeldern provokativ wirkte und infolgedessen zu starke Gegenkräfte hervorrief. Konkret hieß das: Es galt, die innereuropäische Zusammenarbeit nachhaltig zu verstärken, ohne damit eine „provokative Gegenmacht" (Schell 1991, S. 171) zu den USA zu bilden; die deutsch-französischen Beziehungen zu intensivieren, ohne den Eindruck zu erwecken, die Europäische Gemeinschaft solle einem deutsch-französischen Direktorium unterstellt werden. 1989/90 schließlich hieß das: die deutsche Einheit zu vollenden, ohne den Nachbarn das Gefühl zu vermitteln, im Zentrum Europas entstehe eine neue bedrohliche Machtkonzentration.

Dieses Kompatibilitätsprinzip verweist auf das zweite Merkmal von Genschers Außenpolitik, nämlich den Multilateralismus. Multilateralismus lässt sich als die regelmäßige gleichzeitige Kooperation zwischen mehreren Staaten verstehen. Im besten Fall führt er zu einer Institutionalisierung dieser Kooperation und zum permanenten Interessenabgleich zwischen den beteiligten Staaten. Genscher begriff die konkreten Formen des Multilateralismus – in erster Linie die Vereinten Nationen, die NATO, die Europäische Gemeinschaft und die KSZE – als die spezifischen Instrumente einer liberalen Außenpolitik, die den genannten Prinzipien folgte.

Damit verband sich ein Politikstil, der – wie Hans-Dieter Heumann hervorgehoben hat (Heumann 2001 u. 2002) – durch klassische politikwissenschaftliche Begriffe wie „Realismus" oder „Idealismus" kaum zu erfassen ist. So sprach Genscher in der Öffentlichkeit kaum jemals von spezifisch nationalen, deutschen bzw. bundesdeutschen „Interessen" – ein Kernbegriff der „realistischen" Schule der Lehre von den Internationalen Beziehungen. Das hieß natürlich nicht, dass es für ihn keine deutschen Interessen gab – die lagen in der Wahrung des Friedens in Freiheit und Sicherheit und in der Überwindung der Teilung. Was aber die Überwindung dieser Teilung betreffe, so äußerte Genscher noch am 1. Dezember 1989 – kurz nach Kohls Zehnpunkteplan – „so könne nur eine solche Politik klug genannt werden, die an dieses Ziel ständig denke und es konsequent verfolge, ohne dauernd darüber zu reden."[5]

---

5 Archiv des deutschen Liberalismus, Gummersbach, Bestand F.D.P. Bundespartei, Nr. 17118, Sitzung des Bundesvorstands der F.D.P. am 1. Dezember 1989 in Celle.

Diese Strategie, nicht durch große Worte der Interessenpolitik die außenpolitische Dynamik zu bremsen und damit die eigenen Handlungsspielräume zu verengen, charakterisierte Genschers Außenpolitik. Auf liberalen Prinzipien gründend, stellt sie den eigentlichen Kern des vielzitierten „Genscherismus" dar. Als Kontrast kann das „realistische", von der Definition deutscher Interessen lebende außenpolitische Programm von Franz Josef Strauß dienen. Strauß, der in der christlich-liberalen Koalition von 1982/83 selbst gerne Außenminister geworden wäre, verband mit Genscher eine grundsätzliche politische Rivalität. „Bei allen meinen Gesprächen mit Genscher", so kritisierte er in seinen Erinnerungen, „stellte ich [...] fest, dass die deutsche Außenpolitik seit 1969 systematisch ihrer Konturen beraubt worden war. Es gibt keine deutsche Außenpolitik für den pazifischen Raum, es gibt keine deutsche Afrikapolitik, es gibt keine deutsche Nahostpolitik und so weiter und so weiter. Es gibt seit Genscher nur noch eine multilaterale deutsche Kongresspolitik" (Strauß 1989, S. 564).

Auch von anderen steckte Genscher vor allem während der 1980er Jahre zum Teil harte Kritik ein. Vieles ist gesagt und geschrieben worden über Genscher, den Taktiker, Genscher, den Nicht-Festlegbaren, ja sogar über Genscher, den Glatten und zugleich Undurchschaubaren. Die Gegner im In- und Ausland lehnten Genschers Politik als tendenziell neutralistisch ab. Aus ihrer Perspektive schien der „Genscherismus" vor allem in Osteuropa auf eine neue, eigenständige und auf stärkeren Einfluss zielende Sonderrolle der Bundesrepublik zu drängen. Den Außenminister traf daher der Vorwurf der mangelnden Bündnissolidarität mit national-neutralistischer Tendenz. Gekennzeichnet schien er ferner durch eine Politik der vagen Formelkompromisse, zugleich freilich der geschickten Diplomatie des Kalküls und klugen Abwägens (Kirchner 1995; auch Genscher 1995, S. 581–583).

Demgegenüber lässt sich durchaus argumentieren, dass die außenpolitischen Prinzipien Genschers klar genug und zugleich einfach zu begreifen waren. Und auch dem Historiker stellen sich die Quellen diese Prinzipien klar genug dar. Eine andere Frage ist die der politischen Alltagstaktik, des sich Hindurchlavierens durch die vielen parteipolitischen und sonstigen Widerstände und die ebenso vielen Hindernisse auf dem Weg zu konkreten Zielen. Hier war und ist politische Taktik, vielleicht auch Finesse, gefragt. Und wenn sich Hans-Dietrich Genscher auf diesem Feld als Meister erwies, so gereichte ihm dies nicht unbedingt zum Vorwurf.

3

Dies war der längerfristige Hintergrund, vor dem sich Ende der 1980er Jahre die dramatische Wende zur deutschen Wiedervereinigung vollzog. Eine wesentliche Voraussetzung hierfür bestand in der dezidierten ost- und deutschlandpolitischen Kontinuität, in der sich die seit Oktober 1982 amtierende christlich-liberale Koalitionsregierung Helmut Kohls und Hans-Dietrich Genschers sah. Eine deutschlandpolitische „Wende" lehnte die Regierung Kohl/Genscher bei ihrem Amtsantritt explizit ab. Das für die deutsch-deutschen Beziehungen ebenso wie für die Außenpolitik insgesamt gültige Stichwort lautete vielmehr: „Kontinuität"; Kontinuität freilich im mehrfachen Sinne und weiter zurückreichend als bis zur Arbeit der früheren Regierungen. Kontinuität in der Deutschlandpolitik umschloss, so erklärte Rainer Barzel, der neue Bundesminister für innerdeutsche Beziehungen, im November 1982, das Bekenntnis zur demokratischen Tradition in Deutschland und damit das Bekenntnis zur Präambel des Grundgesetzes, die das deutsche Volk aufrief, seine Einheit in Freiheit zu vollenden. Daneben hieß Kontinuität freilich auch, vom vertraglich festgelegten modus vivendi auszugehen, „der fixiert, daß es auf deutschem Boden zwei Staaten gibt, wobei es sich selbstredend um voneinander unabhängige, selbständige Staaten handelt".[6] Dies entsprach den Leitlinien, die Genscher stets vertreten hatte: Die Spannung zwischen Norm und Praxis anzunehmen, um sie pragmatisch zu gestalten und langfristig zugunsten einer Lösung der deutschen Frage verändern zu können.

Die Bundestagswahl vom 6. März 1983 bestätigte diese deutschlandpolitische Kontinuität, durchaus zur Enttäuschung von Franz Josef Strauß und der stärker rechtsgerichteten Strömungen in der Union. Und Strauß nutzte denn auch gleich die erste Gelegenheit, um den deutschlandpolitischen Konsens der Koalition zu testen. Einen Vorfall an der innerdeutschen Grenze vom 10. April 1983, in dessen Verlauf ein westdeutscher Geschäftsmann einem Herzinfarkt erlag, interpretierte der bayerische Ministerpräsident fälschlicherweise als „Mord". Damit provozierte Strauß den ersten handfesten deutschlandpolitischen Krach in der neuen Koalition, der sich vor allem zwischen CSU und F.D.P. zuspitzte. Genscher nahm dies zum Anlass, in der Debatte um Kohls Regierungserklärung im Bundestag am 4. Mai 1983 „die Grundlinien der Außenpolitik der F.D.P.-Fraktion sehr intensiv und breit" darzustellen. Genscher war davon überzeugt, „daß die Bürger keine Wende in der Außen-, Sicherheits- und Deutschlandpolitik wollten". In diesem Zusammenhang

---

6   Bundesminister Barzel, Zur Deutschlandpolitik der neuen Bundesregierung, 15.11.1982, in: Texte zur Deutschlandpolitik, hrsg. v. Bundesministerium für innerdeutsche Beziehungen III/1, S. 12-21, hier S. 13.

riet er, „auf Ausfälle von Strauß künftig sachlich zu antworten, damit Bundeskanzler Kohl sich nicht zum Schiedsrichter zwischen CSU und F.D.P. aufschwingen könne, obwohl es sich meistens um Probleme zwischen CSU und CDU handele. Die F.D.P. solle sich vielmehr als Garant für die Positionen der Regierung darstellen".[7]

Gleichsam die Probe aufs Exempel für die Politik der Kontinuität kam für Genscher mit der Krise der deutsch-sowjetischen Beziehungen in der Mitte der 1980er Jahre, die für jede Entwicklung der deutschen Frage von essentieller Bedeutung waren. Erstmals seit seinem Amtsantritt verschlechterte sich das weltpolitische Klima dramatisch. Infolge der Afghanistankrise und des NATO-Doppelbeschlusses vereiste das Ost-West-Verhältnis, und die Blütenträume der Entspannungspolitik entschwanden. In dieser Situation erwies es sich von unschätzbarem Vorteil, dass während mehr als einem Jahrzehnt der Détente nunmehr recht stabile ostpolitische Gesprächsfäden zur Verfügung standen. Genscher und mit ihm die Bundesregierung suchten diese zu nutzen und in der Hand zu behalten. Nach der mit dem Nachrüstungsbeschluss von 1983 unter Beweis gestellten Westbindung galt es nun, die erworbenen Ostverbindungen nicht abreißen zu lassen. So stimmten auf der 12. Tagung der sowjetisch-bundesdeutschen Kommission für wirtschaftliche und wissenschaftlich-technische Zusammenarbeit in Moskau (11.-16.11.1983) beide Seiten darin überein, dass der wirtschaftlichen Zusammenarbeit vor dem Hintergrund gespannter politischer Beziehungen besondere Bedeutung zukomme und für die Beziehungen zwischen beiden Ländern ein stabilisierendes Element bilde. In den Gesprächen zeigten sich beide Seiten zufrieden, dass der bilaterale Handel florierte; die Raketenfrage spielte demgegenüber bei den Gesprächen keine Rolle.[8]

Auch Genschers Besuch in Moskau vom 20. bis 22. Mai 1984 sollte ein Abreißen der Fäden verhindern, mögliche sowjetische Befürchtungen zerstreuen und den Fortbestand der Kommunikation sichern. Er sei nach Moskau gekommen, so führte Genscher aus, um der Resignation oder gar der Panikmache vorzubeugen. Niemand wolle einen Krieg, niemand bereite einen Krieg vor. Der Dialog zwischen West und Ost müsse sachbezogen fortgeführt und, wo er abgerissen sei, wieder aufgenommen werden. „Wir wollen eine breit angelegte, langfristig tragfähige Zusammenarbeit auf der Grundlage der Gleichberechtigung."[9]

Mit solchen Wendungen suchte Genscher an die Tradition des Harmel-Berichts und die Entspannungspolitik der frühen siebziger Jahre anzuknüpfen. Die wechsel-

---

7   Archiv des Liberalismus, Gummersbach, Bestand Mischnick, A41-79, Fraktionssitzung
      vom 3.5.1983. Die Rede Genschers in: Verhandlungen des Deutschen Bundestages, 10.
      WP, 4. Sitzung (4.5.1983), Sten. Ber., Bd. 124, S. 104-112.
8   Frankfurter Allgemeine Zeitung, 17.11. u. 18.11.1983; Süddeutsche Zeitung, 17.11.1983.
9   Frankfurter Allgemeine Zeitung, 22.5.1984.

seitige Anerkennung der Gleichheit und Gleichberechtigung hatte im Mai 1972 die Grundlage für jenes denkwürdige Gipfeltreffen zwischen Breschnew und Präsident Nixon bereitet, das den Höhepunkt der globalen Détente markierte (Haftendorn 1983, S. 217–218; Garthoff 1994, S. 325–359). Genscher wie Kohl hatten Washington ermuntert, sich am Geist der damaligen Gipfelerklärung zu orientieren und damit ein Zeichen der Entspannung zu setzen, allerdings ohne erkennbaren Erfolg.[10] Wenn Genscher nun gegenüber seinem sowjetischen Amtskollegen Gromyko darauf verwies, für die amerikanisch-sowjetischen Beziehungen „könnte Rückbesinnung auf den Zusammenhang zwischen der Anerkennung der Gleichberechtigung, der Verpflichtung zur Mäßigung und der Berücksichtigung der Sicherheitsinteressen der jeweils anderen Seite" den Weg zu einem neuen konstruktiven Anlauf bahnen, so verfolgte er die in Washington empfohlene Linie weiter. Bis Ende 1983/Anfang 1984 bestanden die etablierten Kanäle zwischen Bonn und Moskau im Prinzip noch fort, und Genscher konnte auf die in seiner Person verkörperte Kontinuität in den deutsch-sowjetischen Beziehungen hinweisen. Man wird nicht fehlgehen, wenn man in Genschers Entspannungsdividende aus den 1970er Jahren ein wesentliches Element der bundesdeutsch-sowjetischen Beziehungen während der 1980er Jahre sieht. Sie gab der Bonner Außenpolitik auch in der schwierigen Zeit nach dem NATO-Doppelbeschluss eine Art ostpolitischen Kompass, dessen Orientierungsleistung solange vorhielt, bis mit dem Amtsantritt Michail Gorbatschows Mitte März 1985 ohnehin eine neue Ära begann.

Dass Gorbatschow eine neue Ära der internationalen Politik einläutete und damit auch Bewegung in die deutsche Frage brachte, ließ sich freilich anfangs nicht leicht erkennen. Jedenfalls überwog in der westdeutschen Politik und Öffentlichkeit zunächst die Skepsis gegenüber dem neuen sowjetischen Parteiführer. Seine Motive vermochte man kaum zu enträtseln; wie weit der Rhetorik auch die Aufrichtigkeit der Absichten entsprach, blieb vorerst im Dunkeln. Und schließlich schienen sich Gorbatschows außenpolitische Ambitionen allzu eindeutig auf bilaterale Gespräche und Verbesserungen mit den USA zu richten, als dass sich von ihnen ein substantieller Wandel in der europäischen und deutschen Politik erwarten ließ. Gorbatschow, so lautete jedenfalls im Juni 1986 ein charakteristisches Resümee, „hat in seiner bisherigen Amtszeit die Chance für eine radikale Wende der Beziehungen der UdSSR zu Westeuropa und hier vor allem zur Bundesrepublik Deutschland vertan" (Oldenburg 1986, S. 774. Vgl. Timmermann 1986). Vor diesem Hintergrund hatte auch Bundeskanzler Kohl, der Gorbatschow in einem missglückten Interview als Propagandisten bezeichnete und in diesem Zusammenhang auch Goebbels nannte,

---

10 Archiv der Gegenwart, 7.3.1984 u. 8.5.1984.

seinen einen ganz persönlichen Fehlstart in den Beziehungen zum Kreml-Führer (Wirsching 2006, S. 551–552).

Während also der neue Generalsekretär der KPdSU anfangs mit Bonn „fremdelte" und insbesondere den Bundeskanzler links liegen ließ, gelang es Genscher als erstem, Teile des Eises aufzubrechen. Genscher verfolgte Gorbatschow gegenüber von Beginn an eine Linie, die – ganz im Sinne der traditionellen Entspannungspolitik – auf den Aufwuchs wechselseitigen Vertrauens baute. Dies entsprach seinem grundsätzlichen Optimismus und dem Glauben an die Entwicklungsmöglichkeiten der Geschichte. Er hatte Genscher schon am 1. Februar 1987 zu seiner wohl berühmtesten Rede bewegt: zur Davoser Rede auf dem Weltwirtschaftsforum und zur Forderung, Gorbatschow ernst, ja „beim Wort" zu nehmen (Genscher 1991, S. 150). Diese von Konrad Seitz skizzierte Rede wurde zwar viel kritisiert und als Ausweis eines unberechenbaren „Genscherismus" betrachtet; aber sie entsprach den oben dargelegten liberalen Grundprinzipien der Politik Genschers, der ja stets die Wandelbarkeit des Systems und die Offenheit der Geschichte betont hatte.

Als daher im Juli 1987 eine bundesdeutsche Delegation mit Bundespräsident Richard von Weizsäcker und Außenminister Hans-Dietrich Genscher an der Spitze die Sowjetunion besuchte, war dies mehr als ein Routinevorgang. Während dieses Treffens machte Gorbatschow gegenüber den deutschen Gästen eine berühmt gewordene Bemerkung: Was nämlich in „hundert Jahren" mit der Frage der deutschen Einheit sein werde, das wisse niemand, das werde „die Geschichte entscheiden". Zwar waren viele Mitglieder der deutschen Delegation enttäuscht; sie hatten mehr erwartet. Hans-Dietrich Genscher aber widersprach: Gorbatschow habe etwas Neues gesagt. Er habe etwas „widerrufen, was wir bisher immer gehört haben, nämlich, dass die deutsche Frage für alle Zeit entschieden sei." Vielmehr habe Gorbatschow nun die deutsche Frage auf die „Zeitschiene" gesetzt. „Und die Zeitschiene kann man verschieben, die ist variabel. Es ist keine Grundsatzfrage mehr, und aus hundert Jahren können zehn Jahre werden oder weniger" (Genscher 2008, S. 131–132; Genscher 1995, S. 544; Oldenburg 1987, S. 1157).

Tatsächlich hatte Gorbatschow mit seiner eher kryptischen Bemerkung Genschers wachsenden Optimismus bestärkt. Das Vertrauen in den Kreml-Führer und seine neue Linie war berechtigt und es zahlte sich aus. Die nächsten beiden Jahre läuteten das Ende des Kalten Krieges ein. Und am 29. Januar 1989 konnte Genscher erneut in Davos resümieren: Die „dreifache Dynamik, die Integration der Europäischen Gemeinschaft, die Umgestaltung in der Sowjetunion und in einigen sozialistischen Staaten, der Gezeitenwechsel in den West-Ost-Beziehungen – das hat für Europa zukunftsweisende Bedeutung. Diese drei dynamischen Prozesse stehen in einem inneren Zusammenhang. Der Grundimpuls geht von der Attraktivität der demokratischen Gesellschaften in der EG und der Dynamik ihres Einigungsprozesses aus. Europas Zukunft heißt Offenheit" (Genscher 1989). Was Genscher hier, auf dem Weltwirtschaftsforum nicht erwähnte, war die deutsche Frage; aber deren Lösung war in der Vorstellung, wie ein neues integriertes und demokratisches Europa aussehen könnte, stets mitgedacht.

4

Bald danach, im Sommer und Herbst 1989 trat diese Offenheit ein. In den dramatischen Monaten des Dramas um die DDR-Flüchtlinge fand Genscher zu einer Schlüsselrolle. Überhaupt tritt in der geschichtlichen Wahrnehmung die Bedeutung des Außenministers für den Prozess der Wiedervereinigung gegenüber dem federführenden Bundeskanzleramt leicht in den Hintergrund. Tatsächlich spielte Genscher eine höchst eigenständige und bedeutsame Rolle, die über das dramatische Geschehen in den bundesdeutschen Botschaften in Prag und Warschau weit hinaus ging (Ritter 2013). Und dies entsprach einer inneren Logik der von Genscher stets vertretenen außenpolitischen Konzeption. Denn mit dem Mauerfall und dem darauffolgenden Ende der DDR ergab sich eine Situation, in der die lang gehegten Wünsche, aber auch die erprobten Konzepte ihre Erfüllung fanden.

Die Zeit der Teilung Deutschlands im Kalten Krieg war immer gekennzeichnet von einer Spannung zwischen Norm und Praxis; für die bundesrepublikanische Politik konnte der Status quo nur der Ausgangspunkt für den Anspruch auf substantielle Veränderungen sein, für nationale Selbstbestimmung und Einheit. Diese Epoche ging nun höchst dynamisch ihrem Ende zu. Die Zeiten der völkerrechtlichen Uneindeutigkeit, hinter deren Schleier unverbindliche Forderungen aufgestellt und Formelkompromisse gefunden werden mussten, war unwiderruflich vorbei. Vielmehr lief nun jeder, der sich zu deutschlandpolitischen Themen äußerte, Gefahr, beim Wort genommen zu werden. Im besonderen galt dies für die Frage der polnischen Westgrenze. Die absehbare Überwindung der deutschen Teilung aktualisierte alte Ängste in Polen und neue Befürchtungen bei den Westmächten, dass ein vereinigtes Deutschland die Reichsgrenzen von 1937 reklamieren könnte. Und die Rücksichtnahmen Kanzler Kohls auf den rechten Flügel seiner Koalition und einen kleinen Teil der öffentlichen Meinung sorgten für erhebliche Dissonanzen nicht nur im Verhältnis zu Polen und zu den europäischen Partnern, sondern auch zum Koalitionspartner F.D.P.

In dieser Situation war es weniger der Kanzler selbst als sein Außenminister Hans Dietrich Genscher, der in der Krise des Winters 1989/90 als Garant bundesdeutscher außenpolitischer Berechenbarkeit betrachtet wurde. Symbolisch war die Szenerie vor dem Schöneberger Rathaus am 10. November, wohin Kohl aus Warschau geeilt war und wo die Parteiführer zu den Berlinern sprachen. In der Nussschale war die künftige Entwicklung hier bereits enthalten. Genscher versicherte ganz explizit:

> Wir stehen zu den Verträgen, die wir geschlossen haben. Wir sind heute aus Warschau gekommen und haben dort zu unseren polnischen Nachbarn gesagt: Zu der sicheren Zukunft unserer europäischen Nachbarn gehört es auch, dass das polnische Volk weiß: Von uns Deutschen wird niemals mehr die Grenze zwischen Deutschen und Polen in Frage gestellt. (Genscher 1995, S. 659–660)

Intern bekräftigte Genscher dies vor der F.D.P.-Bundestagsfraktion: „Wer die polnische Westgrenze in Frage stelle, rufe einen Domino-Effekt in anderen Teilen Europas hervor. Deshalb dürfe es in dieser Frage kein Wackeln geben."[11]

Zwar wäre es übertrieben zu behaupten, dass die Auseinandersetzung um den Zeitpunkt der definitiven Anerkennung der polnischen Westgrenze das Verhältnis zwischen Kohl und Genscher „zerrüttete", wie gesagt worden ist (Bergdoll 1990, S. 206). Weder Kohl noch die überwältigende Mehrheit in der CDU/CSU wollten die polnische Westgrenze ernsthaft in Frage stellen. Aber im Angesicht des Mauerfalls waren es tatsächlich Genscher und mit ihm die F.D.P., die von allen bundesrepublikanischen Parteien ihre politische Sprache am wenigsten anzupassen hatten. Mehr denn je orientierte sich Genscher im Verlauf der dramatischen Ereignisse am Prinzip der Kompatibilität. Und das hieß: keine Trennung der deutschen Frage von der europäischen. Tatsächlich gab es Ende der 1980er Jahre in der Union, aber auch in der F.D.P. selbst Stimmen, die so etwas wie eine „operative Wiedervereinigungspolitik" verlangten. Ihnen erteilte Genscher eine klare Absage. Er warnte vor einer „Enteuropäisierung der Deutschlandpolitik" und vor jedem Ansatz eines „deutschen Sonderwegs".[12] Diese unerbittliche Parallelität, in die Genscher in der Vergangenheit stets jede Perspektive einer Überwindung der deutschen Teilung mit einer fortschreitenden europäischen Integration gesetzt hatte, konnte auch in der Phase der Wiedervereinigung auf die westlichen Verbündeten und die östlichen Nachbarn beruhigend wirken. Für die Gegenwart der deutschen Wiedervereinigung bildete sie ein entscheidendes Vertrauenskapital.

Genscher war daher anfangs auch skeptisch gegenüber dem berühmten Zehnpunkte-Plan, den Kohl am 28. November 1989 dem Bundestag präsentierte. Der Grund lag nicht nur darin, dass Kohl den Außenminister und Koalitionspartner von dieser Initiative ebenso wenig im voraus unterrichtet hatte wie die westlichen

---

11 Archiv des Liberalismus, Gummersbach, Bestand F.D.P. Bundespartei, Nr. 17118, Sitzung des Bundesvorstands der F.D.P. am 1. Dezember 1989 in Celle.

12 Ebd.

Verbündeten; vielmehr zeigte sich Genscher auch darüber verärgert, dass der Zehnpunkte-Plan die Frage der polnischen Westgrenze überging. Zwar sei es „unbestreitbar", so urteilte Genscher vor der Fraktion, „dass im 10-Punkte-Plan wesentliche Elemente der Politik der F.D.P. Eingang gefunden hätten." Aber das Vertrauenskapital bei den Partnern würde beschädigt; die Empfindlichkeiten wüchsen.[13] Genscher erfuhr dies selbst wenig später bei seinem Moskau-Besuch, der die „unerfreulichste Begegnung" werden sollte, die er je mit Gorbatschow hatte, getrübt von heftigen Vorwürfen und zum Teil lautstarken Auseinandersetzungen. Niemals, so Genscher habe er den sowjetischen Parteichef „so erregt und so bitter" erlebt (Genscher 1995, S. 683–684).

Aber es kennzeichnete Genschers Haltung, dass er den Bundeskanzler gegenüber Gorbatschow verteidigte, darauf hinwies, dass die Probleme der DDR hausgemacht seien und nicht der Bonner Politik angelastet werden dürften. Tatsächlich herrschte zwischen Auswärtigem Amt und Kanzleramt – bei allen vorübergehenden Dissonanzen – eine grundsätzliche Übereinstimmung. Genscher und Kohl einte ein hohes Maß an Gemeinsamkeit, das durch stete vertrauliche Abmachungen ihr Fundament erhielt. Beide „tickten", wie Kohl in seinen Memoiren schrieb, „in den elementaren und existentiellen Fragen deutscher Außenpolitik gleich und wussten um die Position des anderen" (Kohl 2005, S. 153). Letztlich wählten beide dieselben Methoden, das oberste Ziel bundesdeutscher Außenpolitik anzusteuern: nämlich den Dreiklang aus atlantischer Bündniswahrung, europäischer Integration und auf Entspannung zielender Ostpolitik zur Harmonie zu bringen. Nur so, darin stimmten beide überein, würde es möglich sein, aktive Deutschlandpolitik zu gestalten oder den deutschlandpolitischen Status quo womöglich zu überwinden. Der historische Rückblick offenbart, dass eine solche Harmonie gegen Ende der achtziger Jahre vorübergehend eintrat und ein zuvor kaum vorstellbares „window of opportunity" eröffnete.

Hierzu gehörte es im Zweifelsfall auch, den sich abzeichnenden Prozess der deutschen Einigung gegenüber den Alliierten als eine genuin deutsche Angelegenheit abzusichern. So hatten bis zum 10. Februar 1990 alle vier Siegermächte des Zweiten Weltkriegs anerkannt, dass die deutsche Frage auf der unmittelbaren internationalen Tagesordnung stand und auch das Grundprinzip der Wiedervereinigung akzeptiert. Um so wichtiger erschien es, ein Forum zu schaffen, auf dem der Vereinigungsprozess durch die internationale Diplomatie orchestriert und die noch offenen politischen und völkerrechtlichen Probleme diskutiert und gelöst werden konnten. Die Frage, wie ein solches Forum zu schaffen sei, beschäftigte schon seit längerem die amerikanische Politik. Eine Viermächteebene ohne deutsche Beteiligung schied von

---

13 Ebd.

vornherein aus; sie wurde von der Bundesregierung kategorisch zurückgewiesen. Schon die kurzfristige sowjetische Initiative vom 8. Dezember 1989, die Gesandten der Vier Mächte in Berlin in das Gebäude des ehemaligen Alllierten Kontrollrats zu einem Meinungsaustausch einzuladen, hatte zu Verstimmungen, aber auch zu Klarstellungen geführt (Weidenfeld 1998, S. 179–182). Genscher ergriff damals die nächste Gelegenheit, um seinen westlichen Außenministerkollegen zu erklären, „daß die Art des Auftretens der vier Botschafter die Würde des deutschen Volkes verletzt habe". Wörtlich erklärte er: „Sie müssen sich entscheiden zwischen der Zusammenarbeit mit uns in der NATO und in der Europäischen Gemeinschaft oder mit der Sowjetunion im Kontrollrat" (Genscher 1995, 695 f.). Seitdem war die Viermächteebene vom Tisch, denn auch die westlichen Verbündeten erkannten, dass es 45 Jahre nach Kriegsende unmöglich war, über vitale deutschlandpolitische Fragen ohne die Betroffenen zu befinden.

Zitierte Literatur

Bergdoll, U. (1990). Kohl und Genschers FDP. Porträt einer Zerrüttung. In R. Appel (Hrsg.), *Helmut Kohl im Spiegel seiner Macht*, (S. 201–211). Bonn: Bouvier.

Bresselau von Bressensdorf, A. (2013). *Frieden durch Kommunikation. Die Entspannungspolitik Hans-Dietrich Genschers im ‚Zweiten Kalten Krieg' 1979–1982*, phil. Diss. München.

Garthoff, R. L. (1994). *Détente and confrontation. American-Soviet relations from Nixon to Reagan*, 2. Aufl. Washington D.C.: Brookings.

Genscher, H.-D. (1966). Deutsche Ost-, Sicherheits- und Außenpolitik. *liberal*, Jg. 8, S. 730–741.

Genscher, H.-D. (1976a). *Außenpolitik im Dienste von Sicherheit und Freiheit*. Stuttgart: Verlag Bonn Aktuell.

Genscher, H.-D. (1976b). Aufgaben der Außenpolitik: Entspannung, Kooperation, Integration. In H.-D. Genscher (Hrsg.), *Liberale in der Verantwortung* (S. 9–28). München/Wien: Hanser.

Genscher, H.-D. (1989). Reden. http://www.2plus4.de/chronik.php3?date_value=29.01.89&sort=000-000. Zugegriffen: 24. Juli 2014.

Genscher, H.-D. (1991). *Unterwegs zur Einheit. Reden und Dokumente aus bewegter Zeit*. Berlin: Siedler.

Genscher, H.-D. (1995). *Erinnerungen*. Berlin: Siedler.

Genscher, H.-D. (2008). *Die Chance der Deutschen. Hans-Dietrich Genscher im Gespräch mit Guido Knopp*. München: Pendo.

Haftendorn, H. (1983). *Sicherheit und Entspannung. Zur Außenpolitik der Bundesrepublik Deutschland 1955–1982*. Baden-Baden: Nomos..

Heumann, H.-D. (2001). *Deutsche Außenpolitik jenseits von Realismus und Idealismus*. München: Olzog.

Heumann, H.-D. (2002). Genscher, ein „liberaler" Außenminister?. In Lucas, H.-D. (Hrsg.), *Genscher, Deutschland und Europa* (S. 413–432).Baden-Baden: Nomos.

Münch, I. (1974). Urteil des Bundesverfassungsgericht vom 31.7.1973. In I. Münch (Hrsg.), *Seit 1968* (Dokumente des geteilten Deutschland, Bd. II) (S. 359–383). Stuttgart: Kröner.

Kirchner, E. J. (1990). Genscher and what lies behind ‚Genscherism'. *West European Politics 12*(2), S. 159–177.

Kohl, H. (2005). *Erinnerungen 1982–1990*. München: Droemer.

Lorenz, J. (1983). *Gefragt: Hans-Dietrich Genscher*. Bornheim: Zirngibl.

Lucas, H.-D. (Hrsg.). (2002). *Genscher, Deutschland und Europa*. Baden-Baden: Nomos.

Schell, P. (1991). *Bündnis im Schatten. Die Westeuropäische Union in den 80er Jahren*. Bonn: Bouvier.

Strauß, F. J. (1989). *Die Erinnerungen*. Berlin: Siedler.

Oldenburg, F. S. (1986). Das Verhältnis Moskau – Bonn unter Gorbatschow. *Osteuropa, 36* (8/9), S. 774–786.

Oldenburg, F. (1987). „Neues Denken" in der sowjetischen Deutschlandpolitik? *Deutschland-Archiv, 20* (11), S. 1154– 160.

Ritter, G. A. (2013). *Hans-Dietrich Genscher, das Auswärtige Amt und die deutsche Vereinigung*. München: Beck.

Timmermann, H. (1986). Gorbatschow zeigt außenpolitisches Profil. Kurskorrekturen oder Konzeptionswandel? In *Osteuropa* 36 (1986), S. 3–21.

Weidenfeld, W. (1995). *Außenpolitik für die deutsche Einheit. Die Entscheidungsjahre 1989/90*. Stuttgart: Deutsche Verlags Anstalt.

Wirsching, A. (2006). *Abschied vom Provisorium. Geschichte der Bundesrepublik Deutschland 1982–1990*. München: Deutsche Verlags Anstalt.

Bild 9

Überraschende Begegnung: Weil er vor der Zeit war, ließ Genscher im März 1990 auf der Fahrt von Halle nach Wolfen seine Wagenkolonne am Rand der von Umweltzerstörung und Luftverschmutzung heimgesuchten Industriestadt halten. Während sich der Wahlkämpfer noch die Beine vertrat, kam eine DDR-Bürgerin auf ihn zu: „Herr Genscher", sagte die alte Dame gerührt, „dass ich Ihnen noch mal die Hand drücken kann".

Der ‚human factor' in Hans-Dietrich Genschers Politik

Harald Braun

Hans-Dietrich Genscher am 30. September 1989 auf dem Balkon des Palais Lob-kowicz in Prag. Vor ihm 5000 DDR-Bürger, die sich in die westdeutsche Botschaft geflüchtet haben und sehnsüchtig auf ihre Ausreise in die Bundesrepublik warten. Dann Genschers erlösende Worte: „Ich bin heute zu Ihnen gekommen, um Ihnen mitzuteilen...". Der Rest geht im Jubel unter.

Die Prager Balkonszene hat seitdem ihren festen Platz im historischen Gedächt-nis der Deutschen. Weniger bekannt sind hingegen die Schauplätze, an denen Hans-Dietrich Genscher in den Tagen zuvor mit den Außenministern der DDR, der Tschechoslowakei, Polens und der vier alliierten Besatzungsmächte um einen Ausweg aus dem humanitären Drama der DDR-Flüchtlinge in den Botschaften in Prag und Warschau gerungen hat. Diese befinden sich in New York, wo Genscher sich Ende September 1989 zur jährlichen Eröffnung der VN-Generalversammlung aufhält.

Es ist in der eher unscheinbaren Residenz des westdeutschen Ständigen Vertreters bei den Vereinten Nationen in der 65. Straße nahe des Central Park – heute die Dienstwohnung meines Stellvertreters –, wo Genscher am Abend des 27. September, einem Mittwoch, mit seinem DDR-Kollegen Oskar Fischer zusammenkommt. In der Straße vor dem Gebäude hat sich die versammelte Weltpresse eingefunden – Historisches liegt in der Luft. Beim Abendessen wirbt Genscher eindringlich dafür, den Flüchtlingen in Prag die direkte Ausreise in die Bundesrepublik zu erlauben. Fischer scheint hingegen allenfalls eine Ausreise der Flüchtlinge über das Gebiet der DDR vorzuschweben. Er wolle dies nach Rückkehr aus New York in Berlin thema-tisieren. Doch angesichts der dramatischen Lage in Prag – inzwischen campieren 2.500 Menschen auf dem völlig überfüllten Gelände – ist Eile geboten. Genscher drängt Fischer, noch aus New York mit Ost-Berlin in Verbindung zu treten und eine schnelle humanitäre Lösung möglich zu machen.

Am Donnerstag folgen hektisch arrangierte Treffen mit den Außenministern James Baker (USA), Roland Dumas (Frankreich) und Jaromír Johanes (Tschechoslowakei) sowie dem im Juli 2014 verstorbenen damaligen Außenminister der Sowjetunion und späteren Präsidenten Georgiens, Eduard Schewardnadse. Parallel dazu gibt es ein weiteres Telefonat mit DDR-Minister Fischer. Die Flüchtlingskrise überschattet inzwischen die gesamte Generalversammlung. Die Schauplätze der Treffen sind die gleichen wie heute – das VN-Gebäude am East River, das UN Plaza Hotel und die sowjetische VN-Vertretung an der 67. Straße – heute Sitz der russischen Mission.

Am 29. September – die VN-Woche neigt sich ihrem Ende zu – dann der erlösende Anruf: die DDR stimmt einer humanitären Lösung für die Flüchtlinge zu. Zwei Stunden später sitzt Genscher im Flugzeug nach Bonn, von dort ist wenige Stunden später der Weiterflug nach Prag geplant. Die weiteren Szenen des Prager Flüchtlingsdramas sind Weltgeschichte.

Genscher hatte sowohl als Partei- wie als Außenpolitiker den Ruf eines harten Verhandlers. Im Auswärtigen Amt galt er bei vielen als schwieriger, manchmal cholerischer Chef. Meine eigene Erfahrung als Genschers Büroleiter in den Jahren 1992 bis 1995 war eine andere. Ich habe ihn in engster Zusammenarbeit, auf langen Flügen und mancher gemeinsam durchgearbeiteten Nacht als eine zutiefst menschliche Persönlichkeit kennengelernt. Die obige Geschichte aus New York und Prag unterstreicht dies meines Erachtens: Natürlich ging es im Herbst 1989 auch um Politik. Aber die Vorgeschichte zur Balkonszene in Prag zeigt, dass es Hans-Dietrich Genscher an erster Stelle um menschliche Schicksale seiner Landsleute und die Lösung einer unerträglichen humanitären Notlage ging. Auch die Tatsache, dass Eduard Schewardnadse aufgrund dieser Episode zu einem seiner engsten persönlichen Freunde wurde, illustriert den *human factor* – und dies obwohl die beiden Staatsmänner sich bis zu Schewardnadses Tod in keiner Sprache ohne Dolmetscher verständigen konnten.

Für mich bleibt unvergesslich Hans-Dietrich Genschers Satz, ausgesprochen mit dem charakteristisch erhobenen Zeigefinger: „Herr Braun, Sie müssen wissen: der Friede in der Welt beginnt in der eigenen Familie."

Botschafter Prof. Dr. Harald Braun ist seit März 2014 Ständiger Vertreter Deutschlands bei den Vereinten Nationen in New York. Seit 2011 war er davor Staatssekretär des Auswärtigen Amts. Frühere Verwendungen führten Botschafter Braun an die deutschen Botschaften in Paris, Washington, London, Bujumbura und Beirut, ins Bundeskanzleramt sowie in verschiedene Funktionen in der Zentrale des Auswärtigen Amts. Von 2005 bis 2008 war er als Corporate Senior Vice President für den Zentralbereich Konzernpolitik und Außenbeziehungen der Siemens AG in München verantwortlich. Seit 2008 hält er eine Honorarprofessur an der State University of New York.

Von 1992-1994 leitete Botschafter Braun das persönliche Büro von Hans-Dietrich Genscher in Bonn. In dieser Zeit begleitete er den Ex-Außenminister zu zahlreichen hochrangigen Begegnungen in aller Welt und unterstützte ihn bei der Arbeit an Genschers Memoirenband „Erinnerungen" und weiteren Publikationen.

Bild 10

Krisenmanagement: Für Oskar Fischer, den letzten Außenminister des SED-Staates, lief im September 1989 bereits die Uhr ab. Seinen DDR-Kollegen traf Genscher stets am Rande internationaler Konferenzen. Beim letzten Mal in New York hatten die beiden deutschen Außenminister nur ein Thema: In der Botschaft der Bundesrepublik in Prag warteten Hunderte und später Tausende von Flüchtlingen auf ihre Ausreise in den Westen. Fischer stellte sich stur. In die dramatischen Bemühungen schaltete sich auch der sowjetische Außenminister Eduard Schewardnadse ein, den Genscher außerplanmäßig mehrmals aufsuchte. Dem Druck aus Moskau ist es wohl zu danken, dass Genscher den Botschaftsflüchtlingen nur 24 Stunden später persönlich die frohe Botschaft überbringen konnte, sie dürften nun Prag verlassen. „Ich habe danach empfunden", so Genscher später, „dass dies der Anfang sein würde von einer grundlegenden neuen Entwicklung auch in der DDR."

III
Ausblick

Interview zwischen Hans-Dietrich Genscher und Gerd Appenzeller; 7. Juli 2014, Berlin

Appenzeller: Herr Genscher, Sie wurden am 22. Oktober 1969 als Bundesminister des Inneren vereidigt, am 17. Mai 1992 traten Sie vom Amt des Bundesaußenministers zurück. Wenn Sie das Deutschland des Herbstes 1969 mit dem vergleichen, auf das Sie im Mai 1992 zurückblicken konnten, nach 23 Jahren im Kabinett, was bilanzieren Sie dann?

Genscher: Ein Deutschland in der Mitte Europas, von Freunden und von Partnern umgeben, Deutschland vereint und Europa vor der Frage: Bedeutet der Fall der Mauer das Ende des Kalten Krieges und das Ende der Teilung Europas oder bedeutet es nur eine Verschiebung der Teilungslinie aus der Mitte Europas an die Westgrenze Russlands. Das – wenn das so wäre – würde nicht in Übereinstimmung stehen mit dem großen politischen Ziel des westlichen Bündnisses der NATO und dem Harmel-Bericht von 1967 (vgl. hierzu den Aufsatz von Klaus Wittmann in diesem Sammelband), in dem als Ziel eine gerechte Friedensordnung für ganz Europa genannt wird – und auch nicht mit dem, was wir uns mit der KSZE vorgestellt haben, nämlich von Vancouver bis Wladiwostok.

Appenzeller: 1992 konnte man glauben, die Teilung Europas sei beendet. Heute sieht es eher so aus, als sei – wie Sie es formulieren – die Teilung Europas an die Westgrenze Russlands vorgeschoben worden.

Genscher: In der Tat, und das kann nicht befriedigen, denn zu den Binsenweisheiten europäischer Politik gehört: Stabilität in Europa wird es gegen Russland nicht geben, sondern nur mit Russland. Das heißt nicht, dass eine Seite allein dafür verantwortlich ist, dass es dazu nicht gekommen ist, aber nicht eine Seite allein bedeutet eben auch, zu fragen, was hätte der Westen stärker tun können, um eine solche Entwicklung herbeizuführen.

Appenzeller: Kann man daraus schließen, dass der Westen in den Jahren nach 1992 die Einbindung Russlands etwas aus dem Auge verloren hatte?

Genscher: Es ist manches aus dem Auge verloren worden. Die Nutzung der OSZE als Nachfolgeorganisation der KSZE, aber auch die Möglichkeit einer immer engeren Zusammenarbeit mit Russland im NATO-Russland-Rat, engerer Konsultationen, vor allem auch ökonomischer Zusammenarbeit – immerhin gab es einmal den Vorschlag der Europäischen Kommission für eine europäische Freihandelszone unter Einschluss Russlands und eine Zustimmung Putins in seiner ersten Amtszeit unter großem Beifall hier vor dem deutschen Bundestag in Berlin. Dann hat die Entwicklung einen anderen Verlauf genommen. Ich denke, man darf das Ziel des Harmel-Berichtes nicht aufgeben, das war eine ganz große und politische Zielsetzung des westlichen Bündnisses, sehr weitsichtig, damals weitsichtiger als manche Stimmen, die man heute hört.

Appenzeller: An wem wäre es gewesen, dieses Ziel aktiv weiter zu verfolgen?

Genscher: Das möchte ich keinem Land allein zuschieben, aber natürlich auch an Deutschland.

Appenzeller: Die Westbindung Deutschlands war ein Faktum beim Beginn der rot-gelben Koalition 1969. Der Ausgleich mit dem Osten steckte damals noch ganz in den Anfängen…

Genscher: Ich denke, dass die grundlegende Entscheidung für die Westbindung Deutschlands, das heißt die Entscheidung für die Zugehörigkeit der damaligen Bundesrepublik Deutschland, eine fundamentale Entscheidung war – fundamental für die künftige Entwicklung Europas. Um ein heute geläufiges Wort zu verwenden: Deutschland hat damals Verantwortung gezeigt, indem es diese klare Standortbestimmung vorgenommen hat. Es gäbe die Europäische Union von heute nicht, wenn Deutschland sich damals nicht für die Westbindung entschieden hätte, und es gäbe auch die NATO nicht, jedenfalls nicht als ein wirkungsvolles politisches und wertebestimmtes Bündnis, wenn Deutschland sich nicht entschieden hätte. Das heißt: Das im Krieg geschlagene Land, das moralisch in seinen Grundfesten getroffene Land, das geteilte Land, das besetzte Land hat in der Stunde der Bewährung nach dem Zweiten Weltkrieg ein hohes Maß an gesamteuropäischer Verantwortung gezeigt, durch seine Standortbestimmung, Teil des Westens zu sein.

Appenzeller: Die Westbindung, die ja durch Konrad Adenauer vollzogen worden ist, war die Voraussetzung dafür, dass es überhaupt eine Ostpolitik geben konnte, die mit der rot-gelben Koalition erst so richtig begonnen hat. Ist dies richtig gesehen oder bauten Sie, baute rot-gelb, bauten SPD und FDP mit ihrer Ostpolitik auf etwas auf, was vorher schon geschaffen worden war?

Genscher: Wir konnten aufbauen auf der Westbindung. Zu den Verdiensten der Liberalen gehört es, dass sie sowohl die Westbindung ermöglicht haben, wie auch die Öffnung zur Ostpolitik. Die Liberalen waren die einzige der drei traditionellen deutschen Parteien, die die beiden Grundentscheidungen der deutschen Nachkriegsaußenpolitik getragen haben. Die SPD hat sich zunächst der Westbindung zur NATO-Mitgliedschaft versagt, und CDU und CSU haben sowohl die Ostverträge wie die KSZE abgelehnt. Beide Entscheidungen durchzusetzen verlangten Verantwortung, Weitsicht und politisches Stehvermögen. Sehr verantwortungsbewusste Leute mit Argumenten, die Gewicht hatten, hatten ja in der Neutralisierung Deutschlands einen Weg gesehen zur Vereinigung. Ich bin unverändert der Meinung – dass dies auch in der FPD zunächst umstrittene Position richtig war: die Westbindung ist die Voraussetzung dafür war, dass eine wirksame Politik für die Einheit Europas und Deutschlands durchgesetzt werden kann.

Appenzeller: In der Zeit, in der die Entscheidung für die Westbindung fiel, gab es ja durchaus Stimmen, die diese Entscheidung für die Westbindung als einen Schlag gegen eine spätere Einheit empfunden haben.

Genscher: In der Tat, diese Argumente hat es gegeben. Ich bin der Meinung, die Entscheidung, wie sie getroffen wurde, war richtig. Und die FDP hat es ja ermöglicht, dass dafür die Mehrheit vorhanden war.

Appenzeller: Wie haben eigentlich die USA auf die deutsche Ostpolitik reagiert? In der Bundesrepublik gab es ja von den konservativen Medien bis in rechte Unionskreise eine geradezu hysterisch formulierte Sorge, die rot-gelbe Koalition würde das Land quasi an die Kommunisten verkaufen.

Genscher: Ich komme zurück auf den Harmel-Bericht aus dem Jahr 1967, der nicht zustande gekommen wäre, wenn sich die Vereinigten Staaten nicht daran beteiligt hätten. Es war ein politisches Konzept zur Überwindung der Teilung Europas. Aber für uns Deutsche hatte der Harmel-Bericht eine besondere Bedeutung, weil er sagte, dass wir auf der Grundlage gesicherter Verteidigungsfähigkeit – das muss immer unterstrichen werden –uns bemühen, zum Ausgleich mit dem Osten zu kommen.

Das war der Königsweg zur Überwindung der Teilung Europas und damit auch der Teilung Deutschlands. Das heißt, für mich und für die FDP war die Einbindung des Bemühens um die deutsche Einheit in die Einbettung des Bemühens zur Überwindung der europäischen Teilung die einzige Chance, Deutschland zu vereinen. Deshalb auch unser entschiedenes Eintreten für die KSZE. Für mich war die KSZE der andere unverzichtbare Königsweg, weil er die Chance eröffnete, alle europäischen Staaten an den Verhandlungstisch zu bringen. Allerdings war die KSZE nur möglich, weil vorher die großen Hindernisse für die Überwindung der Spaltung Europas durch die Ostverträge beseitigt wurden. Es kam hinzu, dass die Ostvertragspolitik auch, wenn Sie so wollen, das Feindbild Bundesrepublik beendet hat, so dass auch psychologisch hier etwas geschehen ist, was für eine erfolgreiche Außenpolitik Voraussetzung ist: nämlich dass man mit seiner Politik einwirkt in das Denken des potentiellen Partners, selbst wenn man sich in diametralen Gegensätzen gegenübersteht. Und dieser Abbau des Feindbildes, der Vertrag mit der Sowjetunion, mit Polen und der DDR, hat in der Folge erst die Veränderungen in der Sowjetunion ermöglicht.

Appenzeller: Der ganze KSZE-Prozess, dessen späte, immer noch segensreiche Folgen wir heute noch mit der Vermittlung der OSZE im Ukrainekonflikt erleben, ist ja von Ihnen persönlich geprägt worden. Welche Überlegung stand dabei eigentlich am Anfang? Russland wollte ja etwas ganz anderes haben.

Genscher: Wir haben es hier zu tun mit einem Beispiel einer Initiative einer Seite, die von der anderen Seite aufgenommen, aber in ihrer Zielsetzung grundlegend verändert wurde. Wenn man den Ablauf der Ost-West-Beziehungen sieht, dann ist der Bau der Mauer 1961 das Eingeständnis der Führung in Moskau und in Ost-Berlin, dass man den Wettbewerb der Systeme verloren hat. Man kann nicht mehr die Hoffnung haben, Westdeutschland für die Idee des Sozialismus zu erwärmen. Die Leute laufen dem System davon. Und dann beschreitet man nicht den Weg von Bert Brecht, „das Volk versteht uns nicht mehr, wir brauchen ein neues Volk", sondern die Antwort lautet: Das Volk versteht uns nicht mehr und läuft uns davon, wir bauen eine Mauer, damit es nicht davonlaufen kann. Diese erste Maßnahme, die zeigt, dass die sowjetische Führung erkannt hat, dass die politischen Expansionsbemühungen gescheitert sind, bringt sie zu dem Ergebnis, dass sie eine juristische Bestätigung des Status quo in Europa will. Und deshalb verfolgt sie zwei Ziele: Sie will erstens die Grenzen in Europa für unabänderlich erklären und zweitens die Vereinigten Staaten von Amerika aus Europa hinausdrängen. Das erklärt auch, warum vor Eröffnung der Konferenz die Frage nach der Teilnahme der USA ein umstrittener Punkt war. Als Walter Scheel, Wolfgang Mischnick und ich im Frühsommer 1969 als potentielle Regierungspartner im Herbst nach Moskau eingeladen wurden, hat mich Kossygin (der damals amtierende sowjetische Ministerpräsident, Anm. der Verfasser) direkt angesprochen, weil man ihm gesagt hatte, dass ich der erste westliche Abgeordnete gewesen war, der sich für die Teilnahme der westlichen Staaten an der KSZE – was ja höchst umstritten war – entschieden hatte. Später haben dann allerdings alle Staaten teilgenommen, nur drei Parteien in Europa waren bis zuletzt dagegen und stimmten dagegen: In Deutschland leider CDU und CSU. Ich habe damals gesagt: Ohne die USA werden wir dafür nicht sein. Wir sind für die KSZE, aber nur unter Teilnahme der USA. Und dann im Laufe der Verhandlungen bis zum Schluss war die zentrale offene Frage, ob eine friedliche Veränderbarkeit der Grenzen in der Schlussakte verankert wird oder nicht. Die Festlegung der sowjetischen Führung auf die KSZE und die Schlussakte war so fest und auch unumkehrbar, dass man dieser am Ende zugestimmt hat. Das heißt, wir erleben in der KSZE, dass erstens in Korb III die westliche Werteordnung im Grunde akzeptiert wird, dass man zweitens jedem Land das Recht einräumt, einem Bündnis beizutreten – worauf wir bestanden, weil wir der Meinung waren, wenn es einmal eine Wiedervereinigung gibt, muss Deutschland Mitglied der NATO bleiben – und dass drittens eine friedliche Veränderbarkeit der Grenzen möglich ist. Alle diese drei Punkte konnten durchgesetzt werden und eröffneten in der Tat den Weg zu einem völlig neuen Denken auch in der Sowjetunion.

Appenzeller: Der Korb III von Helsinki, der Menschenrechts-Korb, war im Sinne der Menschenrechte aus meiner Sicht die mit Abstand größte politische diplomatische Leistung der europäischen Nachkriegsdiplomatie….

Genscher: …und die größte Menschenrechtsinitiative der Geschichte…

Appenzeller: … und die größte Menschenrechtsinitiative der Geschichte. Wenn man sich das heute anschaut, mit welchen Prämissen Russland in den KSZE-Prozess hineingegangen ist und wie das Ende des KSZE-Prozesses war, ist es fast unerklärbar, dass Russland letztlich dem zugestimmt hat. Was war das bewegende Moment?

Genscher: Man hatte sich darauf festgelegt, die KSZE-Schlussakte als einen ganz großen politischen Erfolg darzustellen. Es stand ein Parteitag bevor, und deshalb hat man sich entschlossen, am Ende dem zuzustimmen. Ich kann mich an ein langes Gespräch mit Gromyko (damaliger Außenminister der Sowjetunion, Anm. der Verfasser) erinnern, wo er sagte, ich wolle doch die Oder-Neiße-Grenze in Wahrheit in Frage stellen. Darauf antwortete ich, dass wir dies nicht wollen. Was wir in Frage stellen, ist die deutsch-deutsche Grenze. Diese muss politisch veränderbar sein. Darauf insistierte er, wir wollten die Oder-Neiße-Grenze verändern. In meiner Antwort schlug ich vor, in die Schlussakte aufzunehmen, die deutsch-deutsche Grenze sei politisch veränderbar. Darauf meinte er, dies sei ja noch schlimmer....

Appenzeller: Ein kleiner Sprung an den Anfang der Ostpolitik: Von Egon Bahr stammt ja der Satz vom Wandel durch Annäherung. Die praktische Umsetzung des Wandels durch Annäherung hat der Außenminister besorgt. Ist das so eine überhöhte Betrachtung?

Genscher: Nein, das zu beurteilen ist nicht meine Sache. Ich muss allerdings sagen, dass ich mit der Formulierung meine Probleme hatte, weil es in Deutschland Interpreten gab, die darin eine Systemannäherung sahen. Und da war ich der Meinung, dass unser System nicht zur Debatte gestellt wird. Gemeint war ja hier Wandel durch Annäherung von Bahr, aber es gab auch Leute, die darin einen Hinweis auf den sogenannten dritten Weg gesehen haben.

Appenzeller: Es gab in den letzten Monaten – ich nenne nur die Namen von der Leyen, Steinmeier und Gauck – ja mehrfach kritische Anmerkungen über das internationale deutsche Engagement. Der amtierende Bundesaußenminister hat formuliert, Deutschland dürfe nicht am Spielfeldrand stehen. Haben Sie sich in den 70er und 80er Jahren des vergangenen Jahrhunderts am Spielfeldrand der Weltpolitik gefühlt?

Genscher: Überhaupt nicht. Ich glaube, dass er das so auch nicht gemeint hat. Ich glaube, dass er das eher gesagt hat gegenüber denjenigen, die eine sehr starke Zurückhaltung – abweichend von der Vergangenheit – verlangt haben. Das ist nicht richtig. Und was die Aussagen von Bundespräsident Gauck betrifft: Er ist nicht der erste Bundespräsident, das gab es auch schon früher, als gesagt wurde, wir müssten herunter von den Tribünen. Dem kann ich so nicht zustimmen, weil Nachkriegs-Deutschland von Anbeginn eine erhebliche Verantwortung für Frieden und Freiheit in Europa übernommen hat. Der Beitritt Deutschlands zur Europäischen Gemeinschaft und zur NATO war essentiell für diese beiden entscheidenden politischen und wertorientierten Zusammenschlüsse. Aber Deutschland hat ja sehr viel mehr getan, zum Beispiel unsere Initiative für die KSZE. Damals war die Weltpolitik der Gegensatz Moskau – Washington. Und der spielte sich in Europa und in Deutschland ab. Also jeder Beitrag, der damals zur Gestaltung des Ost-West-Verhältnisses geleistet wurde, war weltpolitisch bedeutsam, war nicht nur ein regionalpolitisches Ereignis. Und hier war Deutschland entscheidend, einschließlich der Durchsetzung des NATO-Doppelbeschlusses. Auch das hat dazu geführt, dass der Gegensatz überwunden wurde. Aber es ging auch noch sehr viel weiter. Deutschland war das Land, das im Westen dafür eintrat, sich positiv einzustellen zur blockfreien Bewegung. Für viele im Westen, vor allem auch in Washington, war die blockfreie Bewegung nichts anderes als eine sowjetische Tarnorganisation....

Appenzeller: ... ein trojanisches Pferd der Sowjetunion...

Genscher: Genau. In Wahrheit war es eine antikolonialistische Bewegung bis hin zur Teilnahme Jugoslawiens, weil für Jugoslawien die Kolonialmacht die Sowjetunion war, die immer wieder ihre Hand auszustrecken versuchte nach Jugoslawien. Deshalb auch unser so gutes Verhältnis zu Jugoslawien, weil wir gesagt haben, wir müssen dieses Land stärken. Wir haben innerhalb der Europäischen Gemeinschaft immer dafür kämpfen müssen, dass die Verbindung zur Europäischen Gemeinschaft verbessert wurde. Aber Deutschland war auch das Land, das voranging bei der Auseinandersetzung mit der Apartheid. Ich war der Außenminister im Westen, der immer wieder vor den Vereinten Nationen Freiheit für Nelson Mandela auch als symbolische Forderung für die Überwindung der Apartheid gewünscht hat. Wir haben als Deutsche dafür gesorgt, dass innerhalb der Europäischen Gemeinschaft ein sogenannter „code of conduct" geschaffen wurde. Das heißt, dass bei deutschen Unternehmen in der Republik Südafrika am Tor des Unternehmens die Apartheid aufzuhören hatte. Innerhalb des Unternehmens gab es keine Rassendiskriminierung. Deutschland hat als Mitglied des Weltsicherheitsrates die „Initiative der Fünf" für die Unabhängigkeit Namibias durchgesetzt. Und Deutschland hat einen entscheidenden Einfluss auf die Beendigung des irakisch-iranischen Krieges gehabt. Also Deutschland hat weltpolitische Verantwortung übernommen. Ich will gar nicht davon reden, dass wir von den europäischen Partnern mit der Bundeswehr den mit Abstand größten Beitrag zur westlichen Sicherheit geleistet haben. Der deutsche Beitrag war erheblich, da war kein Defizit und Europa war damals der Schauplatz der internationalen Veränderungen. Was sich verändert hat, ist nicht die Lage Deutschlands, verändert hat sich die Lage der Welt, und das stellt Anforderungen an alle Staaten. Und hier ist Deutschland wiederum vorn, nämlich in dem Verständnis, dass die neue Weltordnung eine Kooperationsordnung sein muss und nicht eine Ordnung von oben nach unten, also eine – um es zu wiederholen – eine kooperative und nicht eine imperative Weltordnung.

Appenzeller: Diese Rolle können wir aber doch heute nur spielen, weil wir an der Westbindung festgehalten haben, also als Teil des Westens.

Genscher: Ja, als Teil des Westens. Das vergisst man gelegentlich in Deutschland. Wir haben keinen Nachholbedarf. Im Übrigen: Keiner derjenigen, die davon reden, „wir müssten endlich", sagt auch, was wir endlich müssen und an welchem Militäreinsatz er denn schon früher gerne teilgenommen hätte. Am Vietnamkrieg doch wohl nicht? Oder was ist gemeint? Da muss man dann Ross und Reiter nennen.

Appenzeller: In der Tat… Sie haben einmal gesagt, Deutschland habe in diesen Jahren der Teilung von allen Staaten den größten Beitrag zur westlichen Sicherheit geleistet. Hiermit meinten Sie nicht nur die Stärke der Bundeswehr?

Genscher: Ich meinte auch die Tatsache, dass eine stabile Ordnung entstanden ist. Die Hoffnung Stalins war ja, dass Westdeutschland Europa reif machen würde für die Ideen des Sozialismus. Diese Hoffnung ist nicht aufgegangen. Und Deutschland hat es unseren westlichen Partnern ermöglicht, dass sie auf deutschem Boden ihre eigene Sicherheit verteidigen konnten. Die Anwesenheit von westlichen Truppen, wo aus Besatzungstruppen verbündete Truppen wurden, war ja nicht nur mit der Sicherheit der Bundesrepublik begründet. Das waren sie als Garanten auch. Aber sie waren auch für die westlichen Partner die Chance, an der Trennungslinie mitten durch Europa bereits das Halteschild für die Expansionsvorstellungen der Sowjetunion der ersten Jahrzehnte nach dem Krieg zu errichten.

Appenzeller: Unausgesprochen steckte hinter dem deutschen Bestreben nach Ausgleich ja immer auch die Kenntnis, dass wenn es einen Krieg geben würde, dieser Krieg auf deutschem Boden stattfinden würde.

Genscher: Absolut.

Appenzeller: Darüber hat nie einer geredet… Das war der Begriff des „Fulda gap", der Lücke bei Fulda, durch welche die russischen Streitkräfte würden vorstoßen können, bis zur Wiedervereinigung ein Begriff, den man in den Militärstäben verwendet hat, der in der breiten Bevölkerung aber überhaupt nicht präsent war.

Genscher: Wenn Sie sich vorstellen, dass in der NATO für die Nuklearwaffen mit kürzerer Reichweite das Wort „battlefield" verwendet wurde, das waren nukleare Sprengkörper mit größerer Wirkung als die Bombe von Hiroshima.

Appenzeller: Die Hades-Raketen der Franzosen, die im Massif central stationiert waren, hatten eine Reichweite, die gerade bis in die DDR hineinging…

Genscher: In Venedig gab es eine Auseinandersetzung zwischen Frau Thatcher und Herrn Mitterand, wo Frau Thatcher sagte: „Was machen Sie denn, wenn die Russen in Köln stehen? Dann werden Sie doch Ihre Atomwaffen einsetzen?" Und daraufhin sagte Mitterand: „Wenn die Russen in Köln stehen, werden wir unsere Atomwaffen nicht einsetzen, denn Köln ist eine verbündete Stadt." Das war eine bedeutsame Erklärung, die Frau Thatcher wohl nicht verstehen konnte.

Appenzeller: Als die Situation der Wiedervereinigung kam, hatte Deutschland vor allem in George Bush senior und in James Baker vehemente Unterstützer. François Mitterand und Maggie Thatcher liebten Deutschland im übertragenen Sinne so sehr, dass sie sich auf ewige Zeiten zwei davon wünschten. Am Ende überwog das Vertrauen in die politische Stabilität Deutschlands. Wie haben Sie im Rahmen der Zwei-plus-Vier-Gespräche diese englischen und französischen Reserven gegenüber der Wiedervereinigung beseitigen können?

Genscher: Ich habe diese Reserven, was Frankreich angeht, nicht feststellen können. Und ich erinnere mich sehr genau meines Besuches in Paris am 29. November 1989, wo ich den Präsidenten gefragt habe: „Herr Präsident, wie steht Frankreich zur deutschen Vereinigung?" Und darauf antwortet Mitterand: „Die deutsche Einheit ist eine historische Notwendigkeit. Aber ich frage Sie, Herr Außenminister, wie wird das vereinte Deutschland von der Einheit Gebrauch machen? Werden Sie den europäischen Weg der Bundesrepublik fortsetzen oder werden Sie die alten Wege neu beschreiten? Auch wenn Sie mir jetzt sagen, Sie werden die alten Wege neu beschreiten, werden wir die deutsche Einheit nicht verhindern, weil sie historisch notwendig ist. Aber wir werden dann die alten Allianzen neu beleben." Für Mitterrand war die europäische Bindung Deutschlands von zentraler Bedeutung. Dem hat er vieles untergeordnet, weil ihm bewusst war, dass Europa ohne die Partnerschaft zwischen Frankreich und Deutschland undenkbar ist und weil er auch wusste, dass wenn Frankreich sich der deutschen Einheit entgegengestellt hätte, dies unheilvolle Auswirkungen gehabt hätte. Anders Frau Thatcher. Ich sage in diesem Fall Frau Thatcher, weil der Außenminister , mein guter Freund Douglas Hurd, ein ganz eindeutiger Befürworter der deutschen Einheit war und die damalige Labour-Opposition war es auch. Frau Thatcher hatte ihre eigenen Vorstellungen, sie hat bis in die letzten Stunden vor der Unterzeichnung des Zwei-plus-Vier-Vertrages in Moskau noch versucht, uns Knüppel zwischen die Beine zu werfen in der Hoffnung, dass doch noch irgendwo ein Widerstand in Moskau erregt werden kann.

Appenzeller: Was war denn in jenen Stunden in Moskau geschehen?

Genscher: Als ich ankam zur Unterzeichnung, am nächsten Morgen, waren meine Mitarbeiter da und sagten, England verlange jetzt, dass auf dem Gebiet der DDR, wenn dort schon keine westlichen Truppen stationiert werden dürfen – also verbündete deutsche NATO-Truppen: ja, aber keine verbündete Truppen -, dass dann aber dort verbündete Truppen Manöver abhalten können. Das lehnten die Russen ab. Ich hielt es für legitim, dass sie es ablehnen, und ich habe dann zu Schewardnadse gesagt: „Wer entscheidet denn das am Ende? Das entscheidet das vereinte Deutschland." Daraufhin antwortete Schewardnadse: „Ja, solange Sie Außenminister sind, wollen wir das auch glauben. Aber wie lange werden Sie denn Außenminister sein?" Darauf sagte ich: „Länger als Sie…"– ein gemeinsames Gelächter entspannte eine sehr komplizierte Situation. Dann haben de Maizière und ich eine Erklärung abgegeben, dass wir von diesem Recht, das zu entscheiden – nur unter Berücksichtigung der Sicherheitsinteressen aller Beteiligten – Gebrauch machen werden. Das heißt im Klartext, wir werden es nicht genehmigen. Aber die Weisung, dies zu verlangen, war hinter dem Rücken des englischen Außenministers nach Moskau gegeben worden. Ich hatte den englischen Außenminister zum Abendessen in unsere Residenz eingeladen. Plötzlich bekam ich einen Anruf von einem Mitarbeiter, der sagte, die Engländer bestehen darauf. Darauf erzählte ich ihm dies und er sagte, er wisse davon nichts.

Appenzeller: Was steckte bei Maggie Thatcher dahinter? War das die Sorge, es würde sich wieder ein großes Deutschland entwickeln, was auf dem Kontinent eine Gefahr für die britischen Inseln sein würde?

Genscher: Ich glaube, man muss da ihr Alter sehen. Sie war Jahrgang 1926. Sie ist also aufgewachsen als Kind des Weltreichs, dann hat England den Krieg gewonnen, Deutschland hat ihn verloren und am Ende war das Weltreich auch beendet. Sehr interessant ist eine Bemerkung, die sie bei einem Hintergrundgespräch mit internationalen Journalisten in London gemacht hat. Als sie gefragt wurde, nachdem Helmut Kohl sich mit Reagan in Bitburg und mit Mitterand in Verdun getroffen habe, wann sie sich denn mit ihm versöhnen werde? Antwortete sie, das wundere sie, dass Kohl sie darauf noch nicht angesprochen hätte, denn bekanntlich sei ja England das einzige Land der Welt, das den Krieg gegen Hitler-Deutschland vom ersten bis zum letzten Tag geführt habe. Die Franzosen hätten früher aufgehört und die Amerikaner und Russen hätten erst später angefangen. Das ist historisch absolut richtig. Und das war ihre Sicht: Der Sieger über Hitler-Deutschland war für sie England. Und irgendwie ist das auch richtig – wenn da nicht ein Mann wie Churchill gewesen wäre…?

Appenzeller: War der Euro der Preis für die französische Zustimmung zur deutschen Einheit?

Genscher: Nein – und das kann niemand besser bestätigen als ich. Ich habe am 26. Februar 1988 eine Denkschrift veröffentlicht für die Einführung des Euro. Ich hatte zwei Gründe: Der eine war ökonomisch. Nachdem wir ja demnächst einen gemeinsamen Binnenmarkt haben sollten, brauchten wir eine gemeinsame Währung, weil sonst die Gesetze des Binnenmarktes durch die Währungspolitik ausgehebelt werden konnten. Und dann gab es einen außenpolitischen: Die Annäherung zur Sowjetunion wird immer stärker. Das wird die Fliehkräfte des europäischen Einigungsprozesses stärken. Deshalb brauchen wir einen entschlossenen und unrevidierbaren Schritt nach vorn. Und das ist die Währungsunion. Das waren meine beiden Motive. Deutschland hatte im ersten Halbjahr 1988 den Vorsitz im Rat der Europäischen Union. Und es soll niemand behaupten, er habe im Februar 1988 gedacht, diese Denkschrift könne für die deutsche Vereinigung sein. Dies stand im Februar 1988 nicht zur Debatte zwischen den westlichen Partnern.

Appenzeller: Eine andere Region, von der wir heute gar nicht mehr so viel reden, nämlich Mittelamerika, driftete damals nach links in furchtbare Bürgerkriege hinein. Nicaragua, Guatemala, El Salvador, Costa Rica…. Costa Rica war eine Ausnahme, wo sich Deutschland dann auch engagiert hat.

Genscher: Costa Rica war Deutschland nachempfunden in seiner Sozialgesetzgebung. Der Begriff der sozialen Gerechtigkeit spielte eine erhebliche Rolle, weil die Regierungen ihn ernst nahmen, verfügte Costa Rica über ein hohes Maß an demokratischer Stabilität.

Ich vertrat damals die Meinung, die Zukunft der Welt gehört großen Staaten und regionalen Zusammenschlüssen. Und eigentlich gehört die Region Mittelamerika zusammen. Und dann habe ich in der EG vorgeschlagen, einfach eine Einladung auszusprechen an die Staaten Mittelamerikas. Dadurch kamen die zum ersten Mal zusammen. Sie wollten alle dabei sein, auch Nicaragua, das war damals das Hauptzentrum. Ich erinnere mich, dass wir einen Staatsbesuch aus Amerika hatten und man machte mir schwere Vorhaltungen, dies sei eine Bedrohung der USA usw. Dann habe ich mich dort mit Oscar Arias, dem Präsidenten von Costa Rica, der dann später den Friedensnobelpreis bekommen hat, zusammengesetzt. In San Jose fand später eine große EG-Zentralamerika-Konferenz statt und daraus hat sich dann der dortige Friedensprozess ergeben. Und heute finden wir dort ein stabiles Verhältnis.

Appenzeller: Herr Genscher, heute ist es erwiesen, dass es ohne den NATO-Doppelbeschluss nicht zum Zusammenbruch der Sowjetunion gekommen wäre. Ihn durchzusetzen war Helmut Schmidt, der ihn mit geschaffen hatte, am Ende wegen des Widerstands in seiner eigenen Partei nicht möglich. Die Demonstration gegen den NATO-Doppelbeschluss im Bonner Hofgarten war die größte Demonstration, die jemals auf deutschem Boden stattgefunden hat – mit einer Ausnahme, am 4. November 1989 in Ost-Berlin waren noch mehr Menschen auf der Straße. Der NATO-Doppelbeschluss war letztlich aber auch der Auslöser für den Koalitionswechsel. Auch darauf sollten wir noch einmal kommen, denn ohne die FDP wäre es zum NATO-Doppelbeschluss nicht gekommen.

Genscher: Ja, und es war eine schwere Entscheidung, die darauf gegründet wird, ein Rüstungsprogramm nicht zu machen, sondern durchzusetzen mit dem Ziel, den Teufelskreis der Vergangenheit zu durchbrechen, der lautet: Rüstung, Gegenrüstung, Rüstung, Gegenrüstung. Viele konnten sich eigentlich nicht vorstellen, dass es gelingen könnte, diesen Teufelskreis zu durchbrechen. Doch es gelang. Es gelang noch mehr, nämlich den Anstoß zu geben für ein neues Denken, auch in Moskau. In der entscheidenden Phase vor der Bundestagwahl 1983 habe ich gesagt, dass ich klarstellen möchte, dass, wer FDP wählt, sich für den NATO-Doppelbeschluss entscheidet. Wer uns nicht wählt, ist dagegen. Das war eine schwerwiegende Entscheidung. Und auch da hat Deutschland Verantwortung gezeigt – dies nur als Hinweis für alle, die jetzt Verantwortung einfordern.

Appenzeller: Welche Rolle muss Deutschland heute in der Europäischen Union spielen? Einer der großen Vorzüge von Helmut Kohl war ja, dass er sich immer sehr um die kleinen Staaten gekümmert hat. Was muss Deutschland heute in der EU tun?

Genscher: Ich habe immer gesagt, die kleinen Staaten sind schon deshalb wichtig, weil jeder weitere Staat, der zur EU hinzukommt, ein Kleiner sein wird – jedenfalls kleiner als Deutschland. Die Rolle Deutschlands ist ja eine Ironie der Geschichte: Deutschland hat Kriege geführt um eine Vormachtstellung in Europa – Deutschland, und auch Preußen vorher –, dann haben wir beschlossen, keine Kriege mehr zu führen, und schon haben wir ein besonderes Gewicht. Was nichts Anderes bedeutet als mehr Verantwortung, aber nicht mehr Rechte. Und diese Verantwortung heißt wiederum, dass wir das beachten müssen, was man nur immer wieder wiederholen kann: Es wird uns in Deutschland auf Dauer nicht gut gehen, wenn es unseren Nachbarn auf Dauer schlecht geht. Dies an die Adresse all derjenigen, die mit Aufrechnungen klar machen wollen, warum es notwendig sei, Europa nicht weiterzubauen, sondern den Rückbau einzuleiten.

Appenzeller: Was bedeutete das in der Praxis heute? Muss Deutschland größere Lasten schultern in der Europäischen Union?

Genscher: Deutschland trägt das, was seiner Leistungsfähigkeit entspricht – und lebt dabei ja nicht schlecht.

Appenzeller: Hat Europa die Chance, mit Deutschland ein Global Player zu werden, im Konzert mit den USA, mit China, Russland?

Genscher: Wir, als Teil Europas: ja, aber nur so. Man kann heute schon erkennen, die Zukunft der Welt wird gestaltet werden von wenigen großen Staaten und von regionalen Zusammenschlüssen. Und Europa ist der dichteste, am weitesten entwickelte, auf gemeinsame Werte gegründete Zusammenschluss. Es gibt auch andere Zusammenschlüsse –- wie die Staaten Zentralamerikas, die besonders entwickelten Staaten Lateinamerikas, der Golf-Kooperationsrat, der ASEAN-Zusammenschluss in Südostasien – mit ganz anderer Struktur und in großen Entfernung untereinander, aber doch mit gemeinsamen Interessen. Deutschland allein wäre in der globalen Welt zu klein für die Welt, aber zu groß für seine Nachbarn. Aber Deutschland als Teil der EU hat eine Chance, und Gottlob nicht nur für uns sondern für alle unsere Partner auch. Europa ist die Zukunftswerkstatt für die neue Weltordnung. Die neue Weltordnung wird eine Kooperationsordnung sein, auf Ebenbürtigkeit und Gleichberechtigung ausgelegt. Die Zeit der Vorherrschaft ist vorbei. Kein Land ist groß genug, die Welt zu beherrschen. Es ist ein Irrtum, das anzunehmen. Wir reden leichthin über die Weltreiche der Vergangenheit, aber es waren nie Reiche, die die ganze Welt betrafen. Zum ersten Mal können wir von einer Weltordnung sprechen. Die Globalisierung hat die Welt wirklich zusammengeführt und der Versuch, die bipolare Weltordnung zu ersetzen durch eine unipolare, auf Washington konzentriert, und von dort dominiert, wäre ebenso untauglich wie ein ähnlicher Versuch irgendeines anderen großen Landes. Viel wichtiger ist hier das kooperative Prinzip der Europäischen Union. Wir reden nicht über Theorie, wir sind nicht in einer wissenschaftlichen Lehrveranstaltung. Sondern wir können sagen: Länder, die Jahrhunderte gegeneinander Krieg geführt haben, sind in der Lage, aus der Geschichte zu lernen. Und daraus den Schluss zu ziehen, von nun an zusammenzuarbeiten, und zwar unabhängig von der Größe, gleichberechtigt und ebenbürtig. Das gilt auch für die neue Weltordnung. Das ist das Grundprinzip, da ist Nachholbedarf im Denken – auch in Washington, da gibt es überhaupt keinen Zweifel. Und Europa zeigt, es geht. Das ist für mich die globale Mission Europas, nämlich die, den Grundgedanken der Kooperation bewusst zu machen, dass heute nicht nur der für mich ein Nachbar ist, mit dem ich eine gemeinsame Grenze habe.

Heute ist jeder mein Nachbar – die Hypothekenkrise in den USA schlägt durch im letzten Dorf von Mecklenburg-Vorpommern...

Appenzeller: ... und auch der Terrorismus schlägt überall zu...

Genscher: Ja, aber auch die Wirtschaftspolitik, die Flüchtlingspolitik, Krankheiten. Früher hätten Sie AIDS beschränken können. Das ist durch die hohe Mobilität nicht mehr beschränkbar. Bei dieser weltweiten Mobilität, die wir heute haben, ist eine Epidemie immer gleich eine weltweite Epidemie. Es gibt keine Grenzen. Die Welt hat sich fundamental verändert. Und das ist die eigentliche Veränderung. Die Vorstellung, dass ein Land sagen kann, was andere Staaten jetzt zu tun haben, ist hoffentlich für immer Vergangenheit.

Appenzeller: Stammt der Satz eigentlich von Ihnen, dass Außenpolitik heute Weltinnenpolitik ist?

Genscher: So habe ich es jedenfalls immer ausgedrückt.

Appenzeller: Wenn Sie zurückblicken auf zwei Jahrzehnte Gestaltung von Außenpolitik: Was der emotionalste Moment war, das glaube ich zu ahnen.

Genscher: Das war der 30. September 1989, auf dem Balkon der Prager Botschaft.
   Natürlich häufen sich die Tage, an denen man Abschied nehmen muss von Menschen, zu denen man einen weiten Weg zurücklegen musste, um zueinander zu finden. Deren Tod aber besonders schmerzlich empfunden wird. Diese Erfahrung machte ich erst jetzt wieder, als ich am Grabe von Eduard Schewardnadse in Tiflis gesprochen habe. Vor mir stand noch einmal die Begegnung im September 1988 in New York bei den Vereinten Nationen. Ich sagte ihm: „Ich sehe voraus, dass es im Sommer 1989 mit der DDR zu schwerwiegenden Problemen und Protesten kommen wird. Sie wissen, wie sehr ich für die Zusammenarbeit mit Ihnen und Ihrem Land bin. In allem Ernst aber muss ich Ihnen sagen, es darf sich niemals wiederholen, was am 17. Juni 1953 in der DDR geschah, als sowjetische Panzer auf friedliche Demonstranten schossen. Das würde die Lage in Europa fundamental verändern." Er sagte: „Wir sehen das anders, aber ich werde Gorbatschow das berichten, was Sie gesagt haben. Wenn Sie mir das so direkt sagen, müssen wir das ernst nehmen." Unvergesslich, wie Eduard Schewardnadse an dieses Gespräch gegen Ende des Jahres 1989 erinnerte, als er zum ersten Mal nach Brüssel kam, um den Außenministern der Europäischen Gemeinschaft über die künftige Entwicklung zu sprechen.

Appenzeller: Was war der schrecklichste Moment?

Genscher: Der schrecklichste Augenblick war in München, das Attentat auf die israelischen Sportler.

Appenzeller: Gibt es etwas, was Sie heute anders machen würden?

Genscher: Nein.

Appenzeller: Gibt es auf der Reiseliste von Hans-Dietrich Genscher noch einen unerfüllten Sehnsuchtsort?

Genscher: Nein, auch nicht. Wissen Sie, wo ich nicht war? In Australien und Neuseeland – und ich habe gehört, dass beide Länder sehr schön sein sollen....

Gerd Appenzeller, 1943 in Berlin geboren, war beim Südkurier Konstanz Chef vom Dienst und Stellvertretender Chefredakteur, von 1988 bis 1994 dessen Chefredakteur. 1994 bis 1998 war er Sprecher der Chefredaktion des Berliner Tagesspiegel, danach dessen Redaktionsdirektor bis 2009, bis Ende 2013 einer der Herausgeber der Zeitung, seitdem Berater der Chefredaktion. Von 1977 bis 2009 war er auch freier Mitarbeiter des Fernsehens des Süddeutschen Rundfunks und Südwestfunks.

Hans-Dietrich Genscher als Elder Statesman

Hans-Dieter Lucas

Der Rücktritt vom Amt des Außenministers im April 1991 bedeutete für Hans-Dietrich Genscher nicht den Abschied von der Politik. Schnell wuchs der „Außenminister der Einheit" in eine neue Rolle als einer der wenigen Elder Statesmen der Bundesrepublik Deutschland hinein – auch wenn er sich selbst nie so bezeichnet hat. Als Leiter seines persönlichen Büros habe ich in den Jahren 1995 bis 1998 aus nächster Nähe erleben können, wie leidenschaftlich und engagiert Hans-Dietrich Genscher seine Verantwortung für die *Respublica* auch ohne Regierungsamt wahrnahm.

Das galt zum einen für die Mitwirkung in einschlägigen Gremien. Einmal abgesehen von seiner Mitwirkung in den Parteigremien gehörte Genscher bis zu seinem Ausscheiden aus dem Deutschen Bundestag im Jahre 1998 dem Europa-Ausschuss an. Dies dürfte im Wesentlichen zwei Gründe gehabt haben: Zum einen hielt er es wohl für eine Stilfrage, als ehemaliger Außenminister nicht in den Auswärtigen Ausschuss zu gehen und in dieser neuen Funktion seinem Nachfolger gewissermaßen gegenüber zu sitzen. Zum anderen gehörte die Europa-Politik seit jeher zu den Politikfeldern, denen Genscher zentrale Bedeutung beimaß. Über das parlamentarische Feld hinaus blieb Genscher mit vielen Persönlichkeiten der internationalen Politik, die er aus seiner Zeit als Außenminister kannte, in reger Verbindung. Nicht selten verliefen die weiterhin zahlreichen Auslandsreisen Genschers wie typische Reisen eines Außenministers. Begegnungen mit Staatsoberhaupt, Regierungschef und Außenminister gehörten in aller Regel zum Standardprogramm. All dies war Ausdruck der großen Hochachtung und des Respekts, dem man Genscher als einem der einflussreichsten Außenminister seiner Zeit entgegenbrachte. Dass er schließlich bei der Freilassung von Michail Chodorkowski Ende 2013 eine wichtige, wenn auch überaus diskrete Rolle spielte, kann vor diesem Hintergrund nicht erstaunen.

Beträchtlich war der informelle Einfluss Genschers – als Ratgeber für die nachfolgende Politikergeneration und aufgrund seines öffentlichen Wirkens in zahllosen

Artikeln, Vorträgen und Interviews, in denen er sich bald nach dem Rücktritt zu den Grundfragen der deutschen und internationalen Politik äußerte. Schon ein summarischer Überblick lässt erkennen, dass Genscher Außenpolitik – jenseits historischer Reminiszenzen – kreativ und hellwach für neue Entwicklungen weiter dachte.

Ein eindrucksvolles Beispiel hierfür war und ist die Europapolitik. In der zweiten Hälfte der 1990er Jahre wandte sich Genscher entschieden gegen die in Teilen der Öffentlichkeit aufkeimende Ablehnung der einheitlichen europäischen Währung und gegen D-Mark Nostalgie. Für Genscher, selbst Mitunterzeichner des Vertrags von Maastricht, war es eine Frage von Glaubwürdigkeit und Verantwortung des vereinten Deutschlands, die Festlegung von Maastricht für eine gemeinsame Währung zu verwirklichen. Dabei kritisierte er leidenschaftlich auch jene, die die Aufgabe der D-Mark und die Einführung des Euro letztlich als einen „Preis" bezeichneten, den Deutschland für die Einheit – „contre coeur" – angeblich bezahlen musste. Für Genscher war und ist die europäische Währungsunion nicht nur eine Antwort auf die Irrwege der europäischen Politik im 19. und frühen 20. Jahrhundert. Immer hat er diese neue Qualität der Integration zugleich als notwendige Antwort Europas auf die Globalisierung und das Entstehen neuer globaler Machtzentren gesehen.

Dass die Geschichte mit der Überwindung des Kalten Krieges an ihr „Ende" gekommen sei – wie dies Francis Fukuyama behauptet hatte – hielt Genscher für einen gefährlichen Irrtum. Es ist bezeichnend, dass kaum ein anderer deutscher Politiker so früh und so eindringlich über Globalisierung sprach wie Genscher. Seit Mitte der 1990er Jahre rief er in der öffentlichen Debatte dazu auf, sich der Globalisierung als einer historisch neuen Epoche nach dem Ende des Kalten Krieges zu stellen und die damit verbundenen Chancen mutig zu nutzen. Er warnte davor, die damit verbundenen Herausforderungen nicht zu sehen und so Deutschlands und Europas Zukunfts- und Wettbewerbsfähigkeit zu gefährden. Umfassende wirtschafts- und sozialpolitische Reformen hielt er für unverzichtbar, wenn Deutschland auch im 21. Jahrhundert seine Stellung behaupten sollte. Globalisierung war und ist für Genscher auch eine außen- und sicherheitspolitische Gestaltungsaufgabe: Dauerhafte Stabilität kann es global und regional nur im Rahmen einer kooperativen Weltordnung geben. Damit ist für Genscher eine Absage einerseits an die Rivalitäts- und Machtpolitik des 19. und frühen 20. Jahrhunderts – andererseits aber auch an das Leitbild einer unipolaren Weltordnung, etwa unter Führung der USA, verbunden. Vor diesem Hintergrund erscheint sein engagiertes Plädoyer für eine kooperative Weltordnung nur folgerichtig: Nur sie vermag die entstehende Multipolarität nach dem Ende der Bipolarität des Kalten Krieges einzuhegen und zu ordnen. Europa sah und sieht er dabei als unverzichtbaren Impulsgeber. Gerade die EU als verfasste Gemeinschaft zwischen größeren und kleineren Staaten kann ein Beispiel für friedliche regionale Kooperation und Integration geben.

Die Überwindung der Teilung Deutschlands und Europas war das zentrale Ziel des Außenministers Genscher gewesen. Mit der großen Wende der Jahre 1989/1990 und der von ihm wesentlich mitgestalteten „Charta von Paris für ein neues Europa" hielt er die Agenda des größeren Europa jedoch nicht für erledigt. Im Gegenteil: Schon in den 1990er Jahren wies er immer wieder mahnend darauf hin, dass die im Harmel-Bericht der NATO (1967) als Ziel der NATO beschriebene dauerhafte und gerechte Friedensordnung für ganz Europa weiter der Verwirklichung harrte. Es war deshalb nicht erstaunlich, dass er in der zweiten Hälfte der 1990er Jahre die Politik der NATO-Erweiterung auch mit kritischen Fragen begleitete und die NATO aufforderte, einen Harmel II-Bericht vorzulegen, der eine konzeptionelle Antwort auf die offene Frage nach einer Stabilitätsordnung für das größere Europa einschließlich Russlands und des postsowjetischen Raumes gab.

Schon diese Skizze lässt erkennen, wie breit angelegt das außenpolitische Denken Genschers auch nach seinem Rücktritt war und ist. Mit seinen über den Tag und die Parteipolitik weit hinausreichenden Einsichten und Positionierungen erweist er sich als Elder Statesman im besten Sinn des Wortes – als ein Politiker, der auch nach dem Rücktritt mit seinem großen Erfahrungsschatz und seinem untrüglichen Instinkt für neue Entwicklungen die außenpolitische Debatte befruchtet hat und befruchtet – mit Leidenschaft und Augenmaß zugleich.

Dr. Hans-Dieter Lucas, geb. 1959. Studium der Geschichte, Politischen Wissenschaft, Kath. Theologie und Rechtswissenschaft in Bonn und Paris. Seit 1985 im Auswärtigen Amt. Leiter des Persönlichen Büros von Hans-Dietrich Genscher von 1995-1998. Auslandsposten in Moskau, Washington und Brüssel. Seit 2011 Politischer Direktor des Auswärtigen Amts.

Autorinnen und Autoren

Dr. des. Agnes Bresselau von Bressensdorf studierte an der Universität Augsburg Neuere und Neueste Geschichte, Alte Geschichte und Politikwissenschaft. Mit ihrer im Druck befindlichen Dissertation zur Entspannungspolitik Genschers im „Zweiten Kalten Krieg" wurde sie 2014 an der Ludwig-Maximilians-Universität München promoviert. Seit 2011 ist sie als wissenschaftliche Mitarbeiterin am Institut für Zeitgeschichte München – Berlin tätig. Neuere Publikationen: Frieden durch Kommunikation. Das „System Genscher" und die Entspannungspolitik im „Zweiten Kalten Krieg", 1979-1982/83, Diss. München 2014 (erscheint München 2015); Mediale Kommunikation in Zeiten internationaler Krisen. Hans-Dietrich Genscher und der sowjetische Einmarsch in Afghanistan, in: Rundfunk und Geschichte 39 (2013), 1/2, S.30-40; Hans-Dietrich Genscher und das Ende der Détente, in: Jahrbuch zur Liberalismus-Forschung 23 (2011), S.257-270.

Prof. Dr. Eckart Conze, Jahrgang 1963, ist Inhaber des Lehrstuhls für Neuere und Neueste Geschichte an der Universität Marburg und hatte Gastprofessuren an den Universitäten Bologna, Toronto und Cambridge. Er ist Autor einer Geschichte der Bundesrepublik (Die Suche nach Sicherheit, 2009) und war Sprecher der Unabhängigen Historikerkommission zur Geschichte des Auswärtigen Amts. Sein Hauptarbeitsgebiet ist die deutsche und internationale Geschichte des 19. und 20. Jahrhunderts.

Prof. Dr. Christian Hacke, geb.1943 in Ostpreußen, Studium der Politischen Wissenschaften und Geschichte in Freiburg/ Breisgau und an der FU Berlin. Dipl. Pol. 1970, Dr. Phil. 1974, Habilitation 1980, Professor für Politikwissenschaft an der Universität der Bundeswehr von 1980 bis 2000, o. Professor für Politikwissenschaft und Zeitgeschichte an der Universität Bonn 2000- 2008, Gastprofessuren und Forschungsaufenthalte an der Universität Potsdam, U.S. Institute for Peace, Washington, D.C., Harvard University und Stanford University.

Dr. Petri Hakkarainen ist stellvertretender Leiter des Planungsstabes im finnischen Außenministerium. In den diplomatischen Dienst Finnlands ist er 2006 eingetreten und war 2007-2012 an der finnischen Botschaft in Berlin tätig. Als Historiker hat er 2008 an der Universität Oxford über die internationale Geschichte der deutschen KSZE-Politik promoviert. Seine Dissertation wurde 2009 mit dem Bundeskanzler-Willy-Brandt-Preis ausgezeichnet und 2011 als Monograph (A State of Peace in Europe: West Germany and the CSCE, 1966-1975) veröffentlicht. 2012-13 war er Senior Fellow am Institute for Advanced Sustainability Studies (IASS) in Potsdam.

Dr. Hans-Dieter Heumann ist Präsident der Bundesakademie für Sicherheitspolitik in Berlin. Als Angehöriger des Auswärtigen Amtes zuletzt Deutscher Botschafter beim Europarat in Straßburg. Vorher u. a. an den Botschaften Washington, Paris und Moskau sowie im Leitungsstab und Planungsstab des Auswärtigen Amtes und im Planungsstab des Bundesministeriums der Verteidigung. Lehrtätigkeit als Visiting Professor an der Georgetown University in Washington D.C. (School of Foreign Service) 2008-2009. Seit 2011 Lehrbeauftragter am Seminar für Politische Wissenschaft der Universität Bonn. Leiter Forschungsbereich „Strategische Fragen der Globalisierung" an der Bonner Akademie für Forschung und Lehre praktischer Politik (BAPP). Veröffentlichungen über Außen- und Sicherheitspolitik sowie Europapolitik, u. a. Hans-Dietrich Genscher: Die Biografie. Paderborn 2011.

Prof. em. Dr. Dr. h.c. mult. Gerhard A. Ritter, Emeritus der Ludwig-Maximilians-Universität München, Studium der Geschichte und Sozialwissenschaften in Tübingen, an der FU Berlin und in Oxford. Promotion und Habilitation an der FU Berlin 1952 bzw. 1961. Lehrstuhlinhaber für Politische Wissenschaft an der FU Berlin 1962 bis 1965, für Neuere und Neueste Geschichte an der Universität Münster 1965 bis 1974 und der LMU München 1974bis. 1994. Gastprofessor an der Washington University, St. Louis, und den Universitäten Oxford, Berkeley und Tel Aviv. Ehrendoktor der Universität Bielefeld und der Humboldt-Universität Berlin, Honorary Fellow des St. Antony's College Oxford. Preis des Historischen Kollegs 2007. Wichtigste Veröffentlichungen: Der Sozialstaat. Entstehung und Entwicklung im internationalen Vergleich, 3. Aufl. München 2010; Der Preis der deutschen Einheit. Die Wiedervereinigung und die Krise des Sozialstaates, 2. Aufl. München 2007.

Dr. Siegfried Schieder vertritt seit April 2013 den Lehrstuhl für Internationale Beziehungen und Außenpolitik an der Universität Trier. Er studierte Politikwissenschaft, Philosophie und Völkerrecht an den Universitäten Wien, Bologna und Berlin (FU). Bei Hanns W. Maull promovierte er mit einer Arbeit über die Außen- und Europapolitik Deutschlands. Zuvor war er am Institut für Politische Wissenschaft der Ruprecht-Karls-Universität Heidelberg und am Robert Schuman Centre for Advanced Studies des Europäischen Hochschulinstitutes (EUI) in Florenz tätig.

Dr. Andrea Wiegeshoff ist wissenschaftliche Assistentin am Seminar für Neuere Geschichte der Philipps-Universität Marburg. Sie veröffentlichte „Wir müssen alle etwas umlernen…" Zur Internationalisierung des Auswärtigen Dienstes der Bundesrepublik Deutschland 1945/51-1969 (Göttingen: Wallstein 2013) und arbeitet zurzeit an einem globalhistorisch angelegten Habilitationsprojekt über seuchenpolitisches Handeln im 19. Jahrhundert.

Prof. Dr. Andreas Wirsching, Jahrgang 1959, ist Direktor des Instituts für Zeitgeschichte und Inhaber des Lehrstuhls für Neuere und Neueste Geschichte an der Universität München. Er ist u. a. Mitglied der Historischen Kommission bei der Bayerischen Akademie der Wissenschaften. Zu seinen Forschungsschwerpunkten zählen die deutsch-französische Geschichte der Zwischenkriegszeit und des Nationalsozialismus sowie die deutsche und europäische Geschichte seit den 1970er Jahren.

Brigadegeneral a.D. Dr. Klaus Wittmann, geb. 1946, 42 Jahre Bundeswehrdienst mit Truppenkommandos (Bataillons- und Brigadekommandeur), akademischen Abschnitten (Geschichts- und Politikstudium und Forschungsaufenthalt am International Institute for Strategic Studies in London), militärpolitischer Arbeit im BMVg und im NATO-Hauptquartier sowie höherer Offizierausbildung national (Direktor Lehre an der Führungsakademie der Bundeswehr) und international (Director Adademic Planning and Policy am NATO Defense College, Rom). W. war Mitglied der Kammer für Öffentliche Verantwortung, in der die Friedensdenkschrift des Rates der EKD von 2007 entstand. Er ist Senior Fellow des Aspen Institute Deutschland und hat einen Lehrauftrag an der Universität Potsdam.